해커스변호사

Commercial Law

핵심
正지문의 脈

본서는 상법 선택형 문제에 효율적으로 대비하기 위하여 집필하였습니다. 상법의 분량을 최소화하여 상법에 투입되는 시간을 최소화하고 효율적으로 상법을 정리할 수 있도록 변호사시험의 선택형 기출문제, 모의고사 선택형 기출문제, 최신 판례 및 아직 출제되지 않은 중요 쟁점을 핵심 정지문으로 정리하였습니다.

그 결과 본서의 내용만으로도 상법 선택형 문제에 효과적으로 대비할 수 있을 것입니다.

본서의 특징은 아래와 같습니다.

1. 중요기출지문 및 법전협 모의고사(2022년 8월까지) 중요지문 엄선

본서는 11회에 걸친 변호사시험은 물론 2022년 8월 법전협 모의고사까지의 법전협 모의고사 기출지문 가운데 중요지문을 엄선하여 정지문으로 구성하였습니다. 기출지문 가운데 판례의 판시사항을 다루고 있는 정지문의 경우 해당 판례에서 출제되지 않은 중요 판시사항도 함께 기재하여 판례 문제에 효과적으로 대비할 수 있도록 하였습니다.

2. 2022년 6월까지의 중요판례 및 미기출 중요 쟁점의 반영

본서는 2022년 6월까지 최신 판례를 정지문으로 구성하여 반영하였습니다. 아울러 아직 선택형으로 출제되지 않은 쟁점 중 출제가능성이 높은 쟁점을 정지문 또는 관련 쟁점으로 다루었습니다.

3. 최소한의 분량 및 기출누적표시

불필요한 해설은 지양하고 꼭 필요한 부분에만 판례 등을 소개하여 분량을 최소화 했습니다. 또한 기출누적표시를 통해 정지문별 출제가능성과 중요도를 파악할 수 있도록 하였습니다.

4. 틀린 지문의 병기

본서는 정지문 하단에 해당 정지문과 관련하여 출제된 오지문을 함께 병기하여 정지문이 실전에 어떤 내용으로 출제되는지 동시에 파악할 수 있도록 함으로써 학생들이 실전 대응능력을 높일 수 있도록 하였습니다.

2022년 10월
공 태 용

목 차

제1편	상법 총칙

쟁점 1. 상인

01 상인은 자기 명의로 상행위를 하는 자를 의미한다. 여기서 '자기 명의'란 상행위로부터 생기는 권리의무의 귀속주체로 된다는 뜻으로서 실질에 따라 판단하여야 하므로, 행정관청에 대한 인·허가 명의나 국세청에 신고한 사업자등록상의 명의와 실제 영업상의 주체가 다를 경우 후자가 상인이 된다(대판 2008.12.11. 2007다66590). [변호 14, 모의 20]

> **(틀린지문)** 상인은 자기 명의로 상행위를 하는 자를 의미하므로, 행정관청에 대한 인·허가 명의자나 국세청에 신고한 사업자등록상의 명의자가 별도로 있다면 실제 영업상의 주체라도 상인이 되지 아니한다. [변호 14]

02 점포 기타 유사한 설비에 의하여 상인적 방법으로 영업을 하는 자는 상행위를 하지 아니하더라도 상인으로 본다(제5조 제1항). [변호 14]

03 상행위에 관한 상법의 규정은 의제상인에 대해서도 준용된다(제66조). [변호 14]

04 의료법의 여러 규정과 제반 사정을 참작하면 의사나 의료기관을 상인이라고 볼 수는 없고, 의사가 의료기관에 대하여 갖는 급여, 수당, 퇴직금 등 채권은 상사채권에 해당한다고 할 수 없다(대판 2022.5.26. 2022다200249). [최신판례]

05 자본금 900만 원으로 장사를 하는 자연인 甲에 대하여 ① 지배인, ② 상호, ③ 상업장부, ④ 상업등기 등에 관한 상법 규정이 적용되지 않는다(제9조). [변호 12, 19]

> **해설** 자본금액 1천만 원 미만의 상인으로서 회사가 아닌 자를 소상인이라 한다(상법 시행령 제2조). 지배인, 상호, 상업장부와 상업등기에 관한 규정은 소상인에게 적용하지 아니한다(제9조).

06 영업의 목적인 상행위를 개시하기 전에 영업을 위한 준비행위를 하는 자는 영업으로 상행위를 할 의사를 실현하는 것으로 준비행위를 한 때 상인자격을 취득함과 아울러 개업준비행위는 영업을 위한 행위로서 최초의 보조적 상행위가 된다(대판 2012.4.13. 2011다104246). [변호 14, 19, 모의 20]

07 개업준비행위는 반드시 상호등기·개업광고·간판부착 등에 의하여 영업의사를 일반적·대외적으로 표시할 필요는 없으나 점포구입·영업양수·상업사용인의 고용 등 준비행위의 성질로 보아 영업의사를 상대방이 객관적으로 인식할 수 있으면 당해 준비행위는 보조적 상행위로서 여기에 상행위에 관한 상법의 규정이 적용된다(대판 2012.4.13. 2011다104246). [변호 14, 19, 모의 20]

[관련 지문] 甲이 부동산임대업을 운영하기 위하여 사무실을 마련하여 임대업의 개업광고를 하면 임대사업에 필요한 건물을 아직 마련하지 못한 상태이더라도 상인의 자격을 취득한다. [모의 20]

08 영업자금 차입 행위는 행위 자체의 성질로 보아서는 영업의 목적인 상행위를 준비하는 행위라고 할 수 없지만, 행위자의 주관적 의사가 영업을 위한 준비행위이었고 상대방도 행위자의 설명 등에 의하여 그 행위가 영업을 위한 준비행위라는 점을 인식하였던 경우에는 상행위에 관한 상법의 규정이 적용된다(대판 2012.4.13, 2011다104246). [변호 14]

[관련 지문] 학원 설립과정에서 영업준비자금을 차입한 경우 대여자가 이러한 사정을 알았다면 차용 시점에 차용자는 상인자격을 취득하고 차용행위는 영업을 위한 행위로서 보조적 상행위가 되어 상법 제64조에서 정한 상사소멸시효가 적용된다(대판 2012.4.13, 2011다104246). [변호 14, 19, 모의 13]

(틀린지문) 학원 설립과정에서 영업준비자금을 차용한 경우, 대여자가 이러한 사정을 알지 못하고, 이를 인식할 만한 객관적인 징표가 없었다고 할지라도 이는 보조적상행위이므로 대여금 채권에는 상법 제64조의 상사소멸시효가 적용된다. [변호 14]

09 금전의 대여를 영업으로 하지 아니하는 상인이라 하더라도 그 영업상의 이익 또는 편익을 위하여 금전을 대여하거나 영업자금의 여유가 있어 이자 취득을 목적으로 이를 대여하는 경우가 있을 수 있으므로, 이러한 상인의 금전대여행위는 반증이 없는 한 영업을 위하여 하는 것으로 추정된다(대판 2008.12.11, 2006다54378). [변호 14]

10 상인은 상행위에서 생기는 권리·의무의 주체로서 상행위를 하는 것이고, 영업을 위한 행위가 보조적 상행위로서 상법의 적용을 받기 위해서는 행위를 하는 자 스스로 상인 자격을 취득하는 것을 당연한 전제로 한다(대판 2018.4.24, 2017다205127). [중요판례]

[관련 지문] 상인이 그 영업과 상관없이 개인자격에서 돈을 투자하는 행위는 상인의 기존 영업을 위한 보조적 상행위로 볼 수 없다(대판 2018.4.24, 2017다205127).

[관련 지문] 甲재건축조합과 乙회사가 공사계약을 체결하였고 乙회사를 실질적으로 경영하는 丙이 그 공사비 충당명목으로 丁으로부터 금원을 차용한 경우 丁의 丙에 대한 대여금반환청구권에 대해서는 일반상사소멸시효가 적용되지 아니한다(대판 2012.7.26, 2011다43594). [변호 18, 모의 20]

11 어떠한 자가 자기 명의로 상행위를 함으로써 상인 자격을 취득하고자 준비행위를 하는 것이 아니라 다른 상인의 영업을 위한 준비행위를 하는 것에 불과하다면, 그 행위는 그 행위를 한 자의 보조적 상행위가 될 수 없다(대판 2012.7.26, 2011다43594). [변호 15, 18]

[관련 지문] 회사의 대표이사가 회사 설립 준비과정에서 향후 설립될 회사의 사업을 준비하기 위하여 대표이사 명의로 한 차용행위는 대표이사 개인의 보조적 상행위가 아니므로 대표이사 개인의 차용금채무에 대하여 5년의 상사시효가 적용되지 않는다(대판 2012.7.26, 2011다43594). [변호 15, 18]

12 미성년자가 법정대리인의 허락을 얻어 영업을 하는 경우 등기를 하여야 한다(제6조). [모의 17]

13 법정대리인이 미성년자, 피한정후견인 또는 피성년후견인을 위하여 영업을 하는 때에는 등기를 하여야 한다(제8조 제1항). [모의 17]

쟁점 2. 지배인, 기타 상업사용인

01 상인은 지배인을 선임하여 본점 또는 지점에서 영업을 하게 할 수 있으며 이 때 상인은 지배인의 선임과 그 대리권의 소멸에 관하여 그 지배인을 둔 본점 또는 지점소재지에서 등기하여야 한다(제13조). [모의 20, 21]

02 공동지배인의 선임과 그 변경도 등기하여야 한다(제13조). [모의 20]

03 공동지배인 중 1인에 대한 의사표시는 영업주에 대하여 효력이 있다(제12조 제2항). [모의 20, 21]

04 지배인은 지배인이 아닌 점원 기타 사용인을 선임 또는 해임할 수 있다(제11조 제2항). [모의 17]

05 표현지배인은 당연히 지배인의 권한 내의 행위를 해야 하며, 권한 내의 행위인지 여부는 진정한 지배인의 경우와 마찬가지로 개인적 목적이나 의도와 상관없이 행위의 객관적 성질에 따라 추상적으로 판단한다(대판 1998.8.21. 97다6704). [모의 18(2)]

06 지배인이 영업주 명의로 한 어음행위는 객관적으로 영업에 관한 행위로서 지배인의 대리권의 범위에 속하는 행위이므로 지배인이 개인적 목적으로 어음행위를 한 경우에도 그 행위의 효력은 영업주에게 미치고, 이는 표현지배인의 경우에도 동일하다(대판 1998.8.21. 97다6704). [변호 15]

07 일반적으로 상업사용인은 상인의 영업범위 내에 속하는 일에 관하여 그 상인을 대리할 수 있고 영업과 관계없는 일에 관하여는 특별한 수권이 없는 한 대리권이 없는 것이므로 상업사용인이 권한 없이 상인의 영업과 관계없는 일에 관하여 상인의 행위를 대행한 경우에 특별한 수권이 있다고 믿을 만한 사정이 없는 한 상업사용인이라는 이유만으로 그 대리권이 있는 것으로 믿을 만한 정당한 이유가 있다고 보기 어렵다(대판 1984.7.10. 84다카424,425). [모의 17]

08 지배인 권한의 제한은 선의의 제3자에게 대항할 수 없다(제11조 제3항). 다만 제3자가 악의 또는 중과실의 경우 그러하지 않으며, 제3자의 악의 또는 중과실의 입증책임은 영업주가 부담한다. [모의 21]

09 지배인의 행위가 영업에 관한 것으로서 대리권한 범위 내의 행위이더라도 영업주 본인의 이익이나 의사에 반하여 자기 또는 제3자의 이익을 도모할 목적으로 권한을 행사한 경우 상대방이 지배인의 진의를 알았거나 알 수 있었을 때에는 민법 제107조 제1항 단서의 유추해석상 지배인의 행위에 대하여 영업주 본인은 책임을 지지 않는다(대판 1999.3.9. 97다7721,7738).　　　　[모의 19, 20]

10 본점 또는 지점의 본부장, 지점장, 그 밖에 지배인으로 인정될 만한 명칭을 사용하는 자는 본점 또는 지점의 지배인과 동일한 권한이 있는 것으로 본다(제14조 제1항 본문). 다만, 재판상 행위에 관하여는 그러하지 아니하다(제14조 제1항 단서).　　　　[핵심지문]

11 지점 차장이라는 명칭은 그 명칭 자체로서 상위직의 사용인의 존재를 추측할 수 있게 하는 것이므로 상법 제14조 제1항 소정의 영업주임 기타 이에 유사한 명칭을 가진 사용인을 표시하는 것이라고 할 수 없고, 따라서 표현지배인이 아니다(대판 1993.12.10. 93다36974).　　　　[모의 13, 18]

12 상법 제14조 제1항 소정의 표현지배인이 성립하려면 당해 사용인의 근무 장소가 상법상의 영업소인 '본점 또는 지점'의 실체를 가지고 어느 정도 독립적으로 영업 활동을 할 수 있는 것임을 요하고, 본·지점의 기본적인 업무를 독립하여 처리할 수 있는 것이 아니라 단순히 본·지점의 지휘·감독 아래 기계적으로 제한된 보조적 사무만을 처리하는 영업소는 상법상의 영업소인 본·지점에 준하는 영업장소라고 볼 수 없다(대판 1998.10.13. 97다43819).　　　　[모의 13, 18]

13 영업주가 지배인으로 인정될 만한 명칭사용을 허락하여야 표현지배인이 성립된다.　　　　[모의 13, 18]

14 표현지배인이 성립하면 그 행위는 유효한 대리행위가 되고 영업주가 거래상대방에 대하여 책임을 부담한다(대판 1983.12.13. 83다카1489).　　　　[모의 13]

15 영업의 특정한 종류 또는 특정한 사항에 대한 위임을 받은 사용인은 이에 관한 재판외의 모든 행위를 할 수 있으며 해당 사용인의 대리권에 대한 제한은 선의의 제3자에게 대항하지 못한다(제15조 제1항, 제2항, 제11조 제3항).　　　　[모의 20]

16 부분적 포괄대리권을 가진 상업사용인은 그가 수여받은 영업의 특정한 종류 또는 특정한 사항에 관한 재판 외의 모든 행위를 할 수 있으므로 개개의 행위에 대하여 영업주로부터 별도의 수권이 필요 없다.　　　　[모의 17]

17 주식회사의 기관인 상무이사라 하더라도 상법 제15조 소정의 부분적 포괄대리권을 가지는 그 회사의 사용인을 겸임할 수 있다(대판 1996.8.23. 95다39472).　　　　[모의 17]

18 부분적 포괄대리권을 가진 상업사용인은 영업의 특정한 종류에 관한 재판 외의 모든 행위를 할 수 있는 대리권을 가진 상업사용인을 말하는 것으로, 사용인의 업무 내용에 영업주를 대리하여 법률행위를 하는 것이 당연히 포함되어 있어야 한다(대판 2007.8.23. 2007다23425).   [변호 18. 모의 17]

19 일반적으로 특정된 건설현장에서 공사의 시공과 관련된 업무만을 담당하는 건설회사의 현장소 장은 특별한 사정이 없는 한 그 업무에 관한 부분적 포괄대리권만을 가지고 있다고 봄이 상당 하다(대판 1994.9.30. 94다20884).   [변호 22]

20 건설회사 현장소장은 일반적으로 특정된 건설현장에서 공사의 시공과 관련된 업무를 담당하는 자로서 회사의 부담으로 될 채무보증 또는 채무인수 등과 같은 행위를 할 권한은 가지지 않는 다(대판 1994.9.30. 94다20884).   [모의 17]

> 해설- ㉠ 건설회사 현장소장은 일반적으로 특정된 건설현장에서 공사의 시공에 관련한 업무만을 담당하는 자이므로 특별한 사정이 없는 한 상법 제14조 소정의 본점 또는 지점의 영업주임 기타 유사한 명칭을 가진 사용인 즉 이른바 표현지배인이라고 할 수는 없고, 단지 상법 제15조 소정의 영업의 특정한 종류 또는 특정한 사항에 대한 위임을 받은 사용인으로서 그 업무에 관하여 부분적 포괄대리권을 가지고 있다고 봄이 상당하다. ㉡ 공사 자재, 노무관리 외에 하도급계약 체결 및 공사대금지급, 중기 등의 임대차계약체결 및 그 임대료의 지급 등은 현장소장의 업무범위에 속하나, 새로운 수주활동과 같은 영업활동은 업무범위에 속하지 아니한다. ㉢ 일반적으로 건설회사 현장소장에게 회사의 부담으로 될 채무보증 또는 채무인수 등과 같은 행위를 할 권한이 위임되어 있다고 볼 수는 없으나 ㉣ 중기임대료에 대한 보증행위를 할 권한을 위임하였다고 보는 것이 상당하고 거래상대방이 이를 신뢰하는데 정당한 이유가 있다고 보아야 한다(대판 1994.9.30. 94다20884).

21 전산개발장비 구매와 관련된 실무를 총괄하는 상업사용인의 지위에 있는 자가 회사에 새로운 채무부담을 발생시키는 지급보증행위를 하는 것은 부분적 포괄대리권을 가진 상업사용인의 권 한에 속하지 아니한다(대판 2006.6.15. 2006다13117).   [변호 22]

22 부분적 포괄대리권을 가진 상업사용인이 그 범위 내에서 한 행위는 설사 상업사용인이 영업주 본인의 이익이나 의사에 반하여 자기 또는 제3자의 이익을 도모할 목적으로 그 권한을 남용한 것이라 할지라도 일단 영업주 본인의 행위로서 유효하나, 그 행위의 상대방이 상업사용인의 진 의를 알았거나 알 수 있었을 때에는 민법 제107조 제1항 단서의 유추해석상 그 행위에 대하여 영업주 본인에 대하여 무효가 된다(대판 2008.7.10. 2006다43767).   [변호 22, 모의 21]

23 일반적으로 주식회사의 경리부장은 경상자금의 수입과 지출, 은행거래, 경리장부의 작성 및 관 리 등 경리사무 일체에 관하여 그 권한을 위임받은 것으로 봄이 타당하고 특별한 사정이 없는 한 독자적인 자금차용은 회사로부터 위임되어 있지 않다고 보아야 할 것이므로 경리부장에게 자금차용에 관한 상법 제15조의 부분적 포괄대리권이 있다고 할 수 없다(대판 1990.1.23. 88다카3250).   [변호 22]

> **(틀린지문)** 회사는 본점의 경리부장을 부분적 포괄대리권을 가진 상업사용인으로 선임하였다면, 그 선임에 관하여 본점소재지에서 등기하여야 한다. [변호 22]

24 부분적 포괄대리권을 가진 사용인의 경우에는 표현지배인에 관한 상법 제14조의 규정이 유추적용되지 않는다(대판 2007.8.23. 2007다23425). [변호 15, 모의 11, 13]

25 부분적 포괄대리권을 가진 상업사용인이 특정된 영업이나 특정된 사항에 속하지 아니하는 행위를 한 경우, 영업주가 책임을 지기 위하여는 민법상의 표현대리의 법리에 의하여 그 상업사용인과 거래한 상대방이 그 상업사용인에게 그 권한이 있다고 믿을 만한 정당한 이유가 있어야 한다(대판 2012.12.13. 2011다69770). [모의 17]

26 일반적으로 증권회사의 지점장대리는 그 명칭 자체로부터 상위직의 사용인의 존재를 추측할 수 있게 하는 것이므로, 상법 제14조 소정의 영업주임 기타 이에 유사한 명칭을 가진 사용인이라고 할 수는 없고, 같은 법 제15조 소정의 영업의 특정한 종류 또는 특정한 사항에 대한 위임을 받은 사용인으로서 그 업무에 관한 부분적 포괄대리권을 가진 사용인으로 봄이 타당하다(대판 1994.1.28. 93다49703). [모의 13]

27 물건을 판매하는 점포의 사용인은 그 판매에 관한 모든 권한이 있는 것으로 본다(제16조 제1항). 물건판매점포 사용인에 대해서는 상법에 의하여 대리권이 주어지므로 영업주가 대리권을 부여하지 않은 경우에도 권한이 인정되고, 점포 내에서 물건을 판매할 권한이 있는 것 같은 외관이 존재하면 적용된다. [모의 18, 20]

28 물건판매점포의 사용인의 권한은 점포 밖에서 이루어진 행위에는 적용되지 않는다. [모의 18]

쟁점 3. 상업사용인의 경업 및 겸직 금지의무

01 상업사용인은 영업주의 허락 없이 자기 또는 제삼자의 계산으로 영업주의 영업부류에 속한 거래를 하거나 회사의 무한책임사원, 이사 또는 다른 상인의 사용인이 되지 못한다(제17조 제1항). [모의 16]

02 상업사용인의 경업금지의무에서 영업부류에 속한 거래란 영업주의 기본적 상행위 또는 준상행위를 의미하며, 보조적 상행위 및 영리적 성격이 없는 행위는 제외된다. [모의 16]

03 상업사용인이 경업금지의무에 위반하여 거래를 한 경우에 그 거래가 자기의 계산으로 한 것인 때에는 영업주는 이를 영업주의 계산으로 한 것으로 볼 수 있고 제3자의 계산으로 한 것인 때에는 영업주는 사용인에 대하여 이로 인한 이득의 양도를 청구할 수 있다(제17조 제2항).

[모의 17, 19, 20]

04 상업사용인이 경업금지의무를 위반하여 영업주가 개입권을 행사한 후에도 손해가 있으면 영업주는 그 배상을 청구할 수 있다(제17조 제3항).

[변호 22, 모의 16, 17, 20]

05 영업주의 개입권은 거래를 안 날로부터 2주 내, 그 거래가 있은 날로부터 1년을 경과하면 소멸한다(제17조 제4항).

[모의 16]

06 상업사용인은 영업주의 허락이 없이는 동종영업을 목적으로 하는지 여부를 불문하고 다른 상인의 사용인이 될 수 없고, 상업사용인이 겸직금지의무에 위반한 경우 영업주는 상업사용인과의 계약을 해지하거나 손해배상을 청구할 수 있다(제17조 제3항).

[모의 16, 20]

쟁점 4. 상호

01 회사가 아니면 상호에 회사임을 표시하는 문자를 사용하지 못한다(제20조).

[변호 12]

02 회사가 수 개의 독립된 영업을 하는 경우, 각 영업별로 다른 상호를 사용할 수 없다.

[변호 12, 17]

> **(틀린지문)** 주식회사가 각기 독립된 수 개의 영업을 하는 경우에 각 영업별로 다른 상호를 사용할 수 있다.
>
> [변호 12]

03 타인이 등기한 상호는 동일한 특별시·광역시·시·군에서 동종영업의 상호로 등기하지 못한다(제22조).

[모의 18, 20, 22]

04 동일한 특별시·광역시·시·군에서 동종영업으로 타인이 등기한 상호를 사용하는 자는 부정한 목적으로 사용하는 것으로 추정한다(제23조 제4항).

[모의 18, 20, 22]

05 상호의 가등기는 자연인에게는 허용되지 않는다.

[변호 17]

06 주식회사와 유한회사 및 유한책임회사는 회사의 설립 전에 상호의 가등기를 신청할 수 있다(제22조의2 제1항). [변호 12, 모의 17, 18]

07 회사가 상호와 목적을 변경하고자 할 때에는 상호 가등기를 신청할 수 있다. [변호 17, 모의 17, 18]

> **해설** ▶ 회사는 상호나 목적 또는 상호와 목적을 변경하고자 할 때에는 본점의 소재지를 관할하는 등기소에 상호의 가등기를 신청할 수 있다(제22조의2 제2항). 회사는 본점을 이전하고자 할 때에는 이전할 곳을 관할하는 등기소에 상호의 가등기를 신청할 수 있다(제22조의2 제3항).

08 상호의 가등기는 제22조의 적용에 있어서는 상호의 등기로 본다(제22조의2 제4항). [모의 18]

09 상호는 영업을 폐지하거나 영업과 함께 하는 경우에 한하여 이를 양도할 수 있다(제25조 제1항). [변호 17, 모의 17, 18, 20]

> **(틀린지문)** 영업을 폐지하는 경우, 등기되지 아니한 그 영업의 상호는 양도할 수 없다. [변호 17]

10 상호의 양도는 이를 등기하지 아니하면 제3자에게 대항하지 못한다(제25조 제2항). [모의 18]

11 상호를 등기한 자가 정당한 사유 없이 2년간 상호를 사용하지 아니하는 때에는 이를 폐지한 것으로 본다(제26조). [모의 17, 18]

12 부정한 목적으로 타인의 영업으로 오인될 수 있는 상호를 사용하는 자가 있는 경우, 그러한 상호의 사용으로 인하여 손해를 받을 염려가 있는 자는 그 상호의 폐지를 청구할 수 있고, 이와는 별도로 손해배상의 청구가 가능하다(제23조 제1항, 제2항, 제3항). [변호 12, 17, 모의 22]

13 상법 제22조의 규정은 동일한 특별시·광역시·시 또는 군 내에서는 동일한 영업을 위하여 타인이 등기한 상호 또는 확연히 구별할 수 없는 상호의 등기를 금지하는 효력과 함께 그와 같은 상호가 등기된 경우에는 선등기자가 후등기자를 상대로 그와 같은 등기의 말소를 소로써 청구할 수 있는 효력도 인정한 규정이다(대판 2004.3.26. 2001다72081). [모의 22]

14 선사용자의 상호와 동일·유사한 상호를 사용하는 후사용자의 상호가 주지성을 획득한 경우, 선사용자의 상품의 출처가 후사용자인 것처럼 소비자를 기망한다는 오해를 받아 선사용자의 신용이 훼손된 때 등에 있어서는 이를 이른바 역혼동에 의한 피해로 보아 후사용자의 선사용자에 대한 손해배상책임을 인정할 여지가 전혀 없지는 않다(대판 2002.2.26. 2001다73879). [모의 18, 20, 22]

쟁점 5. 명의대여자 책임

01 타인에게 자기의 성명 또는 상호를 사용하여 영업을 할 것을 허락한 자는 자기를 영업주로 오인하여 거래한 제3자에 대하여 그 타인과 연대하여 변제할 책임이 있다(제24조). [모의 17]

02 명의대여자가 상인이 아니거나, 명의차용자의 영업이 상행위가 아니라 하더라도 명의대여자 책임의 법리를 적용하는 데에 아무런 영향이 없다(대판 1987.3.24. 85다카2219). [변호 14, 18, 20, 모의 14, 17]

03 임대인이 그 명의로 영업허가가 난 나이트클럽을 임대함에 있어 임차인에게 영업허가 명의를 사용하여 다른 사람에게 영업을 하도록 허락한 이상 위 임차인들이 위 영업과 관련하여 부담한 채무에 관하여 상법 제24조의 규정에 따라 그 임차인들과 연대하여 제3자에 대하여 변제할 책임이 있다(대판 1978.6.13. 78다236). [변호 16]

04 영업을 임대함으로써 자신의 상호를 관리하여야 할 의무가 있는 자는 영업의 임차인이 자신의 상호를 그 영업에 사용하고 있는 것을 알면서 묵인한 경우 명의대여자로서 책임을 질 수 있다(대판 1967.10.25. 66다2362). [변호 14]

05 명의자가 타인과 동업계약을 체결하고 공동 명의로 사업자등록을 한 후 타인이 사업을 운영하도록 허락하였고, 상대방도 명의자를 사업의 공동사업주로 오인하여 거래를 하여온 경우에는, 그 후 명의자가 동업관계에서 탈퇴하고 사업자등록을 타인 단독 명의로 변경하였다 하더라도 이를 거래 상대방에게 알리는 등의 조치를 취하지 아니하여 여전히 공동사업주인 것으로 오인하게 하였다면 명의자는 탈퇴 이후에 타인과 거래 상대방 사이에 이루어진 거래에 대하여도 상법 제24조에 의한 명의대여자로서의 책임을 부담한다(대판 2008.1.24. 2006다21330). [변호 16]

06 명의대여가 위법인 경우에도 명의대여자책임이 인정된다(대판 1988.2.9. 87다카1304). [변호 14, 모의 14, 16]

> [관련 지문] 건설업 면허 대여의 경우 면허를 대여받은 자를 대리 또는 대행한 자가 면허를 대여한 자의 명의로 하도급거래를 한 경우에는 면허를 대여한 자는 명의대여자의 책임을 진다(대판 2008.10.23. 2008다46555). [모의 14]
>
> (틀린지문) 명의대여가 위법인 경우에는 명의대여자의 책임을 물을 수 없다. [변호 14]

07 문화재수리업자의 명의대여 행위를 금지한 문화재수리법 제21조는 강행규정에 해당하고, 이를 위반한 명의대여 계약이나 이에 기초하여 대가를 정산하여 받기로 하는 정산금 약정은 모두 무효라고 보아야 한다(대판 2020.11.12. 2017다228236). [최신판례]

08   명의대여자책임이 인정되기 위해서는 오인과 피해 발생 사이에 인과관계가 있어야 한다(대판 1998.3.24. 97다55621).   [모의 17]

09   상법 제24조의 규정에 의한 명의대여자의 책임은 명의자를 영업주로 오인하여 거래한 제3자를 보호하기 위한 것이므로 거래 상대방이 명의대여사실을 알았거나 모른 데 대하여 중대한 과실 이 있는 때에는 책임을 지지 않는바, 이때 거래의 상대방이 명의대여사실을 알았거나 모른 데 대한 중대한 과실이 있었는지 여부에 대하여는 면책을 주장하는 명의대여자들이 입증책임을 부 담한다(대판 2001.4.13. 2000다10512).   [변호 14, 20, 모의 14, 16, 17]

10   명의차용자의 거래상대방에 대한 명의대여자와 명의차용자의 책임은 부진정연대의 관계에 있다.   [변호 14, 모의 16]

11   부진정연대채무자 중 1인의 변제, 대물변제, 공탁, 상계는 다른 채무자에게 효력이 있다. [변호 20]

12   명의차용자에 대한 이행청구 등 소멸시효 중단이나 시효이익의 포기는 명의대여자에게 효력이 없다(대판 2011.4.14. 2010다91886).   [변호 16, 18, 20, 모의 14]

> **(틀린지문)** 명의대여자가 소송에서 소멸시효 완성의 항변을 하고, 시효기간 경과 전에 명의차용인이 물품대금 채권을 변제하겠다고 약속한 사실을 채권자가 주장·증명하였다면, 이로써 명의대여자의 소멸시효 완성의 항변은 배척된다.   [변호 20]

13   명의대여자와 명의차용자가 공동피고인 사건에서 명의대여자만 항소한 경우, 항소로 인한 확정 차단효력은 명의대여자와 원고 사이에서만 발생하고 명의차용자에게는 발생하지 않는다. [변호 20]

14   명의대여자의 책임은 명의의 사용을 허락받은 자의 행위에 한하고, 명의차용자의 피용자의 행위 에 대해서까지 미칠 수는 없다(대판 1989.9.12. 88다카26390).   [변호 18, 모의 14, 16, 17]

15   불법행위의 경우에는 설령 피해자가 명의대여자를 영업주로 오인하고 있었더라도 그와 같은 오 인과 피해의 발생 사이에 아무런 인과관계가 없으므로, 신뢰관계를 이유로 명의대여자에게 책임 을 지워야 할 이유가 없다(대판 1998.3.24. 97다55621).   [변호 18, 모의 13, 16]

> **(틀린지문)** 명의차용자의 불법행위에 대해서도 명의대여자의 책임이 성립한다.   [변호 18]

쟁점 6. 상업등기

01 상법상 등기할 사항은 등기한 후가 아니면 선의의 제3자에게 대항하지 못한다(제37조 제1항). 상법상 등기할 사항은 등기한 후라도 제3자가 정당한 사유로 인하여 이를 알지 못한 때에는 제3자에게 대항하지 못한다(제37조 제2항). [모의 21]

02 상법상 등기할 사항은 등기한 후가 아니면 선의의 제3자에게 대항하지 못한다. 여기서의 등기할 사항이란 절대적 등기사항은 물론 상대적 등기사항도 포함한다. [모의 19]

03 합병의 효력은 합병등기에 의하여 발생한다. [모의 21]

04 상법 제37조 소정의 "선의의 제3자"란 대등한 지위에서 하는 보통의 거래관계의 상대방을 말한다 할 것이므로 조세권에 기하여 조세의 부과처분을 하는 경우의 국가는 동조 소정의 제3자라 할 수 없다(대판 1978.12.26. 78누167). [모의 19]

05 표현대표이사의 행위에 대한 회사의 책임을 규정한 상법 제395조는 상업등기와는 다른 차원에서 회사의 표현책임을 인정한 규정이다(대판 1979.2.13. 77다2436). [모의 19]

06 지점의 소재지에서 등기할 사항을 등기하지 아니한 때에는 그 등기할 사항은 그 지점의 거래에 관하여 선의의 제3자에게 대항하지 못한다(제38조, 제37조). [모의 19]

07 고의 또는 과실로 인하여 사실과 상위한 사항을 등기한 자는 그 상위를 선의의 제3자에게 대항하지 못한다(제39조). [변호 18, 모의 21]

08 법인 등기부에 이사 또는 감사로 등재되어 있는 경우에는 특단의 사정이 없는 한 정당한 절차에 의하여 선임된 적법한 이사 또는 감사로 추정된다(대판 1991.12.27. 91다4409). [변호 15]

09 이사 선임 주주총회결의에 대한 취소판결이 확정되어 그 결의가 소급무효가 되더라도 그 선임결의가 취소되는 대표이사와 거래한 상대방은 상법 제39조의 적용 내지 유추적용에 의하여 보호될 수 있으며, 주식회사의 법인등기의 경우 회사는 대표자를 통하여 등기를 신청하지만 등기신청권자는 회사 자체이므로 취소되는 주주총회결의에 의하여 이사로 선임된 대표이사가 마친 이사 선임 등기는 상법 제39조의 부실등기에 해당된다(대판 2004.2.27. 2002다19797). [변호 15, 20]

> **(틀린지문)** 주식회사의 법인 등기의 경우 회사는 대표자를 통하여 등기를 신청하지만 등기신청권자
> 는 회사 자체이므로 취소되는 주주총회 결의에 의하여 이사로 선임된 대표이사가 마친 이사 선임
> 등기는 상법 제39조의 부실등기에 해당하지 않는다.   [변호 15]

10 회사에 대해 부실등기책임을 묻기 위해서는 원칙적으로 등기가 등기신청권자인 회사에 의하여
고의·과실로 마쳐진 것임을 요한다.   [변호 18]

> **[관련 판례]** A회사의 감사 丙이 도용한 직인을 사용하여 A회사 대표이사 甲이 퇴임한 것으로 등기
> 하고, 乙이 A회사의 새로운 대표이사로 선임된 것처럼 등기한 후 A회사의 대표이사로 등기되어 있
> 던 乙로부터 부동산을 매수한 丁이 A회사를 상대로 위 부동산의 소유권이전을 구하는 소송을 제기
> 한 경우, 등기신청권자(A회사)의 등기신청이 아니라 제3자(丙)에 의하여 등기신청이 이루어진 것이
> 므로, A회사는 상법 제39조의 부실등기 책임을 부담하지는 않는다(대판 1975.5.27. 74다1366).   [모의 18]

11 회사의 부실등기책임을 묻기 위해 필요한 등기신청권자의 고의·과실의 유무는 대표이사를 기
준으로 판단한다(대판 1981.1.27. 79다1618,1619).   [변호 15, 18]

> **[관련 판례]** 합명회사의 경우 부실등기를 한 사실이나 이를 방치한 사실에 대한 고의 또는 과실의
> 유무는 대표사원을 기준으로 결정하여야 한다(대판 1971.2.23. 70다1361).   [변호 15]

12 회사의 적법한 대표이사가 그 불실등기가 이루어지는 것에 협조·묵인하는 등의 방법으로 관여
하였다거나 회사가 그 불실등기의 존재를 알고 있음에도 시정하지 않고 방치하는 등 이를 회사
의 고의 또는 과실로 불실등기를 한 것과 동일시할 수 있는 특별한 사정이 없는 한, 허위의 결
의라는 외관을 만들어 부실등기를 마친 사람이 회사의 상당한 지분을 가진 주주더라도 이것만
으로는 회사에 제39조의 책임을 물을 수 없다(대판 2008.7.24. 2006다24100).   [변호 15, 18, 모의 18]

> **[관련 판례]** 등기신청권자가 스스로 등기를 하지 않았다 하더라도 그의 책임 있는 사유로 등기에 관
> 여하거나 부실등기의 존재를 알고 있음에도 이를 시정하지 않고 방치하는 등 등기신청권자의 고의·
> 과실로 부실등기를 한 것과 동일시할 수 있는 특별한 사정이 있는 경우에는, 등기신청권자에 대하
> 여 상법 제39조에 의한 부실등기 책임을 물을 수 있다(대판 2011.7.28. 2010다70018).   [변호 15, 모의 19]
>
> **(틀린지문)** 회사의 상당한 지분을 가진 주주가 허위의 주주총회의 결의 등의 외관을 만들어 부실등
> 기를 마친 것은 그 자체로 회사의 고의·과실로 볼 수 있다.   [변호 18]

13 소송에서 주식회사의 대표이사의 이사 자격이 부정되었음에도 불구하고 해당 회사가 이사 말소
등기를 하지 않은 상태에서 그를 정당한 대표이사로 믿고 거래한 제3자에 대해서는 회사가 대
표이사의 무자격을 주장하지 못한다(대판 1974.2.12. 73다1070).   [모의 19]

14 부실등기의 효력을 규정한 상법 제39조는 등기신청권자 아닌 제3자의 문서위조 등의 방법으로
이루어진 부실등기에 있어서 등기신청권자에게 그 부실등기의 경료 및 존속에 있어서 그 정도
가 어떠하건 과실이 있다는 사유만 가지고는 회사가 선의의 제3자에게 대항할 수 없음을 규정
한 취지가 아니다(대판 1975.5.27. 74다1366).   [모의 19]

[해설] 등기신청권자 아닌 제3자가 문서위조 등의 방법으로 부실등기를 한 경우 제3자가 명의를 도용하여 등기신청을 하는데 등기신청권자의 과실이 있더라도 이로서 등기신청권자가 고의나 과실로 사실과 상위한 등기를 신청한 것과 동일시 할 수는 없고, 이미 경료된 부실등기를 등기신청권자가 알면서 방치한 것이 아니고 알지 못하여 부실등기가 존속된 경우에는 비록 등기신청권자에게 부실등기 상태를 발견하여 이를 시정하지 못한 점에 과실이 있더라도 이로서 곧 스스로 사실과 상위한 등기를 한 것과 동일시 할 수 없으므로 등기신청권자 아닌 제3자의 문서위조 등의 방법으로 된 부실등기에 있어서는 등기신청권자에게 부실등기의 경료 및 존속에 있어서 그 정도가 어떠하건 과실이 있다는 사유만으로 상법 제39조를 적용하여 선의의 제3자에게 대항할 수 없다고 볼 수는 없다(대판 1975.5.27. 74다1366).

쟁점 7. 영업양도

01 상법상 영업양도란 일정한 영업목적에 의하여 조직화된 총체 즉 물적·인적 조직을 그 동일성을 유지하면서 일체로서 이전하는 것으로서, 영업양도 당사자 사이의 명시적 또는 묵시적 계약이 있어야 한다(대판 1997.6.24. 96다2644).   [모의 16, 19]

02 영업양도는 불요식계약이고, 영업양도에 있어서 등기가 효력발생요건이 아니다.   [모의 16]

03 양도인의 채권·채무 승계는 영업양도의 요건이 아니므로, 영업목적을 위하여 조직화된 유기적 일체로서 기능적 재산이 그대로 이전되었다면 영업양도에 해당한다.   [모의 20]

04 영업양도의 경우 영업양도인은 영업재산이 영업양도 전후에 동일성이 유지되도록 포괄적으로 영업양수인에게 이전해야 하는데, 이 때 등기나 인도 등 영업재산을 이루는 개개의 구성부분을 이전하는 이행행위(물권행위)도 함께 행해져야 한다(대판 1991.10.8. 91다22018,22025).   [모의 19]

05 주식회사가 영업재산과 영업권이 유기적으로 결합된 일체로서의 영업을 양도함으로써 채무초과 상태에 이른 경우라도, 주식회사의 채권자는 영업재산의 양도가 아닌 영업양도 자체를 채권자취소권 행사의 대상으로 할 수 있다(대판 2015.12.10. 2013다84162).   [모의 16]

06 채무자가 자기의 유일한 재산인 부동산을 매각하는 경우, 매각 목적이 채무를 변제하거나 변제자력을 얻기 위한 것이고 대금이 부당한 염가가 아니며 실제 이를 채권자에 대한 변제에 사용하거나 변제자력을 유지하고 있는 때는 채무자가 일부 채권자와 통모하여 다른 채권자를 해칠 의사를 가지고 변제를 하는 등의 특별한 사정이 없는 한, 사해행위에 해당한다고 볼 수 없다. 이는 유일한 재산으로서 영업재산과 영업권이 유기적으로 결합된 일체로서 영업을 양도하는 경우에도 마찬가지로 적용된다(대판 2021.10.28. 2018다223023).   [최신판례]

07   영업양도가 이루어졌는가의 여부에 관하여 영업재산의 일부를 유보한 채 영업시설을 양도했어도 그 양도한 부분만으로도 종래의 조직이 유지되어 있다고 사회관념상 인정되면 그것을 영업의 양도라 볼 것이지만, 반면에 영업재산의 전부를 양도했어도 그 조직을 해체하여 양도했다면 영업의 양도로 볼 수 없다(대판 2013.2.15. 2012다102247).   [변호 13, 모의 14, 16, 19]

08   운수업자가 운수업을 폐지하는 자로부터 그 소속 종업원들에 대한 임금 및 퇴직금 등 채무를 청산하기로 하고 그 운수사업의 면허 및 운수업에 제공된 물적 시설을 양수한 후, 폐지 전 종업원 중 일부만을 신규채용의 형식으로 새로이 고용한 경우, 그러한 사정만으로는 영업양도라고 볼 수 없다(대판 1995.7.25. 95다7987).   [모의 14]

09   영업양도에 의하여 승계되는 근로관계는 계약체결일 현재 실제로 그 영업부문에서 근무하고 있는 근로자와의 근로관계만을 의미하고, 계약체결일 이전에 해당 영업부문에서 근무하다가 해고된 근로자로서 해고의 효력을 다투는 근로자와의 근로관계까지 승계되는 것은 아니다(대판 1996.5.42. 95다33238).   [변호 21, 모의 14]

10   영업 전부를 동일성을 유지하면서 이전받는 양수인은 양도인으로부터 정당한 이유없이 해고된 근로자와의 근로관계를 원칙적으로 승계한다. 영업양도 당사자 사이에 정당한 이유 없이 해고된 근로자를 승계의 대상에서 제외하기로 하는 특약이 있는 경우에는 그에 따라 근로관계의 승계가 이루어지지 않을 수 있으나, 그러한 특약은 실질적으로 또 다른 해고나 다름이 없으므로, 근로기준법 제23조 제1항에서 정한 정당한 이유가 있어야 유효하고, 영업양도 그 자체만으로 정당한 이유를 인정할 수 없다(대판 2020.11.5. 2018두54705).   [최신판례]

11   영업양도의 경우에 근로관계의 승계를 거부하는 근로자에 대하여는 근로관계가 양수하는 기업에 승계되지 아니하고 여전히 양도하는 기업과 사이에 존속되며, 원래의 사용자는 영업 일부의 양도로 인한 경영상의 필요에 따라 감원이 불가피하게 되는 사정이 있어 정리해고로서의 정당한 요건이 갖추어져 있다면 그 절차에 따라 승계를 거부한 근로자를 해고할 수 있다(대판 2010.9.30. 2010다41089).   [변호 13]

> **(틀린지문)** 영업이 포괄적으로 양도되면 반대의 특약이 없는 한 양도인과 종업원 사이의 근로계약관계는 포괄적으로 양수인에게 승계되므로, 근로자는 근로관계 승계를 거부할 수 없으며 영업양도를 이유로 양수인에 대하여 고용계약을 임의로 해지하지 못한다.   [변호 13]

12   영업양도인과 영업양수인 사이의 영업양도계약 체결 후 영업양도인의 근로자와 영업양수인 사이에 근로계약이 체결된 경우 영업양도인이 근로자에 대하여 보유하던 손해배상채권도 이를 배제하기로 하는 특약이 있는 등 특별한 사정이 없는 한 영업양수인에게 이전되고 별도의 대항요건이 요구되지 않는다(대판 2020.12.10. 2020다245958).   [최신판례]

13 영업을 출자하여 주식회사를 설립하고 그 상호를 계속 사용하는 경우에는 영업의 양도는 아니지만 출자의 목적이 된 영업의 개념이 동일하고 법률행위에 의한 영업의 이전이라는 점에서 영업의 양도와 유사하며 채권자의 입장에서 볼 때는 외형상의 양도와 출자를 구분하기 어려우므로 새로 설립된 법인은 상법 제42조 제1항의 규정의 유추적용에 의하여 출자자의 채무를 변제할 책임이 있다(대판 1996.7.9. 96다13767). [모의 14, 16]

14 주식회사가 영업의 전부 또는 중요한 일부를 양도한 후 주주총회의 특별결의가 없었다는 이유를 들어 스스로 그 약정의 무효를 주장하더라도 주주 전원이 그와 같은 약정에 동의한 것으로 볼 수 있는 등 특별한 사정이 인정되지 않는다면 위와 같은 무효 주장이 신의성실 원칙에 반한다고 할 수는 없다(대판 2018.4.26. 2017다288757). [변호 20]

15 영업을 양도한 경우에 다른 약정이 없으면 양도인은 10년간 동일한 특별시·광역시·시·군과 인접 특별시·광역시·시·군에서 동종영업을 하지 못한다(제41조 제1항). [변호 12, 13, 20, 모의 22]

16 양도인이 동종영업을 하지 않을 것을 약정한 경우 동일 특별시·광역시·시·군과 인접 특별시·광역시·시·군에 한하여 20년을 초과하지 아니한 범위 내에서 효력이 있다(제41조 제2항). [모의 15, 22]

17 양도인이 영업의 물적 설비 일체를 양도하면서 종업원을 전원 해고한 경우 영업양도가 성립하지 않으므로 양도인은 경업금지의무를 부담하지 않는다(대판 1995.7.14. 94다20198). [모의 15]

18 농업협동조합이 도정공장 영업을 양도했다 하더라도 동 조합은 영업양수인에 대하여 상법 제41조에 의한 경업금지 의무는 없다(대판 1969.3.25. 68다1560). [모의 16]

해설 "상법상의 영업양도에 관한 규정은 양도인이 상인이 아닌 경우에는 적용할 수 없다. 농업협동조합은 상인이 아니므로 도정공장을 양도하였더라도 양수인에게 상법 41조에 의한 경업금지 의무가 없고 설사 조합이 사실상 영업행위를 하더라도 양수인은 경업금지청구권이 없다"(대판 1969.3.25. 68다1560).

19 영업양도인이 경업금지의무를 위반한 경우에는 그 영업을 타에 임대한다거나 양도한다고 하더라도 그 영업의 실체가 남아 있는 이상 의무위반 상태가 해소되는 것은 아니므로, 그 이행강제의 방법으로 영업양도인의 영업 금지 외에 제3자에 대한 영업의 임대, 양도 기타 처분을 금지하는 것도 가능하다(대판 1996.12.23. 96다37985). [모의 19, 22]

[관련 쟁점] 영업양수인에게 개입권은 인정되지 않는다. [모의 22]

20 영업양수인이 양도인의 상호를 속용하는 경우 양도인의 영업으로 인한 제3자의 채권에 대하여 영업양수인은 원칙적으로 영업양도인과 함께 변제할 책임이 있다(제42조 제1항). [모의 15, 20]

> **참고판례** "상호를 속용하는 영업양수인에게 책임을 묻기 위해서는 상호속용의 원인관계가 무엇인지에 관하여 제한을 둘 필요는 없고 상호속용이라는 사실관계가 있으면 충분하다. 따라서 상호의 양도 또는 사용허락이 있는 경우는 물론 그에 관한 합의가 무효 또는 취소된 경우라거나 상호를 무단 사용하는 경우도 상법 제42조 제1항의 상호속용에 포함된다"(대판 2009.1.15. 2007다17123,17130).

21　양도인의 영업으로 인한 채무인수를 광고한 때에는 양수인도 변제책임이 있는바, 이 경우 영업양도인의 영업으로 인한 채무와 영업양수인의 상법 제44조에 따른 채무는 같은 경제적 목적을 가진 채무로서 서로 중첩되는 부분에 관하여는 일방의 채무가 변제 등으로 소멸하면 다른 일방의 채무도 소멸하는 이른바 부진정연대의 관계에 있다(대판 2009.7.9. 2009다23696). 　　　　[모의 15, 19, 20]

> **참고판례** "영업양수인이 양도인의 채권자에 대하여 개별적으로 통지를 하는 방식으로 그 취지를 표시한 경우에도 적용되어, 그 채권자와의 관계에서는 상법 제44조에 따른 채무변제의 책임이 발생한다"(대판 2008.4.11. 2007다89722).

22　영업양수인이 영업양도인의 상호를 속용하는 경우에는 영업양도인의 영업상 채무에 대하여 책임을 져야 하는데, 영업양도 당시에 존재하는 영업상의 채권이라면 거래상의 채권은 물론이고 불법행위·부당이득으로 인한 채권과 어음·수표와 같은 증권채권도 적용대상이 된다. 　[모의 14, 19]

23　영업양수인이 상법 제42조 제1항에 따라 책임지는 제3자의 채권은 영업양도 당시 채무의 변제기가 도래할 필요까지는 없다고 하더라도 그 당시까지 발생한 것이어야 하고, 영업양도 당시로 보아 가까운 장래에 발생될 것이 확실한 채권도 양수인이 책임져야 한다고 볼 수 없다(대판 2020.2.6. 2019다270217). 　　　　[변호 21]

> **(틀린지문)** 양수인이 양도인의 상호를 계속 사용하는 경우 양도인의 영업으로 인한 제3자의 채권에 대하여 양수인도 변제할 책임이 있으며, 이 채권은 영업양도 당시까지 발생한 것임을 요하지 아니하므로 영업양도 당시로 보아 가까운 장래에 발생될 것이 확실한 채권도 이에 포함된다. 　　[변호 21]

24　채무자 보호를 위해 개별 채권양도에서 요구되는 대항요건은 계약인수에서는 별도로 요구되지 않는다. 이러한 법리는 상법상 영업양도에 수반된 계약인수에 대해서도 마찬가지로 적용된다(대판 2020.12.10. 2020다245958). 　　　　[최신판례]

25　상호속용 영업양수인의 책임에 관한 규정에 의하여 영업양수인은 양도인의 영업자금과 관련한 피보증인의 지위까지 승계하는 것으로 볼 수는 없다(대판 2020.2.6. 2019다270217). 　　[최신판례]

26　영업양수인에 의하여 속용되는 명칭이 상호 자체가 아니라 영업표지인 때에도 그것이 영업주체를 나타내는 것으로 사용되는 경우에는 영업양수인은 특별한 사정이 없는 한 상호를 속용하는 영업양수인의 책임을 정한 상법 제42조 제1항의 유추적용에 의하여 영업양도인의 영업으로 인한 제3자에 대한 채무를 부담한다(대판 2010.9.30. 2010다35138). 　　　　[변호 20]

27 채권자의 선의란 채무인수가 없었다는 사실에 대한 선의를 의미한다. 영업양도 사실을 알았더라도 채무인수가 없었다는 사실을 몰랐다면 선의의 제3자에 해당한다. 채권자의 악의에 대한 주장, 입증책임은 영업양수인에게 있다.   [모의 21]

28 채권자가 영업양도 당시 채무인수 사실이 없음을 알고 있었거나 그 무렵 알게 된 경우에는 영업양수인의 변제책임이 발생하지 않으나, 채권자가 영업양도 무렵 채무인수 사실이 없음을 알지 못한 경우에는 영업양수인의 변제책임이 발생하고, 이후 채권자가 채무인수 사실이 없음을 알게 되었다고 하더라도 이미 발생한 영업양수인의 변제책임이 소멸하는 것은 아니다(대판 2022.4.28. 2021다305659).   [최신판례]

29 영업양수인이 양도인의 상호를 계속 사용하지 아니하더라도 양도인의 영업으로 인한 채무를 인수할 것을 광고한 때에는 양수인도 변제할 책임이 있으며, 이 경우 양도인의 제3자에 대한 채무는 광고 후 2년이 경과하면 소멸한다(제45조).   [변호 13, 21, 모의 19, 22]

> **(틀린지문)** 양수인이 양도인의 상호를 속용하는 영업양도의 경우 양도인의 영업으로 인한 제3자의 채권에 대하여 양도인과 양수인은 연대채무관계에서 변제책임을 부담하며, 영업양도 후 2년이 경과하면 양수인의 변제책임은 소멸한다.   [변호 13]

30 양도인의 상호를 계속 사용하는 영업양수인이 영업양도를 받은 후 지체없이 양도인의 채무에 대한 책임이 없음을 등기한 경우에는, 양수인은 양도인의 영업으로 인한 제3자의 채권에 대하여 변제할 책임이 없다(제42조 제2항).   [변호 12, 20]

31 양수인이 양도인의 상호를 속용하는 영업양도의 경우 양수인이 양도인의 영업으로 인한 제3자에 대한 채무를 변제할 책임을 면하려면, 양도인과 양수인이(양도인 또는 양수인이 ×) 채권자에게 양수인이 양도인의 채무에 대한 책임이 없음을 통지하여야 한다(제42조 제2항).   [변호 13]

> **(틀린지문)** 양수인이 양도인의 상호를 속용하는 영업양도의 경우 양수인이 양도인의 영업으로 인한 제3자에 대한 채무를 변제할 책임을 면하려면, 양도인 또는 양수인이 채권자에게 양수인이 양도인의 채무에 대한 책임이 없음을 통지하여야 한다.   [변호 13]

32 영업을 출자하여 주식회사를 설립하고 그 상호를 계속 사용함으로써 상법 제42조(상호를 속용하는 양수인의 책임) 제1항의 규정이 유추적용되는 경우에는 상법 제45조(영업양도인의 책임의 존속기간)의 규정도 당연히 유추적용된다.   [변호 21]

33 상호를 속용하는 영업임차인의 책임에 대해서는 상호를 속용하는 영업양수인의 책임을 정한 상법 제42조 제1항이 유추적용되지 않는다(대판 2016.8.24. 2014다9212). 이는 영업임대차의 종료로 영업을 반환하는 경우에도 마찬가지이다(대판 2017.4.7. 2016다47737).   [변호 16, 20]

> **(틀린지문)** 상호를 속용하는 영업임차인의 책임에 대해서는 상호를 속용하는 영업양수인의 책임을 정한 상법 제42조 제1항이 유추적용된다. [변호 20]

34 영업양수인이 양도인의 상호를 계속 사용하는 경우 양도인의 영업으로 인한 채권에 대하여 채무자가 선의, 무중과실로 양수인에게 변제한 때에는 그 효력이 있다(제43조). [변호 21, 모의 15]

제2편 상행위

쟁점 1. 대리

01 민법상 대리행위는 대리인이 본인을 위한 것임을 표시하지 아니한 때에는 원칙적으로 그 의사표시는 자기를 위한 것으로 보지만 상행위의 대리행위는 대리인이 본인을 위한 것임을 표시하지 아니한 때에도 본인에 대하여 효력이 발생한다(제48조). [변호 15, 18, 21, 22, 모의 13(2)]

> **참고판례** "조합대리에 있어서도 그 법률행위가 조합에게 상행위가 되는 경우에는 조합을 위한 것임을 표시하지 않았다고 하더라도 그 법률행위의 효력은 본인인 조합원 전원에게 미친다"(대판 2009.1.30. 2008다79340).
>
> **(틀린지문)** 乙이 상행위의 대리인인 경우, 거래상대방이 乙의 행위가 대리인으로서 한 것임을 알지 못하였다면, 거래상대방은 乙에게만 이행의 청구를 할 수 있다. [변호 15]
>
> **(틀린지문)** 민법상 조합에 있어서 조합원들의 대리인인 업무집행조합원이 조합을 위한 것임을 표시하지 않고 조합을 위하여 상행위를 한 경우, 상대방이 조합을 위한 행위임을 과실 없이 몰랐다면 그 행위는 다른 조합원들에게 효력이 미치지 않는다. [변호 22]

02 상행위의 대리인이 본인을 위한 것임을 표시하지 아니한 경우 상대방이 본인을 위한 것임을 알지 못한 때에는 대리인에게도 이행의 청구를 할 수 있다(제48조). [변호 15, 18, 21, 모의 13]

03 민법상 본인이 사망하면 대리권이 소멸하지만, 상인이 그 영업에 관하여 수여한 대리권은 본인의 사망으로 인하여 소멸하지 아니한다(제50조). [모의 13, 17]

쟁점 2. 상사시효

01 어음소지인 A가 환어음 인수인 B에 대하여 가지는 환어음 채권은 만기일부터 3년간 행사하지 아니하면 소멸시효가 완성된다(어음법 제70조 제1항). [모의 19]

02 소송 당사자가 민법에 따른 소멸시효기간을 주장한 경우에도 법원은 직권으로 상법에 따른 소멸시효기간을 적용할 수 있다(대판 2017.3.22. 2016다258124). [변호 18]

03 회사의 내부적인 법률관계가 개입되어 있어 청구권자가 권리 발생 여부를 객관적으로 알기 어려운 상황에 있고 청구권자가 과실 없이 알지 못한 경우에는 객관적으로 청구권의 발생을 알 수 있게 된 때부터 소멸시효가 진행된다고 보는 것이 타당하다(대판 2003.4.8. 2002다64957,64964). [변호 18]

04 상행위로부터 생긴 채권뿐만 아니라 이에 준하는 채권에도 일반상사소멸시효에 관한 상법 제64조가 적용되거나 유추적용 될 수 있다(대판 2014.7.24. 2013다214871). [변호 18]

05 당사자 쌍방에 대하여 모두 상행위가 되는 행위로 인한 채권뿐만 아니라 당사자 일방에 대하여만 상행위에 해당하는 행위로 인한 채권도 상법 제64조 소정의 5년의 소멸시효기간이 적용되는 상사채권에 해당하고, 그 상행위에는 상법 제46조 각 호에 해당하는 기본적 상행위뿐만 아니라, 상인이 영업을 위하여 하는 보조적 상행위도 포함된다(대판 2018.6.15. 2018다10920). [모의 13(2). 16. 19. 20]

> **[관련 지문]** 비상인 甲이 상인 乙에게 영업자금으로 대여한 채권의 시효기간은 5년이다. [모의 16. 19]
>
> **[관련 지문]** 甲이 임대사업용 건물을 매수하기 위해 乙은행으로부터 10억 원을 차용한 경우 임대사업용 건물을 매수하기 위한 자금이라는 사실을 乙은행이 알 수 있는 객관적 사정이 없더라도 甲의 대여금 채무에는 상사소멸시효가 적용된다. [모의 20]
>
> **[관련 판례]** 신용협동조합의 대출을 받은 회원이 상인으로서 그 영업을 위하여 대출을 받았다면 그 대출금채권은 상사채권이라고 보아야 한다(대판 2017.5.30. 2016다254658).

06 상사시효가 적용되는 채권은 직접 상행위로 인하여 생긴 채권뿐만 아니라 상행위로 인하여 생긴 채무의 불이행에 기하여 성립한 손해배상채권도 포함한다(대판 1997.8.26. 97다9260). [모의 13. 21]

07 甲은행으로부터 대출을 받으면서 근저당권설정비용 등을 부담한 채무자 乙이 그 근거인 대출약관 관련규정의 무효를 주장하면서 대출비용에 관한 부당이득반환청구권을 행사하는 경우 그 소멸시효는 5년이다(대판 2014.7.24. 2013다214871). [변호 18, 22]

08 상행위인 계약의 해제로 인한 원상회복청구권은 상사시효가 적용된다(대판 1993.9.14. 93다21569).

[변호 13, 모의 13]

09 면책적 채무인수에 따라 그 채무자의 지위가 인수인으로 교체되었다고 하더라도 그 소멸시효의 기간은 여전히 5년의 상사시효의 적용을 받는다 할 것이고, 이는 채무인수행위가 상행위나 보조적 상행위에 해당하지 아니한다고 하여 달리 볼 것이 아니다(대판 1999.7.9. 99다12376). [모의 21]

10 은행이 영업행위로서 한 대출금에 대한 변제기 이후의 지연손해금은 민법 제163조 제1호 소정의 단기소멸시효 대상인 이자채권도 아니고, 불법행위로 인한 손해배상채권에 관한 민법 제766조 제1항 소정의 단기소멸시효의 대상도 아니고, 상행위로 인한 채권에 적용될 5년의 소멸시효를 규정한 상법 제64조가 적용되어야 한다(대판 1979.11.13. 79다1453). [변호 15, 모의 13, 14, 16]

11 보증보험계약이 무효가 되어 보증보험회사가 지급한 보험금을 부당이득으로 청구하는 경우 부당이득반환청구권에 대해서는 5년의 소멸시효가 적용된다(대판 2007.5.31. 2006다63150). [모의 13, 16]

12 가맹상인 甲이 가맹업자인 乙유한회사를 상대로 乙회사가 가맹계약상 근거를 찾을 수 없는 Administration Fee이라는 항목으로 매장 매출액의 일정 비율에 해당하는 금액을 청구하여 지급받은 것에 대하여 부당이득반환청구권을 행사하는 경우 소멸시효기간은 5년이다(대판 2018.6.15. 2017다248803,248810). [변호 22, 모의 20]

> **해설** 가맹점사업자인 甲 등이 가맹본부인 乙 유한회사를 상대로 乙 회사가 가맹계약상 근거를 찾을 수 없는 Administration Fee이라는 항목으로 매장 매출액의 일정 비율로 지급받은 금액을 부당이득으로 반환청구 하는 경우 그러한 부당이득반환채권은 甲 등과 乙 회사 모두에게 상행위가 되는 가맹계약에 기초하여 발생한 것일 뿐만 아니라, 乙 회사가 정형화된 방식으로 가맹계약을 체결하고 가맹사업을 운영해 온 탓에 수백 명에 달하는 가맹점사업자들에게 甲 등에게 부담하는 것과 같은 내용의 부당이득반환채무를 부담하는 점 등 채권 발생의 경위나 원인 등에 비추어 볼 때 그로 인한 거래관계를 신속하게 해결할 필요가 있으므로, 위 부당이득반환채권은 상법 제64조에 따라 5년간 행사하지 않으면 소멸시효가 완성된다(대판 2018.6.15. 2017다248803,248810).

13 근로협약이나 단체협약도 보조적 상행위이므로 단체협약에 따른 유족의 위로금채권도 상사시효가 적용된다(대판 2006.4.27. 2006다1381). [모의 21]

14 주식회사의 주주총회 또는 이사회가 이익배당의 결의를 한 경우, 주주의 배당금 지급청구권의 소멸시효기간은 5년이다(제464조의2 제2항). [변호 13]

15 공공건설임대주택의 임대사업자인 甲 공사가 일률적인 산정방식에 따라 정한 분양전환가격으로 분양계약을 체결한 乙 등이 납부한 분양대금과 정당한 분양전환가격의 차액 상당의 부당이득반환을 구한 사안에서, 위 부당이득반환채권은 5년의 상사소멸시효가 적용된다(대판 2015.9.15. 2015다210811). [변호 22]

16 분양회사 甲이 건설회사 乙과 도급계약을 체결한 경우 乙의 담보책임에 기한 하자보수에 갈음하는 甲의 손해배상청구권에 대하여 5년의 상사소멸시효가 적용된다(대판 2011.12.8. 2009다25111).

[모의 20. 21]

17 사업장을 마련하기 위해 전대차계약을 체결하고자 권리금 및 임대차보증금을 지급한 이상, 비록 전대차계약이 성립되지 못하였다고 하더라도 권리금 및 임대차보증금에 대한 반환채권은 상행위인 계약의 불성립으로 인한 부당이득반환청구권에 해당하므로 상행위인 계약의 무효로 인한 부당이득반환청구권과 마찬가지로 상사 소멸시효기간이 적용되거나 유추적용 된다(대판 2021.9.9. 2020다2699122).

[최신판례]

18 보험계약자가 다수의 계약을 통하여 보험금을 부정 취득할 목적으로 보험계약을 체결하여 그것이 민법 제103조에 따라 선량한 풍속 기타 사회질서에 반하여 무효인 경우 보험자의 보험금에 대한 부당이득반환청구권은 상법 제64조를 유추적용하여 5년의 상사 소멸시효기간이 적용된다고 봄이 타당하다(대판 2021.7.22. 2019다277812).

[최신판례]

19 실제로 발생하지 않은 보험사고의 발생을 가장하여 청구·수령된 보험금 상당 부당이득반환청구권의 경우 상법 제64조가 유추적용되어 5년의 상사 소멸시효기간에 걸린다(대판 2021.8.19. 2018다258074).

[최신판례]

20 보험회사의 보험수익자인 피고를 상대로 한 보험계약자 겸 피보험자인 A의 과잉입원을 원인으로 수령한 보험금에 대한 부당이득반환청구에 대한 소멸시효는 5년의 상사소멸시효가 적용된다(대판 2021.8.19. 2019다269354).

[최신판례]

21 기부자가 상인인 경우 지방자치단체와 그 기부자 사이에 체결된 기부채납 약정은 다른 사정이 없는 한 상인이 영업을 위하여 한 보조적 상행위에 해당하므로, 그러한 기부채납 약정에 근거한 채권에는 5년의 상사 소멸시효기간이 적용된다(대판 2022.4.28. 2019다272053).

[최신판례]

22 물상보증인의 채무자에 대한 구상권은 그들 사이의 물상보증위탁계약의 법적 성질과 관계없이 민법에 의하여 인정된 별개의 독립한 권리이고, 그 소멸시효에 있어서는 민법상 일반채권에 관한 규정이 적용된다(대판 2001.4.24. 2001다6237).

[모의 16]

23 상법 제64조의 일반상사시효 역시 상행위로 인한 채권에만 준용되고 상행위 아닌 불법행위로 인한 손해배상채권에는 적용되지 아니한다(대판 1985.5.28. 84다카966).

[변호 14. 15]

24   사용자가 근로계약에 수반되는 신의칙상의 보호의무를 위반하여 근로자에게 손해를 입힘으로써 발생한 근로자의 손해배상청구와 관련된 법률관계는 그 성질상 정형적이고 신속하게 해결할 필요가 있다고 보기 어렵다. 근로계약상 보호의무 위반에 따른 근로자의 손해배상청구권은 10년의 민사 소멸시효기간이 적용된다고 봄이 타당하다(대판 2021.8.19. 2018다270876).   [최신판례]

25   회사가 상법에 의해 상인으로 의제된다고 하더라도 회사의 기관인 대표이사 개인은 상인이 아니어서 대표이사 개인이 회사 자금으로 사용하기 위해서 차용한다고 하더라도 상행위에 해당하지 아니하여 차용금채무를 상사채무로 볼 수 없다. 회사 설립을 위하여 개인이 한 행위는 그것이 설립중 회사의 행위로 인정되어 장래 설립될 회사에 효력이 미쳐 회사의 보조적 상행위가 될 수 있는지는 별론으로 하고, 장래 설립될 회사가 상인이라는 이유만으로 당연히 개인의 상행위가 되어 상법 규정이 적용된다고 볼 수는 없다(대판 2012.7.26. 2011다43594).   [변호 18. 모의 21]

26   주식회사의 이사 또는 감사의 회사에 대한 임무해태로 인한 손해배상책임은 일반불법행위 책임이 아니라 위임관계로 인한 채무불이행 책임이므로 그 소멸시효기간은 일반채무의 경우와 같이 10년이라고 보아야 한다(대판 1985.6.25. 84다카1954).   [변호 13]

27   보험금을 지급한 보험자가 보험자대위에 의하여 다른 공동불법행위자 및 그의 보험자에게 가지는 구상권의 소멸시효 기간은 일반채권과 같이 10년이고, 그 기산점은 구상권이 발생한 시점, 즉 구상권자가 현실로 피해자에게 손해배상금을 지급한 때이다(대판 1999.6.11. 99다3143).   [모의 16]

28   부당이득반환청구권의 내용이 급부 자체의 반환을 구하는 것이 아니거나, 위와 같은 신속한 해결 필요성이 인정되지 아니하는 경우라면 특별한 사정이 없는 한 상법 제64조는 적용되지 아니하고 10년의 민사소멸시효기간이 적용된다(대판 2019.9.10. 2016다271257).   [중요판례]

29   주식회사인 부동산 매수인이 의료법인인 매도인과의 부동산매매계약의 이행으로 매매대금을 매도인에게 지급하였으나, 매도인 법인을 대표하여 매매계약을 체결한 대표자의 선임에 관한 이사회결의가 부존재하는 것으로 확정됨에 따라 매매계약의 무효를 이유로 민법 규정에 따라 매매대금 상당액의 반환을 구하는 부당이득반환청구의 경우, 상거래 관계와 같은 정도로 신속하게 해결할 필요성이 있다고 볼 수 없으므로 위 부당이득반환청구권의 소멸시효기간은 민법 제162조 제1항에 따라 10년이다(대판 2003.4.8. 2002다64957,64964).   [변호 18. 22. 모의 20]

30   교통사고 피해자가 가해차량의 책임보험 보험자로부터 보험금을 수령하였음에도 자동차손해배상 보장사업을 위탁받은 보험사업자로부터 또다시 피해보상금을 수령한 것을 원인으로 한 보험사업자의 피해자에 대한 부당이득반환청구권의 소멸시효기간은 민법 제162조 제1항에 따라 10년이라고 봄이 상당하다(대판 2010.10.14. 2010다32276).   [모의 13]

31 甲 주식회사가 대출금 채무자의 재산에 관한 경매사건 배당절차에서 가지는 권리를 乙 등이 침해하였다고 주장하며 乙 등이 수령한 배당금에 대하여 부당이득반환을 청구하는 경우, 이러한 부당이득반환청구권은 상행위에 해당하는 계약에 기초하여 이루어진 급부 자체의 반환을 구하는 것이 아니고, 甲 회사와 乙 등의 법률관계를 상거래 관계와 같은 정도로 신속하게 해결할 필요성이 없으므로 10년의 민사소멸시효기간이 적용된다(대판 2019.9.10. 2016다271257). [중요판례]

32 이익의 배당이나 중간배당은 회사가 획득한 이익을 내부적으로 주주에게 분배하는 행위로서 회사가 영업으로 또는 영업을 위하여 하는 상행위가 아니므로 배당금지급청구권은 상법 제64조가 적용되는 상행위로 인한 채권이라고 볼 수 없다. 이에 따라 위법배당에 따른 부당이득반환청구권 역시 근본적으로 상행위에 기초하여 발생한 것이라고 볼 수 없다. 특히 배당가능이익이 없는데도 이익의 배당이나 중간배당이 실시된 경우 회사나 채권자가 주주로부터 배당금을 회수하는 것은 회사의 자본충실을 도모하고 회사 채권자를 보호하는 데 필수적이므로, 회수를 위한 부당이득반환청구권 행사를 신속하게 확정할 필요성이 크다고 볼 수 없다. 따라서 위법배당에 따른 부당이득반환청구권은 민법 제162조 제1항이 적용되어 10년의 민사소멸시효에 걸린다고 보아야 한다(대판 2021.6.24. 2020다208621). [최신판례]

33 주채무자에 대한 확정판결에 의하여 민법 제163조 각호의 단기소멸시효에 해당하는 주채무의 소멸시효기간이 10년으로 연장된 상태에서 주채무를 보증한 경우, 특별한 사정이 없는 한 보증채무에 대하여는 민법 제163조 각 호의 단기소멸시효가 적용될 여지가 없고, 성질에 따라 보증인에 대한 채권이 민사채권인 경우에는 10년, 상사채권인 경우에는 5년의 소멸시효기간이 적용된다(대판 2014.6.12. 2011다76105). [변호 18, 모의 20]

> [관련 지문] 건설자재 등 판매업을 하는 甲이 乙주식회사를 상대로 제기한 물품대금청구소송에서 원고승소판결이 확정된 후 丙이 乙주식회사의 물품대금채무를 연대보증한 사안에서 甲이 丙에게 보증채권을 행사하는 경우 소멸시효는 5년이다(대판 2014.6.12. 2011다76105). [모의 20]

34 오락장 주인인 A가 B에 대하여 1백만 원의 입장료 채권을 보유하는 경우 그 채권은 1년간 행사하지 않으면 소멸시효가 완성한다. [모의 19]

35 채권양수인이 채권양도의 대항요건을 갖추지 못한 상태에서 채무자를 상대로 재판상 청구를 한 경우, 소멸시효 중단사유인 재판상 청구에 해당한다(대판 2018.6.15. 2018다10920). [중요판례]

쟁점 3. 상사유치권

01 상법 제58조가 정한 일반상사유치권은 상인간의 상행위로 인한 채권이 변제기에 있을 것을 요건으로 한다. [변호 14, 모의 14, 16(2), 17, 19, 21]

> [관련 쟁점] 일반상사유치권의 요건 ① 채권자와 채무자 모두 상인일 것, ② 피담보채권이 상행위로 인하여 발생하고 변제기가 도래할 것, ③ 목적물이 채무자의 소유일 것, ④ 견련성 불필요, ⑤ 반대특약 부존재

02 일반상사유치권의 대상 '물건'에는 부동산도 포함된다(대판 2013.5.24. 2012다39769,39776). [모의 17, 21]

03 상사유치권은 피담보채권 성립시점과 유치물 점유 개시시점에 채권자와 채무자 모두 상인이어야 한다. 유치권이 성립한 이후에는 상인자격을 상실해도 상사유치권은 유지된다. [모의 21]

04 일반상사유치권은 유치물과 피담보채권 사이에 개별적인 견련성이 요구되지 않으나, 유치목적물은 채무자 소유이어야 성립한다. [변호 13, 14, 모의 14, 16, 19, 21(2), 22]

> (틀린지문) 일반상사유치권은 유치물과 피담보채권 사이에 개별적인 견련성이 요구되며, 유치목적물도 채무자 소유이어야 성립한다. [변호 13]

05 상법 제58조가 정한 일반상사유치권은 법정 요건이 충족되면 성립하는 것이지만 채권자와 채무자의 특약으로 이를 배제할 수 있고, 이러한 특약은 명시적인 경우뿐만 아니라 묵시적인 약정에 의해서도 가능하다. [변호 14, 모의 16, 17, 21]

06 채무자 소유 부동산에 이미 저당권이 설정되어 있는 상태에서 상법 제58조가 정한 일반상사유치권을 취득한 채권자는 그 저당권에 기한 임의경매절차에서 부동산을 취득한 매수인에게 자신의 상사유치권으로 대항할 수 없다(대판 2013.2.28. 2010다57350). [변호 14, 21, 모의 14, 16(2), 17, 22]

07 민사유치권에는 유치권의 목적물과 피담보채권의 견련성이 요구되지만, 상사유치권, 위탁매매인의 유치권, 대리상의 유치권에는 피담보채권과 목적물의 견련성이 요구되지 않는다. [모의 14]

> [관련 지문] 상인인 A가 상인이 아닌 B에 대하여 1백만 원의 채권을 보유하는 경우 A는 1백만 원의 채권과 개별적 견련성이 없는 B 소유의 물건에 대하여 유치권을 행사할 수 없다. [모의 19]

08 민사유치권, 위탁매매인·대리상의 유치권은 목적물이 채무자 소유일 것이 요구되지 않으나, 일반상사유치권은 채무자 소유일 것이 요구된다. [변호 14, 21, 모의 14, 16, 17]

> (틀린지문) 상법 제58조가 정한 일반상사유치권과 상법 제111조와 제91조가 정한 위탁매매인의 특별상사유치권은 목적물이 채무자 소유일 것을 요하는 점에서 목적물이 채무자 소유일 것을 요하지 않는 민사유치권과 차이가 있다. [변호 14]

09 대리상의 유치권은 유치물과 피담보채권 사이에 개별적인 견련성이 요구되지 않고 유치목적물도 채무자 소유가 아니어도 성립할 수 있다(제91조). [변호 13, 21, 모의 21]

> (틀린지문) 대리상의 유치권은 유치권의 목적물과 피담보채권의 견련성이 요구되지 않지만, 목적물이 채무자의 소유일 것을 요한다. [변호 21]

10 육상물건운송인의 특별상사유치권이 성립하기 위해서는 피담보채권과 유치목적물 사이에 개별적 견련성이 요구되고 유치목적물이 운임채무자의 소유일 것이 요구되지 않는다는 점에서 민사유치권과 같다(제147조, 제120조). [모의 14, 16]

11 상법상 중개인에게는 특별상사유치권이 인정되지 않는다. [모의 16]

12 유치권은 법정담보물권이기는 하나 채권자의 이익보호를 위한 채권담보의 수단에 불과하므로 이를 포기하는 특약은 유효하고, 유치권을 사전에 포기한 경우 다른 법정요건이 모두 충족되더라도 유치권이 발생하지 않는 것과 마찬가지로 유치권을 사후에 포기한 경우 곧바로 유치권은 소멸한다. 그리고 유치권 포기로 인한 유치권의 소멸은 유치권 포기의 의사표시의 상대방뿐 아니라 그 이외의 사람도 주장할 수 있다(대판 2016.5.12. 2014다52087). [변호 21]

> (틀린지문) 유치권 포기로 인한 유치권의 소멸은 유치권 포기의 의사표시의 상대방만 주장할 수 있다. [변호 21]

13 유치물은 그 각 부분으로써 피담보채권의 전부를 담보하고, 이와 같은 유치권의 불가분성은 그 목적물이 분할 가능하거나 수 개의 물건인 경우에도 적용되며, 상사유치권에도 적용된다. 민법 제324조는 '유치권자에게 유치물에 대한 선량한 관리자의 주의의무를 부여하고, 유치권자가 이를 위반하여 채무자의 승낙 없이 유치물을 사용, 대여, 담보 제공한 경우에 채무자는 유치권의 소멸을 청구할 수 있다.'고 정한다. 하나의 채권을 피담보채권으로 하여 여러 필지의 토지에 대하여 유치권을 취득한 유치권자가 그중 일부 필지의 토지에 대하여 선량한 관리자의 주의의무를 위반하였다면 특별한 사정이 없는 한 위반행위가 있었던 필지의 토지에 대하여만 유치권 소멸청구가 가능하다고 해석하는 것이 타당하다(대판 2022.6.16. 2018다301350). [최신판례]

쟁점 4. 유질계약

01   민법상 질권 설정 당시의 계약 또는 채무변제기 전의 계약으로 변제에 갈음하여 질권자에게 질권의 소유권을 취득하게 하거나 기타 법률이 정한 방법에 의하지 아니하고 질물을 처분할 것을 약정할 수 없으나, 상행위로 인하여 생긴 채권을 담보하기 위해 설정한 질권에 대해서는 유질계약이 허용된다(제59조).   [모의 13]

02   질권설정계약에 포함된 유질약정이 상법 제59조에 따라 유효하기 위하여 질권설정자가 상인이어야 하는 것은 아니다(대판 2017.7.18. 2017다207499).   [변호 20, 모의 20]

03   질권설정계약에 포함된 유질약정이 상법 제59조에 따라 유효하기 위해서는 질권설정계약의 피담보채권이 상행위로 인하여 생긴 채권이어야 한다(제59조).   [모의 20]

04   일방적 상행위로 생긴 채권을 담보하기 위한 질권에 대해서도 유질약정을 허용한 상법 제59조가 적용된다(대판 2017.7.18. 2017다207499).   [모의 20]

> [관련 지문] A가 상인이 아니고 B가 상인이라면, A의 B에 대한 1백만 원의 채권을 담보하기 위하여 B가 자기 소유의 골동품에 질권을 설정하면서 유질약정을 할 수 있다.   [모의 19]

05   상사질권설정계약에 있어서 유질계약의 성립을 인정하기 위하여서는 그에 관하여 별도의 명시적 또는 묵시적인 약정이 성립되어야 한다(대판 2008.3.14. 2007다11996).   [변호 20, 모의 20]

06   상법은 유질약정이 체결된 경우 질권의 실행 방법이나 절차에 관하여는 아무런 규정을 두고 있지 않으므로, 질권의 실행 방법이나 절차는 원칙적으로 질권설정계약에서 정한 바에 따라야 한다. 채권자가 유질약정을 근거로 처분정산의 방법으로 질권을 실행할 때 일반적으로 허용된 여러 비상장주식 가격 산정방식 중 하나를 채택하여 그에 따라 처분가액을 산정한 이상, 나중에 그 가격이 합리적인 가격이 아니었다고 인정되더라도, 채권자와 채무자 사이에서 피담보채무의 소멸 범위나 초과액의 반환 여부, 손해배상 등이 문제 될 뿐이고 채권자와 처분 상대방 사이에서 채권자의 처분행위 자체가 무효로 된다고 볼 수는 없다(대판 2021.11.25. 2018다304007).   [최신판례]

쟁점 5. 민법 채권에 대한 특칙

01   상행위로 인하여 발생한 채무의 법정 이율은 연 6%이다(제54조).   [모의 13]

02 상사법정이율은 상행위로 인한 채무나 이와 동일성을 가진 채무에 적용되고, 상행위가 아닌 불법행위로 인한 손해배상채무에는 적용되지 않는다(대판 1985.5.28. 84다카966). [변호 15, 21, 모의 14]

03 민법상 금전소비대차는 무이자를 원칙으로 하나, 상인이 그 영업에 관하여 금전을 대여한 경우에는 이자의 약정이 없더라도 법정이자를 청구할 수 있다(제55조 제1항). [모의 13]

04 상인 간에서 금전소비대차에 따른 약정이자를 구하는 청구에는 약정 이자율이 인정되지 않더라도 상법에서 정한 법정이자의 지급을 구하는 취지가 포함되어 있다고 보아야 한다(대판 2007.3.15. 2006다73072). [변호 21]

05 수인이 그 1인 또는 전원에게 상행위가 되는 행위로 인하여 채무를 부담한 때에는 연대하여 변제할 책임이 있다(제57조 제1항). [변호 19, 21, 모의 14]

> [관련 지문] 하나의 행위로 甲과 乙 모두에게 상행위로 인한 채무가 되지 않지만 채권자인 丙에게는 상행위로 인한 채권이 되는 경우 甲과 乙이 공동으로 지는 채무는 특약이 없는 한 균등한 비율로 분할채무를 부담한다. [변호 19]

06 조합채무가 조합원 전원을 위하여 상행위가 되는 행위로 인하여 부담하게 된 것이라면 상법 제57조 제1항이 적용되어 조합원들이 연대책임을 부담한다(대판 2018.4.12. 2016다39897). [변호 19]

> (틀린지문) 민법상 조합원 전원인 甲과 乙에게 상행위가 되는 행위로 인하여 조합채무를 부담하게 된 것이라면 그 채무에 관하여 甲과 乙 상호 간에는 분할채무 원칙이 적용된다. [변호 19]

07 甲, 乙, 丙은 각자 재산을 출연하여 중화요리 식당을 공동경영하기로 하는 조합을 결성하였다. 업무집행조합원인 甲은 식당경영을 위해 丁으로부터 A건물을 매수하고 그 대금까지 지급하였고 그 매매대금을 마련하기 위해 戊로부터 3억 원을 차용한 경우, ① 해당 조합이 위 매매계약에 기하여 A 건물에 대한 소유권이전등기의 이행을 구하는 소를 제기하려면 甲, 乙, 丙이 공동으로 당사자가 되어야 하는 것이 원칙이고, ② 해당 조합이 A건물에 대해 합유 등기를 하지 아니하고 조합원 甲명의로만 소유권이전등기를 한 경우, 해당 조합이 甲에게 명의신탁한 것으로 보아야 하며(대판 2006.4.13. 2003다25256), ③ 동업목적의 건물 매수를 위해 3억 원을 차용한 甲의 행위는 업무집행조합원으로서 통상 사무라 할 것이므로 해당 조합은 3억 원의 조합채무를 부담하고, ④ 채권자 戊가 조합원에 대하여 조합재산에 의한 공동책임을 묻는 것이 아니라 각 조합원의 개인적 책임에 기하여 출자지분에 따른 이행의 소를 제기하는 경우 조합원 각자를 상대로 하여 그 이행의 소를 제기할 수 있으며(대판 1991.11.22. 91다30705), ⑤ 위 3억 원의 채무자 조합원 전원을 위하여 상행위가 되는 행위로 인하여 부담하게 된 것이라면 그 채무에 관하여 甲, 乙, 丙에 대하여 상법 제57조 제1항에 의거 연대책임이 인정된다(대판 2018.4.12. 2016다39897). [모의 14]

08 민법의 경우 당사자 간에 특약이 없는 한 보증채무는 주채무자에 대하여 보충성을 가지지만, 주채무자에게 일방적 상행위가 되는 경우 그 채무이행을 담보하기 위해 비상인이 보증을 하면 그 주채무자와 보증인은 연대책임을 부담한다(제57조 제2항). [모의 14]

해설▶ 보증인이 있는 경우에 그 보증이 상행위이거나 주채무가 상행위로 인한 것인 때에는 주채무자와 보증인은 연대하여 변제할 책임이 있다(제57조 제2항).

> [관련 지문] 전문보증기관인 주식회사 甲이 영업으로 보증을 한 경우 주채무가 상행위로 인한 것이 아닌 경우에도 회사 甲은 주채무자와 연대하여 변제할 책임이 있다(제57조 제2항). [변호 19]

09 상인이 그 영업범위 내에서 타인을 위하여 행위를 한 때에는 이에 대하여 상당한 보수를 청구할 수 있다(제61조). [관련쟁점]

10 상인이 그 영업범위 내에서 물건의 임치를 받은 경우에는 보수를 받지 않는 경우에도 선량한 관리자의 주의를 하여야 한다(제62조). [변호 21]

> (틀린지문) 민법상 보수없이 임치를 받은 자와 상법상 자신의 영업범위 내에서 보수를 받지 아니하고 임치를 받은 상인은 임치물을 선량한 관리자의 주의로 보관하여야 한다. [변호 21]

11 대화자 간의 계약의 청약은 상대방이 즉시 승낙하지 아니한 때에는 그 효력을 잃는다(제51조). [모의 13]

12 상인이 상시 거래관계에 있는 자로부터 그 영업부류에 속한 계약의 청약을 받은 때에는 지체없이 낙부의 통지를 발송해야 하고 이를 해태한 때에는 승낙한 것으로 본다(제53조). [변호 16, 18]

> (틀린지문) A가 상시 거래관계에 있는 B에게 승낙기간을 정하여 물품의 공급을 청약하였으나 B가 지체없이 거절의 의사를 표시하지 아니한 경우에는 승낙이 의제된다. [변호 18]

13 상인이 그 영업부류에 속한 계약의 청약을 받은 경우에 견품 기타의 물건을 받은 때에는 청약을 거절한 때에도 청약자의 비용으로 그 물건을 보관해야 한다(제60조). [변호 16]

> (틀린지문) 상인이 그 영업부류에 속한 계약의 청약을 받은 경우 견품 기타의 물건을 받은 때에는 청약을 거절한 때에도 청약수령자의 비용으로 그 물건을 보관하여야 한다. [변호 16]

쟁점 6. 상사매매

01 매수인 A 주식회사가 매도인 B 주식회사로부터 매수한 목적물의 수령을 거부하는 경우 매도인 B 주식회사는 상당한 기간을 정하여 최고한 후 법원의 허가를 얻지 않고 경매할 수 있고 이 경우 지체 없이 A 주식회사에게 그 통지를 발송하여야 한다(제67조 제1항).
[변호 18]

> **[관련 쟁점]** 상인간의 매매계약에서 매수인이 매매계약을 해제한 경우, 매수인은 매매목적물을 보관하거나 공탁하여야 한다(제70조 제1항). 목적물이 멸실·훼손 염려가 있는 경우, 매수인은 법원의 허가를 얻어 경매 후 대가를 보관 또는 공탁하여야 한다(제70조 제1항).

02 상인간의 매매에 있어서 매매의 성질 또는 당사자의 의사표시에 의하여 일정한 일시 또는 일정한 기간 내에 이행하지 아니하면 계약의 목적을 달성할 수 없는 경우에 당사자의 일방이 이행시기를 경과한 때에는 상대방은 즉시 그 이행을 청구하지 아니하면 계약을 해제한 것으로 본다(제68조).
[변호 16, 18, 모의 13, 14, 19]

03 매수인의 목적물검사 및 하자통지의무는 당사자 쌍방이 상인이고 쌍방에게 상행위가 되는 경우에 한하여 적용되므로 상인간의 매매라 하더라도 어느 일방에게 전혀 상행위가 되지 않는다면 매수인은 그 의무를 부담하지 않는다.
[모의 20]

04 A 주식회사의 등록상표가 인쇄된 특수규격의 포장박스를 B 주식회사가 제작·공급하기로 하는 계약에 따라 A 주식회사가 포장박스를 인도받고 그 하자유무에 대하여 지체없이 검사하지 아니한 채 보관하던 중 인쇄가 잘못된 것을 발견한 경우 상법 제69조가 적용되지 않는다(대판 1987.7.21. 86다카2446).
[변호 18, 모의 19]

05 상인간의 매매에서 매수인이 목적물을 수령한 때에는 지체없이 이를 검사하여야 하며 하자 또는 수량의 부족을 발견한 경우 즉시, 즉시 발견할 수 없는 하자가 있는 경우에는 6월 내에 매수인이 매도인에게 그 통지를 발송하지 아니하면 이로 인한 계약해제, 대금감액 또는 손해배상을 청구하지 못하도록 규정하고 있는 상법 제69조 제1항은 민법상 매도인의 담보책임에 대한 특칙으로 전문적 지식을 가진 매수인에게 신속한 검사와 통지의무를 부과함으로써 상거래를 신속하게 결말짓도록 하기 위한 규정으로서 성질상 임의규정이므로 당사자 간의 약정에 의하여 달리 정할 수 있다(대판 2008.5.15. 2008다3671).
[변호 15, 모의 19]

> **[관련 지문]** 상사매매에서 목적물인 사과의 과심이 썩어 있는 경우에 사과를 수령한 즉시 하자를 통지하지 못했더라도, 매수인은 사과를 수령한 날로부터 6개월 내에는 이를 발견한 즉시 하자를 통지하여 담보책임을 물을 수 있다(대판 1993.6.11. 93다7174).
[모의 19]

06 상인간의 매매에 있어서 매수인은 목적물을 수령한 때부터 지체 없이 이를 검사하여 하자 또는 수량의 부족을 발견한 경우에는 즉시 매도인에게 그 통지를 발송하여야만 그 하자로 인한 계약해제, 대금감액 또는 손해배상을 청구할 수 있고, 설령 매매의 목적물에 상인에게 통상 요구되는 객관적인 주의의무를 다하여도 즉시 발견할 수 없는 하자가 있는 경우에도 매수인은 6月 내에 그 하자를 발견하여 지체 없이 이를 통지하지 아니하면 매수인은 과실의 유무를 불문하고 매도인에게 하자담보책임을 물을 수 없다(대판 1999.1.29. 98다1584). [변호 14, 18(2), 모의 19, 20]

> **(틀린지문)** 부동산임대업을 영위하는 A가 같은 영업을 하는 B로부터 건물을 매수하여 인도받은 후 지체없이 검사를 하였다면 6개월이 지난 후에 건물의 하자를 발견한 경우에도 B에게 하자담보책임을 물을 수 있다. [변호 18]

07 Y회사가 X회사에게 토지매매계약에 따라 이전등기를 마친 후 4년이 지난 시점에 X회사가 토지가 유류성분 등으로 오염된 사실을 발견한 경우, X회사가 Y회사로부터 토지를 인도받아 소유권이전등기를 마친 때로부터 6개월이 경과한 후에 Y회사에게 토양 오염 등의 하자를 통지하였으므로 X회사는 하자담보책임에 기한 손해배상청구 및 대금감액 청구권은 행사할 수 없으나, Y회사가 오염된 토양을 정화하지 않은 채 토지를 인도한 것은 불완전이행에 해당하므로, X회사는 오염된 토양을 정화하는데 필요한 비용 상당의 채무불이행에 해당하는 이른바 불완전이행으로 인한 손해배상책임청구권은 행사할 수 있다(대판 2015.6.24. 2013다522). [모의 19]

쟁점 7. 상호계산

01 상호계산은 상인간 또는 상인과 비상인간에 상시 거래관계가 있는 경우에 일정한 기간의 거래로 인한 채권채무의 총액에 관하여 상계하고 그 잔액을 지급할 것을 약정함으로써 그 효력이 생긴다(제72조). [변호 12, 17, 19]

> **(틀린지문)** 상호계산에 관한 규정이 적용되려면 당사자가 모두 상인이어야 한다. [변호 19]

02 상호계산은 당사자 간 일정기간의 거래로 발생한 채권·채무를 대상으로 하므로, 불법행위로 인하여 발생한 채권·채무는 상호계산에 포함되지 않는다. [변호 19]

[해설] 어음·수표는 지급기일 등 일정한 시기에 일정한 방법으로 지급되는 것이 예정되어 있으므로 상호계산의 대상이 되지 않는다. 다만, 어음·수표 수수에 따른 대가채권은 상호계산 대상이 된다. 불법행위채권, 제3자로부터 양수한 채권 및 금전채권이 아닌 특정물의 인도를 목적으로 하는 채권 등은 상호계산에서 제외된다.

> **(틀린지문)** 상호계산은 당사자 간 일정기간의 거래로 발생한 채권·채무를 대상으로 하는데, 불법행위로 인하여 발생한 채권·채무도 상호계산에 포함된다. [변호 19]

03 상인간의 계속적 거래 과정에서 이루어진 상호 물품대금과 가공비 공제의 경우 물품대금채권에 대한 채무승인이 있었다고 볼 수 있다(대판 2022.5.26. 2021다271732). [최신판례]

04 상호계산에 있어 상계할 기간을 정하지 않은 때에는 그 기간은 6개월로 한다(제74조). [변호 12]

> (틀린지문) 상사계산에 있어서 상계할 기간을 정하지 아니한 때에는 그 기간은 1년으로 한다. [변호 12]

05 어음 기타의 상업증권으로 인한 채권채무를 상호계산에 계입한 경우에 그 증권채무자가 변제하지 아니한 때에는 당사자는 그 채무의 항목을 상호계산에서 제거할 수 있다(제73조). [변호 19]

06 상호계산의 당사자가 채권채무의 각 항목을 기재한 계산서를 승인한 때에는 다른 약정이 없는 한, 그 각 항목에 대하여 이의를 제기하지 못하지만 착오나 탈루가 있는 때에는 그러하지 아니하다(제75조). [변호 17]

07 상호계산의 각 당사자는 다른 약정이 없는 한 언제든지 상호계산을 해지할 수 있고, 이 경우에는 즉시 계산을 폐쇄하고 잔액의 지급을 청구할 수 있다(제77조). [변호 17]

쟁점 8. 익명조합

01 당사자의 일방이 상대방의 영업을 위하여 출자를 하는 경우라 할지라도 그 영업에서 이익 여부를 따지지 않고 상대방이 정기적으로 일정한 금액을 지급하기로 약정한 경우는 가령 이익이라는 명칭을 사용하였다 하더라도 익명조합약정이라 할 수 없다(대판 1962.12.27. 62다660). [모의 16]

> **해설** 익명조합은 당사자의 일방이 상대방의 영업을 위하여 출자하고 상대방은 그 영업으로 인한 이익을 분배할 것을 약정함으로써 그 효력이 생긴다(제78조).

02 익명조합계약의 당사자는 쌍방이 상인이 아니어도 무방하다. 상인이 아닌 자가 영업자가 되는 경우 익명조합계약의 체결과 동시에 그 영업자는 상인자격을 취득한다. 익명조합원은 상인일 필요가 없다. [모의 16, 21]

03 익명조합의 익명조합원이 출자한 금전 기타의 재산은 영업자의 재산이 되므로 영업자는 타인의 재물을 보관하는 자의 지위에 있지 않고, 따라서 영업자가 영업이익금 등을 임의로 소비하였더라도 횡령죄가 성립할 수 없다(대판 2011.11.24. 2010도5014). [변호 17, 모의 16, 17, 21]

04 영업자는 영업이익을 익명조합원에게 분배해야 하지만, 익명조합원은 영업손실을 분담하지 않을 수 있다. [모의 16]

05 익명조합원의 출자가 손실로 인해 감소된 때에는 당사자 간에 다른 약정이 없으면 그 손실을 전보한 후가 아니면 익명조합원은 이익배당을 청구하지 못한다(제82조 제1항). [변호 12, 22]

06 익명조합원은 영업연도 말에 있어 영업시간 내에 한하여 영업자의 회계장부·대차대조표 기타 서류를 열람할 수 있고, 영업자의 업무와 재산상태를 검사할 수 있다(제86조, 제277조). [모의 21]

07 익명조합원은 영업자의 행위에 관하여서는 제3자에 대하여 권리나 의무가 없다(제80조). [변호 12, 17]

해설 영업자의 채권자는 익명조합원이 출자한 재산에 압류할 수 있으나, 익명조합원의 채권자는 익명조합원이 출자한 재산에 대하여 압류할 수 없다.

> [관련 지문] X는 출자를 하지 않고 A와 B가 각각 1억 원을 출자하며, X가 단독으로 X의 성명만이 들어간 상호를 사용하여 영업을 하고, 그 영업으로 인하여 발생한 이익의 25%씩을 A와 B에게 각각 분배하기로 하는 약정을 체결한 뒤 X가 C주식회사로부터 건축자재를 대금 1천만 원에 외상으로 구매한 경우, A와 B가 출자한 출자금 2억 원은 X의 재산으로 보고, A는 위 건축자재 대금채무를 변제할 책임이 없다. [변호 17]
>
> (틀린지문) 익명조합원은 원칙적으로 영업자의 거래상대방에 대하여 영업자와 함께 직접 권리와 의무를 부담한다. [변호 12]

08 익명조합원이 자기의 성명을 영업자의 상호 중에 사용하게 하거나 자기의 상호를 영업자의 상호로 사용할 것을 허락한 때에는 그 사용 이후의 채무에 대하여 영업자와 연대하여 변제할 책임이 있다(제81조). [변호 22, 모의 16]

> (틀린지문) 익명조합원이 자기의 성명을 영업자의 상호 중에 사용하게 하거나 자기의 상호를 영업자의 상호로 사용할 것을 허락한 때에는 그 사용 전에 발생한 영업자의 채무에 대하여도 영업자와 연대하여 변제할 책임이 있다. [변호 22]

09 익명조합계약은 영업의 폐지 또는 양도, 영업자의 사망 또는 성년후견개시, 영업자 또는 익명조합원의 파산으로 종료된다(제84조). [모의 21]

쟁점 9. 합자조합

01 합자조합에서 둘 이상의 업무집행조합원이 있는 경우에 조합계약에 다른 정함이 없으면 그 각 업무집행조합원의 업무집행에 관한 행위에 대하여 다른 업무집행조합원의 이의가 있는 경우 그 행위를 중지하고 업무집행조합원 과반수의 결의에 따라야 한다(제86조의5 제3항).　　　[변호 22]

02 X, Y, Z가 각각 1억 원을 상호출자하여 공동사업을 경영하고, Y와 Z는 조합채무에 대하여 출자가액을 한도로 하여 유한책임을 지며, X는 업무집행조합원으로서 조합채무에 대하여 무한책임을 지기로 하는 약정을 체결하고 합자조합을 설립한 뒤 X가 C주식회사로부터 건축자재를 대금 1천만 원에 외상으로 구매한 경우, X는 Y와 Z의 동의가 없으면 자기 또는 제3자의 계산으로 조합의 영업부류에 속하는 거래를 하지 못하고(제86조의8 제2항, 제198조), Y가 출자를 이행하지 않은 때에는 Y는 위 건축자재 대금채무를 변제할 책임이 있다(제86조의6 제1항).　　　[변호 17, 22]

> **해설** 합자조합은 조합의 업무집행자로서 조합의 채무에 대하여 무한책임을 지는 조합원과 출자가액을 한도로 하여 유한책임을 지는 조합원이 상호출자하여 공동사업을 경영할 것을 약정함으로써 그 효력이 생긴다(제86조의2). 업무집행조합원은 다른 모든 조합원의 동의가 없으면 자기 또는 제3자의 계산으로 합자조합의 영업부류에 속하는 거래를 하지 못하며 동종영업을 목적으로 하는 다른 회사의 무한책임사원 또는 이사가 되지 못한다(제86조의8 제2항, 제198조). 유한책임조합원은 경업금지의무는 없으나, 자기거래금지의무는 부담한다(제86조의8 제3항, 제199조). 업무집행조합원은 실제로 업무집행권한이 있는지 여부와 상관없이 직접·연대·무한책임을 부담한다. 유한책임조합원은 조합계약에서 정한 출자가액에서 이미 이행한 부분을 뺀 가액을 한도로 조합채무를 변제할 책임을 부담한다(제86조의6 제1항).

03 합자조합에 이익이 없음에도 불구하고 배당을 받은 금액은 변제책임을 정할 때에 변제책임의 한도액에 더한다(제86조의6 제2항).　　　[변호 22]

쟁점 10. 대리상

01 대리상의 본인은 반드시 상인이어야 한다.   [변호 12, 모의 14]

> **해설**- 일정한 상인을 위하여 상업사용인이 아니면서 상시 그 영업부류에 속하는 거래의 대리 또는 중개를 영업으로 하는 자를 대리상이라 한다(제87조).

02 대리상은 본인의 허락없이 자기나 제3자의 계산으로 본인의 영업부류에 속한 거래를 하거나 동종영업을 목적으로 하는 회사의 무한책임사원 또는 이사가 되지 못한다(제89조 제1항).   [모의 20]

03 대리상은 일정한 상인의 영업만을 보조하고 상법상 경업금지의무를 부담하나, 중개인은 일정한 상인임을 요하지 아니하며, 경업금지의무 규정이 없다.   [변호 12, 모의 13, 14, 15]

04 대리상은 본인의 영업부류에 속한 거래만을 보조하지만, 중개인과 위탁매매인은 그에 한정되지 않는다.   [변호 12]

05 대리상은 계약의 종료 후에도 계약과 관련하여 알게 된 본인의 영업상의 비밀을 준수하여야 한다(제92조의3).   [모의 14]

06 대리상, 중개인, 위탁매매인은 모두 보수청구권을 행사할 수 있다.   [모의 13]

07 대리상과 위탁매매인은 특별상사유치권을 행사할 수 있지만, 중개인에 대해서는 특별상사유치권에 대한 규정이 없다.   [변호 12, 21, 모의 14, 21]

> **[관련 쟁점]** 대리상의 특별상사유치권 요건 ① 당사자 모두 상인일 것, ② 피담보채권이 거래의 대리 또는 중개로 인하여 발생하고 변제기가 도래할 것, ③ 본인을 위하여 점유하는 물건이면 본인의 소유가 아니어도 됨, ④ 견련성 불필요, ⑤ 반대특약 부존재

08 대리상의 활동으로 인한 이익이 대리상계약의 종료 후에도 계속되는 경우에 대리상은 본인에 대하여 상당한 보상을 청구할 수 있다(제92조의2 제1항).   [모의 14]

> **참고판례** "제조자나 공급자로부터 제품을 구매하여 그 제품을 자기의 이름과 계산으로 판매하는 영업을 하는 특약점의 경우에도 대리상과 실질이 유사한 경우 대리상의 보상청구권에 관한 상법 제92조의2가 유추적용 된다"(대판 2013.2.14. 2011다28342).

쟁점 11. 중개업

01 타인간의 상행위의 중개를 영업으로 하는 자를 중개인이라 한다(제93조). [모의 14]

> **[관련 지문]** 타인간의 상행위가 아닌 혼인중매와 같은 행위의 중개를 영업으로 하는 자는 상인이지만 상사중개인은 아니다. [모의 16]

02 중개인이 임의로 또는 당사자가 그 성명 또는 상호를 상대방에게 표시하지 아니할 것을 중개인에게 요구하여 당사자의 일방의 성명 또는 상호를 상대방에게 표시하지 아니한 때에는 상대방은 중개인에 대하여 이행을 청구할 수 있다(제99조). [모의 15, 16]

03 중개인은 결약서의 교부 절차를 종료하지 아니하면 보수를 청구하지 못하고(제100조 제1항), 중개인의 보수는 당사자 쌍방이 균분하여 부담한다(제100조 제2항). [모의 13, 16]

04 중개인은 그 중개한 행위에 관하여 당사자를 위하여 지급 기타의 이행을 받지 못한다. 그러나 다른 약정이나 관습이 있으면 그러하지 아니하다(제94조). [모의 16]

> **[관련 쟁점]** 중개인이 중개행위에 관하여 견품을 받은 때에는 그 행위가 완료될 때까지 이를 보관하여야 한다(제95조). 중개 대상 계약이 성립되면 중개인은 지체 없이 각 당사자의 성명 또는 상호, 계약 연월일과 요령을 기재한 서면인 결약서를 작성하여 각 당사자에게 교부하여야 한다(제96조 제1항).

쟁점 12. 위탁매매업

01 위탁매매는 자기명의로써 타인의 계산으로 법률행위를 하는 주선행위의 일종으로 그 법률적 효과는 행위자에게, 경제적 효과는 타인에게 귀속되는 특징이 있다(제101조). [모의 14, 16, 21]

> **해설** 자기명의로써 타인의 계산으로 물건 또는 유가증권의 매매를 영업으로 하는 자를 위탁매매인이라 한다(제101조). 위탁자는 불특정다수인이어도 되고, 상인이 아니어도 된다.

02 어떠한 계약이 일반 매매계약인지 위탁매매계약인지는 계약의 명칭 또는 형식적인 문언을 떠나 그 실질을 중시하여 판단하여야 한다(대판 2011.7.14. 2011다31645). [변호 21, 모의 21]

03 위탁자가 지정한 가액보다 염가로 매도하거나 고가로 매수한 경우 위탁매매인이 체결한 매매계약은 유효하나, 경제적 효과를 위탁자에게 귀속시킬 수 없다. 이 경우 위탁매매인은 매매계약 체결에 대한 보수를 청구할 수 없다. 위탁매매인이 그 차액을 부담하면 그 매매는 위탁자에 대하여 효력이 있으며(제106조 제1항), 이 경우 위탁매매인은 위탁자에게 보수를 청구할 수 있다. [모의 21]

04 위탁자가 지정한 가액보다 고가로 매도하거나 염가로 매수한 경우에는 그 차액은 다른 약정이 없으면 위탁자의 이익으로 한다(제106조 제2항). [변호 13, 16, 모의 13, 18, 21]

> **(틀린지문)** 위탁자가 지정한 가액보다 고가로 매도하거나 염가로 매수한 경우 그 차액은 다른 약정이 없으면 위탁매매인의 이익으로 한다. [변호 13]

05 위탁매매인은 위탁자를 위한 매매에 관하여 상대방이 채무를 이행하지 아니하는 경우에는 위탁자에 대하여 이를 이행할 책임이 있다(제105조 본문). [변호 13, 16, 모의 18, 21]

> **참고판례** "위탁매매는 상법상 전형적 상행위이며 위탁매매인은 당연한 상인이고 위탁자도 통상 상인일 것이므로, 위탁자의 위탁매매인에 대한 매매 위탁으로 인한 채권은 다른 특별한 사정이 없는 한 통상 상행위로 인하여 발생한 채권으로 5년 상사소멸시효 대상이 된다"(대판 1996.1.23. 95다39854).
>
> **(틀린지문)** 위탁매매에 있어서 상대방이 매매대금채무를 이행하지 아니하는 경우, 위탁매매인에게 귀책사유가 없다면, 위탁매매인은 위탁자에게 그 매매대금채무를 이행할 책임이 없다. [변호 16]

06 위탁매매인이 부담하는 책임은 상대방이 이행하여야 하는 채무와 동일하다. 위탁매매인은 상대방의 항변권 행사가 가능하다. 이행담보책임의 소멸시효는 5년이다. [모의 21]

07 위탁매매인이 거래소의 시세가 있는 물건 또는 유가증권의 매매를 위탁받은 경우에는 직접 그 매도인이나 매수인이 될 수 있다(제107조 제1항). [변호 21, 모의 15, 20, 21]

08 위탁매매인이 개입권을 행사한 경우, 위탁매매인은 위탁자에게 보수를 청구할 수 있다(제107조 제2항). [모의 16, 21]

09 위탁매매인이 위탁매매 목적물을 인도받은 후 물건의 훼손 또는 하자를 발견하거나 물건이 부패할 염려가 있는 때 또는 가격저락의 상황을 안 때에는 지체 없이 위탁자에게 통지를 발송하여야 한다(제108조 제1항). 위 경우, 위탁자의 지시를 받을 수 없거나 지시가 지연되는 때에는 위탁매매인은 위탁자의 이익을 위하여 적당한 처분을 할 수 있다(제108조 제2항). [변호 16]

> **(틀린지문)** 위탁매매인이 위탁매매 목적물을 인도받은 후 가격이 폭락하는 상황임을 안 때에는 즉시 위탁자에게 통지해야 하고, 위탁자의 지시를 받을 수 없는 경우 적절한 보관을 할 수는 있지만 이를 처분할 수는 없다. [변호 16]

10 상인인 위탁자가 그 영업에 관하여 물건의 매수를 위탁한 경우에는 위탁자와 위탁매매인간의 관계에는 매수인의 목적물 검사와 하자통지의무가 준용된다(제110조). [모의 18]

11 위탁매매인은 위탁매매로 인한 채권이 변제기에 있는 때에는 그 변제를 받을 때까지 본인을 위하여 점유하는 물건 또는 유가증권을 유치할 수 있다. 그러나 당사자 간에 다른 약정이 있으면 그러하지 아니하다(제111조, 제91조).   [모의 18]

12 위탁매매인은 위탁자를 위한 매매로 인하여 상대방에 대하여 직접 권리를 취득하고 의무를 부담한다(제102조).   [모의 16, 18, 21]

13 위탁매매인과 상대방 간의 위탁매매의 성립 또는 효력에 영향을 미치는 사실의 유무 및 그 사실의 인지 여부는 위탁자가 아니라 위탁매매인과 상대방을 기준으로 판단한다.   [변호 13]

> **(틀린지문)** 위탁매매인과 상대방 간에 이루어지는 위탁매매의 성립 또는 효력에 영향을 미치는 사실의 유무 및 그 사실의 인지여부는 위탁자를 기준으로 판단한다.   [변호 13]

14 위탁매매인이 위탁자로부터 받은 물건 또는 유가증권이나 위탁매매로 인하여 취득한 물건, 유가증권 또는 채권은 위탁자와 위탁매매인 또는 위탁매매인의 채권자간의 관계에서는 이를 위탁자의 소유 또는 채권으로 본다(제103조).   [모의 13, 14, 15, 17, 18, 21]

15 위탁매매인이 위탁매매로 취득한 채권을 위탁자에게 알리지 않고 자신의 채권자인 제3자에게 양도하였다면, 제3자가 그 채권을 선의취득 했다는 등의 특별한 사정이 없는 한 위 채권양도는 위탁자에 대하여 효력이 없다. 이는 채권양수인이 채권의 귀속에 대하여 선의 또는 무과실이더라도 달라지지 아니한다(대판 2011.7.14. 2011다31645).   [변호 16, 21, 모의 21]

16 위탁매매의 위탁물 소유권은 위탁자와 위탁매매인 또는 위탁매매인의 채권자 간에는 위탁자에게 귀속하므로, 특별한 사정이 없는 한 위탁매매인이 판매대금이나 위탁매매로 취득한 채권을 임의로 사용·소비한 때에는 횡령죄가 성립한다(대판 1982.2.23. 81도2619).   [변호 15, 16, 모의 16, 17, 21]

17 자기명의로써 타인 계산으로 매매 아닌 행위를 영업으로 하는 자는 준위탁매매인이다.   [모의 16]

쟁점 13. 운송주선업

01 운송주선인은 자기의 이름으로 주선행위를 하는 것을 영업으로 하는 것이지만 하주나 운송인의 대리인이 되기도 하고 위탁자의 이름으로 운송계약을 체결하는 경우에도 운송주선인임에는 변함이 없다(대판 1987.10.13. 85다카1080). [모의 14, 17]

02 운송주선인이 위탁자의 청구에 의하여 화물상환증을 작성하거나 운송주선계약에서 운임의 액을 정한 경우에는 운송인으로서의 지위를 취득할 수 있다(대판 2007.4.27. 2007다4943). [모의 14]

　　해설 ① 운임확정 주선계약, ② 개입권 행사, ③ 화물상환증 발행의 경우 운송주선인이 운송인의 지위를 취득한다.

03 운송계약에 따른 권리·의무를 부담하는 운송인은 운송의뢰인에 대한 관계에서 운송을 인수한 자가 누구인지에 따라 확정된다. 운송주선인이 운송인의 지위를 취득하지 않는 한, 운송인의 대리인으로서 운송계약을 체결하였더라도 운송의뢰인에 대한 관계에서는 여전히 운송주선인의 지위에 있다(대판 2007.4.27. 2007다4943). [모의 14]

04 운송주선업자가 운송의뢰인으로부터 운송을 의뢰받은 것인지, 운송주선만을 의뢰받은 것인지 명확하지 않은 경우에는 화물상환증의 발행자 명의 등 제반 사정을 종합적으로 고려하여 확정하여야 한다(대판 2007.4.27. 2007다4943). [모의 14]

05 운송주선인은 다른 약정이 없으면 직접 운송할 수 있다. 이 경우에는 운송주선인은 운송인과 동일한 권리의무가 있다(제116조 제1항). [모의 14, 20]

06 운송주선계약으로 운임의 액을 정한 확정운임주선계약의 경우 다른 약정이 없으면 운송주선인은 따로 보수를 청구하지 못한다(제119조 제2항). [모의 14]

　　해설 운송주선인이 운송물을 운송인에게 인도한 때(운송계약 체결시나 운송완료시가 아님)에 보수를 청구할 수 있다(제119조 제1항).

07 운송주선인은 운송물에 관하여 받을 보수, 운임, 기타 위탁자를 위한 체당금이나 선대금에 관하여서만 그 운송물을 유치할 수 있다(제120조). [변호 21, 모의 21]

08 운송주선인의 위탁자 또는 수하인에 대한 채권은 1년간 행사하지 아니하면 소멸시효가 완성한다(제122조). [모의 14]

09 운송주선인은 자기나 그 사용인이 운송물의 수령, 인도, 보관, 운송인이나 다른 운송주선인의 선택 기타 운송에 관하여 주의를 해태하지 아니하였음을 증명하지 아니하면 운송물의 멸실, 훼손 또는 연착으로 인한 손해를 배상할 책임을 면하지 못한다(제115조). [모의 14]

해설 운송인의 정액배상과 달리 운송주선인은 완전배상책임을 부담한다.

10 민법 제391조의 이행보조자로서 피용자는 채무자의 의사 관여 아래 그 채무의 이행행위에 속하는 활동을 하는 사람이면 충분하고 반드시 채무자의 지시 또는 감독을 받는 관계에 있어야 하는 것은 아니다. 따라서 그가 채무자에 대하여 종속적인 지위에 있는지, 독립적인 지위에 있는지는 상관없다(대판 2018.12.13. 2015다246186).

> [관련 판례] 화물운송주선사업을 영위하는 甲회사가 丙회사와 운송주선계약을 체결하여 수입화물에 대한 해상운송, 보세창고 보관, 통관작업 진행, 국내 배송을 위임받았는데 위 화물이 인천항에 도착한 후 甲회사와 거래하던 丁회사가 운영하는 보세창고에 입고되었다가 원인 불명의 화재로 모두 전소된 경우 丁회사를 甲회사의 이행보조자로 볼 수 있다(대판 2018.12.13. 2015다246186).

11 수인이 순차로 운송주선을 하는 경우에는 후자는 전자에 갈음하여 그 권리를 행사할 의무를 부담하고, 후자가 전자에게 변제한 때에는 전자의 권리를 취득한다(제117조). [모의 14]

해설 운송주선의 경우 순차운송인의 연대책임에 관한 제138조가 준용되지 않는다. 따라서 순차운송주선인은 각자 구간에서 발생한 손해에 한하여 책임을 부담한다.

쟁점 14. 운송업

01 운송계약은 낙성계약이며 불요식계약이므로, 화물상환증 작성과 무관하다. [모의 17]

02 육상물건운송계약은 송하인과 운송인 간에 체결되는 계약으로서 도급계약의 성질을 가진다. [모의 13]

03 운송 도중에 송하인의 책임 없는 사유로 인해 발생한 운송물의 멸실에 대하여 운송인은 멸실된 부분의 운임을 청구하지 못한다는 상법 규정은 위험부담의 일반원칙인 채무자위험부담주의를 나타내는 것이지만 위험부담에 대하여 별도의 약정으로 정할 수도 있다(대판 1972.2.22. 71다2500). [모의 13]

해설 운송인이 운송을 완료한 경우 운임을 청구할 수 있다. 운송의 완료란 운송물의 현실적 인도는 아니더라도 운송물을 인도할 수 있는 상태에는 이르러야 한다. "운임은 원칙적으로 운송을 완료함으로써 청구할 수 있는 것이고, 운송의 완료라 함은 운송물을 현실적으로 인도할 필요는 없으나 운송물을 인도할 수 있는 상태를 갖추면 충분하다"(대판 1993.3.12. 92다32906).

04 송하인 또는 화물상환증이 발행된 때에는 그 소지인이 운송인에 대하여 운송의 중지, 운송물의 반환 기타의 처분을 청구할 수 있다(제139조 제1항 전단). [변호 19, 모의 13, 17]

05 화물상환증이 발행되지 않은 경우, 운송물이 목적지에 도착하기 전까지는 송하인만이 운송물의 처분을 지시할 수 있다. [모의 13]

06 운송물이 물리적으로 멸실되는 경우뿐만 아니라 운송인이 운송물의 인도를 거절하거나 운송인의 사정으로 운송이 중단되는 등의 사유로 운송물이 인도되지 않은 경우에도 '운송물을 인도할 날'을 기준으로 하여 제소기간이 도과하였는지를 판단하여야 한다(대판 2019.7.10. 2019다213009). [관련판례]

07 운송인은 자기 또는 운송주선인이나 사용인, 그 밖에 운송을 위하여 사용한 자가 운송물의 수령, 인도, 보관 및 운송에 관하여 주의를 게을리 하지 아니하였음을 증명하지 아니하면 운송물의 멸실, 훼손 또는 연착으로 인한 손해를 배상할 책임이 있다(제135조). [모의 19]

08 운송물이 전부멸실 또는 연착된 경우의 손해배상액은 인도할 날의 도착지의 가격에 따른다(제137조 제1항). [모의 17, 19]

09 운송물이 일부 멸실 또는 훼손된 경우의 손해배상액은 인도한 날의 도착지의 가격에 의한다(제137조 제2항). [변호 14, 모의 13, 18]

10 운송물의 멸실, 훼손 또는 연착이 운송인의 고의나 중대한 과실로 인한 때에는 운송인은 모든 손해를 배상하여야 한다(제137조 제3항). [변호 19]

> (틀린지문) 운송물의 멸실이 운송인의 중대한 과실에 의한 경우에도 운송물의 전부 멸실의 손해배상액은 인도할 날의 도착지의 가격에 의한다. [변호 19]

11 운송인이 고가물에 대하여 부담하는 책임에 있어서는 송하인이 가지는 주관적 가치가 아니라 그 물건이 가지는 객관적 가치에 의하여야 한다(대판 1963.4.18. 63다126). [모의 13]

12 고가물에 관하여 송하인이 운송인에게 책임을 묻기 위해서는 고가물의 종류와 가액을 명시해야 하는데, 이 경우에는 운송인 또는 그 대리인에 대하여 명시하면 족하고 그 운송인을 위해 운송행위를 하는 자 또는 그 운송인의 하도급을 받아 운송하는 자에까지 명시할 필요는 없다(대판 1991.1.11. 90다8947). [변호 14, 모의 13, 19]

13 상법 제136조와 관련되는 고가물불고지로 인한 면책규정은 운송인의 운송계약상의 채무불이행으로 인한 손해배상청구에만 적용되고 불법행위로 인한 손해배상청구에는 그 적용이 없다(대판 1991.8.23. 91다15409). [변호 14, 모의 18, 19]

> 해설 "상법 제136조와 관련되는 고가물불고지로 인한 면책규정은 운송인의 운송계약상의 채무불이행으로 인한 청구에만 적용되고 불법행위로 인한 손해배상청구에는 그 적용이 없으므로 운송인의 운송이행 업무를 보조하는 자가 운송과 관련하여 고의 또는 과실로 송하인에게 손해를 가한 경우 동인은 운송 계약의 당사자가 아니어서 운송계약상의 채무불이행으로 인한 책임은 부담하지 아니하나 불법행위로 인한 손해배상책임을 부담하므로 위 면책규정은 적용될 여지가 없다"(대판 1991.8.23. 91다15409).

14 육상운송의 경우에는 상법 제147조, 제121조에 따라 운송인의 책임은 수하인이 운송물을 수령한 날로부터 1년을 경과하면 소멸시효가 완성하고 이는 당사자의 합의에 의하여 연장하거나 단축할 수 있다(대판 2009.8.20. 2008다58978). [변호 14, 모의 19]

> **(틀린지문)** 육상운송의 경우 운송인의 책임에 대한 소멸시효는 수하인이 운송물을 수령한 날로부터 1년이며, 이 기간은 당사자 사이의 합의에 의하여 단축할 수 없다. [변호 14]

15 해상운송인의 송하인이나 수하인에 대한 권리·의무에 관한 소멸기간은 제척기간에 해당한다. 제척기간이 지난 뒤에 그 기간 경과의 이익을 받는 당사자가 기간이 지난 사실을 알면서도 기간 경과로 인한 법적 이익을 받지 않겠다는 의사를 명확히 표시한 경우에는, 소멸시효 완성 후 이익의 포기에 관한 민법 제184조 제1항을 유추적용하여 제척기간 경과로 인한 권리소멸의 이익을 포기하였다고 인정할 수 있다(대판 2022.6.9. 2017다247848). [최신판례]

16 운송물의 멸실·훼손·연착으로 인한 운송계약 당사자의 손해에 대해서는 운송계약상 채무불이행책임과 불법행위로 인한 손해배상책임이 병존한다(대판 1983.3.22. 82다카1533). [모의 13, 18]

> **[관련 지문]** 송하인이 운송인을 상대로 손해배상청구소송을 제기하면서 채무불이행에 의한 손해배상청구와 불법행위에 의한 손해배상청구를 동시에 주장하였다면 이는 선택적 병합이다. [변호 14]

17 화물상환증을 발행하지 않은 경우 운송인의 책임은 운송인 또는 그 사용인이 악의가 아닌 한 수하인이 유보 없이 운송물을 수령하고 운임 기타의 비용을 지급한 때에는 소멸한다. 그러나 운송물에 즉시 발견할 수 없는 훼손 또는 일부 멸실이 있는 경우에 운송물을 수령한 날로부터 2주간 내에 운송인에게 그 통지를 발송한 때에는 그리하지 아니하다(제146조). [모의 19]

18 화물상환증을 작성하지 않은 경우에 운송물이 도착지에 도착한 때에는 수하인은 송하인과 동일한 권리를 취득한다(제140조 제1항). [변호 19]

19 운송물이 도착지에 도착한 후 수하인이 그 인도를 청구한 때에는 수하인의 권리가 송하인의 권리에 우선한다(제140조 제2항). [모의 17]

20 화물상환증을 선의로 취득한 소지인에 대하여 운송인은 화물상환증에 적힌 대로 운송물을 수령한 것으로 보고 화물상환증에 적힌 바에 따라 운송인으로서 책임을 진다(제131조 제2항). [변호 19, 모의 19]

21 화물상환증을 작성한 경우에는 운송물에 관한 처분은 화물상환증으로써 하여야 하며(제132조), 화물상환증의 교부는 운송물을 인도한 것과 동일한 효력이 있다(제133조). [모의 19]

> **참고판례** "선하증권을 발행한 운송인이 선하증권과 상환하지 아니하고 운송물을 선하증권 소지인이 아닌 자에게 인도함으로써 선하증권 소지인에게 운송물을 인도하지 못하게 되어 운송물에 대한 그의 권리를 침해하였을 때에는 고의 또는 중대한 과실에 의한 불법행위가 성립하는데, 이 경우 운송물을 인수한 자가 운송물을 선의취득하는 등 사유로 선하증권 소지인이 운송물에 대한 소유권을 상실하여야만 운송인의 불법행위가 성립하는 것이 아니라 운송인이 선하증권 소지인이 아닌 자에게 운송물을 인도함으로써 선하증권 소지인의 운송물에 대한 권리의 행사가 어렵게 되기만 하였으면 곧바로 불법행위가 성립한다"(대판 2001.4.10. 2000다46795).

22 수인이 순차로 운송할 경우 각 운송인은 운송물의 멸실로 인한 손해를 연대하여 배상해야 한다(제138조 제1항). 손해의 원인이 된 행위를 한 운송인을 알 수 없는 때에는 각 운송인은 그 운임액의 비율로 손해를 분담한다. 다만 그 손해가 자기의 운송구간 내에서 발생하지 아니하였음을 증명한 때에는 손해분담의 책임을 면한다(제138조 제3항). [변호 19, 모의 13, 19]

쟁점 15. 공중접객업

01 공중접객업자는 자기 또는 그 사용인이 고객으로부터 임치받은 물건의 보관에 관하여 주의를 게을리하지 아니하였음을 증명하지 아니하면 그 물건의 멸실 또는 훼손으로 인한 손해를 배상할 책임이 있다(제152조 제1항). [변호 17, 모의 17]

> **참고판례** "공중접객업자가 주차장을 설치하면서 주차장에 차량출입 통제시설이나 인원을 따로 두지 않았다면, 공중접객업자와 이용객 사이에 통상 주차차량에 대한 관리를 공중접객업자에게 맡긴다는 의사까지는 없다고 보이므로, 공중접객업자에게 차량시동열쇠를 보관시키는 등의 명시적이거나 묵시적인 방법으로 주차차량의 관리를 맡겼다는 등의 특수한 사정이 없는 한, 공중접객업자에게 선량한 관리자의 주의로써 주차차량을 관리할 책임이 있다고 할 수 없다"(대판 1998.12.8. 98다37507).

02 공중접객업자는 고객으로부터 임치받지 아니한 경우에도 그 시설 내에 휴대한 물건이 자기 또는 그 사용인의 과실로 인하여 멸실 또는 훼손되었을 때에는 그 손해를 배상할 책임이 있다(제152조 제2항). [변호 17, 19]

03 고객의 휴대물에 대하여 책임이 없음을 알린 경우에도 공중접객업자의 책임이 면제되지 않는다 (제152조 제3항).　　　　　　　　　　　　　　　　　　　　　　　　　　　　　　[변호 17, 19]

> **(틀린지문)** 숙박업자는 자신이 운영하는 호텔에 "보관을 의뢰하지 아니한 물건의 도난이나 손상 등에 대하여 책임을 지지 아니한다."라는 내용의 게시물을 부착한 것만으로도 손님의 카메라 도난으로 인한 손해에 대하여 배상책임을 지지 않는다.　　　　　　　　　　　　　　　　[변호 17]

04 숙박계약의 특수성을 고려하여 신의칙상 인정되는 부수적인 의무로서 숙박업자가 이를 위반하여 고객의 생명, 신체를 침해하여 손해를 입힌 경우 불완전이행으로 인한 채무불이행책임을 부담한다(대판 1992.10.27. 92다20125).　　　　　　　　　　　　　　　　　　　[변호 17]

> **(틀린지문)** 숙박업자가 고객에게 객실을 제공하여 사용할 수 있도록 하는 계약상의 의무를 이행하였으므로, 고객은 숙박업자에게 화상으로 인한 손해에 대하여 채무불이행에 기한 손해배상책임을 물을 수는 없으나 불법행위에 기한 손해배상책임을 물을 수 있다.　　　　　　　　[변호 17]

쟁점 16. 창고업

01 창고업자는 임치인의 청구에 의하여 창고증권을 교부하여야 한다(제156조 제1항).　　[모의 17]

02 창고증권소지인은 창고업자에 대하여 그 증권을 반환하고 임치물을 분할하여 각 부분에 대한 창고증권의 교부를 청구할 수 있다(제158조 제1항).　　　　　　　　　　　　　[모의 17]

03 창고증권으로 임치물을 입질한 경우에도 질권자의 승낙이 있으면 임치인은 채권의 변제기전이라도 임치물의 일부 반환을 청구할 수 있다(제159조).　　　　　　　　　　　　[모의 17]

04 창고업자의 책임소멸시효는 임치물이 전부 멸실한 경우에는 임치인과 알고 있는 창고증권소지인에게 그 멸실의 통지를 발송한 날로부터 기산한다(제166조 제2항).　　　　　[모의 17]

> **[관련 쟁점]** 창고업자는 자기 또는 사용인이 임치물의 보관에 주의를 해태하지 아니하였음을 증명하지 못하면 임치물의 멸실 또는 훼손에 대하여 손해를 배상하여야 한다(제160조). 손해배상액의 정형화(제137조)나 고가물 책임(제136조)과 같은 규정은 없다. 임치물의 멸실, 훼손으로 인한 창고업자의 책임은 물건 출고일부터 1년의 소멸시효가 적용된다.

05 창고업자는 임치물을 출고할 때가 아니면 보관료 기타 비용과 체당금의 지급을 청구하지 못한다. 그러나 보관기간 경과 후에는 출고 전이라도 이를 청구할 수 있다(제162조 제1항).　　[모의 17]

쟁점 17. 금융리스업

01 금융리스이용자가 선정한 기계, 시설, 그 밖의 재산을 제3자로부터 취득, 대여 받아 금융리스이용자에게 이용하게 하는 것을 영업으로 하는 자를 금융리스업자라 한다(제168조의2).　　[모의 18, 21]

02 리스계약은 임대차계약이 아닌 비전형계약의 일종이므로, 계약에 관련 규정이 없다고 해서 민법 임대차에 관한 규정을 그대로 적용하여서는 아니 된다(대판 1986.8.19. 84다카503,504).　　[모의 16, 18]

> **[관련 지문]** 리스물건이 리스이용자의 과실 없이 멸실 기타 사유로 인하여 사용, 수익할 수 없는 경우에, 금융리스에서는 그 위험을 리스이용자가 부담하는 것이 원칙이다. 그러나 운용리스(임대차)에서는 그 위험을 리스업자가 부담하는 것이 일반적이다(민법 제652조, 제627조).　　[모의 18]

03 금융리스업자는 금융리스이용자가 금융리스계약에서 정한 시기에 금융리스계약에 적합한 금융리스물건을 수령할 수 있도록 하여야 한다(제168조의3 제1항).　　[모의 16, 21]

04 금융리스계약 당사자 사이에 금융리스업자가 직접 물건의 공급을 담보하기로 약정하는 등의 특별한 사정이 없는 한, 금융리스업자는 금융리스이용자가 공급자로부터 적합한 금융리스물건을 수령할 수 있도록 협력할 의무를 부담할 뿐 독자적인 금융리스물건 인도의무 또는 검사·확인 의무를 부담하지 않는다(대판 2019.2.14. 2016다245418,245425,245432).　　[모의 21]

05 금융리스업자가 리스물건에 대하여 하자담보책임을 지지 않는다는 특약도 유효하다.　　[모의 18]

06 금융리스이용자가 금융리스물건수령증을 발급한 경우에는 금융리스업자와 사이에 적합한 금융리스물건이 수령된 것으로 추정한다(제168조의3 제3항).　　[모의 21]

07 금융리스이용자는 금융리스물건을 수령한 이후에는 선량한 관리자의 주의로 금융리스물건을 유지 및 관리하여야 한다(제168조의3 제4항).　　[모의 16]

08 금융리스업자는 공급자의 이행보조자가 아니므로 공급자의 고의·과실로 리스물건의 인도가 현저히 지연되거나 리스물건에 중대한 하자가 존재한다는 이유로 리스이용자가 금융리스업자와의 리스계약을 해제하거나 리스료 지급을 거절할 수 없다(대판 2019.2.14. 2016다245418,245425,245432).　　[관련판례]

09 금융리스물건이 공급계약에서 정한 시기와 내용에 따라 공급되지 아니한 경우 금융리스이용자는 공급자에게 직접 손해배상을 청구하거나 공급계약의 내용에 적합한 금융리스물건의 인도를 청구할 수 있다(제168조의4 제2항).　　[모의 16]

10 금융리스이용자의 책임있는 사유로 금융리스계약을 해지하는 경우 금융리스업자는 잔존 금융리스료 상당액의 일시지급 또는 금융리스물건 반환을 청구할 수 있다(제168조의5 제1항). [모의 17]

11 금융리스이용자는 중대한 사정변경으로 인하여 금융리스물건을 계속 사용할 수 없는 경우에는 3개월 전에 예고하고 금융리스계약을 해지할 수 있다. 이 경우 금융리스이용자는 계약의 해지로 인하여 금융리스업자에게 발생한 손해를 배상하여야 한다(제168조의5 제3항). [모의 16, 18]

쟁점 18. 가맹업

01 가맹업자는 가맹상의 영업을 위하여 필요한 지원을 하여야 한다(제168조의7 제1항). [모의 19]

02 가맹업자는 다른 약정이 없으면 가맹상의 영업지역 내에서 동일 또는 유사 업종의 영업을 하거나, 동일 또는 유사 업종의 가맹계약을 체결할 수 없다(제168조의7 제2항). [변호 21, 모의 14, 19]

> (틀린지문) 가맹업자는 다른 약정이 없으면 가맹상의 영업지역 내에서 동일 또는 유사한 업종의 영업을 하거나, 동일 또는 유사한 업종의 가맹계약을 체결할 수 있다. [변호 21]

03 가맹상은 가맹업자의 영업상 권리가 침해되지 아니하도록 하여야 하며 계약 종료 후에도 가맹계약과 관련하여 알게 된 가맹업자의 영업상 비밀을 준수하여야 한다(제168조의8). [모의 14, 19]

04 가맹상은 가맹업자의 동의를 받아 그 영업을 양도할 수 있고, 가맹업자는 특별한 사유가 없으면 가맹상의 영업양도에 동의하여야 한다(제168조의9 제1항, 제2항). [변호 21, 모의 19]

05 가맹계약상 존속기간에 대한 약정의 유무와 관계없이 부득이한 사정이 있으면 각 당사자는 상당한 기간을 정하여 예고한 후 가맹계약을 해지할 수 있다(제168조의10). [모의 19]

06 가맹사업자에게 계약갱신요구권이 인정되지 않는다는 이유만으로 가맹본부의 갱신거절이 가맹시험법상 '불이익을 주는 행위'에 해당하지 않는다고 볼수는 없다(대판 2021.9.30. 2020두48857). [최신판례]

07 가맹본부가 예상매출액 범위 최저액을 과다 산정한 '예상매출액 산정서'를 제공하여 가맹점주들이 잘못된 정보를 바탕으로 계약을 체결한 경우, 가맹본부는 가맹점주들의 손해를 배상할 책임이 있고, 이때 가맹점주들의 손해에는 가맹점을 운영하면서 발생한 영업손실(매출로 충당되지 아니한 가맹점 운영 지출비용) 손해도 포함되어야 한다(대판 2022.5.26. 2021다300791). [최신판례]

제3편	회사법
제1장	총칙

쟁점 1. 회사의 능력

01 회사의 권리능력은 회사의 설립 근거가 된 법률과 정관상의 목적에 의하여 제한되나 그 목적범위 내의 행위란 정관에 명시된 목적에 국한되는 것이 아니라, 목적수행에 직접, 간접으로 필요한 행위는 모두 포함되고 목적수행에 필요한지의 여부는 행위의 객관적 성질에 따라 판단하고 행위자의 주관적, 구체적 의사에 따라 판단할 것은 아니다(대판 1999.10.8. 98다2488). [변호 12]

02 상장회사는 주요주주 및 그의 특수관계인을 상대방으로 하거나 그를 위하여 신용공여를 하여서는 아니 된다(제542조의9 제1항).

> **[최신 판례]** 상장회사 신용공여금지 조항에 위반한 신용공여는 무효이고, 누구나 무효를 주장할 수 있으며, 이사회의 사전 승인이나 사후 추인이 있어도 유효로 될 수 없다. 다만 상장회사 신용공여금지 조항을 위반한 신용공여이더라도 제3자가 그에 대해 알지 못하였고 알지 못한 데에 중과실이 없는 경우에는 그 제3자에게 무효를 주장할 수 없다(대판 2021.4.29. 2017다261943).

03 회사를 대표하는 사원이 그 업무집행으로 인하여 타인에게 손해를 가한 때에는 회사는 그 사원과 연대하여 배상할 책임이 있다(제210조). [변호 19]

> **비교판례** "주식회사의 대표이사가 타인의 채무에 대한 보증을 한 경우, 그 보증행위가 회사의 정관에 열거된 목적과 그 외에 법인의 목적을 달성함에 필요한 범위에 속하는 것인지 심리하지 않고 법인의 보증책임을 인정 할 수 없다"(대판 1974.11.26. 74다310).

04 회사의 대표이사가 그 업무집행 중 불법행위로 인하여 제3자에게 손해를 가한 때에는 대표이사는 회사와 연대하여 배상할 책임이 있고 그 불법행위는 고의는 물론 과실 있는 때에도 성립된다(대판 1980.1.15. 79다1230). [변호 19]

해설 회사의 대표이사가 그 업무집행으로 인하여 타인에게 손해를 가한 때에는 회사는 그 대표이사와 연대하여 배상할 책임이 있다(제389조 제3항, 제210조).

05 상법 제210조는 법인의 불법행위능력에 관한 민법 제35조 제1항의 특칙이므로, 법무법인의 대표변호사나 담당변호사가 법무법인과 연대하여 제3자에 대해 손해배상책임을 부담하는 것은 대표변호사 등이 업무집행 중 불법행위를 한 경우에 한정된다(대판 2013.2.14. 2012다77969). [관련판례]

쟁점 2. 법인격 부인

01 친자회사는 상호간에 상당 정도의 인적·자본적 결합관계가 존재하는 것이 당연하므로, 자회사의 임·직원이 모회사의 임·직원 신분을 겸유하고 있었다거나 모회사가 자회사의 전 주식을 소유하여 자회사에 대해 강한 지배력을 가진다거나 자회사의 사업 규모가 확장되었으나 자본금의 규모가 그에 상응하여 증가하지 아니한 사정 등만으로는 모회사가 자회사의 독자적인 법인격을 주장하는 것이 법인격의 남용에 해당한다고 보기에 부족하다(대판 2006.8.25. 2004다26119).　　　　　　[중요판례]

02 모회사가 자회사의 독자적인 법인격을 주장하는 것이 자회사의 채권자에 대한 관계에서 법인격의 남용에 해당하기 위해서는 적어도 자회사가 독자적인 의사 또는 존재를 상실하고 모회사가 자신의 사업의 일부로서 자회사를 운영한다고 할 수 있을 정도로 완전한 지배력을 행사하고 있을 것이 요구되며, 구체적으로는 모회사와 자회사 간의 재산과 업무 및 대외적인 기업거래활동 등이 명확히 구분되지 않고 양자가 혼용되어 있다는 등의 객관적 징표가 있어야 하며, 자회사의 법인격이 모회사에 대한 법률 적용을 회피하기 위한 수단으로 사용되거나 채무면탈이라는 위법한 목적 달성을 위하여 회사제도를 남용하는 등의 주관적 의도 또는 목적이 인정되어야 한다(대판 2006.8.25. 2004다26119).　　　　　　[중요판례]

03 법인격 남용의 법리는 어느 회사가 이미 설립되어 있는 다른 회사 가운데 기업의 형태·내용이 실질적으로 동일한 회사를 채무를 면탈할 의도로 이용한 경우에도 적용된다(대판 2019.12.13. 2017다271643).　　　　　　[중요판례]

04 기존회사의 자산이 기업의 형태·내용이 실질적으로 동일한 다른 회사로 바로 이전되지 않고, 기존회사에 정당한 대가를 지급한 제3자에게 이전되었다가 다시 다른 회사로 이전되었다고 하더라도, 다른 회사가 제3자로부터 자산을 이전받는 대가로 기존회사의 다른 자산을 이용하고도 기존회사에 정당한 대가를 지급하지 않았다면, 기존회사에서 다른 회사로 직접 자산이 유용되거나 정당한 대가 없이 자산이 이전된 경우와 다르지 않다(대판 2019.12.13. 2017다271643).　　　　　　[중요판례]

05 회사와 개인이 별개의 인격체임을 내세워 회사 설립 전 개인의 채무 부담행위에 대한 회사의 책임을 부인하는 것이 심히 정의와 형평에 반한다고 인정되는 때에는 회사에 대하여 회사 설립 전에 개인이 부담한 채무의 이행을 청구하는 것도 가능하다고 보아야 한다(대판 2021.4.15. 2019다293449).　　　　　　[최신판례]

06 기존회사가 채무를 면탈할 의도로 기업의 형태·내용이 실질적으로 동일한 신설회사를 설립한 경우 이는 기존회사의 채무면탈이라는 위법한 목적을 달성하기 위하여 회사제도를 남용한 것에 해당하고, 기존회사의 채권자에 대하여 위 두 회사가 별개의 법인격을 갖고 있다고 주장하는 것은 신의성실의 원칙상 허용되지 않는다. 이 경우 기존회사의 채권자는 두 회사 어느 쪽에 대해서도 채무의 이행을 청구할 수 있다(대판 2019.12.13. 2017다271643).　　　　　　[중요판례]

07 甲 회사가 채무면탈이라는 위법한 목적을 달성하기 위하여 회사제도를 남용하여 乙 회사를 설립한 경우, 甲 회사에 대한 채권자의 채권 중 일부가 乙 회사의 설립 이후에 발생한 경우 그러한 일부 채권에 대해서도 乙 회사가 甲과 별개의 법인격을 가지고 있음을 주장하는 것은 신의성실의 원칙상 허용될 수 없다(대판 2021.3.25. 2020다275942). [최신판례]

쟁점 3. 소규모회사

01 자본금 총액이 10억 원 미만인 회사를 발기설립하는 경우에는 납입금보관증명서를 은행이나 그 밖의 금융기관의 잔고증명서로 대체할 수 있다(제318조 제3항). [변호 14, 모의 17]

02 소규모회사가 주주총회를 소집하는 경우 주주총회일의 10일 전에 각 주주에게 서면으로 통지를 발송하거나 각 주주의 동의를 받아 전자문서로 통지를 발송할 수 있다(제363조 제3항). [변호 17]

03 자본금 총액이 10억 원 미만인 회사는 주주 전원의 동의가 있을 경우에는 소집절차 없이 주주총회를 개최할 수 있으며, 서면에 의한 결의는 주주총회의 결의와 같은 효력이 있다(제363조 제4항, 제5항). [변호 12, 15, 모의 14, 16, 20(2)]

04 이사의 자기거래는 이사회의 승인을 받아야 하나, 회사의 이사가 1명 또는 2명인 경우, 소규모회사로서 이사회를 두지 않은 회사는 주주총회의 승인을 받아야 한다(제383조 제4항). [변호 17]

> 해설 이사가 2인 이하인 소규모회사의 경우 ① 주식양도에 관한 승인, ② 주식매수선택권 부여의 취소, ③ 이사의 경업 및 겸직에 대한 승인, ④ 회사의 사업기회 이용에 대한 승인, ⑤ 이사 등의 자기거래 승인, ⑥ 주식발행사항의 결정, ⑦ 무액면주식 발행의 경우 자본금으로 계상하는 금액의 결정, ⑧ 준비금의 자본금 전입 결정, ⑨ 중간배당, ⑩ 사채 발행 결의, 전환사채 발행사항 결정 및 신주인수권부사채 발행사항의 결정의 경우 이사회를 주주총회로 본다(제383조 제4항).

05 자본금 10억 원 미만인 소규모회사에서 이사의 수가 2인 이하라면 정관에 대표이사를 둔 경우에 한하여 대표이사가 존재한다(제383조 제6항). [변호 12, 모의 17]

> **(틀린지문)** 자본금 5,000만 원인 주식회사의 경우, 이사회를 구성할 3인 이상의 이사가 반드시 있어야 하므로 甲과 乙이 이사가 되더라도 1명을 더 이사로 영입해야 한다. [변호 12]

06 이사가 2인 이하인 소규모회사로서 정관에 따라 대표이사를 정한 경우, 대표이사가 회사를 대표하여 제3자로부터 대규모 재산을 차입하는 것은 다른 이사의 동의 없이도 대표이사 단독으로도 가능하다(제383조 제6항). [변호 17]

해설 이사가 2인 이하인 소규모회사의 경우 각 이사(정관에 따라 대표이사를 정한 경우에는 그 대표이사를 말한다)가 회사를 대표하고, ① 회사가 보유하는 자기주식의 소각, ② 주주총회 소집결정, ③ 주주제안 사항의 처리, ④ 소수주주의 임시주주총회 소집청구의 상대방, ⑤ 전자적 방법에 의한 주주총회 의결권 행사방법의 결정, ⑥ 중요한 자산의 처분 및 양도, 대규모 재산의 차입, 지배인의 선임 또는 해임과 지점의 설치·이전 또는 폐지 등 회사의 업무집행(제393조 제1항), ⑦ 감사의 임시주주총회 소집 청구의 상대방 및 ⑧ 중간배당일의 결정의 기능을 담당한다.

(틀린지문) 자본금 1억 원인 주식회사의 경우, 이사는 A와 B 2인이고 B가 정관에 따라 정한 대표이 사인 경우, B가 회사를 대표하여 제3자로부터 대규모 재산을 차입하려면 A의 동의가 있어야 한다. [변호 17]

07 주식회사는 감사와 감사위원회 가운데 하나는 반드시 두어야 하지만, 자본금 총액이 10억 원 미만인 회사는 예외이다(제409조 제4항). [변호 12, 14, 15, 모의 17]

(틀린지문) 자본금 5,000만 원인 주식회사의 경우, 감사위원회를 둘 여건이 안된다면 비상근이라도 감사를 반드시 두어야 한다. [변호 12]

쟁점 4. 1인 회사

01 1인 회사는 주식회사, 유한회사 및 유한책임회사에 인정되고, 합명회사와 합자회사에서는 인정되지 아니한다. [모의 17]

02 1인 회사의 경우에도 이사는 선임하여야 한다. [모의 18]

03 주주총회의 소집절차가 위법하더라도 1인 주주회사에서 그 주주가 참석하여 총회개최에 동의하고 아무 이의 없이 결의한 경우 그 결의 자체를 위법한 것이라고 할 수 없다(대판 1993.6.11. 93다8702). [모의 17, 18]

04 1인 회사에서 실제로 총회를 개최한 사실이 없더라도 1인 주주에 의하여 의결이 있었던 것으로 주주총회 의사록이 작성되었다면 특별한 사정이 없는 한 그 내용의 결의가 있었던 것으로 볼 수 있어 형식적인 사유에 의하여 결의가 없었던 것으로 다툴 수는 없다(대판 1993.6.11. 93다8702). [모의 17, 18, 19]

05 임원퇴직금지급규정에 관하여 주주총회 결의가 있거나 주주총회의사록이 작성된 적은 없으나 동 규정에 따른 퇴직금이 사실상 1인회사의 실질적 1인 주주의 결재·승인을 거쳐 관행적으로 지급되었다면 동 규정에 대하여 주주총회의 결의가 있었던 것으로 볼 수 있다(대판 2004.12.10. 2004다25123). [모의 17]

06 회사의 중요재산을 양도하는 결정을 하기 위하여 주주총회를 소집하는 경우에도 1인 주주이자 대표이사인 사람이 동의하는 때에는 따로 주주총회의 특별결의를 거치지 않아도 된다.　[모의 17]

07 회사 주식의 98%를 소유하는 주주가 회사의 정관변경 결의를 하는 과정에서 주주총회 소집절차와 결의절차를 거치지 아니한 채 주주총회의 결의가 있었던 것처럼 주주총회 의사록을 허위로 작성한 경우 해당 주주총회의 결의에 하자가 존재한다(대판 2007.2.22. 2005다73020).　[모의 19]

08 1인 회사에 있어서도 행위의 주체와 그 본인은 분명히 별개의 인격이며 1인 회사의 주주가 회사자금을 불법영득의 의사로 사용하였다면 횡령죄가 성립한다(대판 2007.6.1. 2005도5772).　[모의 17, 18, 19]

09 1인 회사에서 1인 주주가 임원의 의사에 기하지 아니하고 그 임원의 사임서를 작성하거나 이에 기한 등기부의 기재를 한 경우, 사문서위조죄 및 공정증서원본불실기재죄가 성립한다(대판 1992.9.14. 92도1564).　[모의 19]

쟁점 5. 회사의 조직변경, 해산, 청산 및 계속

01 유한회사가 소송을 제기한 후 소송계속 중 주식회사로 조직변경을 하는 경우 소송절차가 중단되지 아니하므로 조직이 변경된 주식회사가 소송절차를 수계할 필요가 없다. 이는 당사자표시정정사유이다. 상법상 주식회사의 유한회사로의 조직변경은 주식회사가 법인격의 동일성을 유지하면서 조직을 변경하여 유한회사로 되는 것이고, 이는 유한회사가 주식회사로 조직변경을 하는 경우에도 동일하다(대판 2021.12.10. 2021후10855).　[최신판례]

02 상법 제520조의2에 따라서 주식회사가 해산되고 그 청산이 종결된 것으로 보게 되는 경우 회사에 어떤 권리관계가 남아 있어 현실적으로 정리할 필요가 있으면 그 범위에서는 아직 완전히 소멸하지 않는다(대판 2019.10.23. 2012다46170).　[중요판례]

03 회사의 해산 당시의 이사는 정관에 다른 정함이 있거나 주주총회에서 따로 청산인을 선임하지 않은 경우 당연히 청산인이 되며, 그러한 청산인이 없는 때에 이해관계인의 청구에 따라 법원이 선임한 자가 청산인이 되어 청산 중 회사의 청산사무를 집행하고 대표하는 유일한 기관이 된다(대판 2019.10.23. 2012다46170).　[중요판례]

04 존립기간의 만료 기타 정관상 사유의 발생 또는 총사원의 동의로 합명회사가 해산한 경우, 사원의 전부 또는 일부의 동의로 회사를 계속할 수 있다. 그러나 동의를 하지 아니한 사원은 퇴사한 것으로 본다(제229조 제1항, 제227조 제1호, 제2호).　[모의 17]

05 합자회사는 무한책임사원 또는 유한책임사원의 전원이 퇴사한 때에는 해산되나(제285조 제1항), 잔존한 무한책임사원 또는 유한책임사원은 전원의 동의로 새로 유한책임사원 또는 무한책임사원을 가입시켜서 회사를 계속할 수 있다(제285조 제2항). [모의 17]

06 합자회사가 정관으로 정한 존립기간의 만료로 해산한 경우에도, 사원의 전부 또는 일부의 동의로 회사를 계속할 수 있다(대판 2017.8.23. 2015다70341). [중요판례]

07 합자회사가 존립기간의 만료로 해산한 후 사원의 일부만 회사계속에 동의하였다면 그 사원들의 동의로 정관의 규정을 변경하거나 폐지할 수 있다(대판 2017.8.23. 2015다70341). [중요판례]

08 합자회사의 회사계속 동의 여부에 대한 사원 전부의 의사가 동시에 분명하게 표시되어야만 회사계속이 가능한 것은 아니므로, 일부 사원이 회사계속에 동의하였다면 나머지 사원들의 동의 여부가 불분명하더라도 회사계속의 효과는 발생한다(대판 2017.8.23. 2015다70341). [중요판례]

09 주식회사인 경우 주주총회의 특별결의에 의하여 회사를 계속 할 수 있다(제519조). [모의 17]

제2장	주식회사
제1절	주식회사의 기초와 설립

쟁점 1. 주식회사의 설립절차

01 창립 정관은 공증인의 인증을 받음으로써 효력이 생긴다. 다만, 자본금 총액이 10억 원 미만인 회사의 경우 발기설립하는 때에는 각 발기인이 정관에 기명날인 또는 서명함으로써 효력이 생긴다(제292조). [변호 14, 15, 모의 17]

> (틀린지문) 자본금 7억 원인 A회사를 모집설립하는 경우에는 각 발기인이 정관에 기명날인 또는 서명함으로써 정관의 효력이 생긴다. [변호 15]

02 주식회사의 원시정관은 공증인의 인증을 받음으로써 효력이 생기지만 일단 유효하게 작성된 정관을 변경할 경우에는 주주총회의 특별결의가 있으면 그때 유효하게 정관변경이 이루어지는 것이고, 서면인 정관이 고쳐지거나 변경 내용이 등기사항인 때의 등기 여부 내지는 공증인의 인증 여부는 정관변경의 효력발생에는 아무 영향이 없다(대판 2007.6.28. 2006다62362). [모의 14, 16]

03 발기인이 받을 특별이익은 정관의 상대적 기재사항이나(제290조 제1호), 회사가 발행할 주식의 총수는 정관의 절대적 기재사항이다(제289조 제1항 제3호).   [모의 15]

04 발행예정주식총수의 변경은 주주총회의 특별결의를 거쳐야 한다(제433조 제1항, 제434조, 제289조 제1항 제3호).   [모의 18]

쟁점 2. 변태설립사항

01 회사설립시의 현물출자와 재산인수는 변태설립사항이지만(제290조 제2호, 제3호), 사후설립은 변태설립사항이 아니다(제375조).   [변호 17]

> (틀린지문) 회사설립시의 현물출자, 재산인수, 사후설립은 변태설립사항에 해당한다.   [변호 17]

02 발기인의 특별이익이란 발기인이 회사설립 실패의 위험을 부담하고, 회사 설립사무를 관장한 것에 대한 대가로 주어지는 보상을 말한다. 주주총회 의결권 특권, 우선적 이익배당, 납입의무 면제, 이사, 감사 지위의 약속 등은 발기인의 특별이익이 될 수 없다.   [모의 20(2)]

03 회사 설립시 현물출자를 하려면 회사 설립시 정관에 그 근거를 두어야 한다(제290조 제2호).   [변호 14, 17]

04 회사 설립시 현물출자의 경우 현물출자를 하는 자의 성명과 그 목적인 재산의 종류, 수량, 가격과 이에 대하여 부여할 주식의 종류와 수 등을 정관에 기재함으로써 그 효력이 발생한다(제290조 제2호).   [모의 17, 20(2)]

05 제3자가 발행한 약속어음의 출자는 제3자에 대한 금전채권을 현물출자하는 것으로서 허용되지만, 은행이 지급보증 한 수표는 현물출자의 목적물이 될 수 없다.   [모의 20]

06 현물출자를 하는 발기인은 납입기일에 지체없이 출자의 목적인 재산을 인도하고 등기, 등록 기타 권리의 설정 또는 이전을 요할 경우에는 이에 관한 서류를 완비하여 교부하여야 한다(제295조 제2항).   [모의 17]

07 발기설립의 경우 이사는 현물출자의 이행을 조사하기 위한 검사인을 선임해 줄 것을 법원에 청구하여야 하고(제298조 제4항), 검사인은 현물출자의 이행을 조사하여 법원에 보고하여야 한다(제299조 제1항). 이 때 법원 선임 검사인의 조사는 공인된 감정인의 감정으로 대신할 수 있으며 이 경우 감정인은 감정결과를 법원에 보고하여야 한다(제299조의2).   [모의 16, 17, 20]

[해설] 발기인의 특별이익과 설립비용은 공증인의 조사로, 현물출자와 재산인수는 감정인의 감정으로 검사인 조사에 갈음할 수 있다(제299조의2). 공증인 또는 감정인은 조사 또는 감정결과를 법원에 보고하여야 한다(제299조의2).

08 현물출자가 과대평가되어 회사가 손해를 입었다면 발기인과 이사 및 감사는 연대하여 이를 배상할 책임이 있다(제322조, 제323조). [변호 19]

[해설] 설립등기 이전에 현물출자 부당평가가 드러난 경우, 현물출자에 대한 설립경과조사 절차에 의하여 시정될 수 있다. 설립등기 이후 현물출자 부당평가가 드러난 경우, ① 부당평가 정도가 경미하면 발기인, 이사, 감사에게 손해배상 책임을 추궁할 수 있고(제322조, 제323조), ② 부당평가 정도가 중대하면 현물출자가 무효로 되고, 출자 재산이 회사 목적수행에 필수불가결하면 설립무효사유에 해당한다.

09 재산인수라 함은 발기인이 성립 후의 회사를 위하여 특정인으로부터 일정한 재산을 양수하기로 하는 개인법상의 계약을 의미한다(제290조 제3호). [변호 17]

> **(틀린지문)** 재산인수는 발기인이 일정한 재산을 회사성립 후에 양수할 것을 특정인과 약정하는 것으로 출자를 목적으로 하는 단체법상의 출자행위이다. [변호 17]

10 회사 성립 후 양수할 재산의 종류, 수량, 가격과 양도인 성명을 정관에 기재해야 한다(제290조 제3호). [모의 20]

11 회사가 그 성립 후 2년 내에 그 성립 전부터 존재하는 재산으로서 영업을 위하여 계속하여 사용하여야 할 것을 자본금의 100분의 5 이상에 해당하는 대가로 취득하는 계약을 하는 경우에는 주주총회 특별결의가 있어야 한다(제375조). [변호 17]

> **(틀린지문)** 사후설립은 회사성립 후 3년 내에 그 성립 전부터 존재하는 재산으로 영업을 위하여 사용하여야 할 것을 자본금의 5% 이상의 대가로 취득함으로써 회사에 손해를 끼치는 계약으로, 이에 대하여 주주총회의 특별결의가 없는 경우에는 무효이다. [변호 17]

12 현물출자는 재산취득의 대가로 주식이 발행되나 재산인수와 사후설립은 금전이 지급된다. [모의 20]

13 정관에 기재되지 아니한 재산인수는 무효이다(제290조). [변호 19, 모의 17, 18]

14 당사자 사이에 회사를 설립하기로 합의하면서 그 일방은 일정한 재산을 현물로 출자하고, 타방은 현금을 출자하되, 현물출자에 따른 번잡함을 피하기 위하여 회사의 성립 후 회사와 현물출자자 사이의 매매계약에 의한 방법에 의하여 위 현물출자를 완성하기로 약정하고 그 후 회사설립을 위한 소정의 절차를 거쳐 위 약정에 따른 현물출자가 이루어진 것이라면, 위 현물출자를 위한 약정은 그대로 위 법조가 규정하는 재산인수에 해당한다고 할 것이어서 정관에 기재되지 아니하는 한 무효이다(대판 1994.5.13. 94다323). [변호 19]

15 재산인수란 발기인이 회사의 성립을 조건으로 다른 발기인이나 주식인수인 또는 제3자로부터 일정한 재산을 매매의 형식으로 양수할 것을 약정하는 계약을 체결함을 의미하며, 아직 원시정관의 작성 전이어서 발기인의 자격이 없는 자가 장래 성립할 회사를 위하여 위와 같은 계약을 체결하고 그 후 그 회사의 설립을 위한 발기인이 되었다면 위 계약은 재산인수에 해당하고 정관에 기재가 없는 한 무효이다(대판 2015.3.20. 2013다88829). [모의 20]

16 설립 후 약 30년 지난 시점에서 토지의 양도가 정관의 기재 없음을 내세워 자신이 직접 관여한 토지양도 약정의 무효를 주장하는 것은 신의성실의 원칙에 대한 위반 내지 권리남용으로서 허용될 수 없다. 이러한 신의성실의 원칙 위반 또는 권리남용은 강행규정에 위배되는 것으로서 당사자의 주장이 없더라도 법원은 직권으로 판단할 수 있다(대판 2015.3.20. 2013다88829). [모의 18]

17 甲과 乙이 공동으로 회사를 설립하기로 합의하고 甲은 부동산을 현물출자하고 乙은 현금을 출자하되, 현물출자의 번잡함을 피하기 위하여 회사 성립 후 회사와 甲간의 매매계약으로 현물출자를 완성하기로 하고 회사설립 후 위 약정에 따른 현물출자가 이루어진 것이라면, 위 현물출자를 위한 약정은 상법상 재산인수에 해당한다고 할 것이어서 정관에 기재되지 아니하는 한 무효이나, 위와 같은 방법에 의한 현물출자가 동시에 상법 제375조가 규정하는 사후설립에 해당하고 이에 대하여 주주총회의 특별결의에 의한 추인이 있었다면 회사는 유효하게 위 현물출자로 인한 부동산의 소유권을 취득한다(대판 1992.9.14. 91다33087). [모의 13, 17, 18]

18 발기인이 설립중 회사의 기관의 자격에서 공장부지를 매수한 후 정관에 기재하고 검사인 조사절차를 거쳤다면 회사는 특별한 이전행위 없이 소유권이전등기청구권을 행사할 수 있다. [모의 13]

19 정관에 기재하지 않거나 기재한 금액을 초과하여 지출한 설립비용은 대내적으로는 정관에 기재가 없는 한 회사의 부담으로 할 수 없고 당연히 발기인이 부담해야 한다. [변호 19]

> **(틀린지문)** A회사의 설립을 위하여 설립사무소로 사용하는 사무실을 임차한 후 그 차임을 발기인이 사비로 지출하였다면, 그 차임을 정관에 기재하지 않은 경우라도 발기인은 회사설립 후 A회사에게 그 비용의 반환을 청구할 수 있다. [변호 19]

20 설립비용을 정관에 기재하지 아니한 경우 회사가 설립비용을 지급하였다면 회사는 발기인에게 구상할 수 있다. [모의 13]

21 발기인이 설립중의 회사의 기관으로서 회사설립을 위하여 지출한 비용은 회사성립 후에는 대외적으로 회사가 부담하여야 한다(대결 1994.3.28. 93마1916). [모의 16, 19]

쟁점 3. 인수와 납입

01 발기인이 회사의 설립 시에 발행하는 주식의 총수를 인수한 때에는 지체없이 각 주식에 대하여 그 인수가액의 전액을 납입하여야 한다(제295조 제1항). [변호 12, 모의 14, 15]

> **[관련 쟁점]** 발기인은 서면에 의하여 주식을 인수하여야 한다(제293조). 주식인수인이 그 기일 내에 납입을 하지 아니한 때 발기인은 다시 그 주식에 대한 주주를 모집할 수 있다(제307조 제2항). 실권절차에 의하지 아니하고는 인수인이 주금을 납입하지 않았다고 하더라도 주식인수인의 권리가 바로 상실되지 않는다.

02 주금으로 납입한 당좌수표가 현실적으로 결제되어 현금화되기 전이라면 수표의 예입만으로 주금의 납입이 있었다고 할 수 없다(대판 1977.4.12. 76다943). [변호 12, 19]

> **(틀린지문)** 주식인수인이 주금으로 납입한 당좌수표가 현실적으로 결제되어 현금화되기 전이라도 수표의 예입만으로 주금의 납입이 인정된다. [변호 12]

03 발기설립의 경우 인수가액의 전액납입과 현물출자의 이행이 완료된 때에는 발기인은 지체없이 의결권의 과반수로 이사와 감사를 선임하여야 한다(제296조). [모의 14, 17]

04 발기설립의 경우 이사와 감사는 취임 후 지체 없이 회사의 설립에 관한 모든 사항이 법령 또는 정관의 규정에 위반되지 아니하는지의 여부를 조사하여 발기인에게 보고하여야 한다(제298조 제1항). [변호 14, 21, 모의 14, 17]

> **[관련 쟁점]** 모집설립의 경우, 발기인은 변태설립사항을 조사할 검사인 선임을 법원에 청구해야 한다(제310조 제1항). 모집설립의 경우, 변태설립사항의 보고대상과 변경주체는 창립총회이다(제310조 제2항).
>
> **(틀린지문)** 발기설립의 경우, 회사의 이사와 감사는 위임 후 지체없이 회사의 설립에 관한 모든 사항이 법령 또는 정관의 규정에 위반되지 아니하는지의 여부를 조사하여 법원에 보고하여야 한다. [변호 14]

05 발기인은 주식청약서에 주금의 납입을 맡을 은행 기타 금융기관과 납입장소를 기재하여야 한다(제302조 제2항 제9호). [변호 12]

06 모집설립에서 주식인수의 법적 성질은 설립중의 회사의 입사계약이다(대판 2004.2.13. 2002두7005). [모의 18]

07 모집설립시 변태설립사항이 주식청약서에 기재되지 않은 경우 그러한 청약서에 의한 청약은 무효이고, 이 경우 창립총회에 출석하여 그 권리를 행사한 바 없는 주식인수인은 회사의 성립 시까지 그 인수의 무효를 주장하여야 한다. [모의 20]

08 주식인수 청약에 민법 제107조 제1항 단서의 비진의 의사표시 규정이 적용되지 않으므로 발기인이 주식인수인의 청약이 진의가 아님을 알았더라도 청약은 유효하다(제302조 제3항). [모의 21]

09 주식인수인이 창립총회에 출석하여 그 권리를 행사한 경우에는 회사성립 전이라고 하더라도 주식청약서의 요건의 흠결을 이유로 하여 그 인수의 무효를 주장하거나 사기, 강박 또는 착오를 이유로 하여 그 인수를 취소하지 못한다(제320조). [변호 22, 모의 14]

> (**틀린지문**) 주식인수인은 설립등기 이후 착오로 주식을 인수하였음을 이유로 주식인수를 취소할 수 있고, 발기인들은 주식인수인이 인수를 취소한 주식에 대하여 인수담보책임을 진다. [변호 22]

10 주식의 총수가 인수된 때에는 발기인은 지체 없이 주식인수인에 대하여 각 주식에 대한 인수가액의 전액을 납입시켜야 한다(제305조 제1항). [모의 14]

11 주식인수인이 납입을 하지 아니한 때에는 발기인은 일정한 기일 내에 납입을 하지 아니하면 그 권리를 잃는다는 것을 2주간 전에 통지하여야 하고, 주식인수인이 그 기일 내에 납입을 하지 아니한 때에는 그 권리를 잃는다(제307조 제1항, 제2항). [모의 14]

쟁점 4. 위장납입

01 일시적인 차입금으로 단지 주금납입의 외형을 갖추고 회사설립이나 증자 후 곧바로 그 납입금을 인출하여 차입금을 변제하는 주금의 가장납입의 경우에도 금원의 이동에 따른 현실의 불입이 있는 것이고, 설령 그것이 실제로는 주금납입의 가장 수단으로 이용된 것이라고 할지라도 이는 그 납입을 하는 발기인 또는 이사들의 주관적 의도의 문제에 불과하므로, 이러한 내심적 사정에 의하여 회사의 설립이나 증자와 같은 집단적 절차의 일환을 이루는 주금납입의 효력이 좌우될 수 없다(대판 1997.5.23. 95다5790). [변호 14, 22, 모의 16, 17]

02 회사 설립 당시 원래 주주들이 주식인수인으로서 주식을 인수하고 가장납입의 형태로 주금을 납입한 이상 그들은 바로 회사의 주주이고, 그 후 그들이 회사가 청구한 주금 상당액을 납입하지 아니하였다고 하더라도 이는 회사 또는 대표이사에 대한 채무불이행에 불과할 뿐 그러한 사유만으로 주주로서의 지위를 상실하게 된다고는 할 수 없다(대판 1998.12.23. 97다20649). [변호 14]

> (**틀린지문**) 가장납입의 형태로 주금을 납입한 발기인들은 이후 회사의 주주총회에서 의결권을 행사할 수 없다. [변호 14]

03 위장납입한 발기인들은 공동불법행위자로서 회사에 연대하여 손해배상책임을 질 수 있다(대판 1989.9.12. 89누916). [변호 14]

해설▶ "발기인인 甲, 乙이 주식인수대금을 가장납입하는 방법으로 회사를 설립하기로 공모하고, 회사설립과 동시에 납입하였던 주식인수대금을 인출하였다면 甲과 乙은 회사의 설립에 관하여 자본충실의무 등 선량한 관리자로서의 임무를 다하지 못한 발기인들로서 또는 회사의 소유재산인 주식인수납입금을 함부로 인출하여 회사에 대하여 손해를 입힌 공동불법행위자로서의 책임을 면할 수 없으므로 회사에게 그 손해를 연대하여 배상할 책임이 있다"(대판 1989.9.12. 89누916).

04 가장납입의 경우에도 주금납입의 효력을 부인할 수 없으므로 주금납입절차는 일단 완료되고 주식인수인이나 주주의 주금납입의무도 종결되었다고 보아야 하나, 이러한 가장납입에 있어서 회사는 일시 차입금을 가지고 주주들의 주금을 체당 납입한 것과 같이 볼 수 있으므로 주금납입절차가 완료된 후에 회사는 주주에 대하여 체당 납입한 주금의 상환을 청구할 수 있다(대판 1985.1.29. 84다카1823,1824).   [변호 14. 모의 13, 16]

05 위장납입을 한 발기인은 납입가장죄와 공정증서원본부실기재죄 책임은 부담하지만, 형법상 업무상횡령죄에는 해당되지 않는다(대판 2005.4.29. 2005도856).   [변호 14. 모의 13]

06 주금납입 전에는 명의대여자나 명의차용자가 주금납입의 연대책임을 부담하나, 주금납입 효력이 발생한 가장납입의 경우에는 연대책임을 부담하지 않는다(대판 2004.3.26. 2002다29138).   [모의 16]

쟁점 5. 설립 중의 회사

01 설립중의 회사라 함은 주식회사의 설립과정에서 발기인이 회사의 설립을 위하여 필요한 행위로 인하여 취득하게 된 권리의무가 회사의 설립과 동시에 그 설립된 회사에 귀속되는 관계를 설명하기 위한 강학상의 개념이다(대판 1990.12.26. 90누2536).   [모의 18]

02 설립중의 회사의 법적 성질은 권리능력 없는 사단으로 설립중의 회사의 어음행위 능력 및 불법행위능력은 인정된다(대판 2008.2.28. 2007다37394,37400).   [모의 16, 18]

> [관련 지문] 설립중의 회사는 사단으로 소송상 당사자가 될 수 있다.   [모의 18]

03 설립중의 회사는 회사의 설립등기와 함께 소멸한다.   [모의 16]

04 설립중의 회사는 정관이 작성되고 발기인이 적어도 1주 이상의 주식을 인수하였을 때 비로소 성립된다(대판 1998.5.12. 97다56020).   [변호 21. 모의 18]

05 설립중의 회사로서의 실체가 갖추어지기 이전에 발기인이 취득한 권리, 의무는 구체적 사정에 따라 발기인 개인 또는 발기인조합에 귀속되는 것으로서 이들에게 귀속된 권리의무를 설립 후 의 회사에 귀속시키기 위하여는 양수나 채무인수 등의 특별한 이전행위가 있어야 한다(대판 1994.1.28. 93다50215). [변호 19, 모의 16, 17]

06 발기인 대표가 회사설립사무의 집행을 위하여 체결한 자동차조립계약에 따라 제작된 자동차를 설립 후 회사가 인수하여 운행한 경우 발기인이 체결한 계약의 효력은 설립 후 회사에 미친다 (대판 1970.8.31. 70다1357). [모의 13]

쟁점 6. 발기인의 책임

01 회사설립시에 발행한 주식으로서 회사성립 후에 아직 인수되지 아니한 주식이 있거나 주식인수 의 청약이 취소된 때에는 발기인이 이를 공동으로 인수한 것으로 보며, 회사성립후 납입을 완료 하지 아니한 주식이 있는 때에는 발기인은 연대하여 그 납입을 하여야 한다(제321조). [모의 17, 20]

02 발기인이 납입담보책임을 이행하더라도 주주가 되는 것은 아니며, 주식인수인이 여전히 주주의 지위를 가진다. [모의 15]

03 발기인이 회사의 설립에 관하여 그 임무를 해태한 때에는 그 발기인은 회사에 대하여 연대하여 손해를 배상할 책임이 있다(제322조 제1항). [변호 22]

04 대표이사가 발기인에 대한 책임 추궁을 게을리 하는 경우, 대표소송에 의하여 발기인의 책임을 물을 수 있다(제324조, 제403조). [변호 22]

05 발기인의 회사에 대한 손해배상책임은 총주주의 동의로 면제될 수 있다(제324조, 제400조). [모의 21]

06 발기인이 악의 또는 중대한 과실로 인하여 그 임무를 해태한 때에는 그 발기인은 제3자에 대하 여도 연대하여 손해를 배상할 책임이 있다(제322조 제2항). [모의 15, 17]

07 회사가 성립하지 못한 경우에는 발기인은 그 설립에 관한 행위에 대하여 연대하여 책임을 진다. 이 경우 회사의 설립에 관하여 지급한 비용은 발기인이 부담한다(제326조). [모의 15, 17]

08 주식청약서 기타 주식모집에 관한 서면에 성명과 회사의 설립에 찬조하는 뜻을 기재할 것을 승낙한 자는 발기인과 동일한 책임이 있다(제327조). 유사발기인의 경우 회사설립에 관한 사무를 수행하지는 않으므로 임무해태를 전제로 한 회사 및 제3자에 대한 손해배상책임을 지지는 않는다. 유사발기인의 책임은 회사가 성립한 경우의 인수·납입담보책임과 회사가 불성립한 경우의 납입된 주금반환 및 설립비용에 관한 책임을 의미한다.   [모의 17]

쟁점 7. 설립무효

01 주식회사 설립의 무효는 주주·이사 또는 감사에 한하여 회사성립의 날로부터 2년 내에 소만으로 이를 주장할 수 있다(제328조 제1항).   [변호 21]

02 설립무효의 원인은 ① 정관 절대적 기재사항의 흠결, ② 발행주식의 인수 납입이 현저히 미달되어 발기인의 인수납입담보책임으로 치유될 수 없는 경우, ③ 주식발행사항에 발기인 전원의 동의가 없었던 경우, ④ 창립총회의 소집이 없거나 조사보고가 이루어지지 않은 경우, ⑤ 설립등기가 무효인 경우와 같은 객관적 사유로 한정된다. 발기인이나 주식인수인의 주관적 사유(무권대리, 제한능력, 의사표시의 무효·취소 등)만으로는 무효사유에 해당하지 않는다.
                          [변호 21, 22, 모의 21]

> **(틀린지문)** 주관적 하자를 원인으로 하는 설립취소의 소는 합명회사와 합자회사에만 인정되고, 객관적 하자를 원인으로 하는 설립무효의 소는 주식회사에만 인정된다.   [변호 21]
>
> **(틀린지문)** 만일 설립과정에서 주식인수인의 의사표시에 하자가 있었던 경우라면 이는 회사의 설립무효사유로 인정된다.   [변호 22]

03 설립무효의 판결 또는 설립취소의 판결은 제3자에 대하여도 그 효력이 있다. 그러나 판결확정전에 생긴 회사와 사원 및 제3자간의 권리의무에 영향을 미치지 아니한다(제190조).   [모의 17]

04 회사설립취소의 소가 확정되면 회사는 해산의 경우에 준하여 청산하여야 하며, 이 때 법원은 이해관계인의 청구에 의하여 청산인을 선임할 수 있다(제193조).   [변호 21, 모의 17]

제2절	주식과 주주

쟁점 1. 주식의 의의

01 수인이 주식을 공동으로 인수한 자는 연대하여 납입할 책임이 있다(제333조 제1항). [모의 20]

02 수인이 주식을 공유하는 경우 공유자는 주주의 권리를 행사할 자 1인을 정해야 하고(제333조 제2항), 공유자가 주주의 권리를 행사할 자를 지정하지 않은 경우 공유자에 대한 통지, 최고는 그 1인에게 하면 된다(제333조 제3항). [변호 22, 모의 20]

쟁점 2. 주주평등의 원칙

01 회사가 직원들을 유상증자에 참여시키면서 퇴직시 출자손실금을 보전해 주기로 약정한 경우, 그 러한 합의는 직원들의 퇴직시 그 출자 손실금을 전액 보전해 주는 것을 내용으로 하여 주주에 게 투하자본 회수를 절대적으로 보장하고 다른 주주들에게 인정되지 않는 우월한 권리를 부여 하는 것으로서 주주평등원칙에 위반되어 무효이다(대판 2007.6.28. 2006다38161,38178). [모의 17]

02 법률행위의 일부가 강행법규인 효력규정에 위배되어 무효인 경우 그 무효가 나머지 부분의 유 효·무효에 영향을 미치는가는 개별 법령이 일부무효의 효력에 관한 규정을 두고 있는 경우에 는 그에 따라야 하고, 그러한 규정이 없다면 원칙적으로 민법 제137조가 적용될 것이나, 당해 효력규정 및 그 효력규정을 둔 법의 입법 취지를 고려할 때 나머지 부분을 무효로 한다면 당해 효력규정 및 그 법의 취지에 명백히 반하는 결과가 초래되는 경우에는 나머지 부분까지 무효가 된다고 할 수는 없다(대판 2007.6.28. 2006다38161,38178). [중요판례]

03 회사가 직원들을 유상증자에 참여시키면서 퇴직시 출자 손실금을 전액 보전해 주기로 약정한 경우, 손실보전약정이 주주평등의 원칙에 위배되어 무효라는 이유로 신주인수계약까지 무효라고 보아서는 아니 된다(대판 2007.6.28. 2006다38161,38178). [중요판례]

04 회사가 일부 주주에게만 우월한 권리나 이익을 부여하기로 하는 약정은 주주평등의 원칙에 반 하여 특별한 사정이 없는 한 무효이다(대판 2018.9.13. 2018다9920,9937). [모의 21]

05 甲 주식회사와 그 경영진 및 우리사주조합이 甲 회사의 운영자금을 조달하기 위하여 乙과 '乙은 우리사주조합원들이 보유한 甲 회사 발행주식 중 일부를 액면가로 매수하여 그 대금을 甲 회사에 지급하고, 이와 별도로 甲 회사에 일정액의 자금을 대여하며, 甲 회사는 乙 및 그의 처인 丙에게 매월 약정금을 지급한다'는 내용의 약정을 체결하여 乙 등에게 매월 약정금을 지급하였는데 乙이 甲 회사로부터 운영자금을 조달해 준 대가를 전부 지급받은 이후에도 乙 및 그의 처인 丙에게 매월 약정금을 지급하는 것은 주주평등의 원칙에 위배된다(대판 2018.9.13. 2018다9920,9937).

[관련판례]

06 회사가 신주를 인수하여 주주의 지위를 갖게 되는 자와 사이에 신주인수대금으로 납입한 돈을 전액 보전해 주기로 약정하거나, 상법 규정에 의한 배당 외에 다른 주주들에게는 지급되지 않는 별도의 수익을 지급하기로 약정한다면, 이는 회사가 해당 주주에 대하여만 투하자본의 회수를 절대적으로 보장함으로써 다른 주주들에게 인정되지 않는 우월한 권리를 부여하는 것으로서 주주평등의 원칙에 위배되어 무효이다. 이러한 약정의 내용이 주주로서의 지위에서 발생하는 손실의 보상을 주된 내용으로 하는 이상, 그 약정이 주주의 자격을 취득하기 이전에 체결되었다거나, 신주인수계약과 별도의 계약으로 체결되는 형태를 취하였다고 하여 달리 볼 것은 아니다(대판 2020.8.13. 2018다236241).

[최신판례]

07 甲회사가 乙회사의 신주인수 당시 '乙회사가 이후 甲회사의 사전 서면동의 없이 신주를 발행하는 경우 甲회사가 주식의 조기상환 및 위약벌을 청구할 수 있다.'는 약정을 한 경우 위 약정은 주주평등의 원칙에 반하여 무효이다(서울고법 2021.10.28. 2020나2049059).

[최신판례]

쟁점 3. 자본금

01 발행주식 중 일부는 액면주식으로, 나머지는 무액면주식으로 하여 발행할 수 없다(제329조 제1항 단서).

[변호 16, 모의 19, 20]

02 액면주식 1주의 금액은 100원 이상으로 하여야 하며, 액면주식의 금액은 균일하여야 한다(제329조 제2항, 제3항).

[변호 13, 모의 19]

> **(틀린지문)** 액면주식 1주의 금액의 상한과 하한에 대한 제한은 없지만, 액면주식의 금액은 균일하여야 한다.
>
> [변호 13]

03 회사 설립시 액면주식을 발행하는 경우 액면주식 1주의 발행가액은 정관기재사항이나 무액면주식을 발행하는 경우 무액면주식 1주의 발행가액은 정관기재사항이 아니다.

[모의 20]

04 회사는 정관이 정하는 바에 따라 발행된 액면주식을 무액면주식으로 전환할 수 있다(제329조 제4항). 다만, 일부의 전환은 허용되지 않는다.

[변호 13, 모의 19, 20]

> **(틀린지문)** 주식회사는 정관변경을 통하여 이미 발행한 액면주식의 일부를 무액면주식으로 전환할 수 있다.   [변호 13]

05   개별 주주의 청구에 의해 발행주식의 일부를 변경하는 것은 허용되지 않는다.   [변호 13]

06   무기명주식제도가 폐지되어 회사는 정관 규정이 있더라도 무기명주식을 발행할 수 없다. [모의 14]

07   회사의 자본금은 액면주식을 무액면주식으로 전환하거나 무액면주식을 액면주식으로 전환함으로써 변경할 수 없다(제451조 제3항).   [변호 16, 21, 모의 19]

08   액면주식을 무액면주식으로 전환하거나 무액면주식을 액면주식으로 전환하여 회사의 자본금을 변경할 수는 없으므로 상법상 채권자보호절차는 불필요하다.   [변호 13, 17, 모의 20(2)]

> **(틀린지문)** 액면주식을 무액면주식으로 전환하거나 무액면주식을 액면주식으로 전환할 때에는 상법상 채권자보호절차를 거쳐야 한다.   [변호 13]

09   설립등기 후 "회사가 발행할 주식의 총수"를 변경하는 정관변경을 하였다면 이는 수권자본의 감소이며, 자본금의 감소가 아니기 때문에 채권자보호절차가 필요 없다.   [모의 19]

10   회사의 자본금은 등기사항이며, 정관 기재사항은 아니다.   [모의 21]

11   액면주식이 발행된 경우 주식회사의 자본금은 주식의 액면가액에 발행주식 총수를 곱한 금액이다(제451조 제1항).   [변호 17]

12   회사가 무액면주식을 발행하는 경우 주식발행사항을 주주총회에서 정해야 하는 회사가 아니라면 이사회는 주식의 발행가액의 2분의 1 이상의 금액으로서 자본금으로 계상하기로 한 금액을 정하여야 하며 발행가액 중 자본금으로 계상하지 아니하는 금액은 자본준비금으로 계상하여야 한다(제451조 제2항).   [변호 13, 16, 모의 19]

13   회사 설립 시에 무액면주식을 발행하는 경우 주식의 발행가액과 주식의 발행가액 중 자본금으로 계상하는 금액을 정관으로 달리 정하지 아니하면 발기인 전원의 동의로 이를 정한다(제291조 제3호).   [모의 17]

14 제345조의 상환주식의 상환과 제343조 제1항 단서의 자기주식의 소각의 경우에는 자본금은 발행주식의 액면총액과 일치하지 않게 된다. [참조지문]

15 주주를 제명하고 회사가 그 주주에게 출자금을 환급하도록 주주총회의 특별결의로 정한 정관규정은 무효이다(대판 2007.5.10. 2005다60147). [모의 17]

쟁점 4. 가설인, 타인의 명의에 의한 주식의 인수

01 주식인수의 청약을 하고자 하는 자는 주식청약서 2통에 인수할 주식의 종류·수와 주소를 기재하고 기명날인하거나 서명하여야 한다(제302조 제1항, 제425조).

02 가설인의 명의로 주식을 인수하거나 타인의 승낙 없이 그 명의로 주식을 인수한 자는 주식인수인으로서의 책임이 있다(제332조 제1항). 타인의 승낙을 얻어 그 명의로 주식을 인수한 자는 그 타인과 연대하여 납입할 책임이 있다(제332조 제2항). [변호 13. 모의 20]

03 실제 출자자가 가설인 명의나 타인의 승낙 없이 그 명의로 주식을 인수하기로 하는 약정을 하고 출자를 이행하였다면, 주식인수계약의 상대방(발기설립의 경우에는 다른 발기인, 그 밖의 경우에는 회사)의 의사에 명백히 반한다는 등의 특별한 사정이 없는 한, 주주의 지위를 취득한다(대판 2017.12.5. 2016다265351). [변호 13. 모의 20]

04 타인의 승낙을 얻어 그 명의로 주식을 인수하기로 약정한 경우에는 명의자와 실제 출자자가 실제 출자자를 주식인수인으로 하기로 약정한 경우에도 실제 출자자를 주식인수인으로 하기로 한 사실을 주식인수계약의 상대방인 회사 등이 알고 이를 승낙하는 등 특별한 사정이 없다면, 명의자를 주식인수인으로 보아야 한다(대판 2017.12.5. 2016다265351). [관련판례]

05 제3자가 신주인수대금의 납입행위를 하였다는 사정만으로는 그 제3자를 주주명의의 명의신탁관계에 기초한 실질상의 주주라고 단정할 수 없으며, 주주명부의 주주명의가 신탁된 것이고 그 명의차용인으로서 실질상의 주주가 따로 있음을 주장하려면 그러한 명의신탁관계를 주장하는 측에서 명의차용사실을 입증하여야 한다(대판 2007.9.6. 2007다27755). [변호 17. 모의 13. 16]

06 주식을 인수하거나 양수하려는 자가 타인의 명의를 빌려 회사의 주식을 인수하거나 양수하고 타인의 명의로 주주명부에의 기재까지 마치는 경우 회사에 대한 관계에서는 주주명부상 주주만이 의결권을 적법하게 행사할 수 있다(대판 2017.3.23. 2015다248342). [모의 13. 17. 20]

쟁점 5. 종류주식

01 회사는 주주총회에서 행사할 수 있는 의결권의 수에 관하여 내용이 다른 종류의 주식을 발행할 수 있다(제344조 제1항).
[모의 15]

> **[관련 쟁점]** 회사는 이익의 배당, 잔여재산의 분배, 주주총회에서의 의결권의 행사, 상환 및 전환 등에 관하여 내용이 다른 종류의 주식을 발행할 수 있다(제344조 제1항). 회사가 종류주식을 발행하는 경우 정관에 다른 정함이 없는 경우에도 주식의 종류에 따라 신주의 인수, 주식의 병합·분할·소각 또는 회사의 합병·분할로 인한 주식의 배정에 관하여 특수하게 정할 수 있다(제344조 제3항).

02 회사가 종류주식을 발행하려면 정관으로 각 종류주식의 내용과 수를 정하여야 한다(제344조 제2항).
[변호 21, 모의 17]

03 회사의 이익으로써 소각할 수 있는 조건이 붙은 의결권 없는 이익배당우선주를 발행할 수 있다.
[변호 16]

04 회사가 종류주식을 발행한 경우에 정관을 변경함으로써 어느 종류주식의 주주에게 손해를 미치게 될 때에는 주주총회의 결의 외에 그 종류주식의 주주의 총회의 결의가 있어야 한다(제435조 제1항).
[변호 17]

> **(틀린지문)** 정관을 변경함으로써 어느 종류주식의 주주에게 손해를 미치게 될 때에는, 그 정관변경은 주주총회의 결의에 의하고 그 종류주식의 주주의 총회의 결의는 생략할 수 있다.
[변호 17]

05 회사가 이익의 배당에 관하여 내용이 다른 종류주식을 발행하는 경우에는 정관에 그 종류주식의 주주에게 교부하는 배당재산의 종류, 배당재산의 가액의 결정방법, 이익을 배당하는 조건 등 이익배당에 관한 내용을 정하여야 한다(제344조의2 제1항).
[모의 17]

06 주식을 배당하는 경우, 회사가 종류주식을 발행한 때에는 각각 그와 같은 종류의 주식으로 할 수 있다(제462조의2 제2항).
[변호 17]

07 회사가 정관에 "이익의 배당에 관하여 보통주보다 1% 더 많은 배당을 하되 현물로만 배당하는 주식을 발행할 수 있음"을 정한 경우 그 정관규정은 효력이 있다.
[모의 19]

08 의결권이 제한되는 주식을 발행하는 경우 정관에 의결권을 행사할 수 없는 사항과 의결권 행사 또는 부활의 조건을 정한 경우에는 그 조건 등을 정하여야 하며, 이러한 종류주식의 총수는 발행주식총수의 4분의 1을 초과하지 못한다(제344조의3).
[변호 14, 17, 21, 모의 15, 16, 17]

09 회사는 정관이 정한 바에 따라 주주총회에서의 의결권의 행사에 관하여 내용이 다른 종류주식 즉, 의결권이 배제되거나 의결권이 제한되는 종류주식을 발행할 수 있을 뿐 의결권이 복수로 되는 종류주식은 인정되지 않는다. [변호 14, 17]

> **(틀린지문)** 이익배당의 내용이 보통주와 동일하면서 의결권이 없는 주식을 발행할 수 없다. [변호 14]
>
> **(틀린지문)** 1주당 5개의 의결권을 부여하는 종류주식을 발행할 수 있다. [변호 17]

10 이사 선임에 관해서는 의결권을 행사할 수 없지만 정관변경에 관해서는 의결권을 행사할 수 있는 주식과 같이 안건별로 의결권 행사의 가부를 달리하는 주식을 발행할 수 있다(제344조 제1항, 제2항). [변호 14]

11 주식의 포괄적 교환, 주식의 포괄적 이전, 영업양도, 합병, 분할 및 분할합병의 경우 무의결권주식을 소유한 주주에게도 주주총회의 소집을 통지해야 한다(제363조 제7항 단서). [모의 16]

> **[관련 쟁점]** 의결권이 인정되는 경우 ① 창립총회결의, ② 주식회사의 유한회사로의 조직변경 결의, ③ 종류주주총회 결의, ④ 회사의 분할 또는 분할합병결의(회사 합병 ×), ⑤ 이사, 집행임원, 감사, 감사위원회 책임면제 결의.

12 창립총회와 회사의 분할 또는 분할합병의 승인을 위한 주주총회의 특별결의에 있어서 무의결권주주는 의결권을 행사할 수 있다. [모의 16, 21]

13 주주의 상환청구권을 배제하고 회사만이 상환권을 갖는 상환주식을 발행할 수 있다(제345조 제1항, 제3항). [변호 16]

14 상환주식은 상환주식과 전환주식을 제외한 종류주식에 한해 발행할 수 있다(제345조 제5항). [모의 15]

15 상환주식 상환의 경우 회사는 주식의 취득의 대가로 현금 외에 유가증권(다른 종류주식은 제외한다)이나 그 밖의 자산을 교부할 수 있다. 다만, 이 경우에는 그 자산의 장부가액이 배당가능이익을 초과하여서는 아니 된다(제345조 제4항). [변호 16, 모의 15, 17, 19]

16 상환주식을 상환하는 경우 회사의 자본금이 감소하지 않으므로 채권자보호절차를 거치지 아니하여도 된다. [변호 21]

17 상환종류주식의 주주가 상환권을 행사한 경우 정관이나 상환주식인수계약 등에서 특별히 정한 바가 없으면 주주가 회사로부터 상환금을 지급받을 때까지는 상환권을 행사한 이후에도 여전히 주주의 지위에 있다(대판 2020.4.9. 2017다251564). [변호 21, 모의 21]

해설 "회사는 정관으로 정하는 바에 따라 주주가 회사에 대하여 상환을 청구할 수 있는 종류주식을 발행할 수 있다. 이 경우 회사는 정관에 주주가 회사에 대하여 상환을 청구할 수 있다는 뜻, 상환가액, 상환 청구기간, 상환의 방법을 정하여야 한다(상법 제345조 제3항). 주주가 상환권을 행사하면 회사는 주식 취득의 대가로 주주에게 상환금을 지급할 의무를 부담하고, 주주는 상환금을 지급받음과 동시에 회사에게 주식을 이전할 의무를 부담한다. 따라서 정관이나 상환주식인수계약 등에서 특별히 정한 바가 없으면 주주가 회사로부터 상환금을 지급받을 때까지는 상환권을 행사한 이후에도 여전히 주주의 지위에 있다"(대판 2020.4.9. 2017다251564).

18 전환의 대상은 보통주와 모든 종류주식이 되며, 전환의 대가는 보통주를 포함하는 다른 종류주식이다. 다만 전환주식의 대가로 사채의 지급을 청구할 수 있는 전환주식을 발행할 수는 없다. [변호 16]

(**틀린지문**) 사채(社債)로의 전환청구권을 행사할 수 있는 전환주식을 발행할 수 있다. [변호 16]

19 전환주식 전환의 효력은 주주가 전환을 청구한 경우에는 청구한 때에, 회사가 전환을 한 경우에는 이사회가 통지 또는 공고한 주권제출기간이 끝난 때에 그 효력이 발생한다(제350조 제1항). [변호 17, 21, 모의 17, 21]

(**틀린지문**) 주주가 전환주식의 전환을 청구하는 경우에는 그 청구한 때로부터 2주가 경과한 때에 효력이 발생한다. [변호 21]

20 전환주식의 전환으로 인하여 신주식을 발행하는 경우에는 전환전 주식의 발행가액을 신주식의 발행가액으로 한다(제348조). [모의 15]

[**관련 쟁점**] 종류주식의 수 중 새로 발행할 주식의 수는 전환청구기간 또는 전환의 기간 내에는 그 발행을 유보하여야 한다(제346조 제4항).

21 전환청구기간 내에 전환권을 행사하는 경우, 전환비율에 따라 회사의 자본금이 변경될 수 있다. [변호 17]

(**틀린지문**) X회사가 전환주식을 발행하면서 정관에 전환주식에 관하여 전환청구권은 주주가 가지고, 전환주식 1주당 보통주식 2주로 전환할 수 있는 전환권을 부여한 경우, 전환주식을 보유한 주주가 전환청구기간 내에 전환권을 행사하더라도 X회사의 자본금에는 변경이 없다. [변호 17]

쟁점 6. 주식의 질권, 담보

01 주식을 질권의 목적으로 하는 때에는 주권을 질권자에게 교부하여야 한다(제338조 제1항). 이러한 주권의 교부는 현실의 인도뿐만 아니라 간이인도 또는 목적물반환청구권양도의 방법으로도 가능하다(대판 2012.8.23. 2012다34764). [변호 13, 17]

> **(틀린지문)** 주권이 발행된 경우, 질권설정자는 점유개정에 의한 인도의 방법으로 질권자에게 유효하게 질권을 설정할 수 있다. [변호 13]

02 주식에 대해 질권이 설정되었다고 하더라도 질권설정계약 등에 따라 질권자가 담보제공자인 주주로부터 의결권을 위임받아 직접 의결권을 행사하기로 약정하는 등의 특별한 약정이 있는 경우를 제외하고 질권설정자인 주주는 여전히 주주로서의 지위를 가지고 의결권을 행사할 수 있다(대판 2017.8.18. 2015다5569). [변호 20, 21, 모의 18]

> **해설** 위 판결에서 대법원은 이사의 자기거래에 해당하는 회사의 채무부담행위에 대하여 주주 전원이 이미 동의한 경우 회사가 이사회의 승인이 없었음을 이유로 책임을 회피할 수 없다고 판시하면서, 주주 전원의 동의 여부를 판단하는 것과 관련하여 주식을 100% 보유한 주주의 주식에 근질권이 설정되어 있었더라도 의결권은 근질권설정자가 보유한다고 판시하여 회사 주주 전원의 동의가 있었다고 보았다.

03 주식의 점유매개관계가 중첩적으로 이루어진 경우, 최상위 간접점유자인 질권설정자는 질권자에게 자신의 점유매개자인 제3자에 대한 반환청구권을 양도하고 대항요건으로서 제3자의 승낙 또는 제3자에 대한 통지를 갖추면 충분하며, 직접점유자인 타인의 승낙이나 그에 대한 질권설정자 또는 제3자의 통지까지 갖출 필요는 없다(대판 2012.8.23. 2012다34764). [변호 18]

> **(틀린지문)** 주식병합 전에 주주 A는 B와 주식양도약정을 하였으나, 주권은 교부하지 않았고, A는 주권을 P에게 보관해 두었고 P는 다시 Q에게 주권을 보관해 둔 사안에서 A가 B에게 주식을 양도하면서 P에 대하여 그 양도약정사실 및 주권을 B에게 반환하라는 취지의 통지를 한 것만으로는 주식양도의 효력이 발생하지 않는다. [변호 18]
>
> **(틀린지문)** 주식병합 전에 주주 A는 B와 주식양도약정을 하였으나, 주권은 교부하지 않았고, A는 주권을 P에게 보관해 두었고 P는 다시 Q에게 주권을 보관해 둔 사안에서 목적물반환청구권의 양도 방식으로 주권을 교부하기 위하여는 A가 B에게 Q에 대한 반환청구권을 양도하고, 그 대항요건으로서 Q의 승낙 또는 Q에 대한 통지를 갖추어야 한다. [변호 18]

04 주권발행 전의 주식 입질에 관하여는 상법 제338조 제1항의 규정이 아니라 권리질권설정의 일반원칙인 민법 제346조로 돌아가 그 권리의 양도방법에 의하여 질권을 설정할 수 있다고 보아야 한다(대결 2000.8.16. 99그1). [변호 13]

> **(틀린지문)** 주식에 대한 질권을 설정하기 위해서는 주권의 교부가 있어야 하므로, 질권설정시까지 회사의 주권이 발행되지 않은 경우 질권을 설정할 수 없다. [변호 13]

05 등록질권자는 회사로부터 이익배당, 잔여재산의 분배 또는 상법 제339조에 따른 금전의 지급을 받아 다른 채권자에 우선하여 자기채권의 변제에 충당할 수 있다(제340조 제1항)   [변호 17]

06 등록질의 경우 주주명부 기재가 회사에 대한 대항요건이 되며, 제3자에 대한 대항요건은 주권의 점유이다.   [변호 17]

> **(틀린지문)** 등록질권자로 주주명부에 기재되어 있다면 주권을 계속하여 점유하지 않더라도 제3자에 게 질권자로서 대항할 수 있다.   [변호 17]

07 주식의 소각, 병합, 분할 또는 전환이 있는 때에는 이로 인하여 종전의 주주가 받을 금전이나 주식에 대하여도 종전의 주식을 목적으로한 질권을 행사할 수 있다(제339조).   [변호 13, 17, 모의 17]

08 준비금의 자본금 전입에 따라 종전의 주주가 받을 금전이나 주식에 대하여도 종전의 주식을 목적으로 한 질권(약식질과 등록질 포함)을 행사할 수 있다(제461조 제7항, 제339조).   [변호 13, 모의 17, 22]

> **(틀린지문)** 질권설정시 질권자가 질권설정자로부터 주권을 교부받은 경우, 회사의 질권설정자의 청 구에 따라 질권자의 성명과 주소를 주주명부에 덧붙여 쓰고 그 성명을 주권에 적은 경우에만 질권 자는 질권이 설정된 주식의 소각으로 인하여 질권설정자가 지급받을 금전에 대하여 종전의 주식을 목적으로 한 질권을 행사할 수 있다.   [변호 13]

09 주식의 약식질권자가 주식의 소각대금채권에 대하여 물상대위권을 행사하기 위하여는 질권설정 자가 지급받을 금전 기타 물건의 지급 또는 인도 전에 압류하여야 한다(대판 2004.4.23. 2003다6781).   [변호 13]

10 질권자는 회사로부터 질권의 목적으로 된 주식에 대한 잔여재산의 분배에 따른 금전의 지급을 받아 다른 채권자에 우선하여 자기 채권의 변제에 충당할 수 있으며, 약식질권자의 경우 지급 또는 교부 전에 압류하여야 한다.   [변호 17]

11 상행위로 인하여 생긴 채권을 담보하기 위하여 주식질권설정 합의를 하면서, 채무자가 변제하지 않을 경우 채권자는 대여금의 변제에 갈음하여 주식의 소유권을 취득한다는 내용의 약정을 하 였다면, 이러한 주식 소유권 취득에 관한 약정은 유효하다(제59조).   [변호 13]

12 채무자가 채무담보 목적으로 주식을 채권자에게 양도하여 채권자가 주주명부상 주주로 기재된 경우, 그 양수인이 주주로서 주주권을 행사할 수 있고 회사 역시 주주명부상 주주인 양수인의 주주권 행사를 부인할 수 없다. 양도담보권자의 피담보채무가 변제로 소멸하였더라도 양도담보 권자인 주주가 법원에 임시주주총회 소집허가를 신청하는 것은 권리남용에 해당하지 않는다(대결 2020.6.11. 2020마5263).   [최신판례]

쟁점 7. 주식병합, 분할, 소각

01 주식의 병합으로 인하여 자본금이 감소하기 때문에 결손의 보전을 위한 경우가 아니라면 주주총회의 특별결의가 있어야 한다(제438조 제1항, 제2항). [변호 13, 모의 17]

02 주식을 병합할 경우에 회사는 1월 이상의 기간을 정하여 그 뜻과 그 기간 내에 주권을 회사에 제출할 것을 공고하고 주주명부에 기재된 주주와 질권자에 대하여는 각별로 그 통지를 하여야 한다(제440조). [변호 22, 모의 13]

03 주식을 병합하는 경우에 구주권을 회사에 제출할 수 없는 자가 있는 때에는 회사는 그 자의 청구에 의하여 3월 이상의 기간을 정하고 이해관계인에 대하여 그 주권에 대한 이의가 있으면 그 기간 내에 제출할 뜻을 공고하고 그 기간이 경과한 후에 신주권을 청구자에게 교부할 수 있다(제442조). [변호 22]

04 주식병합 이후 신주식을 양도하려면 신주권의 교부가 필요하게 된다. 신주식의 양도에 구주권이 필요한 것은 아니다. [변호 18]

> **(틀린지문)** 주식병합 전 양도인이 주권을 제3자에게 보관해 두었다가 주식병합 후 양도인의 양수인에 대한 주식양도의 효력이 발생하려면 구주권의 교부가 필요하다. [변호 18]

05 주권발행 후 주식양도가 있었으나 주권 교부가 없는 상태에서 주식병합이 이루어지고 그로부터 6월이 경과할 때까지 회사가 신주권을 발행하지 않은 경우, 주식병합 전의 당사자의 의사표시만으로 주식양도의 효력이 생긴다(대판 2012.2.9. 2011다62076,62083). [변호 18]

> **(틀린지문)** 주식병합 전에는 양수인이 주권을 교부받지 못하여 주식양도의 효력이 발생하지 않았고, 주식병합 후에는 구주권이 실효되므로 양도인의 양수인에 대한 주식양도를 위하여는 주식병합 후 새로운 주식양도 합의가 필요하다. [변호 18]

06 주식을 주식병합 전에 양수하였다가 주식병합 후 6개월이 경과할 때까지 신주권이 발행되지 않은 경우, 양수인은 구주권 또는 신주권의 제시 없이 자신의 주식 양수 사실을 증명하여 회사에 대하여 명의개서를 청구할 수 있다(대판 2014.7.24. 2013다55386). [모의 17]

07 자본금이 감소하는 주식의 병합은 주권제출기간이 만료한 때 및 채권자이의절차가 종료한 때에 효력이 생긴다(제441조 단서, 제232조). [변호 15, 16, 22, 모의 17]

> **(틀린지문)** 자본금 감소규정에 따른 주식소각의 경우 그 효력은 채권자보호절차가 마쳐지지 않은 때라도 공고된 주권제출기간이 만료한 때에 발생한다. [변호 15]

> **(틀린지문)** 주식소각의 효력은 주주가 주권을 회사에 제출한 때에 생기지만, 채권자의 이의절차가 종료하지 아니한 때에는 그 종료한 때에 효력이 생긴다. [변호 22]

08 주식병합의 실체가 없음에도 주식병합의 등기가 되어 있는 외관이 존재하는 경우 등과 같이 주식병합의 절차적·실체적 하자가 극히 중대하여 주식병합이 존재하지 아니한다고 볼 수 있는 경우에는, 주식병합 무효의 소와는 달리 출소기간의 제한에 구애됨이 없이 그 외관 등을 제거하기 위하여 주식병합 부존재확인의 소를 제기하거나 다른 법률관계에 관한 소송에서 선결문제로서 주식병합의 부존재를 주장할 수 있다(대판 2009.12.24. 2008다15520). [모의 17]

09 주식병합의 효력이 발생하면 구주권은 실효되고 회사는 신주권을 발행하여야 하며, 주주는 병합된 만큼 감소된 수의 신주권을 교부받게 되는데, 이에 따라 교환된 주권 역시 병합 전의 주식을 여전히 표창하면서 그와 동일성을 유지한다(대판 2012.2.9. 2011다62076,62083). [관련판례]

10 주주의 주식수에 따라 다른 비율로 주식병합을 하여 차등감자가 이루어진다면 이는 주주평등의 원칙에 반하여 자본금감소 무효의 원인이 될 수 있다. 또한 주식병합을 통한 자본금감소가 현저하게 불공정하게 이루어져 권리남용금지의 원칙이나 신의성실의 원칙에 반하는 경우에도 자본금감소 무효의 원인이 될 수 있다. 결과적으로 주식병합으로 소수주주가 주주의 지위를 상실했다 할지라도 그 자체로 위법이라고 볼 수는 없다(대판 2020.11.26. 2018다283315). [모의 21]

11 회사의 주식분할의 결정은 주주총회 특별결의사항이다(제329조의2 제1항). [변호 16, 모의 20]

> **해설** 주식의 분할이란 주식을 나누어 발행주식총수를 증가시키는 것이다. 주식분할의 경우 자본금은 변화가 없고, 주식수가 증가하므로 결국 주식분할은 액면분할을 의미한다. 주식액면은 정관 기재사항이고, 정관변경은 주주총회 특별결의사항이므로, 주식분할은 주주총회 특별결의를 요한다. 다만 자본금에 변화가 없으므로 채권자보호절차는 요구되지 않는다.

12 액면주식 분할의 경우 회사가 공고한 주권제출기간 내에 주주가 구주권을 제출하더라도 주권제출기간이 지나야 신주권의 발행과 교부를 청구할 수 있다(제329조의2 제3항, 제441조). [모의 15]

13 주식은 자본금 감소 규정에 따라서만 소각할 수 있다. 다만, 이사회 결의로 자기주식 소각의 경우에는 자본금 감소 규정에 의하지 않을 수 있다(제343조 제1항). [변호 22]

> **(틀린지문)** 회사가 보유하는 자기주식을 소각하는 경우 자본금 감소에 관한 규정에 따라서만 소각하여야 한다. [변호 22]

쟁점 8. 자본금감소

01 실질감자인 유상감자는 자본금의 감소와 함께 순자산도 같이 감소하므로 기존주주들과 채권자의 이해관계에 중대한 영향을 미치므로 주주총회특별결의와 채권자보호절차가 필요하다.
[변호 15, 모의 21]

02 결손의 보전을 위하여 자본금을 감소시키려면 주주총회의 보통결의를 거쳐야 하며, 채권자보호절차는 필요하지 않다(제438조 제2항, 제439조 제2항 단서). [변호 13, 15, 16, 모의 13, 21(2)]

> **(틀린지문)** 자본금의 감소에는 주주총회 특별결의가 있어야 하지만, 결손의 보전을 위한 자본금의 감소는 이사회 결의에 의한다. [변호 13]
>
> **(틀린지문)** 감자는 주주의 이해관계에 중대한 영향을 미치므로 회사는 상법상 모든 감자에 대하여 채권자보호절차를 거쳐야 한다. [변호 15]
>
> **(틀린지문)** 결손의 보전을 위한 자본금 감소는 주주총회에서 출석한 주주의 의결권의 3분의 2 이상의 수와 발행주식총수의 3분의 1 이상의 수로써 결의하여야 한다. [변호 15]
>
> **(틀린지문)** 결손의 보전을 위하여 자본금을 감소시키려면 주주총회의 특별결의와 채권자이의절차를 거쳐야 한다. [변호 16]

03 자본금 감소의 결의에서는 그 감소의 방법을 정하여야 한다(제439조 제1항). [모의 13]

04 자본금 감소에 대하여 사채권자가 이의를 제기하려면 사채권자집회의 결의가 있어야 하며 이 경우 법원은 이해관계인의 청구에 의하여 사채권자를 위하여 이의 제기 기간을 연장할 수 있다(제439조 제3항).
[모의 13, 21]

05 자본금 감소의 무효는 주주·이사·감사·청산인·파산관재인 또는 자본금의 감소를 승인하지 아니한 채권자만이 자본금 감소로 인한 변경등기가 된 날부터 6개월 내에 소만으로 주장할 수 있다(제445조).
[변호 21, 모의 21]

06 취소 또는 무효의 하자가 있는 주주총회의 결의에 기초한 자본금 감소 절차가 실행되어 그 효력이 발생한 후, 주주가 자본금 감소의 효력을 다투고자 한다면, 자본감소 무효의 소에 의해서만 다툴 수 있다(대판 2010.2.11. 2009다83599).
[변호 15, 모의 14]

> **(틀린지문)** 취소 또는 무효의 하자가 있는 주주총회의 결의에 기초한 자본금 감소 절차가 실행되어 그 효력이 발생한 후, 주주가 자본금 감소의 효력을 다투고자 한다면, 주주는 주주총회 결의 취소의 소나 무효확인의 소를 제기하는 방식으로도 다툴 수 있고, 감자무효의 소를 제기하는 방식으로도 다툴 수 있다. [변호 15]

07 자본금 감소로 인한 변경등기가 된 날부터 6개월이 경과한 후에는 새로운 무효사유를 추가하여 주장할 수 없다(대판 2010.4.29. 2007다12012).   [변호 16, 모의 13, 14, 19, 21]

08 감자무효판결에 따른 지급액의 회수가 주주의 무자력 등으로 불가능하게 되어 회사가 손해를 입은 경우에는 이사가 회사채권자에 대해 손해배상책임을 지는데, 여기서 이사는 자본감소 당시 의 이사를 말한다.   [모의 14]

09 감자무효판결은 제3자에 대하여도 효력을 미치므로 소송을 제기하지 않은 자들에 대하여도 감 자는 무효이다(제446조, 제190조 본문).   [변호 15]

> 해설▶ 감자무효판결에는 제190조 본문만 준용되므로, 소급효가 인정된다.

10 감자무효의 소가 그 심리 중에 원인된 하자가 보완되고 회사의 현황과 제반사정을 참작하여 자 본금감소를 무효로 하는 것이 부적당하다고 인정된 때에는 법원은 그 청구를 기각할 수 있다. 그러나 하자가 보완되지 않았더라도 그 하자가 추후 보완될 수 없는 성질의 것이고 자본금감소 결의의 효력에 아무런 영향을 미치지 않은 경우인 때에는 법원은 그 청구를 기각할 수 있다(대판 2004.4.27. 2003다29616).   [모의 14]

쟁점 9. 주권

01 회사는 회사성립 전이나 신주납입기일 이전에는 주권을 발행할 수가 없으며, 발행되었다면 이는 무효이다(제355조 제2항, 제3항).   [변호 16]

> **(틀린지문)** 회사성립일 이전에 주권을 발행했더라도 주권이 무효로 되는 것은 아니다.   [변호 16]

02 대표이사가 주권발행에 관한 주주총회나 이사회의 결의 없이 기명주권에 주주의 이름을 기재하 지 않고 주식의 발행연월일을 기재하지 않은 채 단독으로 기명주권을 발행하였다고 하더라도 이러한 사유는 주권의 무효 사유가 된다고 할 수 없다(대판 1996.1.26. 94다24039).   [모의 14]

03 회사가 주주권을 표창하는 문서를 작성하여 주주가 아닌 제3자에게 교부하였다 하더라도 위 문 서는 회사의 주권으로서의 효력을 갖지 못한다(대판 1977.4.12. 76다2766).   [변호 16, 모의 14, 19(2)]

> **[관련 지문]** 주권 작성 후 주주에게 교부하기 전에는 선의취득·압류·제권판결이 불가능하다.
> [모의 16]
>
> **(틀린지문)** 주권의 효력이 발생하는 시기는 회사가 주권을 작성하여 회사의 의사에 기하여 누구에게 라도 주권을 교부한 때이다.   [변호 16]

04 주권의 양도인이 무권리자인 경우뿐만 아니라, 무권대리인에 의한 양도의 경우에도 선의취득이 인정된다(대판 1997.12.12. 95다49646). [모의 16, 21]

05 주권의 간이인도 또는 반환청구권의 양도에 의한 선의취득은 지명채권양도의 대항요건을 갖추어야 한다. [모의 16]

06 주권 취득이 악의 또는 중대한 과실로 인한 때에는 선의취득이 인정되지 않는데, 이 경우 '악의'란 교부계약에 하자가 있다는 것을 알고 있었던 경우, 즉 종전 소지인이 무권리자 또는 무능력자라거나 대리권이 흠결되었다는 등의 사정을 알고 취득한 것을 말하고, 중대한 과실이란 거래에서 필요로 하는 주의의무를 현저히 결여한 것을 말한다(대판 2018.7.12. 2015다251812). [변호 20]

07 주권 등을 취득하면서 통상적인 거래기준으로 판단하여 볼 때 양도인이 무권리자임을 의심할 만한 사정이 있음에도 불구하고 이에 대하여 상당하다고 인정될 만한 조사를 하지 아니한 채 만연히 주권 등을 양수한 경우에는 양수인에게 상법 제359조, 수표법 제21조 단서에서 말하는 '중대한 과실'이 있다고 보아야 한다(대판 2018.7.12. 2015다251812). [관련판례]

08 주주가 주권불소지의 신고를 하면 회사는 주권불소지에 관하여 정관에 아무런 근거규정이 없다는 이유로는 이를 거절할 수 없다(제358조의2 제1항). [변호 16, 17, 모의 22]

09 주식의 주주가 회사에 대하여 불소지신고를 하면 회사는 이를 주주명부 및 그 복본에 기재하고 그 사실을 주주에게 통지하여야 한다(제358조의2 제2항). [변호 16]

10 주권발행후의 불소지신고가 되고 회사에 주권이 반환된 경우에는 회사는 주권을 무효로 하거나, 명의개서 대리인에게 임치하여야 한다(제358조의2 제3항). [변호 16]

11 주권불소지 신고 후 주주는 언제든지 회사에 대하여 주권의 발행 또는 반환을 청구할 수 있기 때문에 주식을 양도하기 위해서는 주권을 발행받아 주권의 교부만으로 양도할 수 있다(제358조의2 제4항). [변호 14, 16]

> **(틀린지문)** 甲의 주권불소지 신고에 기하여 회사가 주권을 발행하지 않은 경우라면, 甲은 언제든지 주권의 교부에 갈음하여 지명채권양도의 방법으로 주식을 양도할 수 있고, 그 양도는 회사에 대하여 유효하다. [변호 14]
>
> **(틀린지문)** 주권불소지 신고를 하였다면, 주식양도는 주권교부 없이 당사자간의 주식양도에 관한 의사의 합치로 할 수 있다. [변호 16]

12 주주권은 주식양도, 주식의 소각 또는 주금 체납에 의한 실권절차 등 법정사유에 의하여서만 상실되고, 단순히 당사자 간의 특약이나 주식 포기의 의사표시만으로는 주식이 소멸되거나 주주의 지위가 상실되지 아니한다(대판 1999.7.23. 99다14808). [모의 17, 19, 20]

13 주권을 상실한 경우 공시최고의 신청권자는 주주명부상 주주이며, 그가 이미 주식을 양도한 때에는 최종의 양수인이 주주이다. [모의 16]

14 주권이 상실된 경우에는 공시최고절차에 의하여 제권판결을 얻지 않는 이상 회사에 주권의 재발행을 청구할 수 없다. 주권을 분실한 것이 주권발행 회사라 하더라도 주권에 대한 제권판결이 없는 이상 회사에 대하여 주권의 재발행을 청구할 수 없다(대판 1981.9.8. 81다141). [모의 14, 15]

15 증권이나 증서의 무효를 선고한 제권판결은 단순히 공시최고 신청인에게 그 증권 또는 증서를 소지하고 있는 것과 동일한 지위를 회복시키는 것에 그치는 것이고, 공시최고 신청인이 그 증권 또는 증서의 실질적인 권리자임을 확정하는 것은 아니다(대판 1993.11.9. 93다32934). [변호 20]

> **[관련 쟁점]** 제권판결이 내려진 경우 소극적으로는 주권이 무효가 되고(민사소송법 제496조), 적극적으로는 신청인이 회사에 대하여 주권 없이도 주권에 따른 권리를 행사할 수 있게 된다(민사소송법 제497조). 신청인은 제권판결에 기하여 회사에 대하여 주권의 재발행을 청구할 수 있다.
>
> **[관련 판례]** 기존 주권을 무효로 하는 제권판결에 기하여 주권이 재발행되었다고 하더라도 제권판결에 대한 불복의 소가 제기되어 제권판결을 취소하는 판결이 선고·확정되면, 재발행된 주권은 소급하여 무효로 되고, 그 소지인이 그 후 이를 선의취득 할 수 없다(대판 2013.12.12. 2011다112247,112254).
>
> **[관련 판례]** 제권판결 이전에 주식을 선의취득한 자는 제권판결이 취소되지 않는 한 회사에 대하여 적법한 주주로서의 권한을 행사할 수 없으므로 회사의 주주로서 주주총회 및 이사회결의무효확인을 구할 이익이 없다(대판 1991.5.28. 90다6774).
>
> **(틀린지문)** 증권이나 증서의 무효를 선고한 제권판결은 단순히 공시최고 신청인에게 그 증권 또는 증서를 소지하고 있는 것과 동일한 지위를 회복시키는 것에 그치는 것이 아니라 공시최고 신청인이 그 증권 또는 증서의 실질적인 권리자임을 확정하는 효력이 있다. [변호 20]

쟁점 10. 주식의 양도 및 양도제한

01 주식양도는 당사자 간의 양도합의와 주권교부에 의해 효력이 발생한다(제336조 제1항). [변호 16]

> **(틀린지문)** 주식은 기명주식이므로 주식을 양도하기 위해서는 주권에 배서하고 주권을 교부하여야 양도의 효력이 생긴다. [변호 16]

02 주식은 타인에게 양도할 수 있다. 다만 회사는 정관으로 정하는 바에 따라 그 발행하는 주식의 양도에 관하여 이사회의 승인을 받도록 할 수 있다(제335조 제1항). [변호 12, 모의 19]

03 주식의 양도에 관하여 이사회의 승인을 얻어야 하는 경우에는 양도인은 회사에 대하여 양도의 상대방 및 양도하고자 하는 주식의 종류와 수를 기재한 서면으로 양도의 승인을 청구할 수 있다(제335조의2 제1항). [변호 12, 모의 19]

04 회사로부터 양도승인거부의 통지를 받은 주주는 통지를 받은 날부터 20일 내에 회사에 대하여 양도 상대방의 지정 또는 그 주식의 매수를 청구할 수 있다(제335조의2 제4항). [변호 12]

05 정관상 양도제한이 있는 경우, 주주가 양도상대방을 지정해 줄 것을 청구한 경우 이사회가 이를 지정하고, 상대방으로 지정된 자는 지정통지를 받은 날부터 10일 이내에 주주에 대하여 서면으로 주식을 자기에게 매도할 것을 청구할 수 있으며, 매매가격은 주주와 지정된 자 간의 협의로 결정하되, 협의가 이루어지지 않는 경우 법원에 매매가액의 결정을 청구할 수 있다. [변호 12]

> **(틀린지문)** 정관상 양도제한이 있는 경우, 주주가 양도의 상대방을 지정하여 줄 것을 청구한 경우에는 이사회가 이를 지정하고, 상대방으로 지정된 자는 지정통지를 받은 날부터 10일 이내에 지정청구를 한 주주에 대하여 서면으로 그 주식을 자기에게 매도할 것을 청구할 수 있으며, 이 경우 그 주식의 매도가액은 이사회가 결정한다. [변호 12]

06 주식의 양도에 관하여 이사회의 승인을 얻어야 하는 경우에 주식을 취득한 자는 회사에 대하여 그 주식의 종류와 수를 기재한 서면으로 그 취득의 승인을 청구할 수 있고, 이러한 주식매수청구권은 형성권이어서 그 행사에 따라 회사의 승낙 여부와 관계없이 곧바로 주식에 관한 매매계약이 성립한다. 이 경우 주주의 지위는 주식을 취득한 자가 주식매수청구권을 행사한 때가 아니라 회사로부터 주식의 매매대금을 지급받은 때에 이전된다(대판 2019.7.10. 2018다292975). [관련판례]

07 정관상 양도제한에 위반하여 이사회의 승인을 얻지 아니한 주식의 양도는 회사에 대하여 효력이 없다(제335조 제2항). [변호 12]

08 주식의 양도에 관하여 이사회의 승인을 받도록 한 정관에 위반하여 이사회의 승인을 받지 아니하고 주식양도계약이 체결되었더라도 양도인과 양수인 사이에서 채권적 효력은 인정된다. [변호 20]

09 회사와 주주들 사이에서, 혹은 주주들 사이에서 회사의 설립일로부터 5년 동안 주식의 전부 또는 일부를 다른 당사자 또는 제3자에게 매각·양도할 수 없다는 내용의 약정을 한 경우, 그 약정은 주식양도에 이사회의 승인을 얻도록 하는 등 그 양도를 제한하는 것이 아니라 설립 후 5년간 일체 주식의 양도를 금지하는 내용으로 이를 정관으로 규정하였다고 하더라도 주주의 투하자본회수의 가능성을 전면적으로 부정하는 것으로서 무효이다. 따라서 정관으로 규정하여도 무효가 되는 내용을 회사와 주주들 사이에서, 혹은 주주들 사이에서 약정하였다고 하더라도 이 또한 무효이다(대판 2000.9.26. 99다48429). [모의 16]

10 주식의 양도를 제한하는 방법으로 이사회 승인을 받도록 정관에 정할 수 있다는 상법 제335조 제1항 단서의 취지에 비추어 볼 때, 주주 사이에서 주식의 양도를 일부 제한 하는 약정을 한 경우, 그 약정은 주주의 투하자본회수 가능성을 전면적으로 부정하는 것이 아니고, 선량한 풍속 그 밖의 사회질서에 반하지 않는다면 당사자 사이에서는 원칙적으로 유효하다. 주주협약에서 주식양도에 출자자 전원의 동의를 요구하면서 그와 별도로 출자자의 우선매수권을 규정하는 것은 **유효하다**(대판 2022.3.31. 2019다274639). [최신판례]

11 구 상법(1984.4.10. 개정 이전 상법) 제335조 제2항에 의하여 회사성립 후 6월이 경과하기 전에 주권의 발행 없이 이루어진 주식의 양도는 회사가 이를 승인하여 주주명부에 그 변경을 기재하거나 후일 회사에 의하여 주권이 발행되었다고 하더라도 회사에 대한 관계에 있어서는 그 효력이 **없다**(대판 1987.5.26. 86다카982,983). [변호 17, 19, 모의 14, 16]

> **(틀린지문)** 회사성립 6월 경과하기 전 주권발행 전에 甲이 乙에게 주식을 양도한 경우에, 회사가 이를 승인하여 주주명부에 명의개서를 하였다면 乙은 주주의 지위를 취득한다. [변호 17]
>
> **(틀린지문)** 주권이 발행되지 않고, 양수인 명의로 명의개서가 이루어지지 않은 경우, 양수인이 회사에게 회사성립 후 6월이 경과하기 전에 양수인에게 주권을 발행할 것을 청구한다면, 회사는 양수인에게 주권을 발행해 주어야 하고, 양수인이 명의개서를 청구한다면 이에 응하여야 한다. [변호 19]

12 주권발행 전의 주식을 전전 양수한 원고가 회사에 대하여 원시 주주를 대위하여 직접 원고에게 주권의 발행교부를 청구할 수는 없다 할지라도 원시 주주들의 회사에 대한 주권발행 및 교부청구권을 대위행사하여 원시 주주에의 주권발행 및 교부를 구할 수 있다(대판 1982.9.28. 82다카21). [변호 17, 19, 모의 15, 16, 19]

해설 1984. 4. 10. 개정 상법에 따라 제335조 제3항 단서(그러나 회사성립 후 또는 신주의 납입기일 후 6월이 경과한 때에는 그러하지 아니하다)가 규정되기 이전 상법이 적용된 판결이다.

> **(틀린지문)** 甲이 乙에게 주식을 양도한 경우에, 주식의 양도는 당사자 간에는 유효하므로 乙은 甲의 주권발행교부청구권을 대위행사하여 자신에게 주권을 발행교부하여 줄 것을 청구할 수 있다. [변호 17]
>
> **(틀린지문)** 주식 양수인은 회사에게 자신이 아닌 양도인에게 주권을 발행할 것을 대위청구 할 수 없다. [변호 19]

13 주권발행 전에 한 주식의 양도가 회사성립 후 또는 신주의 납입기일 후 6월이 경과하기 전에 이루어졌다고 하더라도 그 이후 6월이 경과하고 그 때까지 회사가 주권을 발행하지 않았다면 그 하자는 치유되어 회사에 대하여도 유효한 주식양도가 된다(대판 2002.3.15. 2000두1850). [변호 14, 19, 모의 16, 19(2)]

14 주식의 효력이 발생한 후 6월이 경과한 이후에 이루어진 양도는 주권이 없이 이루어졌다고 하여도 유효하게 된다(제335조 제3항 단서). [변호 17]

(**틀린지문**) A는 X회사의 신주에 대한 주금을 2016. 3. 7. 납입하였으나, X회사는 주권을 발행하지 않았다. 이후 A는 2016. 9. 12. B에게 신주 전부를 양도하였다. 이러한 주식양도는 신주의 효력발생 후 6개월이 경과하기 전에 주권 교부없이 행해진 것이므로 효력이 없으나, 그 이후 6개월이 경과함으로써 그 하자가 치유되었다. [변호 17]

15 회사설립 후 주권발행 없이 1년이 지난 뒤 주식을 양수한 자는 주권의 발행 및 교부를 청구할 수 있다(제335조 제3항). [모의 15]

16 주권발행 전 주식에 대한 주식양도청구권의 압류 또는 가압류가 된 경우 이러한 주식의 양도를 명하는 판결은 가압류의 해제를 조건으로 하지 않는 한 법원은 이를 인용해서는 안된다(대판 2021.7.29. 2017다3222,3239). [최신판례]

17 주권발행 전 주식의 양도가 회사 성립 후 6월이 경과한 후에 이루어진 때에는 당사자의 의사표시만으로 회사에 대하여 효력이 있으므로, 그 주식양수인은 특별한 사정이 없는 한 양도인의 협력을 받을 필요 없이 단독으로 자신이 주식을 양수한 사실을 증명함으로써 회사에 대하여 그 명의개서를 청구할 수 있다(대판 2006.9.14. 2005다45537). [변호 17, 20, 21, 모의 21]

(**틀린지문**) 회사 성립 후 6개월이 경과된 후에 甲이 乙에게 주식을 양도하였고 이후 乙이 회사로부터 주권을 발행받고 丙에게 주권을 교부한 경우에는 丙은 회사에 대해 주주명부의 명의개서를 청구할 수 없다. [변호 17]

18 주권발행 전 주식 양도는 지명채권양도의 일반원칙에 의하여 당사자 사이의 의사표시 합치만으로 양도의 효력이 발생하나, 이를 회사 이외의 제3자에 대항하기 위해서는 양도에 관하여 양도인이 확정일자 있는 증서에 의하여 회사에 통지하거나 회사의 승낙을 받아야 한다. [변호 17, 20, 모의 16, 20]

19 제1양수인이 제2양수인보다 먼저 지명채권양도의 일반원칙에 따라 확정일자 있는 증서에 의한 주식양도의 통지방법으로 대항요건을 갖춘 경우라면, 제1양수인은 제2양수인에 대해 주주임을 주장할 수 있고, 나아가 회사에 대해서 자신이 주주임을 주장할 수 있으므로 회사에 대해 제2양수인 명의개서의 말소를 청구할 수 있다. [변호 14]

20 양수인들 사이의 우열은 확정일자증서에 의한 양도통지가 회사에 도달한 일시 또는 확정일자증서에 의한 회사의 승낙 일시의 선후에 의해 결정함이 원칙이다(대판 1995.5.23. 94다36421). [변호 17]

21 주권발행 전 주식의 양도담보권자와 동일 주식에 대하여 압류명령을 집행한 자 사이의 우열은 확정일자 있는 증서에 의한 양도통지 또는 승낙의 일시와 압류명령의 송달일시를 비교하여 그 선후에 따라 결정된다. 이때 그들이 주주명부에 명의개서를 하였는지 여부와는 상관없다(대판 2018.10.12. 2017다221501). [관련판례]

22 주식의 양도통지가 확정일자 없는 증서에 의하여 이루어져 제3자에 대한 대항력을 갖추지 못하였더라도, 확정일자 없는 증서에 의한 양도통지나 승낙 후에 그 증서에 확정일자를 얻은 경우에는 그 일자 후에는 제3자에 대한 대항력을 취득하는 것이나 그 대항력 취득의 효력이 당초 주식 양도통지일로 소급하여 발생하는 것은 아니다(대판 2010.4.29. 2009다88631). [관련판례]

해설 주권발행 전 주식이 양도된 경우 그 주식을 발행한 회사가 확정일자 있는 증서에 의하지 아니한 주식의 양도 통지나 승낙의 요건을 갖춘 주식양수인(이하 '제1 주식양수인'이라 한다)에게 명의개서를 마쳐 준 경우, 그 주식을 이중으로 양수한 주식양수인(이하 '제2 주식양수인'이라 한다)이 그 후 회사에 대하여 양도 통지나 승낙의 요건을 갖추었다 하더라도, 그 통지 또는 승낙 역시 확정일자 있는 증서에 의하지 아니한 것이라면 제2 주식양수인으로서는 그 주식 양수로써 제1 주식양수인에 대한 관계에서 우선적 지위에 있음을 주장할 수 없으므로, 회사에 대하여 제1 주식양수인 명의로 이미 적법하게 마쳐진 명의개서를 말소하고, 제2 주식양수인 명의로 명의개서를 하여 줄 것을 청구할 권리가 없다. 따라서 이러한 경우 회사가 제2 주식양수인의 청구를 받아들여 그 명의로 명의개서를 마쳐 주었다 하더라도 이러한 명의개서는 위법하므로 회사에 대한 관계에서 주주의 권리를 행사할 수 있는 자는 여전히 제1 주식양수인이다. 주식의 양도통지가 확정일자 없는 증서에 의하여 이루어짐으로써 제3자에 대한 대항력을 갖추지 못하였더라도 확정일자 없는 증서에 의한 양도통지나 승낙 후에 그 증서에 확정일자를 얻은 경우에는 그 일자 이후에는 제3자에 대한 대항력을 취득하나, 그 대항력 취득의 효력이 당초 주식 양도통지일로 소급하여 발생하는 것은 아니다(대판 2010.4.29. 2009다88631).

23 회사 성립 후 6개월이 경과된 후에 이루어진 주권발행 전 주식양도 사실을 통지 받은 회사가 그 주식에 관하여 양수인 아닌 제3자에게 주주명부상의 명의개서절차를 마치고 기명식 주권을 발행하였더라도 주식양수인은 주주권을 상실하지 않는다. 회사가 주주권을 표창하는 문서를 작성하여 이를 주주가 아닌 제3자에게 교부하여 주었다 할지라도 위 문서는 아직 회사의 주권으로서의 효력을 가지지 못한다(대판 2000.3.23. 99다67529). [변호 17]

> **(틀린지문)** 회사 성립 후 6개월이 경과된 후에 甲이 乙에게 주식을 양도하였으나, 이 사실을 통지 받은 회사가 그 주식에 관하여 乙이 아닌 丙에게 주주명부상의 명의개서절차를 마치고 주권을 발행하였다면 丙은 주권을 선의취득하므로 乙은 주주권을 상실한다. [변호 17]

24 무효인 매매계약에 따라 매수인에게 명의개서절차가 이행되었더라도, 매도인은 특별한 사정이 없는 한 매수인의 협력을 받을 필요 없이 단독으로 매매계약이 무효임을 증명함으로써 회사에 대해 명의개서를 청구할 수 있다. 주권이 발행되지 않은 주식에 관하여 체결된 매매계약이 구 상법 제341조에서 금지한 자기주식의 취득에 해당하여 무효인 경우에도 마찬가지이다(대판 2018.10.25. 2016다42800,42817,42824,42831). [변호 21]

25 주권이 발행되지 않은 주식에 관하여 체결된 매매계약이 구 상법에서 금지한 자기주식의 취득에 해당하여 무효인 경우, 매도인은 지급받은 주식매매대금을 매수인에게 반환할 의무를 부담하는 반면 매수인은 매매계약 체결 당시 이행받은 급부가 없으므로 특별한 사정이 없는 한 반환할 부당이득이 존재하지 않는다(대판 2018.10.25. 2016다42800,42817,42824,42831). [관련판례]

26 양도인이 제1양수인에게 주식양도의 대항요건을 갖추어 주지 아니한 채 제2양수인에게 주식을 이중양도하여 제1양수인이 회사에 대한 관계에서 주주로서의 권리를 제대로 행사할 수 없게 되었다면, 양도인은 제1양수인에 대해 불법행위책임을 진다(대판 2012.11.29. 2012다38780).

[변호 14, 17, 모의 21]

27 주권발행 전 주식의 양도의 경우 양도인의 배임행위에 제3자가 적극 가담한 경우라면, 제3자에 대한 양도행위는 사회질서에 반하는 법률행위로서 무효이다(대판 2006.9.14. 2005다45537).   [변호 17]

28 주권발행 전 주식에 대한 양도계약에서의 양도인은 양수인에 대하여 그의 사무를 처리하는 지위에 있지 아니하여, 양도인이 위와 같은 제3자에 대한 대항요건을 갖추어 주지 아니하고 이를 타에 처분하였다 하더라도 형법상 배임죄가 성립하는 것은 아니다(대판 2020.6.4. 2015도6057).

[최신판례]

29 주권발행 후 주식의 양도에 있어서는 주권을 교부하여야 효력이 발생하고 주권의 교부는 현실의 인도 이외에 간이인도, 점유개정, 반환청구권의 양도에 의하여도 할 수 있다(대판 2014.12.24. 2014다221258).

[모의 19]

30 회사 성립 후 또는 신주의 납입기일 후 6개월이 경과한 주권발행 전의 주식에 대한 주식양도계약이 해제되면 계약의 이행으로 이전된 주식은 당연히 양도인에게 복귀한다. 채무자가 채무액 일부만 변제공탁을 하였으나 그 후 부족분을 추가로 공탁하였다면 그 때부터는 모든 채무액에 대하여 유효한 공탁을 한 것으로 볼 수 있다(대판 2022.5.26. 2020다239366).   [최신판례]

쟁점 11. 자기주식취득, 자회사의 모회사 주식 취득

01 회사가 주식을 취득하는 제3자에게 보증, 담보제공, 금전대여 등으로 자금을 지원한 경우, 단순한 자금지원이거나 주식취득에 따른 손익이 회사에 귀속되지 않는 한 자기주식취득에 해당되지 **않는다**(대판 2011.4.28. 2009다23610). [변호 21]

02 회사 아닌 제3자의 명의로 회사의 주식을 취득하더라도 그 주식취득을 위한 자금이 회사의 출연에 의한 것이고 그 주식취득에 따른 손익이 회사에 귀속되는 경우라면, 상법 제341조가 금지하는 자기주식의 취득에 해당한다(대판 2003.5.16. 2001다44109). [변호 13]

> **해설** 위 판결은 자기주식취득이 완화되기 이전 상법을 대상으로 한 판결이다. 위 판결에서 대법원은 위와 같은 판시사항과 함께 상법상 자기주식취득 금지규정에 위반한 회사의 자기주식취득은 당연히 무효라는 점도 함께 판시하였다(대판 2003.5.16. 2001다44109).
>
> (**틀린지문**) 상법이 인정하는 특정목적에 의한 자기주식의 취득에 해당하지 아니하더라도, 회사가 타인의 명의로 자기의 계산으로 자기주식을 취득하는 경우에는 상법 제462조 제1항에 따른 배당가능이익의 한도 제한 없이 자기주식을 취득할 수 있다. [변호 13]

03 회사는 자기의 명의와 계산으로 상법상 배당가능이익의 범위 내에서 자기주식을 취득할 수 있다(제341조). [변호 13, 모의 14]

04 자기주식취득의 결정은 원칙적으로 주주총회의 결의로 취득할 수 있는 주식의 종류 및 수, 취득가액 총액의 한도, 1년을 초과하지 아니하는 범위에서 자기주식을 취득할 수 있는 기간에 관한 사항을 결정하여야 한다(제341조 제2항 본문). [변호 15]

05 이익배당에 관한 승인권이 이사회에 있는 회사는 배당가능이익을 재원으로 자기주식을 취득하는 경우 이사회 결의로써 주주총회 결의를 갈음할 수 있다(제341조 제2항 단서). [변호 14]

06 직전 결산기를 기준으로 배당가능이익이 있더라도, 해당 연도 결산기에 결손이 발생할 우려가 있는 경우에는 회사는 거래소에서 시세가 있는 자기주식을 거래소에서 취득하여서는 아니 된다(제341조 제3항). [변호 13]

07 합병 또는 다른 회사의 영업전부의 양수로 인한 경우, 회사의 권리실행에 있어 목적을 달성하기 위하여 필요한 경우, 단주처리를 위한 경우, 주주가 주식매수청구권을 행사한 경우 배당가능이익이 없더라도 자기주식을 취득할 수 있다(제341조의2). [변호 13, 14, 15, 16, 모의 14, 15, 19, 22]

> (틀린지문) 배당가능이익을 재원으로 하지 않고 상법 제341조의2에 의하여 다른 회사의 영업의 일부를 양수하는 경우 회사는 적법하게 자기주식을 취득할 수 있다. [변호 14]
>
> (틀린지문) 단주를 처리하기 위하여 자기주식을 취득하는 때에도 배당가능한 이익의 존재를 요한다. [변호 16]

08 회사는 발행주식총수의 20분의 1을 초과하여 자기주식을 질권의 목적으로 받지 못하나, 회사가 권리를 실행함에 있어서 그 목적을 달성하기 위하여 필요한 경우에는 그 한도를 초과하여 질권의 목적으로 할 수 있다(제341조의3). [변호 16]

09 상법에 따라 주주가 주식매수청구권을 행사하는 경우 회사가 제한 없이 자기주식을 취득할 수 있으나, 회사가 특정 주주와 사이에 특정한 금액으로 주식을 매수하기로 약정함으로써 사실상 매수청구를 할 수 있는 권리를 부여하여 주주가 그 권리를 행사하는 경우는 개정 상법 제341조의2 제4호가 적용되지 않으므로, 자기주식취득 요건을 완화하였다고 하더라도 상법상 요건 및 절차에 의하지 않은 자기주식취득 약정은 무효이다(대판 2021.10.28. 2020다208058). [최신판례]

10 회사가 보유하는 자기주식을 처분하는 경우에 주식을 처분할 상대방 및 처분방법에 관하여 정관에 규정이 없는 것은 이사회가 결정한다(제342조). [변호 13, 14, 15, 16]

11 상법상 회사가 보유하는 자기주식은 처분기한이 없다. [변호 15, 모의 19]

> (틀린지문) 주식회사는 취득한 자기주식을 지체 없이 소각하여야 한다. [변호 15]
>
> (틀린지문) 주주가 주식매수청구권을 행사한 경우에는 주식회사가 배당가능이익이 없더라도 자기주식을 취득할 수 있으나, 상법은 이를 지체 없이 처분하여야 한다고 규정하고 있다. [변호 15]

12 해당 영업연도의 결산기에 대차대조표상의 순자산액이 상법 제462조 제1항 각 호의 금액의 합계액에 미치지 못함에도 불구하고 회사가 자기주식을 취득한 경우 이사는 회사에 대하여 연대하여 그 미치지 못한 금액을 배상할 책임이 있다(제341조 제4항). [모의 19]

13 자회사는 모회사의 주식을 원칙적으로 취득할 수 없다(제342조의2 제1항). ① 주식의 포괄적 교환, ② 주식의 포괄적 이전, ③ 회사의 합병 또는 다른 회사의 영업전부의 양수, ④ 회사의 권리를 실행함에 있어 그 목적을 달성하기 위하여 필요한 때에는 예외적으로 자회사의 모회사 주식취득이 허용된다. [중요쟁점]

14 회사의 합병으로 인해 자회사가 모회사의 주식을 취득한 경우에는 자회사는 그 주식을 취득한 날로부터 6월 이내에 모회사의 주식을 처분하여야 한다(제342조의2 제2항). [모의 19]

쟁점 12. 지배주주의 매도청구

01 회사의 발행주식총수의 100분의 95 이상을 자기의 계산으로(자기의 명의×) 보유하는 지배주주는 회사의 경영상 목적을 달성하기 위하여 필요한 경우 다른 주주의 보유주식에 대해 매도를 청구할 수 있으며(제360조의24 제1항), 이 경우 지배주주는 매도청구권을 행사하기 위해서 주주총회의 승인을 받아야 한다(제360조의24 제3항).   [변호 15, 17, 21, 모의 17, 18, 20]

> **(틀린지문)** A회사가 B회사의 발행주식총수의 95%를 취득한 상태에서, A회사가 B회사의 다른 주주에게 주식의 매도청구를 하기 위해 요구되는 B회사의 주주총회 승인은 이사회 승인으로 갈음할 수 있다.   [변호 15]

02 지배주주를 판단하기 위한 보유주식 수를 산정할 때에는 모회사와 자회사가 보유한 주식을 합산한다. 이 경우 회사가 아닌 주주가 발행주식총수의 100분의 50을 초과하는 주식을 가진 회사가 보유하는 주식도 그 주주가 보유하는 주식과 합산한다(제360조의24 제2항).   [변호 21, 모의 17]

> **(틀린지문)** 상법 제360조의24(지배주주의 매도청구권)의 지배주주의 보유주식의 수를 산정할 때에는 모회사와 자회사가 보유한 주식을 합산하지 아니한다.   [변호 21]

03 자회사의 소수주주가 상법 제360조의25 제1항에 따라 모회사에게 주식매수청구를 한 경우에 모회사가 지배주주에 해당하는지 여부를 판단함에 있어, 자회사의 자기주식을 발행주식총수에 포함하여야 하고, 자회사가 보유한 자기주식은 모회사의 보유주식에 합산되어야 한다(대결 2017.7.14. 2016마230).   [모의 18, 20]

> 해설 A 회사의 주식을 甲 85%, 자기주식 13%, 소수주주 2% 비율로 보유하고 있는 경우 A 회사가 보유하고 있는 자기주식도 지배주주 여부 판단의 기준이 되는 발행주식총수에 포함되고, A회사가 甲의 자회사이므로 A 회사가 보유하고 있는 자기주식도 甲이 보유한 주식과 합산하여 지배주주 여부를 판단하므로 甲이 A회사의 지배주주에 해당한다.

04 매도청구를 받은 소수주주는 매도청구를 받은 날부터 2개월 내에 지배주주에게 그 주식을 매도하여야 하며(제360조의24 제6항), 매매가액의 협의가 이루어지지 않았다 할지라도 위 2개월이 경과하면 지배주주는 매수대금 지체책임을 부담한다.   [변호 21, 모의 20]

05 주식을 취득하는 지배주주가 매매가액을 소수주주에게 지급한 때에 주식이 이전된 것으로 본다(제360조의26 제1항).   [모의 18]

06 매도청구에 따른 매매가액은 매도청구를 받은 소수주주와 매도를 청구한 지배주주 간의 협의로 결정한다(제360조의24 제7항).   [모의 17]

07 지배주주가 있는 회사의 소수주주는 언제든지 지배주주에게 그 보유주식의 매수를 청구할 수 있다(제360조의25 제1항). [변호 22, 모의 18, 20]

쟁점 13. 주주명부와 명의개서

01 회사는 원칙적으로 주주명부를 본점에 비치하여야 한다(제396조 제1항). [모의 17]

02 주식을 취득한 자는 특별한 사정이 없는 한 점유하고 있는 주권의 제시 등의 방법으로 자신이 주식을 취득한 사실을 증명함으로써 회사에 대하여 단독으로 그 명의개서를 청구할 수 있다(대판 2019.5.16. 2016다240338). [변호 21]

03 주식 양도인은 다른 특별한 사정이 없는 한 회사에 주식 양수인 명의로의 명의개서를 청구할 권리가 없다. 이는 주권이 발행되어 주권의 인도에 의하여 기명주식이 양도되는 경우뿐만 아니라, 회사 성립 후 6월이 지나도록 주권이 발행되지 않아 양도인과 양수인 사이의 의사표시로 기명주식이 양도되는 경우에도 동일하게 적용된다(대판 2010.10.14. 2009다89665). [모의 13, 16, 22]

04 주권이 발행되어 있는 주식을 취득한 자가 주권을 제시하는 등 그 취득사실을 증명하는 방법으로 명의개서를 신청하고, 그 신청에 관하여 주주명부를 작성할 권한 있는 자가 형식적 심사의무를 다하였으며, 그에 따라 명의개서가 이루어졌다면, 특별한 사정이 없는 한 그 명의개서는 적법한 것으로 보아야 한다(대판 2019.8.14. 2017다231980). [관련판례]

05 상법은 주주명부의 기재를 회사에 대한 대항요건으로 정하고 있을 뿐 주식 이전의 효력발생요건으로 정하고 있지 않으므로 명의개서가 이루어졌다고 하여 무권리자가 주주가 되는 것은 아니고, 명의개서가 이루어지지 않았다고 해서 주주가 그 권리를 상실하는 것도 아니다(대판 2020.6.11. 2017다278385). [최신판례]

06 주식의 소유권 귀속에 관한 권리관계와 주주의 회사에 대한 주주권 행사국면은 구분되고, 회사와 주주 사이에서 주식의 소유권, 즉 주주권의 귀속이 다투어지는 경우에는 회사가 주주명부에 주주로 기재된 자를 상대로 주주가 아니라는 확인의 소를 제기할 수 있다(대판 2020.6.11. 2017다278385). [최신판례]

07 주주명부상 주주가 아닌 제3자가 주식을 인수하고 대금을 납입한 경우 그 제3자를 실질상 주주로 보려면 단순히 제3자가 주식인수대금을 납입하였다는 사정만으로는 부족하고 제3자와 주주명부상 주주 사이의 내부관계, 주식 인수와 주주명부 등재에 관한 경위 및 목적, 주주명부 등재 후 주주로서의 권리행사 내용 등을 종합하여 판단해야 한다(대판 2019.5.16. 2016다240338). [모의 22]

08 상법 제337조 제1항에서 말하는 대항력은 그 문언에 불구하고 회사도 주주명부에의 기재에 구속되어, 주주명부에 기재된 자의 주주권 행사를 부인하거나 주주명부에 기재되지 아니한 자의 주주권 행사를 인정할 수 없다는 의미를 포함한다(대판 2017.3.23. 2015다248342). [관련판례]

09 주주명부상 주주인 甲이 명의개서대리인을 상대로 주권의 인도를 구할 수 있다고 하더라도 그와 별도로 자신의 주식에 대하여 실제 소유자라고 주장하는 乙을 상대로 그 주식이 甲의 소유라는 확인을 구할 확인의 이익이 있다(대판 2017.10.26. 2016다23274). [관련판례]

10 위조된 주식매매계약서에 의해 타인 앞으로 명의개서가 된 주주 甲이 회사를 상대로 자신의 주주권의 확인을 구하는 것은 甲이 회사를 상대로 직접 자신이 주주임을 증명하여 명의개서절차의 이행을 구할 수 있으므로, 甲이 회사를 상대로 주주권 확인을 구하는 것은 甲의 권리 또는 법률상 지위에 현존하는 불안·위험을 제거하는 유효·적절한 수단이 아니거나 분쟁의 종국적 해결방법이 아니어서 확인의 이익이 없다(대판 2019.5.16. 2016다240338). [변호 21, 모의 20]

> **(틀린지문)** 주주가 자신이 주주명부상 주식의 소유자인데 위조된 주식매매계약서에 의해 타인 앞으로 명의개서가 되었다고 주장하면서, 주식회사를 상대로 주주권 확인을 구하는 것은 주주의 권리 또는 법률상 지위에 현존하는 불안·위험을 제거하는 유효·적절한 수단이고 분쟁의 종국적 해결방법이므로 확인의 이익이 인정된다. [변호 21]

11 주권발행 전 주식에 관하여 주주명의를 신탁한 사람이 수탁자에 대하여 명의신탁계약을 해지하면 그 주식에 대한 주주의 권리는 해지의 의사표시만으로 명의신탁자에게 복귀하는 것이고, 이러한 경우 주주명부에 등재된 형식상 주주명의인이 실질적인 주주의 주주권을 다투는 경우에 실질적인 주주가 주주명부상 주주명의인을 상대로 주주권의 확인을 구할 이익이 있다(대판 2013.2.14. 2011다109708). [변호 21, 모의 20]

12 주주명부에 적법하게 주주로 기재되어 있는 자는 회사에 대한 관계에서 주식 의결권 등 주주권을 행사할 수 있고 회사 역시 주주명부상 주주 외에 실제 주식을 인수하거나 양수하고자 하였던 자가 따로 존재한다는 사실을 알았든 몰랐든 간에 주주명부상 주주의 주주권 행사를 부인할 수 없으며, 주주명부에 기재를 마치지 아니한 자의 주주권 행사를 인정할 수도 없으므로 회사가 임시주주총회를 개최하면서 주주명부상 주주에게 소집통지하고 의결권을 행사하도록 했다면, 제3자에게 주식이 양도된 사실을 알면서도 주주명부상 주주에게 의결권을 행사하도록 한 것이어도 그 총회의 결의에 취소사유가 없다(대판 2017.3.23. 2015다248342). [변호 15, 17, 19, 모의 19, 20, 22]

(틀린지문) 회사가 명의개서를 하지 아니한 주주의 주주권 행사를 인정하는 것은 가능하다.　　[변호 17]

(틀린지문) 회사가 주권을 발행하지 않고 6개월이 경과하기 전 임시주주총회를 개최하면서 주주명부 상 주주에게 소집통지하고 의결권을 행사하도록 했다면, 주식이 양도된 사실이 대표이사에게 통지 되었던 경우, 회사는 주식이 양도된 사실을 알면서도 주주명부상 주주에게 의결권을 행사하도록 한 것이므로 그 총회의 결의에 취소사유가 존재한다.　　[변호 19]

13 주주명부에 기재를 마치지 않고도 회사에 대한 관계에서 주주권을 행사할 수 있는 경우는 주주 명부의 기재 또는 명의개서청구가 부당하게 지연되거나 거절되었다는 등 극히 예외적인 사정이 인정되는 경우에 한한다(대판 2017.3.23. 2015다248342).　　[모의 20(2), 22]

14 회사가 신주를 발행하면서 그 권리의 귀속자를 주주총회나 이사회의 결의에 의한 일정 시점에 주주명부에 기재된 주주로 한정할 경우, 그 신주인수권은 이러한 일정 시점에 실질상의 주주인 지의 여부와 관계없이 회사에 대하여 법적으로 대항할 수 있는 주주, 즉 주주명부에 기재된 주 주에 귀속된다(대판 1995.7.28. 94다25735).　　[변호 17, 20, 모의 13, 16]

15 회사가 준비금의 자본금 전입에 의하여 주주명부상 주주에게 무상신주를 발행한 경우, 주주명부 상 주주의 채권자가 그 신주에 대하여 한 압류는 효력이 있다.　　[변호 17, 모의 22]

16 주식회사는 주주명부 폐쇄기간과 기준일제도를 병용하여 실시할 수 있다.　　[모의 13]

17 주식회사는 주주명부 폐쇄기간 중 명의개서청구가 있으면 명의개서를 하여야 할 의무를 부담하 지 아니한다(제354조 제1항).　　[모의 13]

[관련 조문] 회사는 의결권을 행사하거나 배당을 받을 자 기타 주주 또는 질권자로서 권리를 행사할 자를 정하기 위해 일정한 기간을 정하여 주주명부의 기재변경을 정지하거나 일정한 날에 주주명부 에 기재된 주주 또는 질권자를 그 권리를 행사할 주주 또는 질권자로 볼 수 있다(제354조 제1항). 주주명부의 폐쇄기간은 3월 이내로 제한되고(제354조 제2항), 기준일은 주주 또는 질권자로서 권리 를 행사할 날에 앞선 3월내의 날로 정하여야 한다(제354조 제3항).

<table>
<tr><td>제3절</td><td>주주총회</td></tr>
</table>

쟁점 1. 주주총회의 소집

01 주주총회는 정관 또는 법률에 규정된 사항에 한하여 권한이 있다. [모의 20]

02 이사와 회사 사이의 이익상반거래 승인은 주주 전원 동의가 있다거나 그 승인이 정관에 주주총회 권한사항으로 정해져 있다는 등의 특별한 사정이 없는 한 이사회 전결사항이므로, 이사회 승인을 받지 못한 이익상반거래에 대하여 아무런 승인 권한이 없는 주주총회에서 사후적으로 추인 결의를 하였다 하여 그 거래가 유효하게 될 수는 없다(대판 2007.5.10. 2005다4284). [변호 19, 22]

03 주주총회의 개회시각이 부득이한 사정으로 당초 소집통지된 시각보다 지연되는 경우 사회통념에 비추어 볼 때 개회시각을 사실상 부정확하게 만들고 소집통지된 시각에 출석한 주주들의 참석을 기대하기 어려워 그들의 참석권을 침해하기에 이르렀다면 주주총회의 소집절차가 현저히 불공정하다고 볼 수 있다(대판 2003.7.11. 2001다45584). [모의 19]

> **[관련 판례]** 당초의 소집장소에서 개회를 하여 소집장소를 변경하기로 하는 결의조차 할 수 없는 부득이한 사정이 발생한 경우, 소집권자가 대체 장소를 정한 다음 당초의 소집장소에 출석한 주주들에게 변경된 장소에 모일 수 있도록 상당한 방법으로 알리고 이동에 필요한 조치를 다한 때에 한하여 적법하게 소집장소가 변경되었다고 볼 수 있다(대판 2003.7.11. 2001다45584).

04 법원이 상법 제366조 제2항에 따라 총회의 소집을 구하는 소수주주에게 회의의 목적사항을 정하여 총회의 소집을 허가하면서 소집기간을 구체적으로 정하지 않은 경우, 소집허가를 받은 주주는 소집의 목적에 비추어 상당한 기간 내에 총회를 소집하여야 하고, 총회소집허가결정일로부터 상당한 기간이 경과하도록 총회가 소집되지 않았다면, 소집허가결정에 따른 소집권한은 특별한 사정이 없는 한 소멸한다(대판 2018.3.15. 2016다275679). [변호 19, 모의 20]

> **해설** 발행주식 총수 3% 이상의 주식을 가진 주주는 회의 목적사항과 소집이유를 적은 서면 또는 전자문서를 이사회에 제출하여 임시총회소집을 청구할 수 있다(제366조 제1항). 청구 후 지체 없이 총회소집 절차를 밟지 아니한 때에는 주주는 법원허가를 받아 총회를 소집할 수 있다. 이 경우 주주총회 의장은 법원이 이해관계인의 청구나 직권으로 선임할 수 있다(제366조 제2항). 상장회사는 6개월 이상 보유를 조건으로 발행주식총수의 1.5% 이상을 가진 주주에게 위 권리가 인정된다(제542조의6 제1항).

05 소수주주가 주주총회소집허가 신청을 하는 경우, 주주총회 결의사항이 아닌 것을 회의목적사항으로 할 수 없다. 주주총회는 상법 또는 정관이 정한 사항에 한하여 결의할 수 있고, 대표이사는 정관에 특별한 정함이 없는 한 이사회 결의로 선임되므로, 정관에서 주주총회 결의사항으로 '대표이사의 선임 및 해임'을 규정하지 않은 경우에는 이를 회의목적사항으로 삼아 상법 제366조에서 정한 주주총회소집허가 신청을 할 수 없다(대결 2022.4.19. 2022그501). [최신판례]

06 자본금 총액이 10억 원 미만인 회사가 주주총회를 소집하는 경우 주주총회일 10일 전에 주주에게 서면으로 통지를 발송하거나 주주의 동의를 받아 전자문서로 통지를 발송할 수 있다(제363조 제3항). [변호 17]

> (**틀린지문**) 자본금 1억원인 소규모회사는 주주총회를 소집할 때에 주주총회일 1주전에 서면 또는 각 주주의 동의를 받아 전자문서로 통지를 발송하여야 한다. [변호 17]

07 자본금 총액이 10억 원 미만인 회사는 주주 전원의 동의가 있을 경우에는 소집절차 없이 주주총회를 개최할 수 있으며, 서면에 의한 결의는 주주총회의 결의와 같은 효력이 있다(제363조 제4항, 제5항). [변호 12, 15, 모의 14, 16, 20(2)]

08 통지가 주주명부상 주주의 주소에 계속 3년간 도달하지 아니한 경우와 의결권 없는 주주에게는 총회의 소집을 통지하지 아니할 수 있다(제363조 제1항 단서, 제7항). [모의 13, 16]

09 합병 안건에 대한 주주총회를 개최하는 경우 무의결권 주주에게도 주식매수청구권 행사를 위하여 주주총회 소집통지를 하여야 한다. [모의 16, 20]

10 주주총회 소집을 철회하기로 하는 이사회결의를 거친 후 주주들에게 소집통지와 같은 방법인 서면에 의한 소집철회통지를 하였다면 주주총회 소집을 적법하게 철회되었다고 보는 것이 타당하다(대판 2011.6.24. 2009다35033). [모의 16, 19]

11 정당한 소집권자에 의해 소집된 주주총회의 결의라면 설령 주주총회의 소집에 이사회의 결의가 없었고 그 소집통지가 서면에 의하지 아니한 구두 소집통지로서 법정 소집기간을 준수하지 아니하였으며 극히 일부의 주주에 대해서는 소집통지를 빠뜨린 주주총회 소집절차상의 하자는 주주총회 결의의 단순한 취소사유에 불과하다(대판 1987.4.28. 86다카553). [모의 20]

12 주주총회의 소집통지는 주주명부상의 주주에게 해야 한다. 따라서 실제적으로 주식을 취득하였더라도 명의개서를 하지 아니한 주주에게는 소집통지를 할 필요가 없는데 이는 주식취득자가 누구인지를 이미 대표이사와 회사가 명확히 알고 있는 경우에도 동일하다(대판 2017.3.23. 2015다248342). [모의 18, 19]

13 A주식회사가 甲이 유일한 주주로서 1인회사라면 실제로 총회를 개최한 사실이 없다 하더라도 1인 주주에 의하여 의결이 있었던 것으로 주주총회의사록이 작성되었다면 특별한 사정이 없는 한 그 내용의 결의가 있었던 것으로 볼 수 있다(대판 1993.6.11. 93다8702). [모의 20]

14 주주총회가 법령 또는 정관상 요구되는 이사회 결의 및 소집절차 없이 이루어졌다 하더라도, 주주명부상의 주주 전원이 참석하여 총회를 개최하는 데 동의하고 만장일치로 결의가 이루어졌다면 그 결의는 특별한 사정이 없는 한 유효하다(대판 1996.10.11. 96다24309). [모의 19]

> [관련 판례] 실제로 주주총회 개최하지 않았더라도 주주 전원의 위임을 받아 주주총회 의사록이 작성되었다면 유효한 주주총회 결의가 있는 것으로 볼 것이다(대판 2008.6.26. 2008도1044).

쟁점 2. 주주총회의 의제, 의안, 주주제안권 및 의장

01 주주총회의 소집통지서에 기재된 회의의 목적사항은 당해 주주총회에서 결의할 사항의 범위를 제약한다. 주주총회는 통지된 목적사항 이외의 사항에 대하여 결의할 수 없는데, 이는 출석주주 (재적주주의 92%) 전원의 동의가 있더라도 마찬가지이다(대판 1979.3.27. 79다19).   [모의 19]

02 주주제안은 의결권 없는 주식을 제외한 발행주식 총수의 3% 이상에 해당하는 주식을 가진 주 주가 이사에게 주주총회일의 6주 전에 서면 또는 전자문서로 할 수 있다(제363조의2 제1항).
                                                                     [모의 14(2), 17, 20]

03 주주는 주주가 제출하는 의안의 요령을 소집통지서에 기재할 것을 청구할 수 있다. 주주제안을 한 자의 청구가 있는 경우 주주총회에서 당해 의안을 설명할 기회를 주어야 하지만, 이사회의 승인을 요하지는 않는다(제363조의2 제2항 및 제3항).   [모의 14, 17]

04 주주제안을 받은 이사회는 주주제안의 내용이 법령 또는 정관을 위반하는 경우와 대통령령으로 정하는 경우를 제외하고는 이를 주주총회의 목적사항으로 하여야 한다(제363조의2 제3항).
                                                                     [변호 20, 모의 14, 17]

> **해설** 이사는 주주제안이 있는 경우에는 이를 이사회에 보고하여야 한다(제363조의2 제3항).

05 상장회사의 경우, 임기가 아직 남아 있는 임원의 해임에 관한 사항은 이사가 주주제안을 거부할 수 있는 사유에 해당한다.   [변호 20, 모의 14, 17, 20]

> **[관련 쟁점]** 상장회사 이사회가 주주제안을 거부할 수 있는 경우: ① 주주총회에서 의결권의 10% 미 만의 찬성으로 부결된 내용의 의안을 부결일로부터 3년 내에 다시 제안하는 경우, ② 주주 개인의 고충에 관한 사항, ③ 소수주주권에 관한 사항, ④ 상장회사의 임기 중 임원의 해임에 관한 사항, ⑤ 회사가 실현할 수 없는 사항, 제안 이유가 명백히 거짓이거나 특정인의 명예를 훼손하는 사항
>
> **(틀린지문)** A회사는 비상장회사이다. A회사의 2대 주주인 乙이 주주총회일의 6주 전에 서면으로 대 표이사 甲의 해임을 주주총회의 목적사항으로 할 것을 제안하는 경우, A회사 이사회가 그 해임안 을 주주총회의 목적사항으로 하지 않더라도 이는 적법하다.   [변호 20]

06 비상장회사에서 의결권 있는 발행주식총수의 100분의 3 이상의 주식을 가진 주주는 임기 중 이사의 해임에 관한 사항을 주주제안의 내용으로 할 수 있고, 회사는 그 내용이 법령 또 는 정관을 위반하지 않는 한 이를 거절할 수 없다.   [모의 20]

07 주주총회 의안 심사를 마치지 않은 상태에서 의장이 자진 퇴장한 경우 남아 있던 주주들이 임시의장을 선임하여 진행한 주주총회 결의도 적법하다(대판 2001.5.15. 2001다12973).   [모의 19]

쟁점 3. 주주의결권

01 상법은 1주 1의결권의 원칙을 규정하고 있는바, 이 규정은 강행규정이므로 법률에서 위 원칙에 대한 예외를 인정하는 경우를 제외하고, 정관의 규정이나 주주총회의 결의 등으로 위 원칙에 반하여 의결권을 제한하더라도 그 효력이 **없다**(대판 2009.11.26. 2009다51820). [변호 14, 20]

> **(틀린지문)** "의결권은 1주마다 1개로 한다."라고 규정한 상법 제369조 제1항의 내용은 정관으로 달리 정할 수 있으므로 위 규정과 다른 정관조항은 유효하다. [변호 14]

02 특정주식에 여러 의결권이 부여되는 복수의결권 주식이나 거부권이 주어지는 황금주 같은 주식은 허용되지 않는다. [모의 21]

03 주주가 향후 7년간 주주권 및 경영권을 포기하고 주식의 매매와 양도 등을 하지 아니하며 타인에게 정관에 따라 주주로서의 의결권 행사권한을 위임하기로 약정하였다는 이유로, 주주로서 의결권을 직접 행사할 수 없게 되었다고 볼 수 **없다**(대판 2002.12.24. 2002다54691). [변호 20, 21, 모의 18]

> 해설 ▶ 주주권은 주식의 양도나 소각 등 법률에 정하여진 사유에 의하여서만 상실되고 단순히 당사자 사이의 특약이나 주주권 포기의 의사표시만으로 상실되지 아니하며 다른 특별한 사정이 없는 한 그 행사가 제한되지도 아니한다(대판 2002.12.24. 2002다54691).

> **(틀린지문)** 주주가 향후 7년간 주주권 및 경영권을 포기하고 주식의 매매와 양도 등을 하지 아니하며 타인에게 정관에 따라 주주로서의 의결권 행사권한을 위임하기로 약정하였다면 주주로서의 의결권을 직접 행사할 수 없다. [변호 20]
>
> **(틀린지문)** 주주가 일정기간 주주권을 포기하고 타인에게 주주로서의 의결권 행사권한을 위임하기로 약정하였다면 그 주주는 주주로서의 의결권을 직접 행사할 수 없게 된다. [변호 21]

04 회사가 가진 자기주식은 의결권이 없다(제369조 제2항). [변호 16, 17, 모의 13, 19]

05 회사, 모회사 및 자회사 또는 자회사가 다른 회사의 발행주식의 총수의 10분의 1을 초과하는 주식을 가지고 있는 경우 그 다른 회사가 가지고 있는 회사 또는 모회사의 주식은 의결권이 없다(제369조 제3항). [변호 15, 17, 모의 13, 17, 18, 19(3)]

> **[관련 지문]** X회사가 A회사 발행주식 총수의 15%를 소유하고 있고, A회사는 X회사의 주식을 5% 소유하고 있는 경우, X회사는 A회사에 주주권을 행사할 수 있지만 A회사는 X회사에 주주권을 행사할 수 없다(제369조 제3항). [변호 17]

06 회사, 모회사 및 자회사 또는 자회사가 다른 회사 발행주식 총수의 10분의 1을 초과하는 주식을 가지고 있는지 여부는 실제로 소유하고 있는 주식수를 기준으로 판단하여야 하며 그에 관하여 주주명부상의 명의개서를 하였는지 여부와는 관계가 없다(대판 2009.1.30. 2006다31269). [모의 17]

07 회사가 다른 회사의 발행주식총수의 10분의 1을 초과하여 취득한 때에는 그 다른 회사에 대하여 지체 없이 통지하여야 한다(제342조의3). [변호 15, 모의 14, 20]

08 특정 주주총회에 한정하여 각 주주들로부터 개별안건에 대한 의견을 표시하게 하여 의결권을 위임받아 의결권을 대리행사하는 경우에는 회사가 다른 회사의 발행주식 총수의 10분의 1을 초과하여 의결권을 대리행사할 권한을 취득하였다고 하여도 상법 제342조의3 규정이 유추적용되지 않는다(대판 2001.5.15. 2001다12973). [관련판례]

> **해설** 상법 제342조의3에는 "회사가 다른 회사의 발행주식 총수의 10분의 1을 초과하여 취득한 때에는 그 다른 회사에 대하여 지체 없이 이를 통지하여야 한다."라고 규정되어 있는바, 이는 회사가 다른 회사의 발행주식 총수의 10분의 1 이상을 취득하여 의결권을 행사하는 경우 경영권의 안정을 위협받게 된 그 다른 회사는 역으로 상대방 회사의 발행주식의 10분의 1 이상을 취득함으로써 이른바 상호보유주식의 의결권 제한 규정(상법 제369조 제3항)에 따라 서로 상대 회사에 대하여 의결권을 행사할 수 없도록 방어조치를 취하여 다른 회사의 지배가능성을 배제하고 경영권의 안정을 도모하도록 하기 위한 것으로서, 특정 주주총회에 한정하여 각 주주들로부터 개별안건에 대한 의견을 표시하게 하여 의결권을 위임받아 의결권을 대리행사하는 경우에는 회사가 다른 회사의 발행주식 총수의 10분의 1을 초과하여 의결권을 대리행사할 권한을 취득하였다고 하여도 위 규정이 유추적용되지 않는다(대판 2001.5.15. 2001다12973).

09 주주총회 결의에 관하여 특별이해관계가 있는 자는 의결권을 행사하지 못하며(제368조 제3항), 그 경우 당해 결의에 대하여 특별이해관계로 의결권을 행사할 수 없는 주주의 의결권 수는 출석주주의 의결권 수에는 산입되지 않지만 발행주식 총수에는 산입된다(제371조 제2항). [모의 17]

10 ① 영업양도에서 상대방인 주주, ② 주주 겸 이사보수의 결정에 있어서의 주주, ③ 주주 겸 이사 및 감사의 책임면제에 관한 결의에 있어서의 해당 주주는 해당 주주총회에서의 의결권행사가 제한된다. [변호 17, 모의 20, 21]

> **[관련 쟁점]** 특별이해관계인의 의미에 대하여 ① 특별이해관계설, ② 이해관계설, ③ 개인법설이 존재하나, 判例는 주주의 입장을 떠나 개인적으로 이해관계를 가지는 경우에 특별이해관계인에 해당한다고 보고 있다(대판 2007.9.6. 2007다40000).

11 주주총회가 재무제표를 승인한 후 2년 내에 이사와 감사의 책임을 추궁하는 결의를 하는 경우, 당해 이사와 감사인 주주가 그 결의에 관한 특별이해관계인에 해당하며(대판 2007.9.6. 2007다40000), 특별이해관계인에 해당하는 주주는 의결권을 행사할 수 없다. [모의 19, 20]

12 이사·감사의 선임·해임 결의, 재무제표의 승인, 합병과 같이 회사 지배와 관련되는 경우는 주주의 특별이해관계에 해당하지 않는다. [변호 22, 모의 14]

> **(틀린지문)** A회사의 주주인 甲을 이사로 선임하는 결의에 관하여 甲이 소유한 주식은 발행주식총수에는 산입하지만, 출석한 의결권 수에는 산입하지 않는다. [변호 22]

13 의결권 없는 주식을 제외한 발행주식의 총수의 100분의 3(정관에서 더 낮은 주식 보유비율을 정할 수 있으며, 정관에서 더 낮은 주식 보유비율을 정한 경우에는 그 비율로 한다)을 초과하는 수의 주식을 가진 주주는 그 초과하는 주식에 관하여 감사의 선임에 있어서는 의결권을 행사하지 못한다(제409조 제2항). [변호 14]

14 상장회사의 경우 최대주주, 최대주주의 특수관계인 등이 소유하는 상장회사의 의결권 있는 주식의 합계가 그 회사의 의결권 없는 주식을 제외한 발행주식 총수의 100분의 3을 초과하는 경우 그 주주는 그 초과하는 주식에 관하여 감사 또는 사외이사가 아닌 감사위원회위원을 선임하거나 해임할 때에는 의결권을 행사하지 못한다. 다만, 정관에서 이보다 낮은 주식 보유비율을 정할 수 있다(제542조의12 제4항). [변호 14]

15 의결권이 없는 주식을 제외한 발행주식 총수의 100분의 3을 초과하는 주식을 가진 주주는 감사 선임 결의시 그 초과하는 주식에 관하여 의결권을 행사하지 못하며, 이 경우 그 초과하는 주식은 상법 제371조(정족수, 의결권수의 계산)의 규정에도 불구하고 상법 제368조(총회의 결의방법과 의결권의 행사) 제1항에서 말하는 '발행주식총수'에 산입되지 않는다(대판 2016.8.17. 2016다222996). [변호 18, 21, 모의 20]

> **(틀린지문)** 비상장주식회사의 감사 선임 결의에 관한 주주총회에서 의결권 없는 주식을 제외한 발행주식총수의 100분의 3을 초과하는 주식은 출석한 주주의 의결권 수에는 산입되지 않지만 발행주식 총수에는 산입된다. [변호 21]

16 주주가 2 이상의 의결권을 가지고 있는 때에는 이를 통일하지 아니하고 행사할 수 있다. 이 경우 주주총회일의 3일 전에 회사에 대하여 서면 또는 전자문서로 그 뜻과 이유를 통지하여야 한다(제368조의2 제1항). [모의 14, 17, 19]

17 의결권 불통일행사의 통지가 주주총회일의 3일 전이라는 시한보다 늦게 도착하였다고 하더라도 회사가 스스로 총회운영에 지장이 없다고 판단하여 이를 받아들이기로 하고 이에 따라 의결권의 불통일행사가 이루어진 것이라면, 그것이 주주평등의 원칙을 위반하거나 의결권 행사의 결과를 조작하기 위하여 자의적으로 이루어진 것이라는 등의 특별한 사정이 없는 한 그와 같은 의결권의 불통일행사를 위법하다고 볼 수는 없다(대판 2009.4.23. 2005다22701,22718). [변호 15, 모의 19]

18 주주의 의결권 행사를 위한 대리인의 선임은 무제한적으로 허용되는 것은 아니고, 그 의결권의 대리행사로 말미암아 주주총회의 개최가 부당하게 저해되거나 회사의 이익이 부당하게 침해될 염려가 있는 등의 특별한 사정이 있는 경우에는 회사는 이를 거절할 수 있으며, 주주가 의결권 불통일행사를 위하여 수인의 대리인을 선임하고자 하는 경우에는 회사는 이를 거절할 수 있다(대판 2001.9.7. 2001도2917). [변호 13, 19, 21, 22, 모의 17, 18]

19 주주의 대리인의 자격을 그 회사의 주주로 한정하는 정관규정은 주주총회가 주주 이외의 제3자에 의하여 교란되는 것을 방지하여 회사이익을 보호하는 취지에서 마련된 것으로서 합리적인 이유에 의한 상당한 정도의 제한이라고 볼 수 있다(대판 2009.4.23. 2005다22701,22718). [변호 18, 20]

20 주주의 대리인 자격을 주주로 한정하는 정관 규정이 있다 하더라도, 주주인 국가, 지방자치단체 또는 주식회사 소속의 공무원, 직원 또는 피용자 등이 그 주주를 위한 대리인으로서 의결권을 대리행사하는 것은 허용되어야 하고 이를 가리켜 정관 규정에 위반한 무효의 의결권 대리행사라고 할 수는 없다(대판 2009.4.23. 2005다22701,22718). [변호 18, 모의 17]

21 대리의 목적인 법률행위의 성질상 대리인 자신에 의한 처리가 필요하지 아니한 경우에는 본인이 복대리금지의 의사를 명시하지 아니하는 한 복대리인의 선임에 관하여 묵시적인 승낙이 있는 것으로 보는 것이 타당하므로, 외국인 주주로부터 의결권 행사를 위임받은 상임대리인은 특별한 사정이 없는 한 그 의결권 행사의 취지에 따라 제3자에게 그 의결권의 대리행사를 재위임할 수 있다(대판 2009.4.23. 2005다22701,22718). [변호 13, 모의 17, 19]

> **(틀린지문)** 甲으로부터 의결권을 위임받은 乙은 주주총회에 참석할 수 없게 되자 丙에게 의결권을 위임하였고 丙은 A사의 주주총회에 참석하여 의결권을 행사하였다. 회사는 丙의 의결권행사를 무효로 처리하였다. 이 경우 회사의 조치는 정당하다. [변호 13]

22 주주권 행사는 포괄적으로 위임할 수 있고, 수임자는 위임자나 회사 재산에 불리한 영향을 미칠 사항에 관하여도 주주권을 행사할 수 있다(대판 1969.7.8. 69다688). [변호 13, 모의 14, 17, 21]

23 대리인이 주주 의사에 반해 의결권을 행사하더라도 이는 대리인과 주주간의 내부적인 문제에 불과하므로 주주총회 의결에 영향을 미치지 않는다. [변호 13]

> **(틀린지문)** 甲은 乙에게 1천 주에 대한 의결권을 위임하면서 이사 후보 X에 대해 반대의 투표를 하도록 하였으나 乙은 X에 대해 찬성의 투표를 하였다. 이 경우 乙의 의결권행사는 무효이다. [변호 13]

24 상법상 주주총회 의결권의 대리행사시 대리인이 제출하여야 하는 '대리권을 증명하는 서면'은 위조나 변조 여부를 쉽게 식별할 수 있는 원본이어야 하고 특별한 사정이 없는 한 사본은 그 서면에 해당하지 아니한다(대판 2004.4.27. 2003다29616). [변호 18]

25 '대리권을 증명하는 서면'이라 함은 위임장을 일컫는 것으로서 회사가 위임장과 함께 인감증명서, 참석장 등을 제출하도록 요구하는 것은 대리인의 자격을 보다 확실하게 확인하기 위하여 요구하는 것일 뿐, 이러한 서류 등을 지참하지 아니하였다 하더라도 주주 또는 대리인이 다른 방법으로 위임장의 진정성 내지 위임의 사실을 증명할 수 있다면 회사는 그 대리권을 부정할 수 없다(대판 2009.4.23. 2005다22701,22718). [변호 13, 15]

> (틀린지문) 甲으로부터 1천 주에 대한 의결권을 위임받은 乙이 위임장을 소지하고 주주총회에 입장하려고 하자, 회사의 주주총회 담당직원은 위임장이 원본임을 확인한 후 乙에게만 乙의 신분증과 甲의 인감증명서의 제시를 요구하면서 입장을 거부하였다. 이는 적법한 업무의 수행이다. [변호 13]

26 주주는 정관이 정한 바에 따라 총회에 출석하지 아니하고 서면으로 의결권을 행사할 수 있고(제368조의3 제1항), 회사는 이사회의 결의로 주주가 총회에 출석하지 아니하고 전자적 방법으로 의결권을 행사할 수 있음을 정할 수 있다(제368조의4 제1항). [변호 15, 21, 모의 17, 19, 20(2)]

27 서면투표는 정관 규정이 있어야 하고, 전자투표는 정관 규정이 없더라도 이사회 결의로 가능하다. [변호 15]

> (틀린지문) 회사는 정관에 규정이 없더라도 이사회의 결의로 주주가 총회에 출석하지 아니하고 서면 또는 전자적 방법에 의하여 의결권을 행사할 수 있음을 정할 수 있다. [변호 15]

28 전자투표를 한 주주는 해당 주식에 대하여 의결권 행사를 철회하거나 변경하지 못한다는 종전 규정은 삭제되었다. [모의 14, 21]

29 상법상 명문 규정은 없으나 주주총회의 사전투표는 허용된다(대결 2014.7.11. 2013마2397). [모의 18]

30 회사는 누구에게든지 주주의 권리행사와 관련하여 재산상의 이익을 공여할 수 없다(제467조의2 제1항). [모의 16]

31 이익공여 금지 규정을 위반하고 재산상의 이익을 공여한 때에는 그 이익을 공여받은 자는 이를 회사에 반환하여야 하며, 회사의 발행주식 총수의 100분의 1 이상을 보유한 주주는 이익의 반환을 청구할 수 있다(제467조의2 제3항, 제4항). [모의 16]

32 甲 주식회사가 이사회를 개최하여 정기주주총회에서 실시할 임원선임결의에 관한 사전투표 시기를 정관에서 정한 날보다 연장하고 사전투표에 참여하거나 주주총회에서 직접 의결권을 행사하는 주주들에게 골프장 예약권과 상품교환권을 제공하기로 결의한 다음 사전투표 등에 참여한 주주들에게 이를 제공하여 주주총회에서 종전 대표이사 乙 등이 임원으로 선임되자, 대표이사 등 후보자로 등록하였다가 선임되지 못한 주주 丙 등이 주주총회결의의 부존재 또는 취소사유가 존재한다고 주장하면서 乙 등에 대한 직무집행정지가처분을 구한 경우, 위 주주총회결의는 정관을 위반하여 사전투표기간을 연장하고 사전투표기간에 전체 투표수의 약 67%에 해당하는 주주들의 의결권행사와 관련하여 사회통념상 허용되는 범위를 넘어서는 위법한 이익이 제공됨으로써 주주총회결의 취소사유에 해당하는 하자가 있고, 위 가처분신청은 乙 등에 대한 직무집행정지가처분을 구할 피보전권리의 존재가 인정된다(대결 2014.7.11. 2013마2397). [모의 16, 18, 19, 21]

쟁점 4. 주주총회 결의

01 이사 선임에 관한 의사정족수를 규정한 정관은 유효하며 집중투표에 의한 이사선임의 경우에도 정관에 규정한 의사정족수는 충족되어야 한다(대판 2017.1.12. 2016다217741). [변호 19]

02 상법은 회사의 법적 기초에 구조적 변화를 가져오며 대주주의 전횡과 소수주주들의 불이익이 우려되는 사항들에 대해서는 주주총회의 특별결의를 요구하고 있는데, 정관변경, 이사·감사의 해임, 자회사해산 등이 그 예이다. [변호 20, 모의 19]

03 회사가 영업의 일부를 분할하여 회사를 신설하고 신설회사의 주식총수를 취득하는 물적 분할합병의 경우 분할회사의 주주총회특별결의가 필요하다(제530조의3 제1항, 제2항). [변호 17]

> **(틀린지문)** X회사가 영업의 일부를 분할하여 Y주식회사를 신설하고 그 Y회사의 주식총수를 취득하는 형식으로 회사분할을 하는 경우 X회사의 주주총회 승인결의가 요구되지 않는다. [변호 17]

04 주식회사가 영업의 전부 또는 중요한 일부를 양도한 후 주주총회의 특별결의가 없었다는 이유를 들어 스스로 그 약정의 무효를 주장하더라도 주주 전원이 그와 같은 약정에 동의한 것으로 볼 수 있는 등 특별한 사정이 인정되지 않는다면 위와 같은 무효 주장이 신의성실 원칙에 반한다고 할 수는 없다. 이는 회사 지분 84%를 보유한 주주들의 동의가 있었던 경우에도 마찬가지이다(대판 2018.4.26. 2017다288757). [변호 20, 모의 21]

05 의결권이 없거나 제한되는 주주도 영업양도에 반대하는 경우 주식매수청구권이 인정되며, 이는 1주를 보유한 주주에게도 인정된다. [모의 21]

06 영업양도의 경우, 회사의 총주주의 동의가 있거나 그 회사의 발행주식 총수의 100분의 90 이상을 해당 행위의 상대방이 소유하고 있는 경우에는 그 회사의 주주총회의 승인은 이를 이사회의 승인으로 갈음할 수 있다(제374조의3 제1항). [모의 16]

07 주식회사의 주주는 주식의 소유자로서 회사의 경영에 이해관계를 가지고 있기는 하지만, 직접 회사의 경영에 참여하지 못하고 주주총회의 결의를 통해서 이사를 해임하거나 일정한 요건에 따라 이사를 상대로 그 이사의 행위에 대하여 유지청구권을 행사하여 그 행위를 유지시키고 대표소송에 의하여 그 책임을 추궁하는 소를 제기하는 등 회사의 영업에 간접적으로 영향을 미칠 수 있을 뿐이다. 그러므로 주주가 회사의 재산관계에 대하여 법률상 이해관계를 가진다고 평가할 수 없고, 주주는 직접 제3자와의 거래관계에 개입하여 회사가 체결한 계약의 무효 확인을 구할 이익이 없다. 이러한 법리는 회사가 영업의 전부 또는 중요한 일부를 양도하는 계약을 체결하는 경우에도 마찬가지이다(대판 2022.6.9. 2018다228462). [최신판례]

08 회사의 영업 그 자체가 아닌 영업용재산의 처분이더라도 그로 인하여 회사의 영업의 전부 또는 중요한 일부를 양도하거나 폐지하는 것과 같은 결과를 가져오는 경우에는 그 처분행위를 함에 있어서 주주총회의 특별결의를 요한다(대판 2004.7.8. 2004다13717). [변호 17, 모의 14, 16(3), 20]

> **(틀린지문)** 숙박업을 하는 X회사가 회사의 자산에서 대부분의 비중을 차지하고 있는 호텔부지를 제3자에게 양도하고, 이로 인하여 해당 영업이 폐지되는 경우 X회사의 주주총회 승인결의가 요구되지 않는다. [변호 17]

09 영업용재산의 양도에 있어서는 그 재산이 주식회사의 유일한 재산이거나 중요한 재산이라 하여 그 재산의 양도를 곧 영업의 양도라 할 수는 없지만, 주식회사 존속의 기초가 되는 중요한 재산의 양도는 영업의 폐지 또는 중단을 초래하는 행위로서 이는 영업의 전부 또는 일부 양도의 경우와 다를 바 없으므로 이러한 경우에는 상법 제374조 제1호의 규정을 유추적용하여 주주총회의 특별결의를 거쳐야 한다(대판 1988.4.12. 87다카1662). [모의 14]

10 회사의 영업이 폐지되거나 사실상 중단된 상태에서 회사의 중요한 재산을 처분하는 경우에 주주총회의 특별결의가 요구되지 않는다(대판 1988.4.12. 87다카1662). [변호 17, 모의 14, 16(3)]

11 총회의 결의에 관하여 의결권이 없는 종류주식이나 의결권이 제한되는 종류주식(제344조의3 제1항)과 회사의 자기주식(제369조 제2항) 및 상호주(제369조 제3항)는 발행주식총수에 산입하지 아니한다(제371조 제1항). [변호 22]

> **(틀린지문)** A회사가 발행한 의결권이 없는 종류주식은 발행주식총수에는 산입하지만, 출석한 의결권 수에는 산입하지 않는다. [변호 22]
>
> **(틀린지문)** A회사가 비상장회사인 C주식회사를 흡수합병하여 C회사가 보유하고 있는 A회사 주식을 취득하게 된 경우, 그 A회사 주식은 발행주식총수에 산입한다. [변호 22]

12 총회의 결의에 관하여는 특별이해관계인 보유 주식, 감사 및 감사위원 선임 결의에서 의결권 없는 주식을 제외한 발행주식총수 3% 초과 주식은 출석한 주주의 의결권의 수에 산입하지 아니한다(제371조 제2항). [변호 22]

쟁점 5. 반대주주의 주식매수청구권

01 회사의 주식교환, 주식이전, 영업양도·영업양수, 합병, 분할합병에 반대하는 주주(의결권이 없거나 제한되는 주주를 포함한다)는 주주총회 전에 회사에 대하여 서면으로 그 결의에 반대하는 의사를 통지한 경우에는 그 총회의 결의일부터 20일 이내에 주식의 종류와 수를 기재한 서면으로 회사에 대하여 자기가 소유하고 있는 주식의 매수를 청구할 수 있다(제374조의2 제1항). [변호 14, 16, 모의 16(2), 17, 18(2)]

02 소규모합병의 경우 존속회사의 합병반대주주에게는 주식매수청구권이 인정되지 않으나, 간이합병의 경우 소멸회사의 합병반대주주는 주식매수청구권을 행사할 수 있다. [모의 16]

03 주식회사의 정관변경, 자본금감소, 분할, 해산에 대한 주주총회결의에 대해서는 반대주주의 주식매수청구권이 인정되지 않는다. [변호 14, 모의 16]

> **(틀린지문)** B주식회사가 정관변경에 의하여 종류주식의 내용을 변경하는 경우, 이에 반대하는 B회사의 주주 乙은 B회사에 자기가 소유하고 있는 주식의 매수를 청구할 수 있다. [변호 14]

04 주주총회 전에 회사에 대하여 서면으로 반대의 의사를 통지한 주주의 경우 주식매수청구권을 행사하기 위해 주주총회에 출석하여 반대할 필요가 없다. [변호 14]

05 분할합병을 위한 주주총회의 소집통지서에 주식매수청구권의 내용 및 행사방법을 명시하여야 하며, 이를 명시하지 않은 경우에는 주주는 사전반대 통지 없이도 주식매수청구권을 행사할 수 있다. [변호 20, 모의 16]

> **(틀린지문)** A회사가 2019. 9. 10. 분할합병계약을 체결하고, 2019. 10. 10. 임시주주총회를 개최하기로 한 경우, A회사가 2019. 9. 20. 주주 甲에게 주식매수청구권의 내용 및 행사방법을 명시하지 아니한 채 임시주주총회 소집통지를 하였다고 가정할 때, 주주 甲은 임시주주총회 소집통지를 받은 이상 주주총회 전에 서면으로 위 분할합병 결의에 반대하는 의사의 통지를 미리 하지 아니하면 주식매수청구권을 행사할 수 없다. [변호 20]

06 주주가 주식매수청구권을 행사하는 경우 주식회사가 주식매수청구를 받은 날로부터 2개월 이내에 주식매수가액이 확정되지 않았다 하더라도 그 2개월이 경과한 후 주식회사는 이행지체책임을 부담한다(대판 2011.4.28. 2010다94953). [변호 16]

> **(틀린지문)** 甲이 주식매수청구권을 행사하는 경우 A주식회사가 주식매수청구를 받은 날로부터 2개월 이내에 주식매수가액이 확정되지 않았다면, 그 2개월이 경과한 후에도 A주식회사는 이행지체책임을 지지 않는다. [변호 16]

07 매수청구기간이 종료하는 날부터 30일 이내에 매수가액에 관한 협의가 이루어지지 아니한 경우 회사 또는 주식의 매수를 청구한 주주는 법원에 대하여 매수가액의 결정을 청구할 수 있다(제374조의2 제4항). [변호 16]

08 법원이 주식의 매수가액을 결정하는 경우, 법원은 위 주식에 관하여 객관적 교환가치가 적정하게 반영된 정상적인 거래의 실례가 있으면 그 거래가격을 시가로 보아 주식의 매수가액을 정한다(대결 2010.5.28. 2009마2238). [변호 16]

09 주주총회 결의에 반대하는 주주는 주식매수청구권의 행사 여부와 상관없이 주주총회 소집절차상의 하자를 이유로 주주총회결의 취소의 소를 제기할 수 있다. [모의 18]

쟁점 6. 주주총회결의의 하자

01 총회의 소집절차 또는 결의방법이 법령 또는 정관에 위반하거나 현저하게 불공정한 때 또는 그 결의의 내용이 정관에 위반한 때에는 주주·이사 또는 감사는 결의의 날로부터 2월내에 결의취소의 소를 제기할 수 있다(제376조 제1항). [변호 12, 모의 13, 14, 16, 17]

02 주주총회결의의 취소는 소송 외에서의 형성권 행사로써는 할 수 없고, 반드시 소를 제기함으로써만 할 수 있다. [모의 20]

03 정당한 소집권자에 의해 소집된 주주총회의 결의라면 설령 주주총회의 소집에 이사회의 결의가 없었고 그 소집통지가 서면에 의하지 아니한 구두 소집통지로서 법정 소집기간을 준수하지 아니하였으며 극히 일부의 주주에 대해서는 소집통지를 빠뜨린 주주총회 소집절차상의 하자는 주주총회 결의의 단순한 취소사유에 불과하다(대판 1987.4.28. 86다카553). [변호 22]

04 주주총회의 소집통지서에 기재되지 않은 사항에 관해 주주총회가 결의하고 총회에 출석한 주주 3/4 이상이 그러한 결의에 동의한 경우에도 이는 주주총회결의의 취소사유에 해당한다(대판 1979.3.27. 79다19). [모의 20]

05 의결권 없는 주주가 의결권을 행사한 경우에는 해당 의결권 수를 제외하는 것이 아니라 결의취소사유에 해당한다(대판 1983.8.23. 83도748). [모의 21(2)]

06 주주총회 결의방법을 다룬 정관 규정이 강행법규에 위반해 무효인 경우, 그 정관조항에 따라 이루어진 주주총회 결의는 법령에 위반한 하자가 있다고 보아 주주총회 결의의 취소를 구하는 원고의 청구를 받아들인 법원의 판단은 정당하다(대판 2009.11.26. 2009다51820). [모의 20]

07 주주의 책임은 그가 가진 주식의 인수가액을 한도로 하기 때문에 회사가 입은 손실을 전보하기 위해 주주에게 추가출자 의무를 지우는 주주총회 결의는 무효다. [모의 19]

> **[관련 판례]** 주주는 1주마다 1개의 의결권을 가진다고 하는 1주 1의결권의 규정은 강행규정이므로 법률에서 위 원칙에 대한 예외를 인정하는 경우를 제외하고, 정관의 규정이나 주주총회의 결의 등으로 위 원칙에 반하여 의결권을 제한하더라도 효력이 없다. 최대주주가 아닌 주주와 그 특수관계인 등에 대하여도 일정 비율을 초과하여 소유하는 주식에 관하여 감사의 선임 및 해임에 있어서 의결권을 제한하는 내용의 정관 규정이나 주주총회결의 등은 무효이다(대판 2009.11.26. 2009다51820).

08 주주총회 회의의 연기 또는 속행을 제외하고, 다음 주주총회의 소집일자와 목적을 정하는 내용 으로 한 주주총회 결의는 무효다. [모의 19]

09 총회의 소집절차 또는 결의방법에 총회결의가 존재한다고 볼 수 없을 정도의 중대한 하자가 있 는 경우, 주주총회결의 부존재확인의 소의 청구원인이 된다(제380조). [변호 20]

10 주주가 회사를 상대로 제기한 분할합병무효의 소에서 주주총회결의 자체가 있었다는 점에 관해 서는 회사가, 결의에 부존재로 볼 만한 중대한 하자가 있다는 점에 관해서는 주주가 각 증명책 임을 부담한다(대판 2010.7.22. 2008다37193). [변호 19, 모의 17]

11 법률상 부존재인 주주총회결의에 대하여 결의무효확인을 청구하더라도 이는 부존재확인의 의미 로 무효확인을 청구하는 취지라고 풀이할 수 있다(대판 1983.3.22. 82다카1810). [변호 12, 17, 모의 15]

12 甲 회사 발행주식의 70%를 보유한 乙이 이사회결의를 거치지 않고 임시주주총회를 개최하면서 주주명부상 30%의 주식지분을 보유하고 있는 丙에게 정관에 따른 임시주주총회의 소집통지를 하지 않고 정관에 규정된 주주총회 소집 장소가 아닌 곳에서 의결이 있었던 것으로 임시주주총 회 의사록을 작성한 경우 도저히 그 결의가 존재한다고 볼 수 없을 정도로 중대한 하자가 있는 경우에 해당한다(대판 2018.6.19. 2017도21783). [관련판례]

13 공정증서원본에 기재된 사항이 부존재하거나 외관상 존재하더라도 무효에 해당되는 하자가 있 다면, 그 기재는 불실기재에 해당한다. 그러나 기재된 사항이나 원인된 법률행위가 객관적으로 존재하고, 다만 취소사유인 하자가 있을 뿐인 경우, 취소되기 전에 공정증서원본에 기재된 이상, 공정증서원본의 불실기재에 해당하지는 않는다(대판 2018.6.19. 2017도21783). [관련판례]

14 주주총회결의의 효력이 그 회사 아닌 제3자 사이의 소송에 있어 선결문제로 된 경우에는 당사 자는 언제든지 당해 소송에서 주주총회결의가 처음부터 무효 또는 부존재하다고 다투어 주장할 수 있는 것이고, 반드시 먼저 회사를 상대로 제소하여만 하는 것은 아니며, 이와 같이 제3자 간의 법률관계에 있어서는 상법 제380조, 제190조는 적용되지 아니한다(대판 1992.9.22. 91다5365). [변호 20, 모의 18, 19, 20, 22]

> **(틀린지문)** 甲주식회사의 주주총회는 2019. 10. 1. 乙과 丙을 새로이 이사로 선임하였고 이어서 乙과 丙을 포함하여 새로이 구성된 甲 회사의 이사회는 같은 달 8. 乙을 대표이사로 선임하였다. 위 주 주총회결의에 대하여는 부존재확인의 소가 제기되어 현재 소송계속 중이다. 위 이사회에서 의결권 을 행사한 乙과 丙을 제외하면 이사회의 의결정족수를 충족시키지 못할 경우에는, 위 주주총회결 의 부존재를 확인하는 판결이 확정된 후에야 甲회사의 주주 丁은 甲회사를 상대로 위 이사회결의 무효확인의 소를 제기하여 승소판결을 받을 수 있다. [변호 20]

15 주주총회 결의 당시 주주가 아니었더라도 소 제기 당시 주주인 경우 소송을 제기할 수 있다.

[모의 16(2), 21]

16 주주는 다른 주주에 대한 소집절차의 하자를 이유로 주주총회결의 취소의 소를 제기할 수 있다 (대판 2003.7.11, 2001다45584).

[변호 12, 14, 21, 모의 13, 14, 16, 18, 19(2)]

17 주주총회결의 취소소송의 계속 중 원고가 주주로서의 지위를 상실하면 원고는 상법 제376조에 따라 그 취소를 구할 당사자적격을 상실하고, 이는 원고가 자신의 의사에 반하여 주주의 지위를 상실하였다 하여 달리 볼 것은 아니다. 甲 주식회사의 주주인 乙 등이 주주총회결의 부존재 확인 및 취소를 구하는 소를 제기하였는데 소송 계속 중에 甲 회사와 丙 주식회사의 주식 교환에 따라 丙 회사가 甲 회사의 완전모회사가 되고 乙 등은 丙 회사의 주주가 된 사안에서, 乙 등에게 주주총회결의 부존재 확인을 구할 이익이 없고, 결의취소의 소를 제기할 원고 적격도 인정되지 않는다(대판 2016.7.22, 2015다66397).

[변호 21, 22, 모의 20]

> **(틀린지문)** A회사의 주주 甲이 주주총회결의 취소의 소를 제기하였으나 소송계속 중 A회사가 B주식회사와 주식의 포괄적 교환을 하였고 이에 따라 B회사가 A회사의 완전모회사가 된 경우, 甲의 당사자적격이 인정된다.
>
> [변호 21]

18 제권판결 이전에 주식을 선의취득한 자는 제권판결에 대한 불복의 소에 의하여 제권판결이 취소되지 않는 한 회사에 대하여 적법한 주주로서의 권한을 행사할 수 없으므로 회사의 주주로서 주주총회결의 하자의 소를 제기할 수 없다(대판 1991.5.28, 90다6774).

[모의 18, 19]

19 주주총회결의 부존재확인의 소는 확인의 소이므로 형성의 소인 주주총회결의 취소의 소와 달리 제소권자 · 제소기간이 제한되지 않는다. 따라서 확인의 이익이 있는 한 누구라도 제기할 수 있다. 회사 채권자라도 확인의 이익이 있는 이상 이를 제기할 수 있지만, 이 경우 확인의 이익이 있다 함은 그 주주총회의 결의가 회사채권자의 권리 또는 법적 지위를 구체적으로 침해하고 직접적으로 이에 영향을 미치는 경우에 한한다(대판 1980.10.27, 79다2267).

[변호 12, 17, 모의 13, 15]

20 회사의 다른 주주는 주주총회결의 무효확인소송에 참가할 수도 있고, 별개의 소송을 제기할 수도 있다.

[변호 12]

21 이사가 사임하여 퇴임하였더라도 그 퇴임에 의하여 법률 또는 정관 소정의 이사의 인원수를 결하게 됨으로써 적법하게 선임된 이사가 취임할 때까지 여전히 이사로서의 권리의무를 보유하게 되는 경우, 이사로서 그 후임이사를 선임한 주주총회결의의 하자를 주장하여 부존재확인을 구할 법률상의 이익이 있다(대판 1992.8.14, 91다45141).

[변호 20, 22, 모의 14, 19]

> **(틀린지문)** 주주 아닌 이사가 임기만료로 퇴임한 경우 자신의 후임 이사 취임시까지 이사의 권리의무를 보유하는지와 관계없이 후임 이사 선임 결의의 하자를 주장하여 주주총회결의 부존재 또는 무효확인을 구할 법률상 이익이 있다.
>
> [변호 22]

22 법원의 해산판결이 선고, 확정되어 해산등기가 마쳐졌고 법원이 적법하게 청산인을 선임하여 취임등기까지 경료된 경우, 해산 당시 이사가 해산판결 선고 이전에 부적법하게 해임되어 주주총회의 이사해임 결의가 무효라 하더라도 위 이사는 해산판결 전에 이루어진 회사의 주주총회결의나 이사회결의의 무효확인을 구할 법률상 이익이 없다(대판 1991.11.22. 91다22131). [모의 21]

23 주주총회결의에 의하여 선임된 감사들이 모두 그 직에 취임하지 아니하거나 사임하고 그 후 새로운 주주총회에서 후임감사가 선출되어 선임등기까지 마친 경우, 특별한 사정이 없는 한 설사 당초의 감사선임결의에 어떠한 하자가 있었다고 할지라도 그 결의의 부존재나 무효확인 또는 취소를 구할 소의 이익은 없다(대판 2008.8.11. 2008다33221). [변호 14, 모의 19, 21]

24 주식회사의 채권자는 그 주주총회의 결의가 그 채권자의 권리 또는 법적 지위를 구체적으로 침해하고 또 직접적으로 이에 영향을 미치는 경우에 한하여 주주총회결의의 부존재확인을 구할 이익이 있다(대판 1992.8.14. 91다45141). [모의 13, 14, 15, 18]

25 회사 주주가 그 회사와 제3자 간의 계약이 회사에 손해가 된다고 주장하면서 회사를 상대로 그 계약을 승인한 주주총회 결의의 부존재확인을 구하는 경우, 확인의 이익이 없다. [모의 20]

26 이사가 임원개임의 주주총회결의에 의하여 임기만료 전에 이사직에서 해임당하고 그 후임이사의 선임이 있었다 하더라도 그 후에 적법한 절차에 의하여 후임이사가 선임되었을 경우에는 당초의 이사개임결의가 부존재한다 할지라도 이에 대한 부존재확인을 구하는 것은 과거의 법률관계 내지 권리관계의 확인을 구하는 것이어서 확인의 소로서의 권리보호요건을 결여한 것이나, 후임이사 선임결의가 부존재하거나 무효 등의 사유가 있어 상법 제386조 제1항에 의하여 구이사가 계속 권리의무를 가지게 되는 경우에는 당초의 해임결의의 부존재확인을 구할 법률상의 이익이 있다(대판 1991.12.13. 90다카1158). [모의 19, 21]

27 주식회사의 이사회결의는 회사의 의사결정이고 회사는 그 결의의 효력에 관한 분쟁의 실질적인 주체이므로 그 효력을 다투는 사람이 회사를 상대로 하여 그 결의의 무효확인을 소구할 이익이 있으나 그 이사회결의에 참여한 이사들은 이사회의 구성원에 불과하므로 특별한 사정이 없는 한 이사 개인을 상대로 결의의 무효확인을 소구할 이익은 없다(대판 1982.9.14. 80다2425). [모의 19]

28 주주총회결의의 부존재 또는 무효 확인을 구하는 소를 여러 사람이 공동으로 제기한 경우 당사자 1인이 받은 승소판결의 효력이 다른 공동소송인에게 미치므로 공동소송인 사이에 소송법상 합일확정의 필요성이 인정되고, 상법상 회사관계소송에 관한 전속관할이나 병합심리 규정(상법 제186조, 제188조)도 당사자 간 합일확정을 전제로 하는 점 및 당사자의 의사와 소송경제 등을 함께 고려하면, 이는 민사소송법 제67조가 적용되는 필수적 공동소송에 해당한다(대판 2021.7.22. 2020다284977). [모의 22]

29 회사만이 주주총회결의의 무효 또는 부존재확인을 구하는 소송의 피고가 된다(대판 1982.9.14. 80다 2425).
[변호 14, 17, 20, 모의 13, 14, 19, 20]

> **(틀린지문)** A주식회사의 주주 甲이 乙을 이사로 선임한 주주총회결의에 대하여 부존재확인의 소를 제기하는 경우, 甲은 A주식회사와 乙을 공동피고로 하여야 한다.
> [변호 17]

30 회사의 이사선임 결의가 무효 또는 부존재임을 주장하여 결의의 무효 또는 부존재확인을 구하는 소송에서 회사를 대표할 자는 현재 대표이사로 등기되어 직무를 행하는 자이고, 그 대표이사가 무효 또는 부존재확인청구의 대상이 된 결의에 의하여 선임된 이사라고 할지라도 그 소송에서 회사를 대표할 수 있는 자임에는 변함이 없다(대판 1983.3.22. 82다카1810).
[변호 19, 모의 16, 21]

> **(틀린지문)** 유한회사 사원총회의 이사선임결의의 무효 또는 부존재확인을 구하는 소송에서, 현재 대표이사로 등기되어 그 직무를 행하는 자가 무효 또는 부존재확인청구의 대상이 된 결의에 의하여 선임된 이사라면 그 소송에서 회사를 대표할 수 없다.
> [변호 19]

31 이사를 선임한 주주총회 결의의 취소를 구하는 경우라도 그 소의 피고는 회사이며, 그 이사에 대한 직무집행정지 가처분을 신청하는 경우에는 그 이사를 상대방으로 해야 한다.
[모의 20]

32 주주총회에서 여러 개의 안건이 상정되어 각기 결의가 행하여진 경우, 결의 취소의 소의 제소기간을 준수하였는지는 각 안건에 대한 결의마다 별도로 판단하여야 한다(대판 2010.3.11. 2007다51505).
[변호 14, 19, 21, 모의 14, 16, 18, 19, 20, 22]

> **(틀린지문)** 임시주주총회에서 이루어진 이사선임결의 및 정관변경결의 등 여러 안건에 대한 결의 중, 이사선임결의에 대하여 그 결의의 날부터 2개월 내에 주주총회결의 무효확인의 소가 제기되었다. 그 후 위 임시주주총회에서 이루어진 정관변경결의에 대하여 그 결의의 날부터 2개월이 지난 후 주주총회결의 무효확인의 소가 추가적으로 병합되었고, 각 결의에 대한 주주총회결의 무효확인의 소가 주주총회결의 취소의 소로 변경되었다. 이 경우 위 정관변경결의 취소에 관한 부분은 같은 주주총회에서 이루어진 이사선임결의에 대한 소가 제소기간 내에 제기된 이상 적법하다.
> [변호 14]
>
> **(틀린지문)** 주주총회에서 이루어진 여러 의안에 대한 결의 중 이사선임결의에 대하여 주주총회결의 취소의 소를 제기한 뒤에 위 총회에서 이루어진 감사선임결의에 대한 주주총회결의 취소의 소를 위 소에 추가적으로 병합한 경우, 병합된 주주총회결의 취소의 소의 제소기간 준수 여부는 이사선임결의에 대한 취소의 소 제기 시를 기준으로 판단한다.
> [변호 21]

33 주주총회 결의내용이 등기사항인 경우 제소기간 기산일은 등기일을 기준으로 산정되지 않으며, 이사가 주주총회 결의가 있었음을 알지 못한 경우에도 제소기간은 그 사실을 안 날로부터 기산되지 않는다.
[모의 16]

34 주주총회결의 취소의 소는 결의의 날로부터 2월 내에 제기하여야 할 것이나, 동일한 결의에 관하여 부존재확인의 소가 상법 제376조 소정의 제소기간 내에 제기되어 있다면, 동일한 하자를 원인으로 하여 결의의 날로부터 2월이 경과한 후 취소소송으로 소를 변경하거나 추가한 경우에도 부존재확인의 소 제기시에 제기된 것과 동일하게 취급하여 제소기간을 준수한 것으로 보아야 한다(대판 2003.7.11. 2001다45584). [변호 12, 19, 21, 모의 14, 15(2), 16(3), 17, 18, 19, 21, 22]

35 주주총회결의취소의 소는 결의일로부터 2개월 내에 제기해야 하는데, 다른 주주가 제소기간 도과 이후에 참가하는 경우 공동소송참가를 할 수 없고 공동소송적보조참가를 해야 한다. [모의 13]

36 주주총회결의에 관한 소송은 회사의 본점소재지의 지방법원의 전속관할에 속하며(제376조 제2항, 제186조), 소가 제기된 때에 회사는 지체 없이 이를 공고하여야 하고, 수개의 결의취소의 소가 제기된 때에는 법원은 이를 병합 심리해야 한다(제376조 제2항, 제188조). [변호 14, 모의 14]

37 주주가 주주총회 결의취소의 소를 제기한 경우 법원은 회사의 청구에 의해 상당한 담보의 제공을 명할 수 있지만, 그 주주가 이사 또는 감사인 때에는 그렇지 않다(제377조 제1항). [모의 20]

38 주주총회결의취소의 소는 법원의 허가 없이도 취하할 수 있다. [모의 14]

39 주주총회결의의 하자를 다투는 소에 있어서 청구의 인낙이나 그 결의의 부존재·무효를 확인하는 내용의 화해·조정은 할 수 없고, 이러한 내용의 청구인낙 또는 화해·조정이 이루어졌다 하여도 그 인낙조서나 화해·조정조서는 효력이 없다(대판 2004.9.24. 2004다28047). [변호 17, 모의 14, 20]

40 주주총회 결의취소소송을 제기한 경우 법원은 일정한 상황 하에서 회사의 주장 여부를 묻지 않고 직권으로 소를 재량기각할 수 있다(대판 2003.7.11. 2001다45584). [모의 13, 16, 18, 20, 21]

41 법원은 결의무효 및 부존재확인의 소송에 대해서는 재량으로 기각할 수 없다. [변호 12, 모의 14, 19]

> **(틀린지문)** 법원은 원고 甲이 제기한 주주총회결의 무효확인소송에서 결의에 흠이 있는 경우 결의내용, 회사의 현황과 제반 사정을 참작해서 청구를 기각할 수 있다. [변호 12]

42 주주총회결의 취소, 무효확인, 부존재확인, 부당결의취소·변경의 소를 제기하여 원고 승소 확정판결을 받은 경우 확정판결은 대세효와 소급효가 있다. [변호. 17, 18, 모의 13, 14, 15, 19, 20(2)]

> **(틀린지문)** 주주총회결의취소의 소에서 원고패소판결이 확정된 경우, 그 판결은 대세적 효력을 가진다. [변호 18]

43 이사선임을 위한 주주총회결의 무효확인의 소의 원고 승소판결은 그 결의에 의하여 선임된 이사에게도 효력이 미치므로, 당해 이사는 주주총회결의 무효확인의 소에 공동소송적 보조참가를 할 수 있다. [모의 13, 16]

44 이사선임 주주총회결의에 대한 취소판결이 확정된 경우, 해당 주주총회결의로 이사로 선임된 후 이사회에서 대표이사로 선정된 자가 해당 주주총회결의에 대한 취소판결 확정 전에 한 행위는 대표권 없는 자가 한 행위로서 무효가 된다(대판 2004.2.27. 2002다19797). [변호 20, 21, 모의 14, 19(2)]

45 취소된 주주총회결의에 의하여 이사로 선임된 자에 관한 등기는 상법 제39조의 부실등기에 해당될 수 있다(대판 2004.2.27. 2002다19797). [변호 20, 모의 19]

46 이사선임 주주총회결의가 취소된 후에 회사가 등기를 해태하였다면, 회사가 책임 있는 사유로 부실등기가 이루어지는 데 관여하거나 또는 부실등기의 존재를 알면서도 이를 방치한 경우이므로 상법 제39조에 의한 부실등기의 책임을 질 수 있다(대판 2011.7.28. 2010다70018). [모의 19]

47 주식회사의 이사가 제기한 주주총회결의 부존재확인 소송(전소)에서 원고 패소 판결이 확정된 경우, 다른 이사가 전소와 동일한 내용의 부존재확인의 소(후소)를 제기하더라도 전소 확정판결의 기판력은 후소에 미치지 아니한다. [변호 20, 모의 13]

48 감자 · 합병 · 신주발행 등의 효력이 발생하기 전에는 취소소송을 제기할 수 있으나, 그 발생 후에는 취소소송을 제기할 수 없다(대판 2010.2.11. 2009다83599). [모의 15]

해설 상법 제445조는 자본감소의 무효는 주주 등이 자본감소로 인한 변경등기가 있은 날로부터 6월 내에 소만으로 주장할 수 있다고 규정하고 있으므로, 설령 주주총회의 자본감소 결의에 취소 또는 무효의 하자가 있다고 하더라도 그 하자가 극히 중대하여 자본감소가 존재하지 아니하는 정도에 이르는 등의 특별한 사정이 없는 한 자본감소의 효력이 발생한 후에는 자본감소 무효의 소에 의해서만 다툴 수 있다(대판 2010.2.11. 2009다83599).

49 회사의 합병의 경우, 합병등기에 의하여 합병의 효력이 발생한 후에는 합병무효의 소를 제기하는 외에 합병을 결의한 주주총회의 합병결의 무효확인 청구만을 독립된 소로서 구할 수는 없다(대판 1993.5.27. 92누14908). [모의 17]

50 합병에 관한 주주총회 결의취소의 소 제기 후 합병 효력이 발생한 경우 결의취소의 소는 각하되어 다시 합병무효 등의 소를 제기하여야 할 것이지만, 청구의 변경(민사소송법 제262조)에 의하여 합병무효 등의 소로 변경할 수 있고, 청구변경을 하지 않으면 그 소는 소의 이익의 흠결로 각하되어야 한다. [모의 15]

쟁점 7. 종류주주총회

01 종류주주총회의 결의가 요구되는 '어느 종류의 주주에게 손해를 미치게 될 때'라 함에는 외견상 형식적으로는 평등한 것이라고 하더라도 실질적으로는 불이익한 결과를 가져오는 경우도 포함되고, 어느 종류의 주주의 지위가 정관의 변경에 따라 유리한 면이 있으면서 불이익한 면을 수반하는 경우도 이에 해당된다(대판 2006.1.27. 2004다44575,44582). [변호 18, 모의 17]

02 회사의 분할 또는 분할합병, 주식교환, 주식이전 및 회사의 합병으로 인하여 어느 종류의 주주에게 손해를 미치게 될 경우 종류주주총회가 필요하다(제436조, 제435조). [변호 18]

03 종류주주총회의 결의는 출석한 주주의 의결권의 3분의 2 이상의 수와 그 종류의 발행주식총수의 3분의 1 이상의 수로써 하여야 하며(제435조 제2항), 회사는 이 결의요건을 정관으로 가중 또는 감경할 수 없다. [변호 18]

> **(틀린지문)** 어느 종류주주에게 손해를 미치는 내용으로 정관을 변경함에 있어서 종류주주총회의 결의는 출석한 주주의 의결권의 3분의 2 이상의 수와 그 종류의 발행주식총수의 3분의 1 이상의 수로써 하여야 하나, 회사는 이 결의요건을 정관으로 가중 또는 감경할 수 있다. [변호 18]

04 종류주주총회의 결의는 정관변경이라는 법률효과가 발생하기 위한 하나의 특별요건이라고 할 것이므로, 그와 같은 내용의 정관변경에 관하여 종류주주총회의 결의가 아직 이루어지지 않았다면 그러한 정관변경의 효력이 아직 발생하지 않는 데에 그칠 뿐이고, 정관변경을 결의한 주주총회결의 자체의 효력에는 아무런 하자가 없다(대판 2006.1.27. 2004다44575,44582). [변호 18, 모의 17]

05 정관변경 결의의 내용이 어느 종류의 주주에게 손해를 미치게 될 때에 해당하는지 여부에 관하여 다툼이 있는 관계로 회사가 종류주주총회의 개최를 명시적으로 거부하고 있는 경우, 그 종류의 주주는 정관변경이 무효라는 확인을 구하면 되고 그 정관변경 불발효상태의 확인을 구할 필요는 없다(대판 2006.1.27. 2004다44575,44582). [모의 18, 19]

제4절 이사, 이사회, 대표이사 등

쟁점 1. 이사의 선임 · 종임

01 이사는 3명 이상이어야 한다. 다만, 자본금 총액이 10억 원 미만인 회사는 1명 또는 2명으로 할 수 있으며, 이 경우 이사회를 설치하지 않을 수 있다(제383조 제1항). [변호 12, 15, 17]

> **(틀린지문)** 자본금 7억원인 A회사는 1인 또는 2인의 이사를 둘 수 있는데, 2인의 이사를 두는 경우에는 이사회를 두어야 한다. [변호 15]
>
> **(틀린지문)** 자본금 1억원인 소규모회사는 정관에 "회사의 이사는 3인 이상 7인 이하로 한다."라는 내용의 규정을 둘 수 없다. [변호 17]

02 2인 이상의 이사 선임을 목적으로 하는 총회의 소집이 있는 경우 의결권 없는 주식을 제외한 발행주식총수의 3% 이상에 해당하는 주식을 가진 주주는 정관에서 달리 정하는 경우를 제외하고 회사에 대하여 집중투표의 방법으로 이사를 선임할 것을 청구할 수 있다(제382조의2 제1항). [변호 13, 21]

> **(틀린지문)** A회사의 정관은 집중투표제에 관하여 아무런 조항을 두고 있지 않다. A회사의 주주총회에서 이사선임 안건이 상정되자 특별결의 성립에 필요한 수에 해당하는 주주들이 집중투표의 방법에 의하지 않고 이사를 선임하자는 결의를 하였다면 집중투표에 의하지 않고 이사를 선임하여야 한다. [변호 13]

03 집중투표의 청구가 있는 경우에 이사의 선임결의에 각 주주는 1주마다 선임할 이사의 수와 동일한 수의 의결권을 가지며, 그 의결권은 이사 후보자 1인 또는 수인에게 집중하여 투표하는 방법으로 행사할 수 있다(제382조의2 제3항). [변호 13, 21, 모의 14, 18, 19]

> **(틀린지문)** 이사 2명의 선임에 대하여 집중투표의 방법으로 이사를 선임하는 경우, 주주총회 소집통지서에는 이사 후보자 3명의 이력사항이 첨부되어 있다. 회사의 각 주주는 1주마다 3개의 의결권을 갖는다. [변호 21]

04 비상장회사와 자산총액 2조원 미만 상장회사의 주주가 집중투표를 청구하기 위해서는 의결권 있는 발행주식 총수의 100분의 3 이상을 보유하여야 하고(제382조의2 제1항), 자산총액 2조원 이상 상장회사의 경우 의결권 있는 발행주식 총수의 1%이상을 보유하여야 한다(제542조의7 제2항, 시행령 제33조). [변호 17, 모의 16, 18, 19]

05 집중투표의 경우, 상장회사의 주주이더라도 주식 보유요건이 충족되면 주주총회일의 6개월 전부터 계속하여 주식을 보유하고 있지 아니한 경우에도 집중투표를 청구할 수 있다. [모의 16]

06 이사 후보를 추천하는 주주제안은 집중투표청구와 별도로 회사에 제출해야 한다. [변호 13, 모의 18]

07 소수주주의 집중투표청구는 비상장회사의 경우 주주총회일의 7일 전까지 서면 또는 전자문서로 하여야 하고(제382조의2 제2항), 상장회사의 경우 6주 전까지 하여야 한다(제542조의7 제1항).
[변호 13, 모의 14, 18, 19]

08 집중투표의 방법으로 이사를 선임하는 경우에는 투표의 최다수를 얻은 자부터 순차적으로 이사에 선임되는 것으로 한다(제382조의2 제4항). [변호 13, 21, 모의 18, 19]

09 집중투표에 관한 상법 조항이 정관에 규정된 의사정족수 규정을 배제한다고 볼 것은 아니므로, 이사 선임을 집중투표의 방법으로 하는 경우에도 정관에 규정한 의사정족수는 충족되어야 한다 (대판 2017.1.12. 2016다217741). [변호 19, 21, 22, 모의 18, 19]

> [관련 지문] 주주총회의 이사선임 결의를 위한 의사정족수를 규정한 정관 조항은 유효하다.[모의 19] 전체 주주들이 주주총회에 출석한 이상 그 중 일부가 실제로 투표하지 않고 기권했더라도 주주 전원이 출석한 것이므로 의사정족수 요건이 충족되었다(대판 2017.1.12. 2016다217741). [변호 21, 모의 19]
>
> (틀린지문) 최근 사업연도 말 자산총액이 3조원인 상장회사의 경우, 정관에 "이사의 선임은 발행주식총수의 과반수에 해당하는 주식을 가진 주주의 출석과 그 출석주주의 의결권의 과반수에 의한다."라고 규정한 경우라도 2인의 이사를 집중투표의 방법으로 선임하는 때에는 집중투표에 관한 상법 규정이 우선하므로 정관에 규정한 의사정족수가 충족되어야 하는 것은 아니다. [변호 22]

10 이사 선임에 있어 집중투표를 정관으로 배제하지 않은 주식회사는 이사 선임에 관한 주주총회의 통지와 공고에 선임할 이사의 수를 반드시 기재하여야 한다(서울고법 2010.11.15. 2010라1065). [모의 14]

11 대규모상장회사가 주주총회 목적사항으로 집중투표 배제에 관한 정관 변경 의안을 상정하려는 경우, 다른 의안과 별도로 상정하여 의결해야 한다(제542조의7 제4항). [변호 22]

12 주주총회에서 이사나 감사를 선임하는 선임결의와 피선임자의 승낙이 있으면, 피선임자가 대표이사와 별도의 임용계약을 체결하였는지와 관계없이 이사나 감사의 지위를 취득한다(대판 2017.3.23. 2016다251215). [변호 20, 22, 모의 18, 19, 20, 21]

> [관련 판례] 상법에 정한 주주총회의 결의사항에 대해서는 정관이나 주주총회의 결의에 의하더라도 다른 기관이나 제3자에게 위임하지 못한다(대판 2017.3.23. 2016다251215).
>
> (틀린지문) 주주총회에서 이사로 선임된 자는 회사와 별도의 위임계약을 체결함으로써 이사의 지위를 취득한다. [변호 22]

13 이사의 임기를 정하지 않은 때에는 임기의 최장기인 3년을 경과하지 않는 동안에 정당한 사유 없이 해임되더라도 손해배상을 청구할 수 없다(대판 2001.6.15. 2001다23928). [모의 16, 22]

14 상법 제383조 제2항 "회사가 이사의 임기를 정하는 경우 3년을 초과할 수 없다는 규정"을 이유로, 이사의 임기를 정하지 않은 경우 이사의 임기가 3년이 된다고 해석할 수 없다(대판 2001.6.15. 2001다23928). [변호 16, 모의 14]

15 정관으로 이사의 임기 중의 최종의 결산기에 관한 정기주주총회의 종결에 이르기까지 임기를 연장한 경우, 임기 중에 도래하는 최종의 결산기에 관한 정기주주총회의 종결까지 이사의 임기가 연장된다(대판 2010.6.24. 2010다13541). [모의 16, 19, 20(2)]

> [관련 쟁점] 이사의 임기는 정관으로 그 임기 중의 최종의 결산기에 관한 정기주주총회의 종결에 이르기까지 연장할 수 있다(제383조 제3항).

16 이사가 그 지위에 기하여 주주총회결의 취소의 소를 제기한 뒤 소송계속 중에 사망하였거나 사실심 변론종결 후에 사망했다면, 그 소송은 이사의 사망으로 중단되지 않고 그대로 종료된다(대판 2019.2.14. 2015다255258). [변호 21, 모의 20, 21]

> (틀린지문) 이사가 그 지위에 기하여 주주총회결의 취소의 소를 제기하였다가 소송계속 중에 사망하였거나 사실심 변론종결 후에 사망하였다면, 그 소송절차는 이사의 사망으로 중단된다. [변호 21]

17 이사가 다른 이사와 주주들 사이에 불화 등으로 인하여 상호 신뢰관계가 상실되었다는 것만으로는 이사의 임기 만료 전이라도 당해 이사를 해임할 정당한 사유가 있다고 할 수 없다(대판 2004.10.15. 2004다25611). [모의 18]

18 임기가 정해진 이사가 임기만료 전에 해임당한 것을 근거로 회사에 대하여 손해배상을 청구하기 위해서는 정당한 해임사유가 없음을 증명하여야 한다(대판 2006.11.23. 2004다49570). [모의 14]

19 퇴임이사는 새로 선임된 이사가 취임하거나 상법 제386조 제2항에 따라 일시이사의 직무를 행할 자가 선임되면 별도의 주주총회 해임결의 없이 이사로서의 권리의무를 상실한다. 따라서 상법 제385조 제1항에서 해임대상으로 정하고 있는 이사에는 '임기만료 후 이사로서의 권리의무를 행사하고 있는 퇴임이사'는 포함되지 않는다(대판 2021.8.19. 2020다285406). [최신판례]

20 퇴임이사가 임기만료 후부터 일정 기간 과거 이사의 지위에 있었음에 대하여 확인을 구하는 경우, 이사로서의 보수청구권 발생 등만으로 확인의 이익을 인정할 수는 없다. 과거의 법률관계는 현재의 권리 또는 법률관계에 관하여 확정할 이익이 없어 확인의 소의 대상이 될 수 없음이 원칙이다(대판 2022.6.16. 2022다207967). [최신판례]

21 이사가 직무에 관하여 부정행위 또는 법령이나 정관에 위반한 중대한 사실이 있음에도 불구하고 주주총회에서 해임을 부결한 때에는 발행주식의 총수의 100분의 3 이상에 해당하는 주식을 가진 주주는 총회의 결의가 있은 날부터 1월내에 그 이사의 해임을 법원에 청구할 수 있다(제385조 제2항). [변호 19, 20, 21, 모의 13, 21]

(**틀린지문**) 상법상 비상장 주식회사의 경우 이사해임의 소를 제기할 수 있는 주주는 주식회사의 발행주식의 총수의 100분의 1 이상에 해당하는 주식을 가진 주주이다.   [변호 19]

22 타인으로부터 금원을 차용하여 주금을 납입하고 증자등기 직후 인출하여 차용금을 변제한 행위는 특별한 사정이 없는 한 이사해임사유에 해당한다(대판 2010.9.30. 2010다35985).   [변호 18]

23 법률 또는 정관에 정한 이사의 원수를 결한 경우 임기 만료 또는 사임으로 인하여 퇴임한 이사는 새로 선임된 이사가 취임할 때까지 이사의 권리의무가 있다(제386조 제1항).   [모의 16, 19, 20]

24 법률 또는 정관에 정한 이사의 원수를 결한 경우 필요할 때에는 이사, 감사, 이해관계인의 청구에 의해 일시 이사 직무를 행할 자를 선임할 수 있다(제386조 제2항).   [모의 16, 19, 20]

25 일시이사의 선임이 필요한 때란 ① 이사의 사망으로 결원이 생기거나 ② 종전의 이사가 해임된 경우 ③ 이사가 중병으로 사임하거나 ④ 장기간 부재 중인 경우 등과 같이 퇴임이사로 하여금 이사로서의 권리의무를 가지게 하는 것이 불가능하거나 부적당한 경우를 의미한다(대결 2000.11.17. 2000마5632).   [관련판례]

26 사임 등으로 퇴임한 이사가 상법에 근거하여 이사로서의 권리의무를 보유하는 경우에도 위 이사가 직무를 수행하는 것이 불가능하거나 부적당한 경우 이사, 감사 기타 이해관계인은 법원에 일시 이사의 직무를 행할 자의 선임을 청구할 수 있다(대결 2000.11.17. 2000마5632).   [모의 19, 20]

27 법원에 의한 이사의 직무를 행할 자의 선임은 이사 전원이 부존재하던, 사망으로 인하여 이사의 결원이 있던, 장구한 시일에 걸치어 주주총회의 개최도 없고 이사의 결원이 있던, 그 어떠한 경우이던 이사의 결원이 있을 때에는 법원은 상법 제386조 제2항에 의하여 이사직무를 행할 자를 선임할 수 있다(대판 1964.4.28. 63다518).   [모의 16, 20]

28 퇴임이사와 법원에 의하여 선임된 일시이사의 권한은 이사의 권한과 동일하다.   [모의 16, 19, 20(2)]

29 주주총회 이사선임결의에 대한 소송 또는 이사해임의 소가 제기된 경우 법원은 당사자의 신청에 의해 해당 이사의 직무집행을 정지하거나 직무대행자를 선임할 수 있고, 급박한 사정이 있는 경우 본안소송의 제기 전에도 그 처분을 할 수 있다(제407조 제1항).   [변호 18, 19, 20, 모의 19, 21]

(**틀린지문**) 주식회사의 이사에 대한 해임의 소가 제기된 경우 법원은 직권으로 가처분으로써 이사의 직무집행을 정지할 수 있다.   [변호 19]

30 주식회사 이사의 직무집행을 정지하고 그 대행자를 선임하는 가처분은 민사집행법 제300조 제2항에 의한 임시의 지위를 정하는 가처분의 성질을 가지는 것이다.   [변호 15]

31 이사가 임기 만료로 퇴임함으로써 정관에 정한 이사의 원수를 결한 경우, 퇴임한 이사는 새로 선임된 이사가 취임할 때까지 이사의 권리의무를 행할 수 있는데, 이러한 퇴임이사에 해임사유가 존재하는 경우 일시 이사의 직무를 행할 자의 선임을 청구할 수 있기 때문에 직무집행의 정지를 구하는 가처분 신청은 허용되지 않는다(대결 2009.10.29. 2009마311). [모의 16, 19]

32 이사가 퇴임할 당시 법률 또는 정관에 정한 이사의 원수가 충족되어 있는 경우 그 이사는 퇴임과 동시에 당연히 이사로서의 권리의무를 상실하는데, 그럼에도 불구하고 그 이사가 이사로서의 권리의무를 실제로 행사하고 있는 경우, 그 권리의무의 부존재확인청구권을 피보전권리로 하여 직무집행의 정지를 구하는 가처분신청이 허용된다(대결 2009.10.29. 2009마311). [모의 16, 19]

33 주식회사의 대표이사에 대한 직무집행정지 및 직무대행자 선임의 가처분신청은 당해 대표이사를 피신청인으로 하여야 한다(대판 1982.2.9. 80다2424). [변호 21, 모의 19]

34 이사 직무집행정지 가처분이 신청된 이후에 해당 이사직을 사임한 동일인이 주주총회에서 다시 이사로 선임된 경우에는 피보전권리가 없으므로 가처분이 각하되어야 한다(대판 1982.2.9. 80다2424). [모의 19]

해설 ▶ 1973.6.5 자 임시주주총회결의 및 이사회결의에 의해 이사 겸 대표이사로 선임된 甲이 사임하여 사임등기까지 되었다가 1973.11.15 자 임시주주총회결의 및 이사회결의에 의해 다시 같은 직의 임원으로 선임된 경우에 甲의 직무집행정지가처분을 구함에 있어서 피보전권리로서는 甲을 현재의 임원직으로 선임한 위 1973.11.15자 임시주주총회결의 및 이사회결의에 하자가 있음을 주장하는 것은 몰라도 1973.6.5 자 위 결의에 하자가 있음을 주장할 수는 없다(대판 1982.2.9. 80다2424).

35 이사나 감사를 피신청인으로 하여 직무집행을 정지하고 직무대행자를 선임하는 가처분이 있는 경우 가처분결정은 이사 등의 직무집행을 정지시킬 뿐 이사 등의 지위나 자격을 박탈하는 것이 아니므로, 특별한 사정이 없는 한 가처분결정으로 인하여 이사 등의 임기가 당연히 정지되거나 가처분결정이 존속하는 기간만큼 연장된다고 할 수 없다(대판 2020.8.20. 2018다249148). [최신판례]

36 甲 주식회사의 주주들이 법원의 허가를 받아 개최한 주주총회에서 乙이 감사로 선임되었는데도 甲 회사가 감사 임용계약의 체결을 거부하자, 乙이 甲 회사를 상대로 감사 지위의 확인을 구하는 소를 제기하여, 소를 제기할 당시는 물론 대법원이 乙의 청구를 받아들이는 취지의 환송판결을 할 당시에도 乙의 감사로서 임기가 남아 있었는데, 환송 후 원심의 심리 도중 乙의 임기가 만료되어 후임 감사가 선임된 경우, 乙의 임기가 만료되고 후임 감사가 선임됨으로써 乙의 감사 지위 확인 청구가 과거의 법률관계에 대한 확인을 구하는 것이 되었으나, 과거의 법률관계라고 할지라도 현재의 권리 또는 법률상 지위에 영향을 미치고 이에 대한 위험이나 불안을 제거하기 위하여 그 법률관계에 관한 확인판결을 받는 것이 유효·적절한 수단이라고 인정될 때에는 확인을 구할 이익이 있다(대판 2020.8.20. 2018다249148). [최신판례]

37 직무집행정지 가처분결정에 의해 회사를 대표할 권한이 정지된 대표이사가 그 정지기간 중에 체결한 계약은 절대적으로 무효이고, 그 후 가처분신청의 취하에 의하여 보전집행이 취소되었다고 하더라도 무효인 위 계약이 유효하게 되지는 않는다(대판 2008.5.29. 2008다4537).　　　[변호 15, 모의 19]

38 가처분결정 전에 A가 대표이사 및 이사직을 사임하고 B가 대표이사로 취임하여 그 임원변경등기를 마친 경우, 가처분결정 이후 회사를 대표할 권한이 있는 자는 B가 아니라 법원에 의해 직무대행자로 결정된 자이다(대판 2014.3.27. 2013다39551).　　　[변호 18, 21]

> **(틀린지문)** 가처분인용 결정 전에 기존의 대표이사인 A가 대표이사 및 이사직을 사임하고 주주인 B가 대표이사로 취임하여 그 임원변경등기를 마친 경우, 가처분인용 결정 이후에도 회사를 대표할 권한이 있는 자는 B이다.　　　[변호 18]

39 대표이사 직무집행정지 및 직무대행자선임 가처분결정이 취소되지 않는 한 새로 선임된 대표이사는 대표이사로서의 권한을 가지지 못하고, 그 대표이사와 거래한 제3자는 선의인 경우에도 그 행위의 유효를 주장할 수 없다(대판 1992.5.12. 92다5638).　　　[변호 15, 21, 모의 22]

> **(틀린지문)** 이사직무집행정지 및 직무대행자 선임을 위한 가처분 신청이 인용된 후, 종전의 대표이사 甲이 해임되고 새로운 대표이사가 선정된 경우, 이 가처분명령의 취소 여부와 관계없이 새로 선정된 대표이사는 대표이사로서의 권한을 가진다.　　　[변호 21]

40 청산 중인 주식회사의 청산인을 피신청인으로 하는 직무집행정지 및 직무대행자선임 가처분결정이 있은 후, 그 선임된 청산인 직무대행자가 주주들의 요구에 따라 소집한 주주총회에서 회사를 계속하기로 하는 결의와 아울러 새로운 이사들과 감사를 선임하는 결의가 있었다고 하여, 청산인 직무대행자의 권한이 당연히 소멸하는 것은 아니다. 다만 그 경우 특별한 사정이 없는 한 주주총회결의에 의하여 직무집행정지 및 직무대행자선임의 가처분결정은 더 이상 유지할 필요가 없는 사정변경이 생겼다고 할 것이므로, 직무집행이 정지되었던 피신청인은 사정변경을 이유로 가처분이의 소를 제기하여 가처분 취소를 구할 수 있다(대판 1997.9.9. 97다12167).　　　[변호 15, 16]

> **(틀린지문)** 청산인 직무집행정지 및 직무대행자선임 가처분결정이 있은 후 적법하게 소집된 주주총회에서 이루어진 회사계속 결의 및 새로운 이사선임 결의에 의하여 위 가처분결정을 더 이상 유지할 필요가 없는 사정변경이 생겼다고 하더라도 위 가처분의 피신청인인 청산인으로서는 그 사정변경을 이유로 한 가처분취소신청을 할 수 없다.　　　[변호 15]

41 가처분에 의해 직무집행이 정지된 당해 이사를 선임한 주주총회결의의 무효확인을 구하는 본안소송에서 가처분채권자가 승소하여 그 판결이 확정된 경우, 가처분은 직무집행정지기간의 정함이 없더라도 본안승소판결의 확정과 동시에 목적을 달성한 것이 되어 당연히 효력을 상실한다(대판 1989.9.12. 87다카2691).　　　[변호 22, 모의 19]

42 직무대행자는 가처분명령에 다른 정함이 있는 경우 외에는 회사의 상무에 속하지 않은 행위를 하지 못한다. 그러나 법원 허가를 얻은 경우에는 그러하지 아니하다(제408조 제1항).　　　[변호 15, 21]

43 직무대행자가 정기주주총회를 소집함에 있어서도 그 안건에 이사회 구성을 변경하는 행위나 상법 제374조의 특별결의사항에 해당하는 행위 등 회사경영 및 지배에 영향을 미칠 수 있는 것이 포함되어 있다면 그 안건의 범위에서 정기총회 소집이 상무에 속하지 않고, 정기주주총회 소집행위가 상무에 속하지 아니함에도 직무대행자가 법원의 허가 없이 이를 소집하여 결의한 때에는 소집절차상의 하자로 결의취소사유에 해당한다(대판 2007.6.28. 2006다62362). [변호 21, 모의 19]

44 학교법인 이사회의 이사선임결의는 학교법인의 의사결정으로서 그로 인한 법률관계의 주체는 학교법인이므로 학교법인을 상대로 하여 이사선임결의의 존부나 효력 유무의 확인판결을 받음으로써만 그 결의로 인한 원고의 권리 또는 법률상 지위에 대한 위험이나 불안을 유효적절하게 제거할 수 있는 것이고, 학교법인이 아닌 이사 개인을 상대로 한 확인판결은 학교법인에 그 효력이 미치지 않아 즉시확정의 이익이 없으므로 그러한 확인판결을 구하는 소송은 부적법하다(대판 2010.10.28. 2010다30676,30683). [모의 20]

쟁점 2. 이사의 보수

01 주식회사의 이사의 보수는 정관에 그 액을 정하지 아니한 때에는 주주총회의 결의로 이를 정한다는 상법 규정은 이사가 자신의 보수와 관련하여 개인적 이익을 도모하는 폐해를 방지하여 회사와 주주 및 회사채권자의 이익을 보호하기 위한 강행규정이다(대판 2019.7.4. 2017다17436). [변호 20]

02 주주총회에서 선임된 이사가 회사와의 명시적 또는 묵시적 약정에 따라 업무를 다른 이사 등에게 포괄적으로 위임하고 이사로서의 실질적인 업무를 수행하지 않더라도, 특별한 사정이 없는 한, 회사는 이사의 소극적인 직무 수행을 이유로 주주총회 결의에서 정한 보수청구권의 효력을 부정할 수 없다(대판 2015.9.10. 2015다213308). [변호 16, 20, 모의 16]

03 이사의 보수를 정한 주주총회의 결의에 대하여 주주총회 결의 무효확인의 소가 제기되어 무효의 판결이 확정된 경우, 그 주주총회 결의에 기한 보수청구권의 효력은 부인된다. [변호 16]

04 이사의 보수를 주주총회 결의로 정한 경우에도 보수가 합리적인 수준을 벗어나서 현저히 균형성을 잃을 정도로 과다하거나, 오로지 보수의 지급이라는 형식으로 회사의 자금을 개인에게 지급하기 위한 방편으로 이사·감사로 선임하였다는 등의 특별한 사정이 있는 경우에는 보수청구권의 일부 또는 전부에 대한 행사가 제한되고 회사는 합리적이라고 인정되는 범위를 초과하여 지급된 보수의 반환을 구할 수 있다(대판 2015.9.10. 2015다213308). [관련판례]

05   주식회사의 이사의 보수청구권은, 그 보수가 합리적인 수준을 벗어나서 현저히 균형을 잃을 정도로 과다하거나, 이를 행사하는 사람이 법적으로는 주식회사 이사의 지위에 있으나 이사로서의 실질적인 직무를 수행하지 않는 이른바 명목상 이사에 해당한다는 등의 특별한 사정이 없는 이상 민사집행법상 압류금지채권에 해당한다(대판 2018.5.30. 2015다51968).   [관련판례]

06   정관 또는 주주총회에서 임원의 보수 총액 내지 한도액만을 정하고 개별 이사에 대한 지급액 등 구체적인 사항을 이사회에 위임하는 것은 가능하지만, 이사의 보수에 관한 사항을 이사회에 포괄적으로 위임하는 것은 허용되지 아니한다(대판 2020.6.4. 2016다241515).   [최신판례]

> **[관련 판례]** 상법에 정한 주주총회의 결의사항에 대해서는 정관이나 주주총회의 결의에 의하더라도 다른 기관이나 제3자에게 위임하지 못한다(대판 2020.6.4. 2016다241515).

07   주주총회에서 이사의 보수에 관한 구체적 사항을 이사회에 위임한 경우에도 이를 주주총회에서 직접 정하는 것도 상법이 규정한 권한의 범위에 속하는 것으로서 가능하다(대판 2020.6.4. 2016다241515).   [최신판례]

08   1인회사가 아닌 회사에서는 특별한 사정이 없는 한, 주주총회 의결정족수를 충족하는 주식을 가진 주주들이 동의하거나 승인하였다는 사정만으로 주주총회 결의가 이루어질 것이 명백하다거나 또는 그러한 내용의 주주총회 결의가 있었던 것과 마찬가지라고 볼 수는 없다(대판 2020.6.4. 2016다241515).   [최신판례]

09   1인 주주인 회사의 임원퇴직금규정에 관하여 주주총회의 결의가 없더라도 실질적으로 1인 주주의 결재·승인을 거쳐 관행적으로 퇴직금을 지급하여 왔다면, 위 규정에 대하여 주주총회의 결의가 있었던 것으로 볼 수 있다(대판 2004.12.10. 2004다25123).   [변호 16]

10   유한회사에서 정관 또는 사원총회 결의로 특정 이사의 보수액을 구체적으로 정한 경우 특별한 사정이 없는 한, 회사가 이사의 보수를 일방적으로 감액하거나 박탈할 수 없다. 따라서 유한회사의 사원총회에서 임용계약의 내용으로 이미 편입된 이사의 보수를 감액하거나 박탈하는 결의를 하더라도, 이러한 사원총회 결의는 그 결의 자체의 효력과 관계없이 그 이사의 보수청구권에 아무런 영향을 미치지 못한다(대판 2017.3.30. 2016다21643).   [변호 20, 모의 21]

> **[관련 판례]** 甲 회사가 사원총회를 열어 甲 유한회사의 사원이자 이사인 乙 등의 보수를 감액하는 내용의 결의를 한 경우 乙 등이 甲 회사에 대하여 감액된 보수의 지급을 구하는 것이 甲 회사의 보수청구권을 둘러싼 분쟁을 해결하는 데에 직접적인 수단이 되는 것이므로, 보수감액 결의의 무효확인을 구하는 것이 乙 등의 불안과 위험을 제거하는 가장 유효·적절한 수단이라고 볼 수 없다(대판 2017.3.30. 2016다21643).   [관련판례]

11 이사의 보수에는 월급, 상여금 등 명칭을 불문하고 이사의 직무수행에 대한 보상으로 지급되는 대가가 모두 포함되고, 회사가 성과급, 특별성과급 등의 명칭으로 경영성과에 따라 지급하는 금원이나 성과 달성을 위한 동기를 부여할 목적으로 지급하는 금원도 마찬가지이다(대판 2020.4.9. 2018다290436).   [최신판례]

> [관련 판례] 甲 주식회사의 정관에 이사 보수를 주주총회결의로 정하도록 규정하고 있는데, 대표이사 乙이 주주총회결의 없이 甲회사로부터 '특별성과급' 명목으로 금원을 지급받은 경우, 乙이 '특별성과급' 명목으로 지급받은 금원은 직무수행에 대한 보상으로 지급된 보수로서 법률상 원인 없이 이루어진 부당이득에 해당한다. 특별성과급 일부가 주주총회에서 정한 이사보수 한도액 내에 있다는 사정만으로 그 부분의 지급을 유효하다고 볼 수도 없다(대판 2020.4.9. 2018다290436).

12 이사의 퇴직금은 상법 제388조에 규정된 보수에 포함되고, 퇴직금을 미리 정산하여 지급받는 형식을 취하는 퇴직금 중간정산금도 퇴직금과 성격이 동일하다. 정관 등에서 이사의 퇴직금에 관하여 주주총회의 결의로 정한다고 규정하면서 퇴직금의 액수에 관하여만 정하고 있다면, 퇴직금 중간정산에 관한 주주총회 결의가 있었음을 인정할 증거가 없는 한 이사는 퇴직금 중간정산금 청구권을 행사할 수 없다(대판 2019.7.4. 2017다17436).   [변호 22, 모의 22]

13 이사의 보수에는 월급·상여금 등 명칭을 불문하고 이사의 직무수행에 대한 보상으로 지급되는 대가가 모두 포함되고, 퇴직금 또는 퇴직위로금도 그 재직 중의 직무수행에 대한 대가로 지급되는 급여로서 이사의 보수에 해당한다(대판 2004.12.10. 2004다25123).   [변호 20]

14 이사가 퇴직시에 일시금으로 받는 퇴직위로금도 보수이므로 정관 또는 주주총회결의에 의해서만 지급할 수 있다(대판 2004.12.10. 2004다25123).   [모의 15]

15 주식회사와 이사 사이에 체결된 고용계약에서 이사가 그 의사에 반하여 이사직에서 해임될 경우 퇴직위로금과는 별도로 일정한 금액의 해직보상금을 지급받기로 약정하였다면, 위 해직보상금은 이사의 보수가 아니므로, 정관의 기재 또는 주주총회의 결의가 있어야만 회사에 대하여 위 해직보상금을 청구할 수 있다(대판 2006.11.23. 2004다49570).   [변호 20, 모의 16, 20]

> (틀린지문) 주식회사와 이사 사이에 체결된 고용계약에서 이사가 그 의사에 반하여 이사직에서 해임될 경우 퇴직위로금과는 별도로 일정한 금액의 해직보상금을 지급받기로 약정한 경우, 이러한 해직보상금에 대하여 이사의 보수에 관한 상법 제388조의 규정을 준용하거나 유추적용할 수 없다.   [변호 20]

쟁점 3. 주식매수선택권

01 회사는 정관으로 정하는 바에 따라 주주총회의 특별결의로 회사의 설립·경영 및 기술혁신 등에 기여하거나 기여할 수 있는 회사의 이사, 집행임원, 감사 또는 피용자에게 미리 정한 가액으로 신주를 인수하거나 자기의 주식을 매수할 수 있는 주식매수선택권을 부여할 수 있다(제340조의2 제1항). [변호 20, 모의 13]

> [관련 지문] 설립 시에 주식매수선택권의 부여에 관한 사항을 정한 때에는 반드시 설립등기사항에 포함시켜야 한다. [모의 14]

02 의결권 없는 주식을 제외한 발행주식총수의 100분의 10 이상을 가진 주주(제1호), 이사·집행임원·감사의 선임과 해임 등 주요 경영사항에 사실상 영향력을 행사하는 자(제2호), 제1호와 제2호에 규정된 자의 배우자와 직계존비속에게는 주식매수선택권을 부여할 수 없다(제340조의2 제2항). [모의 13]

03 주식매수선택권의 행사가액은 자기의 주식을 양도하는 경우에는 주식매수선택권의 부여일을 기준으로 한 주식의 실질가액 이상이어야 한다(제340조의2 제4항). [모의 13]

04 비상장회사의 경우 주식매수선택권의 행사로 발행할 신주 또는 양도할 자기의 주식은 회사의 발행주식총수의 100분의 10을 초과할 수 없다(제340조의2 제3항). [모의 13]

05 주식매수선택권은 이를 부여하기로 하는 주주총회 결의일부터 2년 이상 재임 또는 재직하여야 행사할 수 있다(제340조의4 제1항). [변호 20]

06 상장회사의 경우, 주주총회 결의일부터 2년 이내에 본인의 귀책사유가 아닌 사유로 퇴임 또는 퇴직하는 경우, 주식매수선택권을 행사할 수 있으나 정년퇴직으로 2년 이상 재임하지 못한 경우 주식매수선택권을 행사할 수 없다(제542조의3 제4항, 시행령 제30조 제5항). [모의 13]

07 비상장회사는 본인의 책임이 아닌 사유로 퇴임하거나 퇴직한 경우에도 2년 이상 재임하지 않으면 주식매수선택권을 행사할 수 없다(대판 2011.3.24. 2010다85027). [모의 13]

08 회사는 주식매수선택권을 부여받은 자의 권리를 부당하게 제한하지 않고 정관의 기본 취지나 핵심 내용을 해치지 않는 범위에서 주주총회 결의와 개별 계약을 통해서 주식매수선택권을 부여받은 자가 언제까지 선택권을 행사할 수 있는지를 자유롭게 정할 수 있다(대판 2018.7.26. 2016다237714). [변호 20]

09 주식매수선택권을 부여하는 주주총회 결의 이후 회사가 주식매수선택권 부여에 관한 계약을 체결할 때 주식매수선택권의 행사기간 등을 일부 변경하거나 조정한 경우 그것이 주식매수선택권을 부여받은 자, 기존 주주 등 이해관계인들 사이의 균형을 해치지 않고 주주총회 결의에서 정한 본질적인 내용을 훼손하는 것이 아니라면 유효하다(대판 2018.7.26. 2016다237714). [변호 20]

10 회사가 주식매수선택권을 부여받은 자와 맺은 계약 중 "주식매수선택권 행사기간 종료 시까지 행사되지 않은 주식매수선택권은 소멸한 것으로 간주한다. 다만 경과기간 2년이 지난 후에 퇴직한 경우에는 퇴직일부터 3개월 이내에 행사하여야 한다."라는 내용의 조항은 주식매수선택권을 부여받은 자의 이익을 침해하는 것이 아니므로 유효하다(대판 2018.7.26. 2016다237714). [변호 20]

> **(틀린지문)** 회사가 주식매수선택권을 부여받은 자와 맺은 계약 중 "주식매수선택권의 행사기간 종료 시까지 행사되지 않은 주식매수선택권은 소멸한 것으로 간주한다. 다만 경과기간 2년이 지난 후에 퇴직한 경우에는 퇴직일부터 3개월 이내에 행사하여야 한다."라는 내용의 조항을 둔 경우 이러한 조항은 주식매수선택권을 부여받은 자의 이익을 침해하는 것으로 무효이다. [변호 20]

11 특정인에 부여되는 주식매수선택권의 구체적인 내용은 일반적으로 회사와 체결하는 계약을 통해 정해지므로 주식매수선택권을 부여받은 자는 계약에서 주어진 조건에 따라 계약에서 정한 기간 내에 선택권을 행사할 수 있다(대판 2018.7.26. 2016다237714). [변호 20]

12 주주총회 특별결의에 따라 대표이사에게 주식매수선택권을 부여한 계약을 체결한 이후, 다른 주주에 의한 주주총회결의 부존재확인의 소가 승소확정판결을 받은 경우, 주식매수선택권 부여계약은 무효이다(대판 2011.10.13. 2009다2996). [모의 16]

쟁점 4. 이사회, 위원회

01 회사가 중요한 자산을 처분하고자 하는 경우에는 이사회가 그에 관하여 직접 결의하지 아니한 채 대표이사에게 그 처분에 관한 사항을 일임할 수 없으므로 이사회 규정상 이사회 부의사항으로 정해져 있지 아니하더라도 반드시 이사회의 결의를 거쳐야 한다(대판 2011.4.28. 2009다47791). [변호 20, 21, 모의 16, 17]

> **(틀린지문)** 중요한 자산의 처분에 해당하는 경우 이사회가 그에 관하여 직접 결의하지 아니한 채 대표이사에게 그 처분에 관한 사항을 일임할 수 있다. [변호 20]
>
> **(틀린지문)** 상법 제393조(이사회의 권한) 제1항에서 정한 주식회사의 중요한 자산의 처분에 해당하는 경우라도 이사회규정상 이사회 부의사항으로 정해져 있지 않으면 이사회의 결의를 거치지 않아도 된다. [변호 21]

02 법률 또는 정관 등의 규정에 의하여 주주총회 또는 이사회의 결의를 필요로 하는 것으로 되어 있지 아니한 업무 중 이사회가 일반적·구체적으로 대표이사에게 위임하지 않은 업무로서 일상 업무에 속하지 아니한 중요한 업무에 대하여는 이사회에게 그 의사결정 권한이 있다(대판 1997.6.13. 96다48282). [변호 20, 22]

03 이사회는 적어도 3월에 1회 이상은 개최되어야 하며, 이사는 대표이사로 하여금 다른 이사의 업무에 관하여 이사회에 보고할 것을 요구할 수 있다(제393조 제3항, 제4항). [모의 14]

04 소집권자인 이사가 정당한 이유없이 이사회 소집을 거절하는 경우에는 다른 이사가 이사회를 소집할 수 있다(제390조 제2항). [모의 14, 20]

> **[관련 쟁점]** 집행임원은 필요하면 회의의 목적사항과 소집이유를 적은 서면을 이사(소집권자가 있는 경우에는 소집권자)에게 제출하여 이사회 소집을 청구할 수 있다. 위 청구를 한 후 이사가 지체 없이 이사회 소집의 절차를 밟지 아니하면 소집을 청구한 집행임원은 법원의 허가를 받아 이사회를 소집할 수 있다(제408조의7).

05 정관상 달리 기간을 단축하지 않은 이상 이사회를 소집함에 있어 회일을 정하고 그 1주간 전에 각 이사 및 감사에게 통지를 발송하여야 하며, 주주총회와 달리 이사회 소집통지서에는 회의의 목적사항을 기재할 필요가 없으며 구두로 통지하여도 무방하다(대판 2011.6.24. 2009다35033).
[변호 12, 19, 모의 14, 16, 17, 20, 21]

06 이사회 소집통지 기간은 정관으로 단축할 수 있다(제390조 제3항 단서). [모의 20]

07 이사회 소집통지는 서면이나 전자문서가 아닌 구두, 전화, 팩스, 문자메시지에 의한 통지도 가능하다. [모의 21]

08 이사회는 이사 및 감사 전원의 동의가 있는 때에는 소집통지절차를 생략하고 언제든지 회의할 수 있다(제390조 제4항). [모의 20]

09 이사회의 결의는 이사 과반수의 출석과 출석이사의 과반수로 하여야 한다. 그러나 정관으로 그 비율을 높게 정할 수는 있다(제391조 제1항). [변호 12, 20]

> **(틀린지문)** 이사회의 결의는 이사 과반수의 출석과 출석이사의 과반수로 하여야 한다. 그러나 정관으로 그 비율을 높게 정할 수는 없다. [변호 20]

10 이사회 정족수는 이사회 개최시에 충족되는 것으로 충분하지 않으며 토의 및 의결의 전 과정을 통해 유지되어야 한다. [모의 14]

11 이사회 결의요건을 충족하는지 여부는 이사회 결의의 대상인 행위가 실제로 이루어진 날을 기준으로 판단할 것은 아니다(대판 2003.1.24. 2000다20670). [변호 20]

> (틀린지문) 이사회 결의요건을 충족하는지 여부는 이사회 결의의 대상인 행위가 실제로 이루어진 날을 기준으로 판단하여야 한다. [변호 20]

12 자기거래의 해당 이사는 그 승인 여부를 다투는 이사회에서 의결권을 행사할 수 없다. [모의 14]

13 특별이해관계가 있는 이사는 이사회의 의사정족수 산정의 기초가 되는 이사의 수에는 포함되고, 의결정족수 계산시에는 포함되지 않는다(대판 1991.5.28. 90다20084). [변호 20]

> (틀린지문) 특별이해관계가 있는 이사는 이사회의 의사정족수 산정의 기초가 되는 이사의 수에 포함되지 않는다. [변호 20]

14 정관에서 달리 정하지 않는 한 이사의 전부 또는 일부가 직접 회의에 출석하지 않고 모든 이사가 음성을 동시에 송수신하는 원격통신수단에 의해 이사회결의를 할 수 있다(제391조 제2항). [변호 13, 모의 16, 21]

15 이사는 직접 이사회에 출석하여 결의에 참가해야 하며, 대리인 출석이나 타인에게 출석과 의결권을 위임할 수 없다. 이에 위배된 이사회결의는 원칙적으로 무효이다. [변호 12, 13, 15, 모의 17, 21]

> (틀린지문) 이사회 결의의 경우 의결권의 대리행사는 그 위임을 이사에게 하는 한 유효하고, 주주총회 결의의 경우 주주 이외의 자에게도 의결권을 대리행사하게 할 수 있다. [변호 12]

> (틀린지문) 이사가 이사회 회의장에 직접 출석할 수 없는 경우에는 전화 회의의 방법으로 이사회 결의에 참가할 수 있고, 대리인에 의한 출석이 허용되므로 타인에게 이사회 출석과 의결권 행사를 위임할 수 있다. [변호 15]

16 주주총회 결의에 있어서 주주는 정관이 정한 바에 따라 총회에 출석하지 아니하고 서면에 의하여 의결권을 행사할 수 있지만, 이사회 결의에 대해서는 서면에 의한 의결권 행사를 인정하는 규정을 상법에 두고 있지 않다. [변호 12]

17 주주(채권자×)는 영업시간 내에 이사회의사록의 열람 또는 등사를 청구할 수 있으며(제391조의3 제3항), 회사가 이유를 붙여 거절한 경우, 법원의 허가를 얻어 이사회의사록의 열람 또는 등사를 할 수 있다(제391조의3 제4항). [변호 17, 22, 모의 14]

> (틀린지문) 채권자는 영업시간 내에 A회사의 이사회 의사록의 열람 또는 등사를 청구할 수 있다. [변호 22]

18 이사회의 소집절차나 결의방법 또는 결의의 내용에 법령이나 정관 위반의 하자가 있는 경우 상법에는 이에 관한 아무런 규정이 없기 때문에 이해관계인은 민법의 일반원칙에 따라 그 결의의 효력을 다툴 수밖에 없다(대판 1988.4.25. 87누399).   [변호 13]

> **(틀린지문)** 이사회결의가 존재한다고 볼 수 없을 정도의 중대한 하자가 있는 경우, 상법상의 결의부존재확인의 소로 다툴수 있다.   [변호 13]

19 이사회결의에 무효사유가 있는 경우, 이해관계인은 언제든지 그 무효를 주장할 수 있다(대판 1988.4.25. 87누399).   [변호 20]

20 주식회사의 이사회결의가 무효라는 확정판결의 효력은 상법 제190조가 준용될 근거가 없으므로 대세적 효력이 없다(대판 1988.4.25. 87누399).   [변호 13, 19, 20, 모의 14, 20]

> **(틀린지문)** 주식회사의 이사회결의가 무효라는 확정판결의 효력은 상법 제190조가 준용되어 대세적 효력이 있다.   [변호 19]
>
> **(틀린지문)** 이사회결의 무효확인의 소에서 원고가 승소한 경우, 그 확정판결은 제3자에 대하여도 효력이 있다.   [변호 20]

21 이사 선임의 주주총회결의에 대한 취소판결이 확정된 경우, 그 결의로 선임된 이사들로 구성된 이사회에서 선정된 대표이사는 소급하여 자격을 상실하고, 그 대표이사가 이사선임 주주총회결의에 대한 취소판결이 확정되기 전에 한 행위는 대표권이 없는 자가 한 행위로서 무효가 된다(대판 2004.2.27. 2002다19797).   [변호 20]

22 이사 선임의 주주총회결의에 대한 취소판결이 확정되어 그 결의가 소급하여 무효가 된다고 하더라도 그 선임 결의가 취소되는 대표이사와 거래한 상대방은 상법 제39조의 적용 내지 유추적용에 의하여 보호될 수 있으며, 주식회사의 법인등기의 경우 회사는 대표자를 통하여 등기를 신청하지만 등기신청권자는 회사 자체이므로 취소되는 주주총회결의에 의하여 이사로 선임된 대표이사가 마친 이사 선임 등기는 상법 제39조의 부실등기에 해당된다(대판 2004.2.27. 2002다19797). [변호 20]

23 이사회 내 위원회의 설치는 의무적인 것이 아니며 자율적으로 정관의 규정에 따라 둘 수 있다(제393조의2 제1항).   [변호 13]

24 이사회 내의 위원회는 2인 이상의 이사로 구성하여야 한다(제393조의2 제3항). 위원이 되기 위해서는 이사의 자격이 있어야 한다.   [변호 13, 모의 15]

> **[관련 쟁점]** 감사위원회는 3명 이상의 이사로 구성하고 사외이사가 3분의 2 이상이어야 한다(제415조의2 제2항). 자산총액 2조원 이상의 대규모 상장회사는 사외이사 후보추천위원회(제542조의8 제4항)와 감사위원회(제542조의11 제1항)를 설치하여야 한다. 사외이사 후보추천위원회는 과반수를 사외이사로 해야 한다(제542조의8 제4항).

25 이사회가 위원회에 권한을 위임한다고 함은 이사회가 위임한 사항에 관한 위원회의 결의는 이사회의 결의와 같은 효력이 있음을 의미하는 것으로, 이사회가 위원회의 결의를 변경하는 결의를 하지 않은 한 위원회의 결의는 이사회의 결의로서 효력이 발생한다. [변호 13]

> **(틀린지문)** 이사회내 위원회의 결의는 전체 이사회의 결의로 확정되지 않는 한 법적 효력을 인정받지 못한다. [변호 13]

26 이사회 내 위원회 설치회사의 경우에도 대표이사의 선임·해임은 이사회가 한다(제393조의2 제2항 제2호). [모의 15]

> **[관련 쟁점]** 이사회는 ① 주주총회의 승인을 요하는 사항의 제안, ② 대표이사의 선임 및 해임, ③ 위원회의 설치와 그 위원의 선임 및 해임, ④ 정관에서 정하는 사항을 제외하고 위원회에 권한을 위임할 수 있다(제393조의2 제2항).

27 이사회는 위원회가 결의한 사항에 대하여 다시 결의할 수 있으나(제393조의2 제4항), 감사위원회의 결의는 그러하지 아니한다(제415조의2 제6항). [모의 15]

28 이사회 내 위원회 결의에 하자가 있는 경우 이사회결의와 마찬가지로 무효가 되고 누구나 그 하자를 주장할 수 있다. [모의 20, 21]

29 위원회는 이사회 규정을 준용하므로 위원회를 소집하기 위해서는 회일을 정하고 1주간 전에 각 위원에게 통지하여야 한다. [변호 20]

쟁점 5. 대표이사

01   대표이사를 정당한 사유 없이 대표이사직에서 해임한 경우에도 대표이사는 회사에 대하여 상법 제385조에 따른 손해배상을 청구할 수 없다(대판 2004.12.10. 2004다25123).   [변호 15, 모의 16]

> **(틀린지문)** 임기가 정해진 대표이사를 정당한 이유 없이 그 임기 만료 전에 이사회 결의로 대표이사직에서 해임하는 경우 그 이사는 상법 제385조 제1항의 유추적용에 의하여 회사에 대하여 대표이사 해임으로 인한 손해의 배상을 청구할 수 있다.   [변호 15]

02   대표이사는 대내적, 대외적으로 회사의 업무를 집행할 권한이 있으므로 일상 업무에 속하는 거래는 대표이사가 이사회의 결의를 거치지 않더라도 결정할 수 있다.   [모의 14]

03   주식회사의 회생절차개시신청은 대표이사의 업무권한인 일상 업무에 속하지 아니한 중요한 업무에 해당하여 이사회 결의가 필요하다(대판 2019.8.14. 2019다204463).   [변호 21, 모의 21]

04   주식회사가 영업의 전부 또는 중요한 일부를 양도한 후 주주총회의 특별결의가 없었다는 이유를 들어 스스로 그 약정의 무효를 주장하더라도 주주 전원이 그와 같은 약정에 동의한 것으로 볼 수 있는 등 특별한 사정이 인정되지 않는다면 위와 같은 무효 주장이 신의성실 원칙에 반한다고 할 수는 없다(대판 2018.4.26. 2017다288757).   [변호 20]

05   일정한 대외적 거래행위에 관하여 이사회 결의를 거치도록 대표이사의 권한을 제한한 경우에도 이사회 결의는 회사의 내부적 의사결정절차에 불과하고, 특별한 사정이 없는 한 거래 상대방으로서는 회사의 대표자가 거래에 필요한 회사의 내부절차를 마쳤을 것으로 신뢰하였다고 보는 것이 경험칙에 부합한다(대판 2021.2.18. 2015다45451 전합).   [모의 21]

06   이사회결의를 거치지 않은 대표이사 거래행위의 상대방인 제3자가 상법 제209조 제2항에 따라 보호받기 위하여 선의 이외에 무과실까지 필요하지는 않지만, 중대한 과실이 있는 경우에는 제3자의 신뢰를 보호할 만한 가치가 없다고 보아 거래행위가 무효라고 해석함이 타당하다(대판 2021.2.18. 2015다45451 전합).   [변호 20, 22, 모의 14, 16, 18, 19, 21]

> **(틀린지문)** 정관에서 이사회 결의를 거치도록 대표이사의 대표권을 제한한 경우, 거래행위의 상대방인 제3자가 보호받기 위하여는 선의 이외에 무과실까지 필요하다.   [변호 22]

07   이사회 결의가 없었다고 의심할 만한 특별한 사정이 없다면, 일반적으로 이사회 결의가 있었는지를 확인하는 등의 조치를 취할 의무까지 있다고 볼 수는 없다(대판 2021.2.18. 2015다45451 전합).   [최신판례]

08 주식회사의 대표이사가 '중요한 자산의 처분 및 양도, 대규모 재산의 차입 등의 행위'에 관하여 이사회의 결의를 거치지 않고 거래행위를 한 경우에도 거래행위의 효력에 관해서는 대표이사 대표권의 내부적 제한의 경우와 마찬가지로 보아야 한다(대판 2021.2.18. 2015다45451).　　　　[최신판례]

09 대표이사가 이사회 결의를 거치지 않고 준비금의 전부 또는 일부를 자본금에 전입한 경우 그로 인하여 신주가 발행되었더라도 신주발행은 무효이다.　　　　[모의 14]

10 대표이사가 개인 채무를 담보하기 위하여 회사 명의의 약속어음을 발행하는 것이 대표권남용에 해당하는 경우, 상대방이 그 사실을 알고 있었거나 중대한 과실로 알지 못하였다면 대표이사가 회사 명의의 약속어음을 발행한 것은 회사에 대하여 무효이다.　　　　[모의 16, 18]

> **[관련 쟁점]** 대표이사가 그 대표권의 범위 내에서 한 행위는 설사 대표이사가 회사의 영리목적과 관계없이 자기 또는 제3자의 이익을 도모할 목적으로 그 권한을 남용한 것이라 할지라도 일단 회사의 행위로서 유효하고, 다만 그 행위의 상대방이 대표이사의 진의를 알았거나 알 수 있었을 때에는 회사에 대하여 무효가 된다(대판 1997.8.29. 97다18059).

11 사장, 부사장, 전무, 상무 등의 명칭은 표현대표이사의 명칭으로 될 수 있는 직함을 예시한 것으로서 그와 같은 명칭이 표현대표이사의 명칭에 해당하는지는 사회 일반의 거래통념에 따라 결정하여야 한다(대판 1999.11.12. 99다19797).　　　　[모의 18]

12 규모가 큰 주식회사와의 거래에 있어서 거래상대방이 단지 전무이사 또는 상무이사 등의 명칭을 사용하는 이사에게 대표권이 있다고 신뢰한 경우에는 중과실이 인정된다(대판 1999.11.12. 99다19797).　　　　[모의 18, 20(2)]

13 표현대표이사의 성립에는 이사의 자격을 요하지 않기 때문에 회사의 사용인은 표현지배인 또는 표현대표이사가 될 수 있다.　　　　[모의 20]

14 표현대표이사의 행위에 의한 회사의 책임에 관한 규정은 표현대표이사가 자기의 명칭을 사용하여 법률행위를 한 경우는 물론이고 자기의 명칭을 사용하지 아니하고 다른 대표이사의 명칭을 사용하여 행위를 한 경우에도 적용된다(대판 1998.3.27. 97다34709).　　　　[변호 15, 모의 18(2), 20]

15 표현대표이사의 행위로 인정이 되는 경우라고 하더라도 만일 그 행위에 이사회의 결의가 필요하고 거래의 상대방인 제3자가 이사회의 결의가 없었음을 알았거나 중과실로 알지 못한 경우라면 회사는 그 행위에 대한 책임을 면한다(대판 1998.3.27. 97다34709).　　　　[변호 15, 모의 18, 20]

☞ 대판 2021.2.18. 2015다45451 전합의 내용을 반영하여 기존 지문 수정

> **[관련 지문]** 제3자가 표현대표이사와 체결한 거래가 정관상 이사회결의가 요구되는 경우라 할지라도 회사는 이사회결의가 없었다는 사유만으로 제3자에 대한 이행책임을 면할 수 없다.　　　　[모의 20]

16   이사 또는 이사의 자격이 없는 자가 임의로 표현대표이사의 명칭을 사용하고 있는 것을 회사가
알면서도 동조하거나 아무런 조치 없이 그대로 방치한 경우도 회사가 표현대표이사의 명칭사용
을 묵시적으로 승인한 경우에 해당한다(대판 1992.7.28. 91다35816).   [변호 15. 모의 18(3). 20(2)]

17   회사의 명칭사용 승인 없이 임의로 회사를 대표할 권한이 있는 것으로 인정될 만한 명칭을 사
용한 자의 행위에 대하여 회사가 그 명칭사용을 알지 못하고 제지하지 못한 점에 과실이 있더
라도 회사가 표현대표이사에 따라 책임을 지지 아니 한다(대판 1995.11.21. 94다50908).   [모의 18. 20]

18   甲이 주주총회에서 이사로 선임된 바가 없음에도 불구하고 주주총회의사록을 임의로 작성하여
자신을 대표이사로 등기한 후 회사 소유부동산을 이러한 사실을 알지 못하는 乙에게 매도하였
다면, 甲이 대표이사로 등기된 사실을 회사가 과실로 알지 못하여 등기를 말소하지 않은 경우,
등기를 신뢰한 乙에게 부동산 소유권을 이전할 의무는 없다(대판 2013.7.25. 2011다30574).   [모의 20]

> **해설** 이사 선임 권한이 없는 사람이 주주총회의사록 등을 허위로 작성하여 주주총회결의 등의 외관을 만들
> 고 이에 터 잡아 이사를 선임한 경우, 주주총회의 개최와 결의가 존재는 하지만 무효 또는 취소사유가
> 있는 경우와는 달리, 그 이사 선임에 관한 주식회사 내부의 의사결정은 존재하지 아니하여 회사가 그
> 외관의 현출에 관여할 수 없었을 것이므로, 달리 회사의 적법한 대표이사가 그 대표 자격의 외관이 현
> 출되는 것에 협조, 묵인하는 등의 방법으로 관여하였다거나 회사가 그 사실을 알고 있음에도 시정하
> 지 않고 방치하는 등 이를 회사의 귀책사유와 동일시할 수 있는 특별한 사정이 없는 한, 회사에 대하
> 여 상법 제395조에 의한 표현대표이사 책임을 물을 수 없고, 이 경우 위와 같이 허위의 주주총회결의
> 등의 외관을 만든 사람이 회사의 상당한 지분(49%)을 가진 주주라고 하더라도 그러한 사정만으로는
> 대표 자격의 외관이 현출된 데에 대하여 회사에 귀책사유가 있는 것과 동일시할 수 없다(대판 2013.7.25.
> 2011다30574).

19   표현대표이사 제도에 의하여 보호되는 선의의 제3자에는 표현대표이사와 직접 어음행위를 한
상대방 및 표현대표이사의 명칭을 신뢰하고 그 상대방으로부터 어음을 다시 배서 양도 받은 제
3취득자도 포함된다(대판 2003.9.26. 2002다65073).   [모의 16. 18]

20   상법 제395조가 규정하는 표현대표이사의 행위로 인한 주식회사의 책임이 성립하기 위하여 법
률행위의 상대방이 된 제3자의 선의 이외에 무과실까지도 필요로 하는 것은 아니지만, 설령 제3자
가 회사의 대표이사가 아닌 이사가 그 거래행위를 함에 있어서 회사를 대표할 권한이 있다고
믿었다 할지라도 그와 같이 믿음에 있어서 중대한 과실이 있는 경우에는 회사는 그 제3자에 대
하여는 책임을 지지 아니한다(대판 1999.11.12. 99다19797).   [모의 18. 20]

21   제3자에게 중과실이 있어서 표현대표이사의 행위로 인한 회사의 책임이 인정되지 않는 경우에
도 제3자는 표현대표이사에게 손해배상책임을 물을 수 있다.   [모의 20]

22   표현대표이사의 행위로 인정이 되어 회사가 제3자에게 이행책임을 부담하는 경우, 제3자와 계
약을 체결한 표현대표이사의 이행책임은 면제된다.   [모의 20]

23 이사가 다른 대표이사의 명칭을 사용한 대표권 대행의 경우 제3자의 선의나 중과실은 표현대표이사의 대표권 존부에 대한 것이 아니라 대표이사를 대행하여 법률행위를 할 권한이 있느냐에 대한 것이다(대판 2003.7.22. 2002다40432).   [모의 18]

24 회사가 공동대표이사 중 1인에게 대표이사라는 명칭의 사용을 용인 내지 방임한 경우에는 표현대표이사의 행위와 회사의 책임에 의한 표현책임을 질 수 있다(대판 1992.10.27. 92다19033).
[변호 15, 19, 모의 13, 18, 19(2), 20(2), 21]

25 수인의 대표이사를 둔 경우에는 각자가 회사를 단독으로 대표하는 것이 원칙이나, 수인의 대표이사가 공동으로 회사를 대표할 것을 정할 수 있다(제389조 제2항).   [모의 19]

26 공동대표이사는 이사회결의로 선정되는데, 정관으로 주주총회에서 선정할 것을 정할 수 있다. 주주총회에서 공동대표이사를 선정하는 경우에도 주주총회 특별결의 사항은 아니다.   [모의 13]

27 주식회사가 공동대표이사를 정한 때에는 그 사항을 등기하여야 한다.   [모의 13]

28 제3자의 회사에 대한 의사표시는 공동대표이사 중 1인에 대하여 이를 함으로써 효력이 생긴다 (제389조 제3항, 제208조 제2항).   [모의 13, 16, 19, 21]

29 공동대표이사 중 1인이 단독으로 회사 업무를 집행하던 중 타인에게 불법행위책임을 지는 경우에는 회사는 책임을 부담한다.   [모의 16]

30 공동대표이사의 행위는 반드시 동시에 표시되어야 하는 것은 아니며, 순차적으로 표시되어도 유효하다.   [모의 16]

31 공동대표이사가 자신의 대표권의 행사를 다른 공동대표이사에게 일반적, 포괄적으로 위임하는 것은 허용되지 않는다(대판 1989.5.23. 89다카3677).   [모의 13, 21]

32 회사가 공동대표이사에게 단순한 대표이사라는 명칭을 사용하여 법률행위를 하는 것을 용인 내지 방임한 경우에도 회사는 상법 제395조에 의한 표현책임을 면할 수 없다(대판 1992.10.27. 92다19033).   [모의 21]

33 공동대표이사가 단독으로 회사를 대표하여 제3자와 한 법률행위를 추인함에 있어 그 의사표시는 단독으로 행위한 공동대표이사나 그 법률행위의 상대방인 제3자 중 어느 사람에게 대하여서도 할 수 있다(대판 1992.10.27. 92다19033).   [변호 19, 모의 16, 19, 21]

쟁점 6. 집행임원

01 회사는 집행임원을 둘 수 있다. 이 경우 집행임원을 둔 회사는 대표이사를 두지 못한다(제408조의2 제1항). [관련조문]

02 집행임원의 선임·해임 권한은 이사회에 있다(제408조의2 제3항 제1호). [변호 13]

> **(틀린지문)** 집행임원의 선임·해임 권한은 주주총회에 있다. [변호 13]

03 상법은 당해 주식회사의 감사와 이사 간의 겸임금지를 규정하고 있지만(제382조 제3항), 집행임원과 이사 간의 겸임금지를 규정하고 있지 않다. [변호 13]

04 집행임원과 집행임원 설치회사의 소송에서 집행임원 설치회사를 대표할 자의 선임에 대해서는 이사회가 권한을 갖는다(제408조의2 제3항 제3호). [변호 19, 모의 20]

> **(틀린지문)** 집행임원 설치회사의 경우 집행임원과 집행임원 설치회사와의 소송에서는 감사가 집행임원 설치회사를 대표하여야 한다. [변호 19]

05 집행임원 설치회사는 이사회를 주관할 이사회 의장을 두어야 한다(제408조의2 제4항). [모의 14]

06 집행임원 설치회사의 경우 대표집행임원이 회사의 영업에 관하여 재판상·재판외의 모든 행위를 할 권한이 있다(제408조의5 제2항, 제389조 제3항, 제209조 제1항). [변호 13]

07 집행임원의 권한에는 이사회 결의에 의해 위임받은 업무집행에 관한 의사결정이 포함된다(제408조의4 제2호). [변호 13]

08 집행임원이 이사에게 이사회 소집청구를 하였으나 이사가 지체 없이 이사회 소집의 절차를 밟지 아니하면 소집을 청구한 집행임원은 법원의 허가를 받아 이사회를 소집할 수 있다. [모의 14]

09 집행임원은 3개월에 1회 이상 업무의 집행상황을 이사회에 보고하여야 한다. [모의 14]

10 집행임원이 고의 또는 중대한 과실로 그 임무를 게을리 한 경우에는 그 집행임원은 제3자에게 손해를 배상할 책임이 있다(제408조의8 제2항). [변호 13]

쟁점 7. 이사의 의무

01 이사가 법령을 위반하여 그 임무를 수행함으로써 회사에 대하여 손해배상책임이 문제되는 경우, 경영판단의 원칙은 원칙적으로 적용되지 않는다(대판 2005.10.28. 2003다69638). [변호 19. 모의 13. 16. 17]

> **[관련 판례]** 대표이사가 임무에 위배되는 행위를 함으로써 주주 또는 회사채권자에게 손해가 될 행위를 하였다면 그 회사의 이사회 또는 주주총회의 결의가 있었다고 하여 그 배임행위가 정당화될 수는 없다(대판 1989.10.13. 89도1012).

02 이사회가 안건에 관하여 충분한 정보를 수집·분석하고 정당한 절차를 거쳐 의사를 결정함으로써 안건을 승인하거나 또는 승인하지 않았다면, 그 의사결정 과정에 현저한 불합리가 없는 한 이사들의 경영판단은 존중되어야 하므로, 이사회 결의에 참여한 이사들이 이사로서 선량한 관리자의 주의의무 또는 충실의무를 위반하였다고 할 수 없다(대판 2019.10.31. 2017다293582). [관련판례]

03 이사는 재임 중 뿐만 아니라 퇴임 후에도 직무상 알게 된 회사의 영업상 비밀을 누설하여서는 아니 된다(제382조의4). [모의 14. 17]

04 평이사는 대표이사 및 업무담당이사의 전반적인 업무집행에 대한 감시의무를 부담하고 있으므로 업무담당이사의 업무집행이 위법하다고 의심할 만한 사유가 있음에도 이를 방치한 경우 회사가 입은 손해를 배상할 책임이 있다(대판 1985.6.25. 84다카1954). [모의 14. 17. 18]

05 이사는 이사회의 일원으로서 이사회에 상정된 안건에 관해 찬부의 의사표시를 하는 데 그치지 않고, 이사회 참석 및 이사회에서의 의결권 행사를 통해 대표이사 및 다른 이사들의 업무집행을 감시·감독할 의무가 있다. 이는 사외이사와 비상근이사라 하여 달리 볼 것은 아니다(대판 2019.11.28. 2017다244115). [관련판례]

> **[관련 판례]** ① 일정한 업무분장에 따라 회사의 일상적인 업무를 집행하는 업무집행이사는 회사의 업무집행을 전혀 담당하지 아니하는 평이사에 비하여 보다 높은 주의의무를 부담한다. ② 대규모의 회사에서 공동대표이사와 업무담당이사들이 내부 사무분장에 따라 각자의 전문 분야를 전담한다고 하여 다른 이사들의 업무집행에 관한 감시의무가 면제되지 않는다(대판 2008.9.11. 2007다31518).

06 대표이사는 모든 직원의 직무집행을 감시할 의무를 부담함은 물론, 이사회 구성원으로서 다른 대표이사와 업무담당이사의 전반적인 업무집행을 감시할 권한과 책임이 있다. 가격담합 등 위법행위를 방지하기 위한 내부통제시스템이 없었고 대표이사가 이를 구축하려는 노력을 하지도 않았으며, 지속적이고 조직적인 담합이라는 중대한 위법행위가 발생하고 있음에도 대표이사가 이를 인지하지 못하여 미연에 방지하거나 발생 즉시 시정조치를 할 수 없었던 상황에서 담합행위로 인해 회사에 과징금이 부과된 경우 대표이사의 회사에 대한 손해배상책임이 인정된다(대판 2021.11.11. 2017다222368). [최신판례]

07   甲 회사의 이사와 감사가 이사회에 출석하고 상법의 규정에 따른 감사활동을 하는 등 기본적인 직무를 이행하지 않았고, 회사를 실질적으로 운영하던 乙의 전횡과 유상증자대금 횡령 등 위법한 직무수행에 관한 감시·감독의무를 지속적으로 소홀히 한 경우, 이러한 이사와 감사의 임무해태와 乙의 유상증자대금 횡령으로 인한 甲 회사의 손해 사이에 인과관계가 인정된다(대판 2019.11.28. 2017다244115).   [관련판례]

08   이사는 이사회의 승인이 없으면 자기 또는 제3자의 계산으로 회사의 영업부류에 속하는 거래를 하지 못한다(제397조 제1항). 이 경우 이사회의 승인은 정관으로 그 비율을 높게 정하지 아니하는 한 이사 과반수의 출석과 출석이사 과반수로 하여야 한다.   [변호 13, 모의 14]

09   이사가 이사회승인 없이 회사와 동종영업을 목적으로 하는 회사를 설립하고 그 회사의 이사 겸 대표이사가 되어 영업준비작업을 하고 있다면, 그 영업활동 개시 전에 이사 및 대표이사직을 사임하더라도 경업금지의무를 위반한 행위에 해당한다(대결 1990.11.2. 90마745).   [변호 12, 19]

10   이사가 경업대상회사의 지배주주가 되어 의사결정과 업무집행에 관여할 수 있게 되는 경우, 자신이 속한 회사 이사회의 승인을 얻어야 한다(대판 2013.9.12. 2011다57869).   [변호 15, 모의 16, 18]

> [관련 쟁점] 경업 대상 여부가 문제되는 회사가 실질적으로 이사가 속한 회사의 지점 내지 영업부문으로 운영되고 공동의 이익을 추구하는 관계에 있다면 두 회사 사이에는 서로 이익충돌의 여지가 있다고 볼 수 없다(대판 2013.9.12. 2011다57869).

11   이사가 경업금지의무에 위반(겸직금지의무위반×)한 경우 회사는 이사회 결의를 얻어서 개입권을 행사 할 수 있다(제397조 제2항).   [변호 12, 13]

> (틀린지문) A회사의 대표이사 甲이 겸직금지의무를 위반한 경우, A회사는 사전 및 사후의 이사회 결의 없이 개입권을 행사하여 甲이 얻은 이득을 자신에게 양도하도록 청구할 수 있다.   [변호 12]

12   이사 또는 주요주주가 자기 또는 제3자의 계산으로 회사와 거래를 하기 위하여는 미리 이사회에서 해당 거래에 관한 중요사실을 밝히고 이사회의 승인을 받아야 한다. 이 경우 이사회의 승인은 이사 3분의 2 이상의 수로써 하여야 하고 그 거래의 내용과 절차는 공정하여야 한다(제398조 제1항).   [변호 13, 16, 모의 16, 19]

13   이사 등의 자기거래의 적용대상에는 이사만이 아니라 상법 제386조의 퇴임이사와 일시이사 및 상법 제407조 제1항의 직무대행자 및 주식회사의 청산인도 포함된다.   [모의 14]

14 이사회 승인이 필요한 이사와 회사의 거래에는 이사가 상대방의 대리인이나 대표자로서 회사와 거래를 하는 경우도 해당한다(대판 2017.9.12. 2015다70044). [관련판례]

15 A가 각각 두 개의 회사의 대표이사를 겸직할 경우 두 회사 간의 거래는 미리 각 회사의 이사회에서 해당 거래에 관한 중요사실을 밝히고 이사 3분의 2 이상의 수로써 승인을 받아야 한다(대판 1984.12.11. 84다카1591). [모의 19]

> [관련 지문]
> ① A회사 이사가 B회사의 의결권 있는 발행주식 총수의 50%를 가지고 있는 경우, B회사가 자기의 계산으로 A회사와 거래를 하기 위해서는 A회사 이사회의 승인을 받아야 한다. [변호 15, 모의 15]
> ② A주식회사의 이사 甲이 B주식회사의 의결권 있는 발행주식 총수의 60%를 가지고 있고, 甲과 B회사가 합하여 C주식회사의 의결권 있는 발행주식 총수의 60%를 가지고 있는 경우, C회사가 자기의 계산으로 A회사와 거래를 하기 위해서는 A회사 이사회의 승인을 받아야 한다. [변호 15]
> ③ A회사가 B회사의 모회사이고 A회사와 B회사가 각자의 계산으로 거래하는 경우, 그 거래에 대하여 A회사 이사회의 승인을 얻을 필요는 없지만, B회사 이사회의 승인을 얻어야 한다. [모의 19]
> ④ 乙회사의 1인 주주가 甲회사의 이사인 경우 甲회사와 乙회사 사이에 이익충돌의 우려가 있는 거래를 하려면 甲회사의 이사회 승인이 필요하다. [모의 15]

16 모회사의 이사와 자회사의 거래는 모회사와의 관계에서 구 상법 제398조가 규율하는 거래에 해당하지 아니하고, 모회사의 이사는 그 거래에 관하여 모회사 이사회의 승인을 받아야 하는 것이 아니다(대판 2013.9.12. 2011다57869). [모의 19]

17 회사의 대표이사가 자신의 개인적인 연대보증채무를 담보하기 위하여 회사를 대표하여 자신에게 어음을 발행하는 경우, 이사회의 승인이 필요하다(대판 2004.3.25. 2003다64688). [모의 14]

18 이사와 회사 사이의 거래라고 하더라도 양자 사이 이해충돌의 염려가 없고 회사에 불이익을 초래할 우려가 없는 때에는 이사회의 승인을 얻을 필요가 없다. [변호 21]

19 거래의 성질상 약관에 의해 정형적으로 체결되는 계약은 이익충돌의 우려가 없으므로 이사회 승인이 필요하지 않다. [모의 15]

20 회사의 채무를 주채무로 하여 회사의 대표이사가 개인적으로 회사의 채권자와 보증계약을 체결하고자 하는 경우 회사의 이사회 승인이 필요하지 않다. [모의 15]

21 이사의 자기거래가 법령이나 주주총회의 결의를 집행하기 위한 것으로서 재량의 여지가 없는 경우에는 이사에게 새로운 이득을 가져올 수 없고 따라서 회사의 이익을 침해할 가능성이 없으므로, 이사회의 승인이 필요 없다. [모의 14]

22 이사의 자기거래는 이사회의 승인을 받아야 하지만, 회사의 이사가 1명 또는 2명인 경우, 소규모회사로서 이사회를 두지 않은 회사는 주주총회의 승인을 받아야 한다. [변호 17]

23 자본금 총액이 10억 원 미만으로 이사가 1명 또는 2명인 회사의 경우 이사가 자기 또는 제3자의 계산으로 회사와 거래를 하기 전에 주주총회에서 해당 거래에 관한 중요사실을 밝히고 주주총회의 승인을 받지 않았다면, 특별한 사정이 없는 한 그 거래는 무효라고 보아야 한다(대판 2020.7.9. 2019다205398). [최신판례]

24 이사와 회사 사이의 이익상반거래에 대한 승인은 주주 전원의 동의가 있다거나 그 승인이 정관에 주주총회의 권한사항으로 정해져 있다는 등의 특별한 사정이 없는 한 이사회의 전결사항이라 할 것이므로, 이사회의 승인을 받지 못한 이익상반거래에 대하여 아무런 승인 권한이 없는 주주총회에서 사후적으로 추인 결의를 하였다 하여 그 거래가 유효하게 될 수는 없다(대판 2007.5.10. 2005다4284). [변호 12, 모의 19]

> **(틀린지문)** A회사가 이사회 결의 없이 연대보증을 한 이후, 이사회가 사후승인을 하더라도 그 보증은 유효하지 않다. [변호 12]

25 자기거래가 이사회의 승인을 얻지 못하여 무효라는 것을 회사가 제3자에 대하여 주장하기 위해서는 이사회의 승인을 얻지 못하였다는 것 외에 제3자가 이사회의 승인 없음을 알았거나 중대한 과실로 알지 못하였다는 사실을 증명하여야 한다(대판 2014.6.26. 2012다73530). [모의 14, 19]

26 이사 등의 자기거래와 관련하여 제3자가 선의이지만 이사회의 결의가 필요하다는 사실과 이사회의 결의가 없었다는 사실을 알지 못한데 중대한 과실이 있는 경우에는 악의인 경우와 같이 제3자에 대해서도 무효이다(대판 2004.3.25. 2003다64688). [변호 12, 모의 14]

> **(틀린지문)** A회사의 대표이사 개인대출에 대한 연대보증은 이사회의 사전승인 없이 한 것이므로 절대적 무효이다. [변호 12]

27 이사와 회사 사이의 거래가 상법 제398조를 위반하였음을 이유로 무효임을 주장할 수 있는 자는 회사에 한정되고 특별한 사정이 없는 한 거래의 상대방이나 제3자는 그 무효를 주장할 이익이 없다고 보아야 하므로, 거래의 상대방인 당해 이사 스스로가 위 규정 위반을 내세워 거래의 무효를 주장하는 것은 허용되지 않는다(대판 2012.12.27. 2011다67651). [변호 15, 모의 19]

28 이사의 자기거래에 관한 이해관계 및 그 거래에 관한 중요한 사항들이 이사회에 개시되지 아니한 채 그 거래가 이익상반거래로서 공정한지 여부가 심의된 것이 아니라 단순히 통상의 거래로서 이를 허용하는 이사회의 결의가 이루어진 것에 불과한 경우 등에는 상법 제398조 전문이 규정하는 이사회의 승인이 있다고 할 수는 없다(대판 2007.5.10. 2005다4284). [관련판례]

29 회사가 이익상반거래를 묵시적으로 추인하였다고 보기 위해서는 그 거래에 대하여 승인 권한을 갖고 있는 이사회가 그 거래와 관련된 이사의 이해관계 및 그와 관련된 중요한 사실들을 지득한 상태에서 그 거래를 추인할 경우 원래 무효인 거래가 유효로 전환됨으로써 회사에 손해가 발생할 수 있고 그에 대하여 이사들이 연대책임을 부담할 수 있다는 점을 용인하면서까지 추인에 나아갔다고 볼 만한 사유가 인정되어야 한다(대판 2007.5.10. 2005다4284). [관련판례]

30 이사회가 이사 등의 자기거래에 관하여 사전승인을 하더라도 이사가 거래에 필요한 주의를 다하지 않아 회사에 손해가 생겼다면 회사에 대하여 책임을 진다. [변호 12, 모의 19]

> (틀린지문) A회사가 대표이사 개인대출에 대하여 연대보증한 경우, 만약 이사회가 연대보증에 관하여 사전승인을 하였다면, 연대보증은 유효하게 되므로 대표이사는 회사에 대하여 책임을 지지 않는다. [변호 12]

31 이사는 이사회의 승인 없이 현재 또는 장래에 회사의 이익이 될 수 있는 회사의 사업기회를 자기 또는 제3자의 이익을 위하여 이용하여서는 아니 된다. 이 경우 이사회의 승인은 이사 3분의 2 이상의 수로써 하여야 한다(제397조의2 제1항). [변호 13, 21, 모의 14, 16(2)]

> (틀린지문) 이사는 이사 과반수의 출석과 출석 이사의 과반수의 찬성에 의한 이사회의 승인이 있으면 회사의 사업기회를 자기 또는 제3자의 이익을 위하여 이용할 수 있다. [변호 21]

32 회사의 사업기회는 현재 또는 장래 회사에 이익이 될 수 있는 기회이면 되고, 반드시 유망한 사업기회가 아니어도 된다. [모의 16]

33 이사는 이익이 될 여지가 있는 사업기회가 있으면 이를 회사에 제공하여 회사로 하여금 이를 이용할 수 있도록 하여야 하고, 회사의 승인 없이 이를 자기 또는 제3자의 이익을 위하여 이용하여서는 아니 된다(대판 2018.10.25. 2016다16191). [관련판례]

34 이사가 사업기회유용금지의무를 위반한 경우, 해당 이사와 이를 승인한 이사는 연대하여 손해를 배상할 책임을 질 뿐, 경업금지의무의 위반과 달리 명문규정이 없으므로 동 의무위반에 대해 개입권이 인정되지는 않는다. [변호 12, 13]

> (틀린지문) A회사의 대표이사가 사업기회유용금지 의무를 위반한 경우, A회사는 대표이사에게 개입권을 행사하여 얻은 이득을 자신에게 양도하도록 청구할 수 있다. [변호 12]

> (틀린지문) 이사가 회사의 기회유용금지의무에 위반하여 자기의 이익을 위하여 회사의 영업부류에 속하지 않는 거래를 한 경우에 회사는 이를 회사의 계산으로 한 것으로 보거나 또는 이사가 얻은 이익의 반환을 청구할 수 있다. [변호 13]

35 제397조의2 제1항 규정을 위반하여 회사에 손해를 발생시킨 이사 및 승인한 이사는 연대하여 손해를 배상할 책임이 있으며 이로 인하여 이사 또는 제3자가 얻은 이익은 손해로 추정한다(제397조의2 제2항).

[모의 14, 16, 22]

36 乙회사의 이사인 甲의 경업금지의무 및 기회유용금지의무 위반에 따라 이익을 얻은 丙 회사가 해당 사업부문을 제3자에게 양도한 경우 그러한 양도대금에는 乙 회사가 상실한 사업기회의 가치도 포함되어 있으므로 이를 乙 회사의 손해로 인정하여야 하고, 乙 회사가 사업부문을 양도한 이후 수개월이 지나고 나서 해산하였다고 하여, 해산 이전에 乙 회사가 입은 손해 사이의 상당인과관계가 단절되지도 않는다(대판 2018.10.25, 2016다16191).

[관련판례]

쟁점 8. 이사의 책임

01 이사가 고의 또는 과실로 법령 또는 정관에 위반한 행위를 하거나 그 임무를 게을리 한 경우 이사는 회사에 대하여 연대하여 손해배상책임을 부담한다(제399조 제1항).

[모의 16]

02 주식회사의 이사 또는 감사의 임무해태로 인한 손해배상책임은 불법행위책임이 아니라 위임관계로 인한 채무불이행책임이므로 그 소멸시효기간은 10년이다(대판 1985.6.25, 84다카1954). [변호 13, 22]

> [관련 판례]
> ① 이사의 제3자에 대한 손해배상책임이 제3자를 보호하기 위하여 상법이 인정하는 특수한 책임이라는 점을 감안할 때, 일반 불법행위책임의 단기소멸시효를 규정한 민법 제766조 제1항은 적용될 여지가 없고, 일반채권으로서 소멸시효기간은 10년이다(대판 2006.12.22, 2004다63354).
> ② 주식회사의 이사가 회사에 대하여 위 조항에 따라 손해배상채무를 부담하는 경우 특별한 사정이 없는 한 이행청구를 받은 때부터 지체책임을 진다(대판 2021.5.7, 2018다275888).

03 이사가 이사회에 출석하여 결의에 기권하였다고 의사록에 기재된 경우에 그 이사는 "이의를 한 기재가 의사록에 없는 자"에 해당하지 않으므로 상법 제399조 제3항에 따라 이사회 결의에 찬성한 것으로 추정할 수 없고, 따라서 같은 조 제2항의 책임을 부담하지 않는다(대판 2019.5.16, 2016다260455).

[변호 21, 22, 모의 21(2)]

> (틀린지문) A회사는 그 회사의 이사인 甲과 乙을 상대로 이사의 회사에 대한 손해배상책임을 추궁하는 소를 제기하는 경우, 甲의 임무위반행위가 A회사의 이사회결의에 의한 것일 때, 乙이 그 이사회에 출석하여 결의에 기권하였다고 의사록에 기재되었다면 乙은 결의에 찬성한 것으로 추정된다.
>
> [변호 22]

04 이사가 회사의 업무를 집행하면서 회사 자금으로 뇌물을 공여한 경우, 이는 상법 제399조에서 정한 법령에 위반한 행위에 해당한다.

[변호 20, 모의 13]

05 이사가 임무를 수행함에 있어서 법령을 위반한 행위를 한 때에는 그 행위 자체가 회사에 대하여 채무불이행에 해당하므로, 그로 인하여 회사에 손해가 발생한 이상 손해배상책임을 면할 수 없다. 여기서 법령을 위반한 행위라고 할 때 말하는 '법령'은 일반적인 의미에서의 법령, 즉 법률과 그 밖의 법규명령으로서의 대통령령, 총리령, 부령 등을 의미하는 것인바, 행정지도지침은 이에 해당하지 않는다(대판 2006.11.9. 2004다41651,41668). [모의 14]

06 이사가 주식소각 과정에서 법령을 위반하여 회사에 손해를 끼친 사실이 인정될 때에는 감자무효의 판결이 확정되었는지 여부와 관계없이 상법 제399조 제1항에 따라 회사에 대하여 손해배상책임을 부담한다(대판 2021.7.15. 2018다298744). [최신판례]

07 이사의 임무해태와 회사의 손해 및 임무해태와 손해 사이의 인과관계는 이사의 책임을 주장하는 자가 증명해야 한다. [모의 14]

08 대표이사나 이사의 직무상 채무는 미회수금 등의 결과가 전혀 발생하지 않도록 하여야 할 결과채무가 아니라, 회사이익을 위하여 선량한 관리자로서의 주의의무를 가지고 필요하고 적절한 조치를 다해야 할 채무이므로, 회사에 대출금 중 미회수금 손해가 발생하였다는 결과만을 가지고 곧바로 채무불이행사실을 추정할 수 없다(대판 2011.10.13. 2009다80521). [모의 17]

> **[관련 판례]** 이사의 법령·정관 위반행위 혹은 임무위반행위로 인한 손해배상책임과 감사의 임무위반행위로 인한 손해배상책임은 위반행위와 상당인과관계 있는 손해에 한하므로, 이사나 감사가 법령·정관 위반행위 혹은 임무위반행위를 하였더라도, 그 결과로서 발생한 손해와 상당인과관계가 인정되지 않는 경우에는 이사나 감사의 손해배상책임이 성립하지 아니한다(대판 2007.7.26. 2006다33609).

09 대표이사가 타인에게 회사업무 일체를 맡긴 채 자신의 업무집행에 아무런 관심도 두지 아니하여 급기야 부정행위 내지 임무해태를 간과함에 이른 경우에는 상법 제401조 제1항에서 말하는 고의 또는 중대한 과실에 의하여 그 임무를 소홀히 한 것이다(대판 2003.4.11. 2002다70044). [모의 13]

10 이사들이 이사회에서 주주 중 1인에 대한 기부행위를 결의하면서 기부금의 성격, 기부행위가 회사의 설립 목적과 공익에 미치는 영향, 회사 재정상황에 비추어 본 기부금 액수의 상당성, 회사와 기부상대방의 관계 등에 관해 합리적인 정보를 바탕으로 충분한 검토를 거치지 않았다면, 이사들이 결의에 찬성한 행위는 선량한 관리자로서의 주의의무에 위배되는 행위에 해당한다. 회사의 자본이나 경영상태에 비추어 지나치게 큰 규모의 기부를 했다면 이는 이사의 충실의무에 위반되는 것으로서 이사의 손해배상책임의 원인이 된다(대판 2019.5.16. 2016다260455). [변호 12]

> **(틀린지문)** 자본 잠식 및 결손 상태에 있는 비상장회사인 A 주식회사의 대표이사 甲이 자신이 이사장으로 있는 재단법인 B에게 회사 자금으로 거액을 기부하기로 약정하였고 이러한 기부약정에 관하여 甲이 이사회의 승인을 받았다면 이는 적법한 거래이므로 이에 대하여 A회사의 발행주식총수의 0.1%에 해당하는 주식을 가진 주주가 취할 수 있는 조치는 없다. [변호 12]

> **(틀린지문)** 자본 잠식 및 결손 상태에 있는 비상장회사인 A 주식회사의 대표이사 甲이 자신이 이사
> 장으로 있는 재단법인 B에게 회사 자금으로 거액을 기부하기로 약정하였다면, 이러한 기부행위는
> 기업의 사회적 책임을 다하는 것으로서 이에 대하여 A회사의 발행주식총수의 0.1%에 해당하는 주
> 식을 가진 주주가 취할 수 있는 조치는 없다. [변호 12]

11 주식회사의 이사는 이사회의 일원으로서 이사회에 상정된 의안에 대하여 찬부의 의사표시를 하
는데 그치지 않고, 담당업무는 물론 다른 업무담당 이사의 업무집행을 전반적으로 감시할 의무
가 있고 이러한 의무는 비상근 이사라고 하여 면할 수 있는 것은 아니므로 주식회사의 이사가
이사회에 참석하지도 않고 사후적으로 이사회의 결의를 추인하는 등으로 실질적으로 이사의 임
무를 전혀 수행하지 않은 이상 그 자체로서 임무해태가 된다고 할 것이다(대판 2008.12.11. 2005다
51471). [변호 22]

12 이사가 다른 업무담당이사의 업무집행이 위법하다고 의심할 만한 사유가 있음에도 불구하고 이
를 방치한 때에는 이로 말미암아 회사가 입은 손해에 대하여 배상책임을 면할 수 없다(대판
2018.3.22. 2012다74236 전합). [변호 22]

13 기업회계기준에 의할 경우 당해 사업연도에 당기순손실이 발생하고 배당가능이익이 없는데도,
당기순이익이 발생하고 배당가능이익이 있는 것처럼 재무제표가 분식되어 주주에 대한 이익배
당금 지급과 법인세 납부가 이루어진 경우, 특별한 사정이 없는 한 회사는 분식회계로 말미암아
지출하지 않아도 될 주주에 대한 이익배당금과 법인세 납부액 상당을 지출하게 되는 손해를 입
게 되었다고 봄이 상당하다(대판 2018.3.22. 2012다74236 전합). [관련판례]

14 회사가 이사에 대한 손해배상청구 소송을 제기한 경우, 법원은 사건의 공평한 해결을 위하여 당
사자의 신청이 없어도 직권으로 화해권고결정을 할 수 있다. [변호 20]

15 수인의 이사가 연대하여 손해배상책임을 지는 경우 어느 이사가 자기의 부담부분 이상의 손해
를 배상하여 이사들이 공동으로 면책된 때에는 다른 이사에게 그 부담부분의 비율에 따라 구상
권을 행사할 수 있다(대판 2006.1.27. 2005다19378). [모의 14]

16 이사가 법령에 위반한 행위를 하여 회사에 손해배상책임이 있는 경우 그 손해배상의 범위를 정
함에 있어서는 제반 사정을 참작하여 손해배상액을 제한할 수 있는데, 손해배상액 제한의 참작
사유에 관한 사실인정이나 그 제한비율은 민법상 과실상계의 사유에 관한 사실인정이나 그 비
율을 정하는 것과 마찬가지로 그것이 형평의 원칙에 비추어 현저히 불합리한 것이 아닌 한 사
실심의 전권사항이다(대판 2019.5.16. 2016다260455). [모의 13, 17]

17 회사는 정관으로 정하는 바에 따라 제399조에 따른 이사의 책임을 이사가 그 행위를 한 날 이전 최근 1년간의 보수액(상여금과 주식매수선택권의 행사로 인한 이익 등을 포함한다)의 6배(사외이사의 경우는 3배)를 초과하는 금액에 대하여 면제할 수 있다(제400조 제2항). [모의 14]

> [관련 판례] 회사의 정기총회에서 재무제표 등의 승인을 한 후 2년 내에 다른 결의가 없으면 회사는 이사와 감사의 책임을 해제한 것으로 본다. 그러나 이사 또는 감사의 부정행위에 대하여는 그러하지 아니하다(제450조). 상법 제450조에 따른 이사의 책임 해제는 재무제표 등에 그 책임사유가 기재되어 정기총회에서 승인을 얻은 경우에 한정된다(대판 2007.12.13. 2007다60080).

18 이사가 법령 또는 정관에 위반한 행위를 하거나 그 임무를 해태함으로써 회사에 대하여 손해를 배상할 책임이 있어 그 손해배상의 범위를 정할 때에는 손해분담의 공평이라는 손해배상제도의 이념에 비추어 그 손해배상액을 제한할 수 있다(대판 2008.12.11. 2006다5550). [변호 22]

19 회사의 손해 발생시 이사의 회사에 대한 손해배상책임은 의결권 없는 주식을 포함한 총주주의 동의로 면제할 수 있으며, 이러한 경우 동의는 개별적동의 뿐 아니라 묵시적 동의도 가능하다(대판 2002.6.14. 2002다11441). [변호 12, 모의 14]

> [관련 판례] 주식회사의 대표이사가 그의 개인적인 용도에 사용할 목적으로 회사명의의 수표를 발행하거나 타인이 발행한 약속어음에 회사명의의 배서를 해주어 회사가 그 지급책임을 부담 이행하여 손해를 입은 경우, 회사는 제399조 소정의 손해배상청구권을 행사할 수 있음은 물론이고, 대표권남용에 따른 불법행위를 이유로 한 손해배상청구권도 행사할 수 있다. 총주주의 동의를 얻어 대표이사의 행위로 손해를 입게 된 금액을 특별손실로 처리하기로 결의하였다면 상법 제400조 소정의 이사의 책임소멸의 원인이 되는 면제에 해당되나 이로써 법적으로 소멸되는 손해배상청구권은 상법 제399조 소정의 권리에 국한되는 것이지 불법행위로 인한 손해배상청구권까지 소멸되는 것으로는 볼 수 없다(대판 1989.1.31. 87누760).

20 금융기관 임직원이 임무에 위배된 대출로 인하여 금융기관이 대출금을 회수하지 못하는 손해를 입은 경우 대출로 인해 임직원이 금융기관에 부담하는 손해배상채무와 대출금채무자가 금융기관에 부담하는 대출금채무는 부진정연대의 관계에 있다(대판 2018.3.22. 2012다74236 전합). [관련판례]

21 이사가 회사재산을 횡령하여 회사재산이 감소함으로써 회사가 손해를 입고 결과적으로 주주의 경제적 이익이 침해되는 손해와 같은 간접손해는 상법 제401조 제1항에서 말하는 손해의 개념에 포함되지 아니하므로 위 법조항에 의한 손해배상을 청구할 수 없다(대판 2003.10.24. 2003다29661). [변호 20, 모의 14, 16]

22 회사재산을 횡령한 이사가 악의, 중과실로 한 부실공시 사실을 알지 못하고 주식을 취득한 주주가 입은 손해는 주가하락으로 직접 손해를 입은 것이므로 해당 주주는 이사에 대하여 상법 제401조 제1항에 의하여 손해배상을 청구할 수 있다(대판 2012.12.13. 2010다77743). [변호 20]

> **[관련 판례]**
> ① 이사가 제3자에게 손해배상책임을 지는 고의, 중과실로 인한 임무해태행위란 이사의 직무상 충실 및 선관의무 위반행위로서 위법한 사정이 있어야 하고, 통상의 거래행위로 부담하는 회사 채무를 이행할 능력이 있었음에도 단순히 그 이행을 지체하여 상대방에게 손해를 끼친 사실만으로는 임무를 해태한 위법한 경우라고 할 수는 없다(대판 1985.11.12. 84다카2490).
>
> ② 부동산의 매수인 주식회사의 대표이사가 매도인과 사이에 잔금 지급방법으로 매수부동산을 금융기관에 담보로 제공하여 대출금으로 잔금을 지급하기로 하였으나, 대출 후 대출금 중 일부만을 잔금으로 지급하고 나머지는 다른 용도로 사용한 후 나머지 잔금이 지급되지 않은 상태에서 피담보채무도 변제하지 않아 부동산이 경매절차에서 경락되어 결과적으로 매도인이 손해를 입은 경우 대표이사가 악의 또는 중과실로 임무를 해태한 경우에 해당한다(대판 2002.3.29. 2000다47316).

쟁점 9. 업무집행지시자 등의 손해배상책임

01 회사에 대한 자신의 영향력을 이용하여 이사에게 업무집행을 지시한 자, 이사의 이름으로 업무를 집행한 자, 이사가 아니면서 회장, 사장 기타 회사의 업무를 집행할 권한이 있는 것으로 인정될 만한 명칭을 사용하여 회사의 업무를 집행한 자는 그 지시하거나 집행한 업무에 관하여 제399조 · 제401조 및 제403조의 적용에 있어서 이를 이사로 본다(제401조의2 제1항 제1호).

[모의 16]

02 업무집행지시자는 법인인 지배회사도 포함된다(대판 2006.8.25. 2004다26119).

[변호 15, 모의 16]

03 업무집행지시자는 자신이 지시한 업무에 관하여, 무권대행자와 표현이사는 자신이 집행한 업무에 관하여 회사 및 제3자에 대하여 손해배상책임을 부담하고, 업무집행지시자 등은 대표소송 대상이 된다.

[변호 22]

쟁점 10. 소수주주권

01 주주제안권, 주주총회 소집청구권, 집중투표청구권, 이사 · 감사 해임청구권, 회계장부열람권, 업무검사권은 발행주식총수의 3% 이상의 주식을 보유한 주주에게 인정된다.

[관련쟁점]

02 총회검사인선임청구, 유지청구권, 대표소송 제기권은 발행주식총수의 1% 이상의 주식을 보유한 주주에게 인정된다.

[관련쟁점]

03 해산판결청구권은 발행주식총수의 10% 이상의 주식을 보유한 주주에게 인정된다.

[관련쟁점]

04 회사의 주주는 영업시간 내에 이사회의사록의 열람 또는 등사를 청구할 수 있다(제391조의3 제3항). [변호 22, 모의 13]

05 회사는 주주의 이사회의사록 열람청구에 대하여 이유를 붙여 이를 거절할 수 있는데, 이 경우 주주는 법원의 허가를 얻어 이사회의사록을 열람할 수 있다(제391조의3 제4항). [모의 13]

06 주주와 회사채권자는 영업시간 내에 언제든지 정관, 주주총회의 의사록, 사채원부, 주주명부의 열람 또는 등사를 청구할 수 있다(제396조 제2항). [변호 22, 모의 13, 17, 18]

> **[관련 판례]** ① 실질주주가 실질주주명부의 열람 또는 등사를 청구하는 경우에도 상법 제396조 제2항이 유추적용된다. 열람 또는 등사청구가 허용되는 범위도 '실질주주명부상의 기재사항 전부'가 아니라 그 중 실질주주의 성명 및 주소, 실질주주별 주식의 종류 및 수와 같이 주주명부의 기재사항에 해당하는 것에 한정된다. ② 주주 또는 회사채권자가 상법 제396조 제2항에 의하여 주주명부 등의 열람·등사청구를 한 경우 회사는 그 청구에 정당한 목적이 없는 등의 특별한 사정이 없는 한 이를 거절할 수 없고, 이 경우 정당한 목적이 없다는 점에 관한 증명책임은 회사가 부담한다. 이러한 법리는 상법 제396조 제2항을 유추적용하여 실질주주명부의 열람·등사청구권을 인정하는 경우에도 동일하게 적용된다(대판 2017.11.9. 2015다235841).

07 비상장회사의 경우, 발행주식의 총수의 100분의 3 이상에 해당하는 주식을 가진 주주는 이유를 붙인 서면으로 회계의 장부와 서류의 열람 또는 등사를 청구할 수 있다(제466조 제1항). [변호 22]

08 6개월 전부터 계속 상장회사 발행주식총수 0.1%(사업연도 말 현재 자본금이 1천억원 이상인 상장회사의 경우 0.05%) 이상의 주식을 보유한 자는 회계장부 등의 열람등사를 청구할 수 있다(제542조의6 제4항). [모의 21]

09 발행주식의 총수의 100분의 3 이상에 해당하는 주식을 가진 주주가 회계의 장부와 서류의 열람·등사 청구의 소를 제기하는 경우에는 소송이 계속되는 동안 위 주식 보유요건을 구비하고 있어야 소의 당사자적격을 상실하지 않는다(대판 2017.11.9. 2015다252037). [변호 20, 21, 모의 18, 19]

> **(틀린지문)** A회사의 발행주식총수의 100분의 3을 보유한 甲이 A회사에 대하여 회계장부의 열람 및 등사청구소송을 제기하였으나 소송계속 중 A회사가 신주를 발행하여 甲이 보유주식이 발행주식총수의 100분의 2로 감소한 경우, 당사자적격이 인정된다. [변호 21]

10 주식매수청구권을 행사한 주주도 회사로부터 주식의 매매대금을 지급받지 아니하고 있는 동안에는 주주로서의 지위를 여전히 가지고 있으므로 회계의 장부와 서류의 열람 또는 등사 청구권을 행사할 수 있다(대판 2018.2.28. 2017다270916). [변호 20]

> **(틀린지문)** 주식매수청구권을 행사한 주주는 회사로부터 주식의 매매대금을 지급받지 아니하였더라도 주식매수청구권을 행사한 때에 주주로서의 지위를 잃게 되므로 회계의 장부와 서류의 열람 또는 등사 청구권을 행사할 수 없다. [변호 20]

11 주주의 열람·등사청구의 대상이 되는 회계장부와 서류에는 소수주주가 열람·등사를 구하는 이유와 실질적으로 관련이 있는 회계장부와 근거자료가 되는 회계서류가 포함된다. [모의 17]

12 자회사의 회계서류가 모회사가 보관하고 있고 모회사의 회계 상황을 파악하기 위한 근거자료로 서 실질적으로 필요한 경우 모회사의 회계서류로서 자회사의 회계서류 또한 모회사 주주의 열 람등사 청구의 대상이 될 수 있다(대판 2001.10.26. 99다58051). [변호 14, 모의 13, 17]

13 회계장부의 열람 또는 등사를 청구하는 경우 그 이유는 구체적으로 기재되어야 한다(대판 1999.12.21. 99다137). [변호 14]

> **(틀린지문)** 비상장회사인 A회사의 주식을 3% 소유한 주주 甲이 회계장부의 열람 또는 등사를 청구 하는 경우 이유를 구체적으로 특정하지 않고 개괄적으로 기재하여도 무방하다. [변호 14]

14 주주가 제출하는 열람·등사청구서에 붙인 '이유'는 회사가 열람·등사에 응할 의무의 존부를 판 단하거나 열람·등사에 제공할 회계장부와 서류의 범위 등을 확인할 수 있을 정도로 기재되면 충분하고, 그 이유가 사실일지도 모른다는 합리적 의심이 생기게 할 정도로 기재하거나 그 이유 를 뒷받침하는 자료를 첨부할 필요는 없다. 다만 이유 기재 자체로 그 내용이 허위이거나 목적 이 부당함이 명백한 경우 등에는 적법하게 이유를 붙였다고 볼 수 없으므로 이러한 열람·등사 청구는 허용될 수 없고, 이른바 모색적 증거 수집을 위한 열람·등사청구도 허용될 수 없다(대판 2022.5.13. 2019다270163). [최신판례]

15 소수주주의 회계장부 및 서류의 열람·등사청구권이 인정되는 경우 열람 및 등사의 회수가 1회 에 국한되는 등으로 사전에 제한되지 않는다(대판 1999.12.21. 99다137). [모의 17]

16 소수주주의 회계장부열람등사청구권을 피보전권리로 하여 당해 장부의 열람·등사를 명하는 가 처분을 신청하는 것은 허용된다(대판 1999.12.21. 99다137). [모의 13, 17, 18]

17 소수주주의 회계장부 등에 대한 열람·등사청구권은 회사에 대하여 회생절차가 개시되더라도 배제되지 않는다고 보아야 한다(대결 2020.10.20. 2020마6195). [최신판례]

18 회사는 발행주식 총수의 3% 이상의 주식을 가진 주주가 이유를 붙인 서면으로 회계장부와 서 류의 열람 또는 등사를 청구하는 경우 그 청구가 부당함을 증명하지 아니하면 이를 거부하지 못하며(제466조), 증명책임은 회사가 부담한다(대결 2004.12.24. 2003마1575). [변호 14, 20, 모의 17]

19 발행주식의 총수의 3% 이상에 해당하는 주식을 가진 주주의 이사회 의사록 또는 회계장부와 서류 등에 대한 열람·등사권의 행사가 ⓐ 회사업무의 운영 또는 주주 공동의 이익을 해치거나 ⓑ 주주가 회사의 경쟁자로서 그 취득한 정보를 경업에 이용할 우려가 있거나, 또는 ⓒ 회사에 지나치게 불리한 시기를 택하여 행사하는 경우 등에는 정당한 목적을 결하여 부당한 것이라고 보아야 한다(대결 2004.12.24. 2003마1575). [변호 14, 20]

20 적대적 인수·합병을 시도하는 주주의 열람·등사청구이더라도 목적이 단순한 압박이 아니라 회사의 경영을 감독하여 회사와 주주의 이익을 보호하기 위한 것이라면 허용되어야 한다(대결 2014.7.21. 2013마657). [모의 17, 18]

21 이사가 법령 또는 정관에 위반한 행위를 하여 이로 인하여 회사에 회복할 수 없는 손해가 생길 염려가 있는 경우, 감사 또는 발행주식의 총수의 1% 이상에 해당하는 주식을 가진 주주는 회사를 위하여 이사에 대하여 그 행위를 유지할 것을 청구할 수 있다(제402조). [변호 12, 14, 모의 16]

> **(틀린지문)** 자본 잠식 및 결손 상태에 있는 비상장회사인 A 주식회사의 대표이사 甲이 자신이 이사장으로 있는 재단법인 B에게 회사 자금으로 거액을 기부하기로 약정하였다면, 甲이 위 기부약정에 관하여 이사회의 승인을 받지 않았고 A회사가 위 기부약정을 이행하려고 하는 경우, A회사의 발행주식총수의 0.1%에 해당하는 주식을 가진 주주 乙은 단독으로 회사를 위하여 甲에 대하여 그 행위를 유지(留止)할 것을 재판상 청구할 수 있다. [변호 12]
>
> **(틀린지문)** 위법행위유지청구권과 신주발행유지청구권은 모두 회사에 회복할 수 없는 손해가 생길 염려가 있는 경우에 회사의 손해를 방지하기 위하여 마련된 사전 구제제도라는 점에서 같다. [변호 14]

22 위법행위유지청구권은 법령 또는 정관에 위배된 행위가 대상이나, 신주발행유지청구권은 법령 또는 정관에 위배되거나 현저하게 불공정한 방법으로 주식을 발행한 경우이다. [변호 14]

23 위법행위유지청구권은 소수주주권(의결권 없는 주식 포함 발행주식 총수의 1% 이상)임에 반해 신주발행유지청구권은 단독주주권이다. [변호 14]

24 위법행위유지청구권은 소수주주 이외에 감사와 감사위원회도 행사할 수 있지만 신주발행유지청구권은 주주만이 행사할 수 있다. [변호 14, 모의 16]

25 이사에 대한 위법행위유지청구권은 소에 의하거나, 소 이외의 방법으로 할 수도 있다. [모의 16]

26 위법행위유지청구의 상대방은 법령 또는 정관에 위배된 행위를 하는 이사인 반면에 신주발행유지청구의 상대방은 회사이다. [변호 14]

27 발행주식 총수의 100분의 1 이상의 주식을 가진 주주는 회사에 대하여 서면으로 이사 책임을 추궁할 소의 제기를 청구할 수 있으며(제403조 제1항), 청구를 받은 날로부터 30일 내에 회사가 소를 제기하지 아니한 때에는 직접 소를 제기할 수 있다(제403조 제3항). [변호 12, 19, 모의 14, 16, 20, 21]

28 대표소송에서 승소한 경우 손해배상액은 주주가 아니라 회사에 귀속되는 것이다. [모의 14, 15, 16]

29 ㉠ 상법 제403조 제2항에 따른 서면에 기재되어야 하는 '이유'에는 권리귀속주체인 회사가 제소 여부를 판단할 수 있도록 책임추궁 대상 이사, 책임발생 원인사실에 관한 내용이 포함되어야 한다. ㉡ 다만 주주가 언제나 회사의 업무 등에 대해 정확한 지식과 적절한 정보를 가지고 있다고 할 수 없으므로, 주주가 상법 제403조 제2항에 따라 제출한 서면에 책임추궁 대상 이사의 성명이 기재되어 있지 않거나 책임발생 원인사실이 다소 개략적으로 기재되어 있더라도, 회사가 그 서면에 기재된 내용, 이사회의사록 등 회사보유 자료 등을 종합하여 책임추궁 대상 이사, 책임발생 원인사실을 구체적으로 특정할 수 있다면, 상법 제403조 제2항에서 정한 요건을 충족하였다고 보아야 한다(대판 2021.5.13. 2019다291399). [최신판례]

30 ㉠ 주주가 상법 제403조 제2항에 따른 서면을 제출하지 않은 채 대표소송을 제기하거나 제소청구서를 제출하였더라도 대표소송에서 제소청구서에 기재된 책임발생 원인사실과 전혀 무관한 사실관계를 기초로 청구를 하였다면 그 대표소송은 상법 제403조 제4항의 사유가 있다는 등의 특별한 사정이 없는 한 부적법하다. ㉡ 반면 주주가 대표소송에서 주장한 이사의 손해배상책임이 제소청구서에 적시된 것과 차이가 있더라도 제소청구서의 책임발생 원인사실을 기초로 하면서 법적 평가만을 달리한 것에 불과하다면 그 대표소송은 적법하다. ㉢ 주주는 적법하게 제기된 대표소송 계속 중에 제소청구서의 책임발생 원인사실을 기초로 하면서 법적 평가만을 달리한 청구를 추가할 수도 있다(대판 2021.7.15. 2018다298744). [최신판례]

31 이사의 손해배상책임을 추궁하는 소를 제기할 것을 청구하는 의사표시를 회사를 대표하여 수령할 자는 회사의 감사 또는 감사위원회이다. [모의 15, 19]

32 주주가 회사에 대하여 이유를 기재한 서면으로 이사에 대한 제소청구를 하지 않고 대표소송을 제기한 경우에는 특별한 사정이 없는 한 그 소는 부적법하여 각하해야 한다. [변호 22, 모의 16, 20]

33 주식을 인수하면서 타인의 승낙을 얻어 그 명의로 출자하여 주식대금을 납입한 경우, 실제로 주식을 인수하여 그 대금을 납입한 명의차용자가 아닌 주주명부에 기재된 주주만이 대표소송을 제기할 수 있는 주주에 해당한다. [변호 14, 모의 14]

> **(틀린지문)** 주식을 인수하면서 타인의 승낙을 얻어 그 명의로 출자하여 주식대금을 납입한 경우, 실제로 주식을 인수하여 그 대금을 납입한 명의차용자만이 대표소송을 제기할 수 있는 주주에 해당한다. [변호 14]

34 대표소송의 원고는 제소 당시 주주의 지위에 있으면 되고 이사가 책임원인 발생 당시에 주주의 지위에 있어야 하는 것이 아니다.

[모의 15]

35 비상장회사의 대표소송의 제소주주는 의결권이 없는 주식을 포함하여 발행주식 총수의 100분의 1 이상에 해당하는 주식을 가지고 있어야 한다. 그 비율은 단독으로 또는 다른 주주와 합산하여 제소 당시에만 충족되면 되고, 그 이후에 100분의 1 미만으로 감소되었다고 하더라도 제소의 효력에 영향이 없다(제403조 제5항).

[변호 12, 14, 18, 19, 21, 모의 16, 18, 20]

36 대표소송을 제기한 주주 중 일부가 주식 처분 등의 사유로 주식을 전혀 보유하지 않게 되어 주주지위를 상실하면, 특별한 사정이 없는 한 그 주주는 원고적격을 상실하여 그가 제기한 부분의 소는 부적법하게 되고 이는 함께 대표소송을 제기한 다른 원고들이 주주의 지위를 유지하고 있다고 하여 달리 볼 것은 아니다(대판 2013.9.12. 2011다57869).

[변호 14, 15, 16, 17, 21, 모의 15, 20]

> **(틀린지문)** 주주가 대표소송을 제기할 수 있는 주식보유요건을 갖추고 적법하게 소를 제기하였다면 소송계속 중에 주식을 모두 양도하여 주주의 지위를 상실하였더라도 그가 제기한 소가 부적법하게 되는 것은 아니다.
>
> [변호 16]

37 대표소송 제기 당시 다른 공동원고들과 함께 A 회사 발행주식의 약 0.7%를 보유한 주주였던 甲이 대표소송의 계속 중 A 회사와 B 회사의 주식교환으로 인하여 B 회사가 A 회사의 100% 주주가 되고 甲이 A 회사의 주주의 지위를 상실한 경우 甲은 원고적격을 상실한다(대판 2019.5.10. 2017다279326).

[변호 21]

38 주주는 이사를 상대로 유지청구권을 행사하여 그 행위를 유지시키거나 대표소송에 의하여 그 책임을 추궁하는 소를 제기할 수 있을 뿐, 직접 제3자와의 거래관계에 개입하여 회사가 체결한 계약의 무효를 주장할 수는 없다(대결 2001.2.28. 2000마7839).

[모의 13, 16, 19]

39 주주가 신주발행일로부터 6개월 내에 신주발행무효의 소를 제기하여 소송계속 중 신주발행일로부터 6개월 후 그 주식 전부를 제3자에게 양도한 경우, 위 제3자는 위 소송계속 중 주식의 양수를 주장하면서 승계참가 할 수 있다(대판 2003.2.26. 2000다42786).

[모의 17]

40 주권상장법인 내지 협회등록법인의 주주는 증권거래법 제191조의13 제5항이 정하는 6월의 보유기간요건을 갖추지 못한 경우라 할지라도 상법 제366조의 요건을 갖추고 있으면 그에 기하여 주주총회소집청구권을 행사할 수 있다(대판 2004.12.10. 2003다41715).

[변호 22]

41 회사는 주주가 제기한 대표소송에 참가할 수 있다(제404조 제1항). 이는 공동소송참가에 해당한다.

[변호 12, 14, 17, 18, 21, 모의 13(2), 14(2), 17, 19, 21, 22]

> **(틀린지문)** A회사가 주주 甲이 제기한 대표소송에 참가할 경우에는 공동소송적 보조참가만을 할 수 있다.   [변호 17]

42   소를 제기한 주주는 소를 제기한 후 지체없이 회사에 대하여 그 소송의 고지를 하여야 한다(제 404조 제2항).   [변호 19]

43   대표소송을 제기한 소수주주는 상법에 근거하여 회사를 위하여 소를 제기하는 것이므로 그 법률상 성질은 법정소송담당이라고 할 수 있다.   [모의 13]

44   원고 주주들이 주주대표소송의 사실심 변론종결시까지 대표소송상의 원고 주주요건을 유지하지 못하여 종국적으로 소가 각하되는 운명에 있다고 할지라도 회사인 원고 공동소송참가인의 참가 시점에서는 원고 주주들이 적법한 원고적격을 가지고 있었다고 할 것이어서 회사인 원고 공동소송참가인의 참가는 적법하다(대판 2002.3.15. 2000다9086).   [변호 13, 16, 모의 14, 17, 19, 20]

> **(틀린지문)** 원고적격요건을 갖추어 대표소송을 제기한 주주가 그 소송의 사실심 변론종결시까지 원고적격요건을 유지하지 못하여 종국적으로 소가 각하되는 운명에 있다면, 사실심 변론종결 이전에 회사가 원고 측에 공동소송참가를 신청하더라도 그 참가는 부적법하다.   [변호 16]

45   공동소송참가는 항소심에서도 할 수 있는 것이고, 항소심절차에서 공동소송참가가 이루어진 이후에 피참가소가 소송요건의 흠결로 각하된다고 할지라도 소송의 목적이 당사자 일방과 제3자에 대하여 합일적으로 확정될 경우에 한하여 인정되는 공동소송참가의 특성에 비추어 볼 때 심급이익 박탈의 문제는 발생하지 않는다(대판 2002.3.15. 2000다9086).   [변호 13, 모의 14(2), 19, 20]

> **(틀린지문)** 항소심에서 비로소 B회사의 공동소송참가가 이루어진 후, 회사의 주주에 의해 제기된 대표소송이 소송요건의 흠결로 각하되면, B회사의 위 참가는 심급의 이익을 해할 우려가 있으므로 부적법하게 된다.   [변호 13]

46   대표소송은 파산절차가 진행 중인 경우에는 적용이 없고, 주주가 파산관재인에 대하여 이사 또는 감사에 대한 책임을 추궁할 것을 청구하였는데 파산관재인이 이를 거부하였다고 하더라도 주주가 대표소송으로서 이사 또는 감사의 책임을 추궁하는 소를 제기할 수 없고, 이는 주주가 회사에 소의 제기를 청구하였지만 회사가 소를 제기하지 않고 있는 사이에 회사에 대하여 파산선고가 있는 경우에도 마찬가지이다(대판 2002.7.12. 2001다2617).   [변호 13, 14, 17, 19, 21, 22, 모의 16, 20]

> **(틀린지문)** 주주가 파산관재인에 대하여 이사에 대한 책임을 추궁할 것을 청구하였음에도 파산관재인이 이를 거부하여, 주주대표소송으로 이사의 책임을 추궁하는 소를 제기하면 그 소는 적법하다.   [변호 22]

47   이사 또는 감사가 퇴임한 경우에도 그 재직 중에 발생한 책임에 대하여는 대표소송이 가능하다 (대판 2002.3.15. 2000다9086).   [모의 13, 20]

48   대표소송은 회사의 본점소재지의 지방법원이 전속관할이 된다. 따라서 합의관할 또는 응소관할
이 인정되지 않는다.   [변호 12]

> [관련 쟁점] 대표소송은 회사 본점소재지 지방법원 전속관할이나, 회사가 직접 소를 제기하는 경우
> 에는 회사 본점소재지 뿐 아니라 이사 주소지 또는 불법행위지 관할법원에 제소할 수 있다. [모의 15]
>
> (틀린지문) 乙주식회사의 주주인 甲이 乙주식회사의 본점 소재지를 관할하는 지방법원이 아닌 법원
> 에 주주 대표소송을 제기하였는데, 피고들이 이의없이 본안에 관하여 변론한 경우 그 법원에 변론
> 관할이 생긴다.   [변호 12]

49   주주가 대표소송을 제기한 경우뿐만 아니라 주주의 청구에 의해 회사가 이사의 책임을 청구하
는 경우에도 법원의 허가 없이 당사자는 소의 취하, 청구의 포기·인낙, 화해를 할 수 없다(제
403조 제6항).   [변호 12, 13, 19, 모의 17, 18, 19, 20]

> (틀린지문) 甲이 대표소송을 제기한 후 이를 취하하고자 할 경우에는 A회사의 동의를 얻어야 하며,
> 법원의 허가를 받을 필요는 없다.   [변호 19]

50   주주대표소송에서 승소확정판결을 받은 주주는 위 확정판결을 집행권원으로 한 집행에 있어 집
행채권자가 될 수 있다.   [변호 16, 21, 22, 모의 17, 21]

51   주주대표소송이 제기된 경우 원고와 피고의 공모로 인하여 소송의 목적인 회사의 권리를 사해
할 목적으로 판결을 하게 한 때에는 회사 또는 주주는 확정된 종국판결에 대하여 재심의 소를
제기할 수 있다(제406조 제1항).   [변호 14, 모의 14, 17]

> (틀린지문) 주주 대표소송이 제기된 경우에 원고와 피고의 공모로 인하여 소송의 목적인 회사의 권
> 리를 사해할 목적으로써 판결을 하게 한 때에는 회사는 확정된 종국판결에 대하여 재심의 소를 제
> 기할 수 있지만, 주주가 직접 재심의 소를 제기할 수는 없다.   [변호 14]

52   제소주주가 승소한 때에는 회사에 대해 소송비용 및 그 밖에 소송으로 인하여 지출한 비용 중
상당한 금액의 지급을 청구할 수 있으나 제소주주가 패소한 때에는 원칙상 책임이 없지만, 악의
(중과실×)인 경우에 한하여 손해배상책임을 진다.   [변호 16, 19, 모의 20(2)]

53   모회사 발행주식총수의 1% 이상에 해당하는 주식을 가진 주주는 자회사에 대하여 자회사 이사
의 책임을 추궁할 소의 제기를 청구할 수 있다. 자회사가 위 청구를 받은 날부터 30일 내에 소
를 제기하지 아니한 때에는 위 주주는 즉시 자회사를 위하여 소를 제기할 수 있다. 상장회사의
경우 6개월 전부터 계속하여 상장회사 발행주식총수의 0.5% 이상에 해당하는 주식을 보유한 자
는 다중대표소송을 제기할 수 있다.   [변호 12, 13, 17, 모의 18, 19, 20, 21(2)]

> (틀린지문) 丙주식회사가 乙주식회사의 발행주식 총수의 과반수를 보유하고 있는 지배주주인 경우,
> 丙주식회사의 주주는 상법상의 소수주주로서의 요건을 갖추었더라도 乙주식회사의 종전 이사들을
> 상대로 대표소송을 제기할 당사자적격이 없다.   [변호 12]

> **(틀린지문)** 비상장주식회사 C는 B회사 주식의 70%를 소유하고 있는데, C회사의 주식 5%를 보유하고 있는 주주 丁은 B회사를 위하여 B회사의 대표이사의 책임을 추궁하는 상법 제403조의 대표소송을 제기할 수 없다. [변호 13]
>
> **(틀린지문)** A주식회사가 B주식회사의 주식 전부 또는 대부분을 소유하여 양자 간에 지배 종속관계에 있고, B주식회사의 이사 등의 불법행위로 B주식회사가 손해를 입었더라도 A주식회사의 주주인 甲은 B주식회사를 위해 대표소송을 제기할 수 없다. [변호 17]

54 모회사가 보유한 자회사의 주식이 자회사 발행주식총수의 50% 이하로 감소한 경우(발행주식을 보유하지 아니하게 된 경우를 제외)에도 다중대표소송의 효력에는 영향이 없다(제406조의2 제4항). 다중대표소송은 자회사의 본점소재지의 지방법원의 관할에 전속한다(제406조의2 제5항). [중요지문]

55 판례는 2020년 개정 상법 이전의 사안과 관련하여 다중대표소송이 허용되지 않는다고 판시하였으나, 2020년 개정 상법에 의해 다중대표소송이 도입되었다. [관련쟁점]

쟁점 11. 감사, 감사위원회

01 감사와 감사위원회 가운데 하나는 반드시 두어야 하지만, 자본금 총액이 10억 원 미만인 회사는 예외이다(제409조 제4항). [변호 12, 14, 15, 모의 17, 18]

02 자산총액 1천억 원 이상 2조 원 미만의 상장회사가 감사를 두는 경우에는 주주총회 결의에 의하여 회사에 상근하면서 감사업무를 수행하는 감사(이하 "상근감사"라고 한다)를 1명 이상 두어야 한다(제542조의10 제1항). [변호 15, 모의 14, 16, 19]

03 자산총액 1천억 원 이상인 상장회사는 ㉠ 미성년자, ㉡ 재직 중 금고 이상의 형의 선고가 확정된 자, ㉢ 주요주주 및 그 배우자와 직계 존속·비속, ㉣ 회사의 상무에 종사하는 이사·집행임원 및 피용자 또는 최근 2년 이내에 회사의 상무에 종사한 이사·집행임원 및 피용자는 상근감사가 되지 못한다(제542조의10 제2항). [모의 14]

04 주주총회에서 감사선임결의는 출석한 주주의 의결권의 과반수와 발행주식총수의 4분의 1 이상의 수로써 하여야 하는데 이때 발행주식 총수에는 감사선임결의에서 의결권 행사가 제한되는 3% 초과 주식 수는 포함되지 않는다(제409조 제2항). [변호 15, 18, 모의 16, 19, 21(2), 22]

> **(틀린지문)** 의결권 없는 주식을 제외한 발행주식총수의 100분의 3을 초과하는 수의 주식을 가진 주주는 그 초과하는 주식에 관하여 감사의 선임 및 해임에 있어서 의결권을 행사하지 못한다. [변호 15]

05 회사가 전자적 방법으로 의결권을 행사할 수 있도록 한 경우에는 제368조 제1항에도 불구하고 출석한 주주의 의결권의 과반수로써 제1항에 따른 감사의 선임을 결의할 수 있다(제409조 제3항).
[모의 21, 22]

06 이사·감사 선임·해임 결의에서 그 당사자인 주주는 특별이해관계인이 아니다. [모의 19]

07 감사는 회사 및 자회사의 이사 또는 지배인 기타의 사용인의 직무를 겸하지 못한다(제411조).
[변호 19, 모의 16]

[관련 쟁점] 자회사의 감사가 모회사의 감사를 겸임하거나 자회사의 감사가 모회사의 이사를 겸임하는 것은 가능하다.

08 주주총회에서 회사의 이사를 감사로 선임한 경우 그 선임행위는 이사직에서 사임하는 것을 조건으로 하여 효력을 가지고, 피선임자가 감사에 취임할 것을 승낙한 때에 이사직을 사임한 것으로 해석하여야 한다(대판 2007.12.13. 2007다60080). [변호 18, 19, 모의 14, 19, 21]

09 감사의 임기는 취임 후 3년 내의 최종 결산기에 관한 정기총회의 종결시까지로 한다(제410조).
[변호 19]

10 감사의 재직 중 직무수행 대가로서의 퇴직금에 관하여 정관에 그 액을 정하지 아니한 때에는 주주총회의 결의로 이를 정한다(제415조, 제388조). [변호 16]

11 회사와 명시적 또는 묵시적 약정에 따라 감사로서 실질적인 직무를 수행하지 않는 이른바 명목상 감사도 오로지 보수의 지급이라는 형식으로 회사자금을 개인에게 지급하기 위한 방편으로 감사로 선임한 것이라는 특별한 사정이 없는 한, 회사에 대하여 정관규정 또는 주주총회결의에 의하여 결정된 보수의 청구권을 가진다(대판 2015.7.23. 2014다225359). [변호 18, 모의 18]

12 비상장회사의 주주총회 특별결의로 감사를 해임하는 경우, 선임의 경우와 달리 3% 초과 주식의 의결권이 제한되지 않는다. [모의 21]

13 감사는 언제든지 이사에 대하여 영업에 관한 보고를 요구할 수 있으며, 회사의 업무와 재산상태를 조사할 수도 있다(제412조 제2항). [변호 19]

14 대표이사는 정기총회회일의 6주간 전에 재무제표와 영업보고서를 감사에게 제출하여야 한다(제447조의3). [모의 19]

15 감사(감사위원회)는 그 직무를 수행하기 위하여 필요한 때에는(언제든지×) 자회사에 대하여 영업의 보고를 요구할 수 있으며(제412조의5 제1항) 이 경우 자회사가 지체 없이 보고를 하지 아니하는 경우에는 자회사의 업무와 재산상태를 조사할 수 있다(제412조의5 제2항). [변호 19, 20]

> **(틀린지문)** 모회사의 감사는 자회사에 대하여 언제든지 업무와 재산상태를 조사할 수 있다. [변호 19]

16 감사는 재무제표와 영업보고서를 받는 날로부터 4주 내에 감사보고서를 이사에게 제출하여야 한다(제447조의4 제1항). [모의 19]

17 감사는 회계감사를 비롯하여 이사의 업무집행 전반을 감사할 권한을 가지므로 이사가 주주총회에 제출할 의안 및 서류를 조사하여 법령 또는 정관에 위반하거나 현저하게 부당한 사항이 있는지 여부에 관하여 주주총회에 그 의견을 진술하여야 한다. [변호 18]

18 이사가 법령 또는 정관에 위반한 행위를 하여 이로 인하여 회사에 회복할 수 없는 손해가 생길 염려가 있는 경우에는 감사는 회사를 위하여 이사에 대하여 그 행위를 유지할 것을 청구할 수 있다(제402조). 회사에 대한 신주발행유지청구권을 행사할 수는 없다. [모의 21]

19 회사가 이사에 대하여 또는 이사가 회사에 대하여 소를 제기하는 경우에 감사는 그 소에 관하여 회사를 대표한다(제394조 제1항). [모의 21]

20 소송의 목적이 되는 권리관계가 이사의 재직 중에 일어난 사유로 인한 것이라 할지라도 회사가 그 사람을 이사 자격으로 제소하는 것이 아니고 이사가 이미 이사의 자리를 떠난 경우에 회사가 그 사람을 상대로 제소하는 경우에는 특별한 사정이 없는 한 상법 제394조 제1항은 적용되지 않고 대표이사가 회사를 대표한다(대판 2002.3.15. 2000다9086). [변호 19, 21, 22, 모의 13, 17, 18, 19, 21]

> **[관련 판례]** ① 피고 회사 이사인 원고가 피고 회사에 대하여 제기한 소에서 피고 회사의 대표이사가 피고를 대표하여 한 소송행위나 피고 회사의 대표이사에 대하여 원고가 한 소송행위는 모두 무효이다. ② 피고 회사의 대표자를 감사로 표시를 정정하여 그 흠결을 보정할 수 있고 피고 회사의 감사가 위와 같이 무효인 종전의 소송행위를 추인하는지의 여부와는 관계없이 소송은 유효하게 된다. ③ 이러한 보정은 속심제를 채택한 우리 민사소송법의 구조와 민사소송의 이념 및 민사소송법 제388조 등에 비추어 보면 항소심에서도 할 수 있다(대판 1990.5.11. 89다카15199).
>
> **(틀린지문)** 회사가 전(前) 이사를 상대로 소송을 수행하는 경우 대표이사가 회사를 대표하지 아니하고 감사가 이를 대표한다. [변호 19]
>
> **(틀린지문)** 퇴임한 이사들을 상대로 하는 주주대표소송에 회사가 참가하는 경우 회사를 대표하는 자는 대표이사가 아닌 감사이다. [변호 21]

21 일시대표이사가 선임된 회사에서 해당 회사가 이사를 상대로 이사지위의 부존재 확인을 구하는 소송을 제기할 경우에는 감사가 회사를 대표하지 않는다(대판 2018.3.15. 2016다275679). [모의 19]

22 감사위원회의 위원인 이사가 주주총회결의 취소의 소를 제기한 경우, 상대방인 회사는 대표이사가 이를 대표할 수 없으므로 감사위원회 또는 이사는 법원에 회사를 대표할 자를 선임할 것을 신청하여야 한다(제394조 제2항). [변호 20, 모의 17, 20]

23 감사위원회와 집행임원이 설치된 회사의 경우, 소송상대방이 사임한 또는 퇴임한 이사일 때 소송상 회사의 대표는 대표집행임원이 하며, 소송상대방이 감사위원회의 위원이 아닌 이사인 경우 소송상 회사의 대표는 감사위원회 위원이 한다. [모의 20]

24 회사의 이사로 등기되어 있던 사람이 회사를 상대로 사임을 주장하면서 이사직을 사임한 취지의 변경등기를 구하는 소에서 상법 제394조 제1항은 적용되지 아니하므로 그 소에 관하여 회사를 대표할 사람은 감사가 아니라 대표이사라고 보아야 한다(대결 2013.9.9. 2013마273). [변호 19, 모의 18]

25 비상임 감사는 감사로서의 선관주의의무 위반에 따른 책임을 지지 않는다는 주장은 허용될 수 없다(대판 2009.11.12. 2007다53785). [모의 18]

26 감사는 경업금지, 회사기회유용금지, 자기거래 등에 이사회의 승인이 요구되지 않는다. [모의 21]

27 비상장회사의 경우 감사가 그 임무를 해태한 때에는 그 감사는 회사에 대하여 연대하여 손해를 배상할 책임이 있으며(제414조 제1항), 감사의 책임은 발행주식 총수의 100분의 1 이상에 해당하는 주식을 가진 주주가 대표소송으로 추궁할 수 있다(제415조, 제403조). [변호 15]

28 감사가 실질적으로 그 직무를 수행할 의사가 전혀 없으면서 자신의 도장을 이사에게 맡기는 등의 방식으로 그 명의만을 빌려줌으로써 이사로 하여금 어떠한 간섭이나 감독도 받지 않고 재무제표 등에 허위사실을 기재한 다음 분식된 재무제표 등을 이용하여 제3자에게 손해를 입히도록 묵인하거나 방치한 경우 이는 악의 또는 중대한 과실로 인하여 임무를 해태한 때에 해당하여 감사는 그로 말미암아 제3자가 입은 손해를 배상할 책임이 있다(대판 2008.2.14. 2006다82601). [변호 18, 모의 20, 22]

29 대규모 상장회사에서 일부 임직원의 전횡이 방치되고 있거나 중요한 재무정보에 대한 감사의 접근이 조직적·지속적으로 차단되고 있는 상황이라면, 감사의 주의의무는 경감되는 것이 아니라 오히려 현격히 가중된다(대판 2008.9.11. 2006다68636). [모의 20]

[관련 판례] 금융기관의 감사위원이 심사부의안과 대출심사자료만 선량한 관리자의 주의의무로 검토하였더라도 대출이 형식적인 신용조사만을 거쳐 충분한 채권보전조치 없이 이루어지는 것임을 쉽게 알 수 있는 경우, 감사위원은 관계 서류의 제출 요구 등을 통해 대출이 위법·부당한 것인지 여부에 관하여 추가로 조사하거나 감사위원회를 통해 이사회에 위와 같은 사실을 보고하여 위법·부당한 행위의 시정 등을 요구할 의무가 있다(대판 2017.11.23. 2017다251694).

30   주식회사의 감사가 결산과 관련한 업무 자체를 수행하기는 하였으나 분식결산이 임직원들에 의하여 조직적으로 교묘하게 이루어져 감사가 쉽게 발견할 수 없었던 경우라면 감사에게 중과실이 있다고 할 수 없다(대판 2008.2.14. 2006다82601).   [모의 20]

31   회사는 정관이 정한 바에 따라 감사에 갈음하여 감사위원회를 설치할 수 있다. 감사위원회를 설치한 경우에는 감사를 둘 수 없다(제415조의2 제1항).   [변호 13]

(틀린지문) 감사위원회를 설치한 회사는 기업지배구조의 개선과 이사에 대한 감독을 강화할 필요가 있는 경우 감사도 둘 수 있다.   [변호 13]

32   감사위원회는 3명 이상의 이사로 구성한다. 다만, 사외이사가 위원의 3분의 2 이상이어야 한다(제415조의2 제2항).   [변호 15]

33   감사위원의 선임은 이사회결의로 하고, 해임은 이사 총수의 3분의 2 이상의 이사회 결의로 한다(제415조의2 제3항).   [변호 13, 20]

(틀린지문) 비상장 주식회사의 감사위원회 위원을 선임하거나 해임하는 권한은 주주총회에 있다.   [변호 13]

(틀린지문) 감사위원 甲의 해임에 관한 이사회의 결의는 이사의 3분의 2 이상이 출석하고 그 출석이사 과반수의 찬성을 요한다.   [변호 20]

34   감사위원회위원 중 1명은 주주총회 결의로 다른 이사들과 분리하여 감사위원회위원이 되는 이사로 선임하여야 한다(제542조의12 제2항).   [변호 22, 모의 21]

[관련 조문] 이사들과 분리하여 선임하는 감사위원회위원이 되는 이사의 수는 정관에서 2명 이상으로 정할 수 있으며, 정관으로 정한 경우에는 그에 따른 인원으로 한다(제542조의12 제2항). 감사위원회위원은 주주총회의 특별결의로 해임할 수 있다. 이 경우 분리하여 선임된 감사위원회위원은 이사와 감사위원회위원의 지위를 모두 상실한다(제542조의12 제3항).

(틀린지문) 최근 사업연도 말 자산총액이 3조원인 상장회사는 감사위원회를 구성할 때 정관에 다른 정함이 없으면, 감사위원회위원 모두를 주주총회 결의로 다른 이사들과 분리하여 감사위원회 위원이 되는 이사로 선임하여야 한다.   [변호 22]

35 감사위원회를 소집하기 위해서는 회일을 정하고 그 1주일 전에 각 위원에게 통지를 발송하여야 하는데, 감사위원 전원의 동의가 있으면 이러한 절차 없이 언제든지 회의할 수 있다(제393조의2 제5항, 제390조). [변호 20]

36 감사위원회의 결의는 다른 이사회 내 위원회의 결의와는 달리 이사회에서 다시 결의할 수 없다(제415조의2 제6항). [변호 15]

쟁점 12. 상장회사 특례

01 비상장회사는 발행주식총수의 10%의 범위 내에서 주식매수선택권을 부여할 수 있지만 상장회사의 경우 15%의 범위까지 가능하다(제542조의3 제2항, 시행령 제30조 제3항). [모의 19]

> [관련 조문] ① 상장회사는 제340조의2 제1항 본문에 규정된 자 외에도 대통령령으로 정하는 관계 회사의 이사, 집행임원, 감사 또는 피용자에게 주식매수선택권을 부여할 수 있다(제542조의3 제1항). ② 상장회사는 정관으로 정하는 바에 따라 발행주식 총수의 10% 범위 내에서 시행령으로 정하는 한도까지 이사회 결의로 주식매수선택권을 부여하고 주주총회의 승인을 받는 것이 가능하다(제542조의3 제3항). ③ 상장회사가 이사회 결의로 주식매수선택권을 부여하는 경우 관계 회사의 이사에게 주식매수선택권을 부여할 수 있으나, 해당 회사의 이사에게는 주식매수선택권을 부여할 수 없다(제542조의3 제3항).

02 상장회사는 의결권 있는 발행주식총수의 100분의 1 이하의 주식을 소유하는 주주에게는 정관으로 정하는 바에 따라 주주총회일의 2주 전에 주주총회를 소집하는 뜻과 회의의 목적사항을 금융감독원이 운용하는 전자공시시스템을 통하여 공고함으로써 주주총회의 소집통지를 갈음할 수 있다(제542조의4 제1항). [모의 19]

03 이사 선임에 관한 사항을 목적으로 하는 주주총회를 소집통지하는 경우에는 이사 후보자의 성명, 약력, 추천인 등 후보자에 관한 사항을 통지하고(제542조의4 제2항), 이와 같이 통지한 후보자 중에서 이사를 선임하여야 한다(제542조의5). [변호 12, 모의 14]

04 6개월 전부터 계속 상장회사 발행주식총수의 10만분의 50(사업연도말 현재 자본금 1천억 원 이상인 상장회사의 경우에는 10만분의 25) 이상에 해당하는 주식을 보유한 자는 위법행위 유지청구권을 행사할 수 있으며(제542조의6 제5항), 정관에서 단기의 주식 보유기간을 정하거나 낮은 주식 보유비율을 정할 수 있다(제542조의6 제8항). [변호 17]

05 집중투표의 방법으로 이사를 선임할 것을 청구하는 경우, 비상장회사의 경우 주주총회일의 7일 전까지 서면 또는 전자문서로 회사에 청구하여야 하지만, 상장회사의 경우 주주총회일의 6주 전까지 서면 또는 전자문서로 회사에 청구하여야 한다(제542조의7 제1항). [모의 19]

06 상장회사가 정관으로 집중투표를 배제하는 경우에는 의결권 없는 주식을 제외한 발행주식 총수의 100분의 3을 초과하는 수의 주식을 가진 주주는 그 초과하는 주식에 대하여 의결권을 행사하지 못한다(제542조의7 제3항).
[모의 20]

07 상장회사는 이사 총수의 4분의 1 이상을 사외이사로 하여야 한다. 최근 사업연도말 현재의 자산총액이 2조원 이상인 상장회사의 사외이사는 3명 이상이어야 하고, 이사 총수의 과반수 이상 사외이사를 선임하여야 한다(제542조의8 제1항).
[변호 12, 모의 13, 16, 20]

08 상장회사는 명의를 불문하고 자기의 계산으로 의결권 있는 발행주식총수의 100분의 10 이상의 주식을 소유한 자를 사외이사로 하여서는 아니 된다(제542조의8 제2항 제6호).
[변호 12, 모의 14]

09 최근 사업연도 말 현재의 자산총액이 2조원 이상인 상장회사는 사외이사 후보를 추천하기 위하여 사외이사 후보추천위원회를 설치하여야 한다. 이 경우 사외이사 후보추천위원회는 사외이사가 총위원의 과반수가 되도록 구성하여야 한다(제542조의8 제4항).
[변호 12, 13, 모의 14, 20]

> **(틀린지문)** 최근 사업연도 말 현재 자산총액이 5천억 원인 A주식회사는 사외이사 후보를 추천하기 위한 사외이사 후보추천위원회를 이사회 내 위원회로 설치하여야 한다.
> [변호 12]

> **(틀린지문)** 최근 사업연도 말 현재 자산총액 2조 원 이상인 상장회사는 사외이사 후보추천위원회로 하여금 사외이사 후보를 추천하도록 하여야 한다. 이 경우 사외이사 후보추천위원회는 회사의 이사가 아닌 외부인사가 총위원의 과반수가 되도록 구성하여야 한다.
> [변호 13]

10 상장회사는 주요주주 및 그의 특수관계인, 이사, 집행임원 또는 감사를 상대방으로 하거나 그를 위하여 신용공여를 해서는 아니 된다(제542조의9 제1항).
[변호 15]

> **(틀린지문)** A주식회사가 상장회사인 경우, 그 주주인 乙이 A회사의 의결권 없는 주식을 제외한 발행주식총수의 10분의 1의 주식을 자기의 계산으로 소유하고 있으나 회사의 주요경영사항에 대하여 아무런 영향력이 없다면, 乙은 A회사 이사회의 승인을 받을 필요 없이 A회사로부터 금전을 차용할 수 있다.
> [변호 15]

11 상장회사는 집행임원에 대하여 복리후생(의료비 등)에 관한 금전적 지원은 3억 원의 범위 내에서 할 수 있다(제542조의9 제2항 제1호, 시행령 제35조 제2항).
[모의 14]

12 최근 사업연도 말 현재 자산총액 1,000억 원 이상 2조 원 미만인 상장회사는 주주총회 결의에 의하여 1인 이상의 상근감사를 두거나 감사위원회를 설치하여야 한다(제542조의10 제1항).
[변호 15, 모의 14(2), 16, 19]

> **[관련 쟁점]** ① 자산총액 2조원 미만 1천억원 이상인 회사가 감사위원회를 두는 경우에는 자산총액 2조원 이상인 회사의 감사위원회만 가능하다(제542조의10 제1항 단서). ② 자산총액 1천억 원 미만

인 상장회사는 비상장회사의 감사위원회(제415조의2)를 둘 수 있으므로, 비상장회사의 감사위원회에 관한 규정이 적용된다.

13 미성년자는 최근 사업연도 말 현재의 자산총액이 1천억 원 이상인 상장회사의 상근감사가 될 수 없다(제542조의10 제2항 제1호). [모의 14]

14 회사의 상무에 종사하는 이사·집행임원 및 피용자 또는 최근 2년 이내에 회사의 상무에 종사한 이사·집행임원 및 피용자는 최근 사업연도 말 현재의 자산총액이 1천억 원 이상인 상장회사의 상근감사가 될 수 없다(제542조의10 제2항 제2호). [모의 14]

15 재직 중 금고 이상 형의 선고 확정은 최근 사업연도 말 현재 자산총액이 1천억 원 이상인 상장회사의 상근감사 결격사유에 해당하며 이에 해당하게 되는 경우에는 그 직을 상실한다. [모의 14]

16 최근 사업연도 말 현재 자산총액이 2조원 이상인 상장회사는 감사위원회를 설치하여야 한다(제542조의11 제1항, 시행령 제37조 제1항). [변호 12]

17 감사위원회는 3명 이상의 이사로 구성하되 사외이사가 위원의 3분의 2 이상이어야 하고, 감사위원회의 위원 중 1명 이상은 회계 또는 재무전문가이어야 하며, 감사위원회의 대표는 사외이사이어야 한다(제542조의11 제2항). [모의 14, 20]

18 자산총액 2조원 이상의 상장회사의 경우 주주총회에서 감사위원을 선임·해임한다(제542조의12 제1항, 시행령 제37조 제1항). [모의 13, 20]

19 상장회사의 경우 사외이사가 아닌 감사위원회 위원을 선임하거나 해임할 때 최대주주와 그 특수관계인이 소유한 주식은 합산하여 그 의결권 행사가 제한된다(제542조의12 제3항). [모의 13]

20 자산총액 2조원 이상인 상장회사의 주주총회에서 사외이사인 감사위원을 '선임'할 때 발행주식총수의 3%를 초과하는 주식을 가진 모든 주주는 그 초과하는 주식에 대하여 의결권을 행사하지 못한다(제542조의12 제4항). [모의 13]

21 상장회사가 주주총회의 목적사항으로 감사의 선임 또는 감사의 보수결정을 위한 의안을 상정하려는 경우에는 이사의 선임 또는 이사의 보수결정을 위한 의안과는 별도로 상정하여 의결하여야 한다(제542조의12 제5항). [변호 14, 16]

(틀린지문) 상장회사의 경우 이사와 감사의 보수액을 합하여 주주총회의 단일 의안으로 상정하여 의결할 수 있다. [변호 16]

22 최근 사업연도 말 현재의 자산총액이 5천억 원 이상인 상장회사는 법령을 준수하고 회사경영을 적정하게 하기 위하여 준법통제기준을 마련하고(제542조의13 제1항), 준법지원인을 1명 이상 두어야 하며(제542조의13 제2항), 준법지원인을 임면하려면 이사회 결의를 거쳐야 한다(제542조의13 제4항).

[모의 14, 18, 19]

23 준법지원인은 준법통제기준의 준수여부를 점검하여 그 결과를 이사회에 보고하여야 한다(제542조의13 제3항).

[모의 18]

24 준법지원인은 재임 중뿐만 아니라 퇴임 후에도 직무상 알게 된 회사의 영업상 비밀을 누설하여서는 아니 된다(제542조의13 제8항).

[모의 18]

제5절 | 신주발행, 사채, 회계

쟁점 1. 신주인수권

01 회사는 신주인수권자의 청약에 대하여 각 청약자가 가진 신주인수권에 비례하여 배정해야 한다 (제418조 제1항).

[변호 18, 모의 21]

02 신주 등의 발행에서 주주배정방식과 제3자 배정방식을 구별하는 기준은 회사가 신주 등을 발행하면서 주주들에게 그들의 지분비율에 따라 신주 등을 우선적으로 인수할 기회를 부여하였는지 여부에 따라 객관적으로 결정되어야 하고, 신주 등의 인수권을 부여받은 주주들이 실제로 인수권을 행사함으로써 신주 등을 배정받았는지 여부에 좌우되는 것은 아니다(대판 2012.11.15, 2010다 49380).

[변호 15, 모의 17, 20]

> **(틀린지문)** 신주 등의 발행에서 주주배정방식과 제3자 배정방식을 구별하는 기준은 회사가 신주 등을 발행할 때에 신주 등의 인수권을 부여받은 주주들이 실제로 인수권을 행사함으로써 신주 등을 배정받았는지 여부에 좌우되는 것이지, 주주들에게 그들의 지분비율에 따라 신주 등을 우선적으로 인수할 기회를 부여하였는지 여부에 따라 객관적으로 결정되는 성질의 것은 아니다.
>
> [변호 15]

03 회사가 신주를 발행함에 있어 신기술의 도입이나 재무구조의 개선 등 경영상 목적을 달성하기 위하여 필요한 범위 안에서 정관이 정한 사유가 없는데도, 회사의 경영권 분쟁이 현실화된 상황에서 경영진의 경영권 방어를 위하여 제3자에게 신주를 배정하는 것은 주주의 신주인수권을 침해하는 것이다(대판 2009.1.30, 2008다50776).

[변호 12, 15, 22, 모의 15, 17, 19, 20]

> **(틀린지문)** 주식회사가 신주를 발행함에 있어 신기술의 도입, 재무구조의 개선 등 회사의 경영상 목적을 달성하기 위하여 필요한 범위 안에서 정관이 정한 사유가 없더라도, 회사의 경영권 분쟁이 현실화된 상황에서 경영진의 경영권이나 지배권 방어라는 목적을 달성하기 위하여 제3자에게 신주를 배정하는 것이라면, 그러한 신주발행은 상법 제418조 제2항을 위반하여 주주의 신주인수권을 침해하는 것이라 할 수 없다. [변호 15]

04 주주 외의 자에게 신주를 배정하는 경우 회사는 신주의 종류와 수, 신주의 발행가액과 납입기일, 신주의 인수방법, 현물출자하는 자의 성명과 그 목적인 재산의 종류, 수량, 가액과 이에 대하여 부여할 주식의 종류와 수를 그 납입기일의 2주 전까지 주주에게 통지하거나 공고하여야 한다(제418조 제4항). [모의 15, 18]

05 현물출자자에 대하여 발행하는 신주에 대하여는 일반주주의 신주인수권이 미치지 않는다(대판 1989.3.14. 88누889). [변호 17, 22, 모의 19]

06 실권주가 발생한 경우 회사는 이사회 결의로 인수가 없는 부분에 대하여 자유로이 이를 제3자에게 처분할 수 있고, 이 경우 실권된 신주를 제3자에게 발행하는 것에 관하여 정관에 반드시 근거 규정이 있어야 하는 것은 아니다(대판 2012.11.15. 2010다49380). [변호 18, 22, 모의 18]

> **(틀린지문)** 甲회사의 정관에 실권주의 처리에 관하여 규정이 없는 경우, 甲회사는 실권주가 발생한 경우 이사회 결의로 제3자에게 처분할 수 없다. [변호 18]
>
> **(틀린지문)** 회사가 주주배정방식에 의하여 신주를 발행하려는데 주주가 인수를 포기하여 실권된 신주를 제3자에게 발행하기 위해서는 정관에 근거 규정이 있어야 한다. [변호 22]

07 주주배정방식으로 신주를 발행함에 있어 기존 주주가 신주인수를 포기함에 따라 발생한 실권주를 제3자에게 배정한 경우, 발행가액이 시가보다 현저하게 낮아 기존 주식의 가치가 희석되었더라도 이사가 회사에 대한 관계에서 임무를 위배하여 회사에 손해를 끼친 것으로 볼 수 없다(대판 2009.5.29. 2007도4949). [변호 15, 모의 13]

> **(틀린지문)** 주주배정방식으로 신주를 발행함에 있어 기존 주주가 신주인수를 포기함에 따라 발생한 실권주를 제3자에게 배정한 경우, 발행가액이 시가보다 현저하게 낮아 기존 주식의 가치가 희석되었다면 이사가 회사에 대한 관계에서 임무를 위배하여 회사에 손해를 끼친 것으로 볼 수 있다. [변호 15]

08 구체적 신주인수권은 배정기준일에 발생한다. [모의 18]

09 주식회사가 주주총회나 이사회의 결의로 신주를 발행할 경우에 발생하는 구체적 신주인수권은 주주의 고유권에 속하는 것이 아니고 위 상법의 규정에 의하여 주주총회나 이사회의 결의에 의하여 발생하는 구체적 권리에 불과하므로, 그 신주인수권은 주주권의 이전에 수반되어 이전되지 아니한다(대판 2016.8.29. 2014다53745). [모의 17]

10 회사가 정관이나 이사회의 결의로 신주인수권의 양도에 관한 사항을 결정하지 아니하였다 하더라도 회사가 그와 같은 양도를 승낙한 경우에는 회사에 대하여도 그 효력이 있으며, 회사가 신주인수권증서를 발행하지 아니한 경우 신주인수권자로 통지받은 주주가 신주인수권을 양도하려면 제3자에 대한 대항요건으로 확정일자 있는 증서에 의한 양도통지 또는 회사의 승낙을 요한다 (대판 1995.5.23. 94다36421).   [변호 15, 18, 19, 22, 모의 15, 17, 21]

11 신주인수권증서는 비설권증권이다.   [모의 18]

> **[관련 조문]** ① 정관 또는 이사회 결의로 신주인수권을 양도할 수 있다고 정한 경우, 회사는 신주인수권증서를 발행해야 한다. ② 신주의 청약과 신주인수권의 양도는 신주인수권증서에 의한다. ③ 신주인수권은 신주인수권증서의 교부에 의해서만 양도할 수 있다(제420조의3 제1항). ④ 신주인수권증서의 선의취득이 인정된다(제420조의3 제2항, 수표법 제21조).

12 회사가 주주가 제3자에게 주식을 양도하였음을 알고 있었더라도 명의개서가 이루어지지 않은 상태에서 회사 주주에게 신주인수권증서를 발행한 경우, 제3자는 주주에게 신주인수권증서를 발행한 것이 무효임을 회사에게 대항할 수 없다(대판 2017.3.23. 2015다248342).   [모의 17, 18]

13 회사는 신주인수권증서를 발행하는 대신 정관으로 정하는 바에 따라 전자등록기관의 전자등록부에 신주인수권을 등록할 수 있다(제420조의4).   [모의 17]

쟁점 2. 신주의 발행

01 회사가 그 성립 후에 주식을 발행하는 경우에는 정관에 규정이 없는 것은 이사회가 결정한다(제416조).   [변호 19, 모의 18]

02 주식청약의 방법은 구두가 아니라 주식청약서로 하는 것이 원칙이지만, 신주인수권증서가 발행된 경우에는 동 증서에 의해야 한다(제420조의5 제1항).   [변호 19, 모의 17]

03 신주인수권증서를 상실한 자는 주식청약서에 의하여 주식청약을 할 수 있다(제420조의5 제2항).   [모의 18]

04 신주의 인수인은 회사의 동의 없이 신주 인수대금 납입채무와 주식회사에 대한 채권을 상계할 수 없다(제421조 제2항).   [변호 15, 18, 모의 13, 19, 20, 21]

> **(틀린지문)** 신주의 인수인은 회사가 동의하더라도 그 인수한 주식에 대한 인수가액의 납입채무와 주식회사에 대한 채권을 상계할 수 없다.   [변호 15]

05 신주의 경우 그 청약기일까지 신주인수권자가 청약을 하지 아니하면 신주인수권을 상실하고(제419조 제3항), 신주인수인이 납입기일 내에 납입을 불이행하면 실권절차 없이 신주인수인으로서의 권리를 상실한다(제423조 제2항). [변호 19, 모의 13, 20, 21]

06 신주발행 시 현물출자를 하는 자가 있는 경우 법원이 선임하는 검사인의 조사를 받아야 하는데, 이 경우 공인된 감정인의 감정으로 검사인의 조사에 갈음할 수 있다(제422조 제1항). [변호 17]

07 현물출자 목적재산 가액이 자본금의 5분의 1을 초과하지 않고 5천만 원을 초과하지 않는 경우 현물출자에 대한 검사를 요하지 않는다(제422조 제2항 제1호, 시행령 제14조 제1항). [모의 19]

> **해설** 현물출자에 대한 검사인 조사가 면제되는 경우 : ① 현물출자 재산의 가액이 자본금의 5분의 1을 초과하지 아니하고 5천만 원 이하인 경우, ② 현물출자 재산이 거래소의 시세 있는 유가증권인 경우, 현물출자 재산의 가액이 1개월 평균종가, 1주일 평균종가, 직전일 종가의 산술평균 금액 및 직전일 종가 중 낮은 금액 이하인 경우, ③ 변제기가 도래한 회사에 대한 금전채권을 출자하는 경우로서 그 가액이 회사장부에 적혀 있는 가액 이하인 경우(제422조 제2항).

08 신주의 인수인은 납입 또는 현물출자의 이행을 한 때에는 납입기일의 다음 날로부터 주주의 권리의무가 있다(제423조 제1항). [변호 19, 모의 18, 19]

> (틀린지문) 신주의 효력이 발생하는 시점은 신주가 교부된 날이다. [변호 19]

09 신주의 발행으로 인한 변경등기가 있은 후에 아직 인수하지 아니한 주식이 있거나 주식인수의 청약이 취소된 때에는 이사가 이를 공동으로 인수한 것으로 본다(제428조 제1항). [모의 19, 21]

10 이사의 인수담보책임은 무과실책임으로 총주주의 동의로도 면책되지 않는다. [모의 21]

11 회사가 성립한 날로부터 2년 후에 주식을 발행하는 경우에는 회사는 주주총회 특별결의와 법원의 인가를 얻어서 주식을 액면미달의 가액으로 발행할 수 있다(제417조 제1항). [모의 18, 19, 20]

12 회사가 법령 또는 정관에 위반하여 신주를 발행함으로써 주주가 불이익을 받을 염려가 있는 경우 그 주주는 회사에 대해 그 발행을 유지할 것을 청구할 수 있다(제424조). [변호 12, 17, 모의 13]

13 신주발행유지에 관한 소의 경우 신주발행으로 인하여 불이익을 받을 염려와 무관하게 단 1주만 가진 주주라도 제기할 수 있다. [모의 19]

14 주주가 신주발행유지청구를 하였음에도 회사가 신주를 발행한 경우, 신주발행유지청구를 하였다는 사정만으로 신주발행이 무효로 되지는 않는다. [모의 21]

15 신주발행의 무효는 주주·이사 또는 감사에 한하여 신주를 발행한 날로부터 6월내에 소만으로 이를 주장할 수 있다(제429조). [변호 12, 15, 18, 모의 17, 18(2)]

16 법령이나 정관의 중대한 위반 또는 현저한 불공정이 있어 그것이 주식회사의 본질이나 회사법의 기본원칙에 반하거나 기존 주주들의 이익과 회사의 경영권 내지 지배권에 중대한 영향을 미치는 경우로서 신주와 관련된 거래의 안전, 주주 기타 이해관계인의 이익 등을 고려하더라도 도저히 묵과할 수 없는 정도라고 평가되는 경우에 한하여 신주의 발행을 무효로 할 수 있다(대판 2010.4.29. 2008다65860). [변호 15, 모의 17(2)]

17 주주의 신주발행유지청구의 요건으로 규정하는 '법령이나 정관의 위반 또는 현저하게 불공정한 방법에 의한 주식의 발행'을 신주발행의 무효원인으로 일응 고려할 수 있다. [모의 13]

18 주식회사의 신주발행은 주식회사의 업무집행에 준하는 것으로서 대표이사가 그 권한에 기하여 신주를 발행한 이상 신주발행은 유효하고, 설령 신주발행에 관한 이사회의 결의가 없거나 이사회의 결의에 하자가 있더라도 이사회의 결의는 회사의 내부적 의사결정에 불과하므로 신주발행의 효력에는 영향이 없다(대판 2007.2.22. 2005다77060). [변호 12, 15, 18, 모의 13, 20]

> **(틀린지문)** 대표이사가 이사회의 결의를 거치지 아니하고 신주를 발행한 경우, 그 신주를 인수한 자가 이사회결의가 없음을 알았거나 알 수 있었다면 신주발행은 효력이 없다. [변호 12]

19 신주발행을 결의한 甲 회사의 이사회에 참여한 이사들이 하자 있는 주주총회에서 선임된 이사들이어서, 그 후 이사 선임에 관한 주주총회결의가 확정판결로 취소되었고, 위와 같은 하자를 지적한 신주발행금지가처분이 발령되었음에도 위 이사들을 동원하여 위 이사회를 진행한 측만이 신주를 인수한 사안에서, 위 신주발행이 신주의 발행사항을 이사회결의에 의하도록 한 법령과 정관을 위반하였을 뿐만 아니라 현저하게 불공정하고, 그로 인하여 기존 주주들의 이익과 회사의 경영권 내지 지배권에 중대한 영향을 미쳤으므로 신주발행은 무효이다(대판 2010.4.29. 2008다65860). [모의 21]

20 신주발행무효의 소 계속 중 주식이 양도된 경우 양수인은 제소기간 등의 요건이 충족된다면 새로운 주주의 지위에서 신소를 제기할 수 있을 뿐만 아니라, 양도인이 이미 제기한 기존의 소송을 적법하게 승계할 수도 있으며, 양수인이 명의개서절차 없이 신주발행무효의 소에 승계참가를 신청하여 소송절차가 진행되었더라도, 변론종결 이전에 주주명부에 명의개서를 마친 후 명의개서 이전의 소송행위를 추인할 수 있다(대판 2003.2.26. 2000다42786). [변호 12, 모의 17]

21 신주발행무효소송의 계속 중 주주가 주식을 양도하고, 양수인이 명의개서절차를 거쳐 승계참가 하는 경우에 그 제소기간의 준수 여부는 소제기 시를 기준으로 판단하여야 한다(대판 2003.2.26. 2000다42786). [변호 12, 15, 모의 22]

> (틀린지문) 甲은 주식회사 乙을 상대로 "피고가 2014. 6. 10.에 한 액면 금 5,000원의 보통주식 10,000주의 신주발행을 무효로 한다."라는 취지의 소를 2014. 11. 10. 제기하고, 소송이 계속 중 주 주인 甲의 주식이 丙에게 양도되고, 丙이 명의개서절차를 거쳐 승계참가하는 경우에 그 제소기간 의 준수여부는 승계참가시를 기준으로 판단하여야 한다. [변호 15]

22 신주발행무효 소 계속 중 신주발행무효의 소의 출소기간 경과 후에 새로운 무효사유를 추가하 여 주장하는 것은 허용되지 않는다(대판 2007.2.22. 2005다77060). [변호 12, 15, 모의 17, 19, 20]

23 주주들에 대한 통지나 주주들의 참석 없이 주주 아닌 자들이 모여서 개최한 임시주주총회에서 이사선임결의를 하고, 그 이사들이 모인 이사회에서 신주발행결의를 하였다면 신주를 발행한 날 로부터 6개월이 경과하였더라도 주주는 위 신주발행에 관한 이사회 결의에 대하여 부존재확인 의 소를 제기할 수 있다(대판 1989.7.25. 87다카2316). [모의 17, 19]

24 정관에 근거하여 주주총회에서 신주 발행을 결의하였는데 그 주주총회 결의에 취소사유가 있는 경우, 주주는 신주발행 결의일로부터 2개월 이후에 신주발행무효의 소를 제기하면서 주주총회 결의 취소사유를 신주발행의 무효사유로 주장할 수 없다(대판 1995.2.28. 94다34579). [모의 18]

25 신주발행무효의 소가 심리 중에 원인된 하자가 보완되고 회사의 현황과 제반사정을 참작하여 신주발행을 무효로 하는 것이 부적당하다고 인정한 때에는 법원은 그 청구를 기각할 수 있으며, 신주발행무효의 판결은 제3자에게도 효력이 있다(제430조, 제189조, 제190조 본문). [모의 17]

> [관련 조문] 신주발행무효판결이 확정된 경우 신주는 장래에 대하여 효력을 잃는다(제431조 제1항).

26 불공정한 가액으로 주식을 인수한 자를 상대로 대표소송을 제기한 주주가 패소한 경우 해당 주 주가 악의인 때에는 회사에 대하여 연대하여 손해를 배상할 책임이 있다(제424조의2 제2항, 제 403조 내지 제406조). [모의 17]

쟁점 3. 사채

01 회사는 이사회 결의에 의하여 사채를 발행할 수 있다(제469조 제1항).

[모의 14, 20]

> **[관련 쟁점]** 2011년 개정상법 이전에는 ① 사채총액이 순자산 4배 이하이어야 한다는 점, ② 사채를 발행하기 위해서는 종전에 발행된 사채총액의 납입이 완료되었어야 한다는 점, ③ 사채권면액은 1만원 이하여야 한다는 점, ④ 할증상환의 경우 할증률은 모든 사채에 균등하여야 한다는 점 등의 제한이 있었으나, 2011년 개정상법은 이러한 제한을 모두 폐지하였다.

02 회사는 회사설립 이후에 사채를 발행하여 부족한 사업자금을 조달할 수 있다.

[변호 12]

03 사채 발행은 이사회 권한사항이지만(제469조 제1항), 회사는 정관 규정에 의해 사채의 금액 및 종류를 정하여 1년을 한도로 대표이사에게 사채발행을 위임할 수 있다(제469조 제4항).

[모의 14]

04 전환사채권자는 자신이 취득한 전환사채에 질권을 설정할 수 있고, 질권설정 후 전환에 따라 전환사채권자가 주식을 받는 경우 질권자는 그 주식에 대해 질권을 행사할 수 있다.

[변호 21]

05 전환사채는 발행 당시에는 사채의 성질을 갖는 것으로서 사채권자가 전환권을 행사한 때 비로소 주식으로 전환되어 회사의 자본을 구성하게 될 뿐만 아니라, 전환권은 사채권자에게 부여된 권리이지 의무는 아니어서 사채권자로서는 전환권을 행사하지 아니할 수도 있으므로, 전환사채의 인수 과정에서 그 납입을 가장하였다고 하더라도 상법 제628조 제1항의 납입가장죄는 성립하지 아니한다(대판 2008.5.29. 2007도5206).

[변호 21]

06 정관에 주주 외의 자에 대하여 전환사채를 발행할 수 있다는 규정이 있는 경우, 그 발행할 수 있는 전환사채의 액, 전환의 조건 등에 관한 사항은 정관의 규정이 없으면 주주총회 특별결의로 이를 정하여야 한다(제513조 제3항). 이 경우 신기술 도입, 재무구조의 개선 등 회사의 경영상 목적을 달성하기 위하여 필요한 경우에 한한다(제513조 제3항).

[변호 12, 21, 모의 17(2), 18, 20]

> **(틀린지문)** 정관에 주주 외의 자에 대하여 전환사채를 발행할 수 있다는 규정이 있는 경우, 그 발행할 수 있는 전환사채의 액, 전환의 조건 등에 관한 사항은 정관의 규정이 없으면 주주총회의 보통결의로 이를 정하여야 한다.
>
> [변호 12]
>
> **(틀린지문)** A회사가 전환사채를 주주외의 자에게 발행하는 경우 정관에 그 발행할 수 있는 전환사채의 액, 전환의 조건, 전환으로 인하여 발행할 주식의 내용과 전환을 청구할 수 있는 기간에 관하여 규정이 있어야 할 뿐만 아니라 이에 대한 주주총회의 특별결의에 의한 승인이 있어야 한다.
>
> [변호 21]

07 전환가액에 대한 일응의 기준을 정해 놓은 다음 이에 기하여 실제로 발행할 전환사채의 구체적인 전환가액 등을 그 발행 시마다 정관에 벗어나지 않는 범위에서 이사회에서 결정하도록 위임하는 것도 유효하다(대판 2004.6.25. 2000다37326).   [모의 19]

08 정관상 신주발행을 주주총회에서 결정하고 자본증가와 감소는 발행주식 총수의 과반수에 상당한 주식을 가진 주주의 출석과 출석주주 의결권의 3분의 2 이상의 찬성으로 의결하도록 규정된 경우 전환사채 발행에 관하여 정관에 명문규정이 없어도 주주총회 특별결의를 거쳐야 한다(대판 1999.6.25. 99다18435).   [모의 14, 17]

09 회사가 주주배정의 방법으로 신주 등을 발행하는 경우에는 발행가액 등을 반드시 시가에 의하여야 하는 것은 아니다. 따라서 회사의 이사로서는 주주 배정의 방법으로 신주를 발행하는 경우 원칙적으로 액면가를 하회하여서는 아니 된다는 제약 외에는 시가보다 낮게 발행가액 등을 정하였다고 하여 배임죄의 구성요건인 임무위배, 즉 회사의 재산보호의무를 위반하였다고 볼 것은 아니다(대판 2009.5.29. 2007도4949).   [관련판례]

10 상법상 전환사채를 주주 배정방식에 의하여 발행하는 경우 주주가 그 인수권을 잃은 때에는 회사는 이사회결의에 의하여 인수가 없는 부분을 자유로이 제3자에게 처분할 수 있다(대판 2009.5.29. 2007도4949).   [모의 17, 18]

11 주주배정의 방법으로 주주에게 전환사채인수권을 부여하였지만 주주들이 인수청약을 하지 않아 실권된 부분을 제3자에게 발행하더라도 주주의 경우와 같은 조건으로 발행할 수밖에 없고, 이러한 법리는 주주들이 전환사채의 인수청약을 하지 아니함으로써 발생하는 실권의 규모에 따라 달라지는 것은 아니다(대판 2009.5.29. 2007도4949).   [모의 21]

12 주주가 인수하지 않은 전환사채의 제3자 배정으로 인하여 회사 지분비율의 변화가 발생하여 지배권이 이전된 경우에도 이사의 임무위배는 인정되지 않는다(대판 2009.5.29. 2007도4949).   [모의 17]

> 해설 이사가 주식회사의 지배권을 기존 주주의 의사에 반하여 제3자에게 이전하는 것은 기존 주주의 이익을 침해하는 행위일 뿐 지배권의 객체인 주식회사의 이익을 침해하는 것으로 볼 수는 없고, 회사 지분비율의 변화가 기존 주주 자신의 선택에 기인한 것이라면 지배권 이전과 관련하여 이사에게 임무위배가 있다고 할 수 없다(대판 2009.5.29. 2007도4949).

13 대표이사가 전환사채를 저가로 발행하여 동 회사에 손해를 초래하였더라도, 전환사채의 저가발행으로 인하여 자신의 보유주식의 가치가 하락한 회사의 다른 주주는 대표이사에 대해 주가하락으로 자신이 입은 손해에 대하여 직접 배상을 청구할 수 없다(대판 1993.1.26. 91다36093).   [모의 17]

14 전환사채의 인수권을 가진 주주는 그가 가진 주식의 수에 따라서 전환사채의 배정을 받을 권리가 있다(제513조의2 제1항).   [모의 18]

15 주주가 전환사채의 인수권을 가진 경우에는 각 주주에 대하여 인수권을 가지는 전환사채의 액, 발행가액, 전환의 조건, 전환으로 인하여 발행할 주식의 내용, 전환을 청구할 수 있는 기간과 일정한 기일까지 전환사채의 청약을 하지 아니하면 그 권리를 잃는다는 뜻을 통지하여야 한다(제513조의3 제1항).   [모의 18]

16 전환사채의 발행가액총액은 전환으로 발행되는 신주식의 발행가액총액으로 한다(제516조 제2항, 제348조).   [모의 21]

17 전환사채발행유지청구는 전환사채 발행의 효력이 생기기 전, 즉 전환사채의 납입기일까지 이를 행사하여야 한다.   [변호 21, 모의 13]

18 전환사채는 전환권의 행사에 의하여 장차 주식으로 전환될 수 있는 권리가 부여된 사채로서, 이러한 전환사채의 발행은 주식회사의 물적 기초와 기존 주주들의 이해관계에 영향을 미친다는 점에서 사실상 신주를 발행하는 것과 유사하므로, 전환사채의 발행의 경우에도 신주발행무효의 소에 관한 상법 제429조가 유추적용된다(대판 2004.6.25. 2000다37326).   [변호 21, 모의 20]

19 전환사채의 인수인이 회사의 지배주주와 특별한 관계에 있는 자라거나 그 전환가액이 발행시점의 주가 등에 비추어 다소 낮은 가격이라는 것과 같은 사유는 일반적으로 전환사채발행유지청구의 원인이 될 수 있음은 별론으로 하고 이미 발행된 전환사채 또는 그 전환권의 행사로 발행된 주식을 무효화할 만한 원인이 되지는 못한다(대판 2004.6.25. 2000다37326).   [변호 22]

20 전환사채의 발행에 관하여 "전환가액은 주식의 액면금액 또는 그 이상의 가액으로 사채발행시 이사회가 정한다."라는 정관 규정은 그 기준 또는 위임방식이 지나치게 추상적이거나 포괄적이어서 무효라고 볼 수는 없다(대판 2004.6.25. 2000다37326).   [관련판례]

21 상법 제429조의 유추적용에 의한 전환사채발행무효의 소에 있어서도 전환사채를 발행한 날로부터 6월의 출소기간이 경과한 후에는 새로운 무효사유를 추가하여 주장할 수 없다(대판 2004.6.25. 2000다37326).   [모의 20]

22 전환사채권자가 전환 청구를 하면 회사는 주식을 발행해 주어야 하는데, 전환권은 형성권이므로 전환을 청구한 때에 당연히 전환의 효력이 발생하여 전환사채권자는 그 때부터 주주가 되고 사채권자로서의 지위를 상실하므로 그 이후에는 주식전환의 금지를 구할 법률상 이익이 없다(대판 2004.8.16. 2003다9636).   [모의 13, 21]

23 전환사채권자가 전환권을 행사하면 주금의 납입 없이 전환을 청구한 때에 주주로서의 지위를 취득한다. [모의 14, 20]

24 전환사채권자가 전환권을 행사한 경우에는 회사의 자본금이 증가하나 회사의 자산에는 변동이 없다. [모의 16]

25 신주인수권부사채의 경우 신주의 발행가액 총액은 신주인수권부사채의 총액의 범위 내에서 정할 수 있다. [모의 14, 17, 20]

26 분리형 신주인수권부사채의 경우 사채권자가 아닌 신주인수권증권의 정당한 소지인이 신주인수권을 행사할 수 있다. [모의 20(2)]

27 신주인수권 분리형 신주인수권부사채를 발행한 회사가 발행조건으로 주식의 시가하락 시 신주인수권의 행사가액을 하향조정하는 조항을 둔 경우 신주인수권자는 그 발행회사를 상대로 신주인수권 행사가액 조정 절차의 이행을 구하는 소를 제기할 수 있다(대판 2014.9.4. 2013다40858). [모의 17]

28 신주인수권 행사가액 조정절차의 이행을 구하는 소는 신주인수권의 행사 여부와 관계없이 허용된다(대판 2014.9.4. 2013다40858). [모의 17]

29 신주인수권부사채의 신주인수권을 행사한 자는 신주의 발행가액을 납입한 때에 주주가 된다(제516조의10). [모의 20, 21]

30 신주인수권부사채의 질권자는 신주에 대하여 대용납입이 이루어지지 않는 이상 원칙적으로 물상대위권이 인정되지 않는다. [모의 20]

31 신주인수권부사채 발행은 주식회사의 물적 기초와 기존 주주들의 이해관계에 영향을 미친다는 점에서 사실상 신주를 발행하는 것과 유사하므로, 신주인수권부사채 발행의 경우에 신주발행무효의 소에 관한 상법 제429조가 유추적용되고 신주발행의 무효원인에 관한 법리 또한 마찬가지로 적용된다(대판 2015.12.10. 2015다202919). [모의 13, 17(3), 19, 21]

32 이익참가부사채는 사채의 이율에 따른 확정이자를 받는 것을 요건으로 하지 않으므로 배당가능이익이 없는 경우에는 사채의 원금에 대한 반환의무만이 존재하는 이익참가부사채를 발행할 수 있다. [모의 16]

33   교환사채는 주식이나 그 밖의 다른 유가증권으로 교환할 수 있는 사채를 말하며(제469조 제2항 제2호), 회사가 보유하는 자기주식을 대상으로 하는 교환사채의 발행도 가능하다. [모의 16]

34   상환사채는 주식이나 그 밖의 다른 유가증권으로 상환할 수 있는 사채이다(제469조 제2항 제2호). [모의 16]

35   회사는 사채를 발행하는 경우에 사채관리회사를 정하여 변제의 수령, 채권의 보전, 그 밖에 사채의 관리를 위탁할 수 있다(제480조의2). [모의 14]

36   사채권자집회에서 각 사채권자는 그가 가지는 해당 종류의 사채 금액의 합계액(상환받은 액은 제외한다)에 따라 의결권을 가진다(제492조 제1항). [모의 20]

쟁점 4. 재무제표

01   이사는 매결산기에 영업보고서를 작성하여 이사회의 승인을 얻어야 한다(제447조의2 제1항). [모의 14, 17]

> [관련 쟁점] 이사는 결산기마다 재무제표, 손익계산서 등의 서류와 그 부속명세서를 작성하여 이사회의 승인을 받아야 한다(제447조 제1항).

02   재무제표의 승인은 주주총회 결의에 의하여 하며(제449조 제1항), 정관으로 정하는 바에 따라 이사회의 결의로 승인할 수 있다(제449조의2 제1항 단서). [모의 14, 17]

03   이사회 결의에 의한 재무제표 승인은 외부감사인의 적정 의견과 감사(감사위원회 설치회사의 경우 감사위원) 전원 동의를 요건으로 한다(제449조의2 제1항). [모의 19]

04   이사회 결의에 의한 재무제표 승인의 경우 이사는 재무제표와 손익계산서의 내용을 주주총회에 보고하여야 한다(제449조의2 제2항). [모의 19]

05   정관의 규정에 의해 재무제표를 이사회가 승인하는 회사에서는 이익배당도 이사회가 결정할 수 있지만, 이는 주식배당에는 적용되지 않으므로 이사회가 결정한 이익배당을 주식배당으로 하고자 할 경우에는 다시 주주총회의 결의가 있어야 한다. [모의 14]

06 이사, 감사의 책임 해제는 재무제표 등에 그 책임사유가 기재되어 정기총회에서 승인을 얻은 경우에 한정된다(대판 2007.12.13. 2007다60080). [모의 17]

07 이사는 정기총회회일의 1주간 전부터 재무제표와 영업보고서 및 감사보고서를 본점에 5년간, 그 등본을 지점에 3년간 비치하여야 한다(제448조 제1항). [모의 19]

08 주주와 회사채권자는 영업시간 내에 언제든지 재무제표, 영업보고서, 감사보고서를 열람할 수 있으며, 회사가 정한 비용을 지급하고 그 서류의 등본이나 초본의 교부를 청구할 수 있다(제448조 제2항). [변호 17, 모의 13, 14]

쟁점 5. 준비금

01 준비금과 자본금은 모두 배당가능이익을 계산할 때의 공제항목이고 준비금의 자본금 전입은 계정을 재분류하는 것에 불과하다. 전입으로 인하여 동액만큼 준비금이 줄고, 자본금이 늘어난 경우 배당가능이익의 변화는 생기지 않는다. [모의 18]

02 회사는 자본의 2분의 1에 달할 때까지 매결산기의 이익배당액의 10분의 1 이상의 금액을 이익준비금으로 적립하여야 한다(제458조 본문). 다만, 주식배당의 경우에는 적립할 필요가 없다(제458조 단서). 여기서 이익배당액이란 금전배당액과 현물배당액을 의미한다. [변호 18, 모의 14, 17, 19, 20, 21]

03 회사는 자본거래에서 발생한 잉여금을 대통령령으로 정하는 바에 따라(이사회결의 ×) 자본준비금으로 적립하여야 한다(제459조 제1항). [모의 20]

04 이익준비금 및 자본준비금은 자본금의 결손 보전에 충당하는 경우 외에는 처분하지 못한다(제460조). [변호 18, 21, 모의 19]

05 준비금을 자본금으로 전입하기 위해서는 원칙적으로 이사회 결의를 거쳐야 하나, 정관에 규정이 있는 경우 주주총회 결의에 의할 수 있다(제461조 제1항). [변호 16, 21, 모의 19, 20]

06 이사회의 결의에 의하여 법정준비금을 자본금에 전입하여 신주를 발행하는 경우, 이사회가 정한 배정기준일 현재 주주명부상의 주주가 그 신주의 주주가 된다. [모의 20]

> [관련 쟁점] 준비금을 자본금 전입하는 경우 주주에 대하여 그가 가진 주식의 수에 따라 주식을 발행하여야 한다(제461조 제2항).

07 법정준비금의 자본금 전입에 따라 발행되는 신주에 대하여도 종전의 주식을 목적으로 한 질권
을 행사할 수 있다(제461조 제6항, 제339조).   [모의 20, 21]

08 법정준비금을 자본금으로 전입함에 따라 신주를 발행하는 경우 발행가액을 액면미달의 가액으
로 발행하는 것은 허용되지 않는다.   [모의 21]

09 이사회 결의로 준비금의 자본금 전입을 결정하는 경우, 이사회 결의로 정한 배정기준일에 신주
의 효력이 발생한다(제461조 제3항).   [모의 18, 20]

10 주주총회결의로 준비금의 자본전입을 결정하는 경우, 주주총회 결의가 있는 때로부터 신주의 주
주가 된다(제461조 제4항).   [변호 21, 모의 21]

11 회사는 적립된 자본준비금 및 이익준비금의 총액이 자본금의 1.5배를 초과하는 경우에 주주총회
의 결의에 따라 그 초과한 금액 범위에서 자본준비금과 이익준비금을 감액할 수 있으며(제461조
의2), 감액에는 순서가 없다.   [변호 18, 21, 모의 14(2), 17, 19, 20]

> **[관련 쟁점]** 준비금 감소의 주주총회 결의는 주주총회 보통결의에 의한다. 정관상 이사회가 재무제
> 표를 승인하는 경우에도 준비금 감소는 주주총회 결의에 의해야 한다. 준비금 감소에는 채권자보
> 호절차가 요구되지 않는다.
>
> **(틀린지문)** 회사는 적립된 자본준비금 및 이익준비금의 총액이 자본금의 1.5배를 초과하는 경우에
> 이사회의 결의에 따라 그 초과한 금액 범위에서 자본준비금과 이익준비금을 감액할 수 있다.
>   [변호 21]

쟁점 6. 이익배당

01 이익배당은 배당가능이익이 있을 것이 요구되므로 "이익배당에 관한 우선주는 상법 제462조 제
1항에 따른 배당가능이익이 없는 경우에도 배당한다."라는 규정은 허용되지 않는다.   [변호 17, 20]

02 결산대차대조표상 순자산액이 없거나 자본금결손이 있는 때에는 이익배당을 할 수 없다. [모의 20]

03 이익배당에 관하여 내용이 다른 종류주식을 발행한 경우 정관의 규정으로 종류주식에 대하여
배당을 달리 할 수 있다(제464조 단서).   [모의 20]

04 주식회사의 모든 대주주가 참석하여 자기들이 배당 받을 몫의 일부를 스스로 떼 내어 소액주주들에게 나눠주기로 한 주주총회 결의는 이익배당에 있어서의 주주평등 원칙을 규정한 상법 제464조의 규정에 위반되지 않고 유효하다(서울고법 1980.4.14. 79다3882). [모의 20]

05 이익배당은 주주총회의 결의로 정하는 것이 원칙이나, 정관규정에 의하여 재무제표를 이사회가 승인하는 경우에는 이사회의 결의로 정한다(제462조 제2항). [변호 22, 모의 19, 20]

06 현물배당은 정관으로 현물배당에 관해 정해야 가능하다(제462조의4 제1항). [변호 13, 18, 모의 18]

> **(틀린지문)** 정관에 현물배당이 가능하다는 근거규정이 없더라도 주주총회 또는 이사회의 결의만으로 현물배당이 가능하다. [변호 18]

07 정관으로 현물배당을 규정한 경우, 회사는 주주가 배당되는 금전 외의 재산 대신 금전의 지급을 회사에 청구할 수 있도록 한 경우에는 그 금액 및 청구할 수 있는 기간을, 일정 수 미만의 주식을 보유한 주주에게 금전 외의 재산 대신 금전을 지급하기로 한 경우에는 그 일정 수 및 금액을 정할 수 있다(제462조의4 제2항). [변호 18]

08 주주의 이익배당청구권은 재무제표승인의 결의에 의하여 구체적 권리로 변하므로 구체적 이익배당청구권으로 변하기 전의 상태인 추상적 이익배당청구권만으로는 이익이 발생하였다는 이유로 회사에 이익배당금의 지급을 청구할 수 없다(서울고법 1976.6.11. 75나1555). [변호 13, 모의 20]

해설 사원총회의 계산서류 승인에 의한 배당금의 확정과 배당에 관한 결의가 없는 경우에는 이익배당금 청구가 이유 없으므로, 유한회사의 사원총회에서 이익배당결의가 없이는 사원들은 이익배당청구권을 행사 할 수 없다(대판 1983.3.22. 81다343).

> **(틀린지문)** 상법 제462조 제1항에 따른 배당가능이익이 발생하였음에도 주주총회 또는 이사회가 배당을 결의하지 않은 경우 주주는 이익배당청구권에 의하여 회사에 대하여 배당의 결의를 청구할 수 있다. [변호 13]

09 연 1회의 결산기를 정한 회사의 경우 정관의 정함에 따라 영업연도 중 1회에 한하여 이사회 결의로 중간배당을 할 수 있다(제462조의3 제1항). [변호 13, 모의 18, 19, 20]

10 중간배당은 재무제표의 승인과 무관하므로 이익배당을 주주총회에서 결정하는 회사도 중간배당은 이사회 결의에 의한다. [모의 20]

11 당해 결산기 재무제표상 배당가능이익이 존재하지 않을 우려가 있는 경우에는 중간배당이 허용되지 않는다(제462조의3 제3항). [모의 20]

12 회사가 중간배당을 하였으나 당해 결산기에 회사에 배당가능이익이 없는 것으로 확정되어 중간배당을 행한 이사에게 손해배상책임을 묻는 경우에는 해당 이사의 과실을 증명하지 않아도 된다(제462조의3 제4항). [모의 18]

13 배당가능이익을 초과하여 이익배당을 한 경우, 회사채권자는 배당한 이익을 회사에게 반환할 것을 청구할 수 있다(제462조 제3항). [변호 13, 22, 모의 18, 19, 20(2)]

> **(틀린지문)** 회사가 상법 제462조 제1항에 따른 배당가능이익을 초과하여 이익배당을 한 경우, 회사채권자는 배당한 이익을 자신에게 반환할 것을 청구할 수 있다. [변호 13]

14 이사가 법령 또는 정관에 위반하여 이익배당을 한 때에는 상법상 벌칙 조항에 따라 처벌될 수 있다(제625조 제3호). [모의 19]

15 주식배당이란 금전 대신 회사가 발행하는 주식으로 하는 이익배당을 의미하며, 이 경우 구주(회사가 보유한 자기주식 포함)가 아닌 신주로 배당이 이루어진다(제462조의2 제1항). [변호 14]

16 이익의 배당을 새로이 발행하는 주식으로 하는 경우 회사재산이 유출되는 것은 아니기 때문에 이익준비금을 적립하는 것은 요구되지 않는다. [모의 20, 21]

17 회사의 주식배당은 이익배당총액(배당가능이익 ×)의 2분의 1에 상당하는 금액을 초과하지 못한다(제462조의2 제1항 단서). [변호 13, 18, 21, 22]

> **(틀린지문)** 회사는 주주총회 결의에 의하여 이익배당총액의 3분의 2의 범위 안에서 새로이 발생하는 주식으로써 이익의 배당을 할 수 있다. [변호 13]

18 모회사가 이익배당의 방법으로 모회사 주주에게 자회사의 주식을 배당하고자 한다면 모회사 정관에 그에 관한 근거규정이 있어야 한다. [모의 21]

19 주식배당은 주주총회 결의에 의한다(제462조의2 제1항). [변호 22]

> **(틀린지문)** 주식회사는 이사회 결의에 의하여 이익배당을 새로이 발행하는 주식으로써 할 수 있지만, 주식에 의한 배당은 이익배당총액의 2분의 1에 상당하는 금액을 초과하지 못한다. [변호 22]

20 주주총회 보통결의에 의해 주식배당을 함에 있어서는 발행하는 주식의 가액은 권면액으로 하며, 회사가 종류주식을 발행한 때에는 각각 그와 같은 종류의 주식으로 할 수 있다(제462조의2 제2항). [모의 14, 18(2), 19, 21]

21   주식배당을 받은 주주는 주식배당 결의가 있는 주주총회가 종결한 때(주주총회 결의시×)부터
주주가 된다(제462조의2 제4항 전문).
[변호 18, 21, 모의 21]

> (틀린지문) 주식으로 배당을 받은 주주는 배당받은 주식의 주권이 발행된 날로부터 신주의 주주가
> 된다.
> [변호 18]

제6절	합병 등

쟁점 1. 합병

01   회사의 이사는 주주총회일 2주 전부터 합병을 한날 이후 6개월이 지나는 날까지 합병계약서,
소멸회사 주주에 대한 신주배정사항, 자기주식 이전에 관한 서면, 합병 당사회사의 대차대조표
와 손익계산서를 본점에 비치해야 하며(제522조의2 제1항), 주주와 회사채권자는 이러한 서류의
열람이나 등사를 청구할 수 있다(제522조의2 제2항).
[변호 21, 모의 19]

02   주식회사 간 합병은 주주총회 특별결의에 의한 승인이 있어야 함이 원칙이다(제522조).
[변호 12]

03   합병계약서에 대한 주주총회 결의사항에 관하여 이사회의 결의가 있는 때에 그 결의에 반대하
는 주주는 주주총회 전에 회사에 대하여 서면으로 그 결의에 반대하는 의사를 통지한 경우, 그
총회의 결의일부터 20일 이내에 주식의 종류와 수를 기재한 서면으로 회사에 대하여 자기가 소
유하고 있는 주식의 매수를 청구할 수 있다(제522조의3 제1항).
[변호 12, 16]

04   합병 결의에 반대하고 회사에 대하여 주식매수청구권을 행사할 수 있는 주주에는 의결권이 없
거나 제한되는 주주도 포함된다(제522조의3 제1항).
[모의 20]

05   간이합병으로 소멸하는 회사가 합병계약서를 작성한 날부터 2주 내에 주주총회의 승인을 얻지
아니하고 합병을 한다는 뜻을 공고하거나 주주에게 통지한 날부터 2주 내에 회사에 대하여 서
면으로 합병에 반대하는 의사를 통지한 주주는 그 기간이 경과한 날부터 20일 이내에 주식의
종류와 수를 기재한 서면으로 회사에 자기가 소유하고 있는 주식의 매수를 청구할 수 있다(제
522조의3 제2항).
[변호 12, 모의 19, 20]

> (틀린지문) 간이합병의 경우, 소멸회사의 주주 乙은 법정기간 내에 합병에 반대하는 서면통지를 한
> 경우에도 주식매수청구권을 행사할 수 없다.
> [변호 12]

06 소규모합병에 반대하는 존속회사의 주주에게는 주식매수청구권이 인정되지 아니한다(제527조의3 제5항). [변호 21, 모의 20]

07 주권상장법인의 합병 등에 반대하는 주주가 법인에 대하여 상장주식의 매수를 청구하고 주주와 해당 법인 간에 매수가격에 대한 협의가 이루어지지 아니하여 주주 또는 해당 법인이 법원에 매수가격의 결정을 청구한 경우, 법원은 원칙적으로 해당 법인의 시장주가를 참조하여 매수가격을 산정하여야 한다. 법원으로서는 당사자의 주장에 구애되지 아니하고 주식의 공정한 가격이 얼마인지 직권으로 사실조사를 하여 산정할 수 있다(대결 2022.4.14. 2016마5394,5395,5396). [최신판례]

08 회사는 합병계약에 대한 주주총회의 승인결의가 있은 날부터 2주내에 채권자에 대하여 합병에 이의가 있으면 1월 이상의 기간 내에 이를 제출할 것을 공고하고 알고 있는 채권자에 대하여는 따로따로 이를 최고하여야 한다(제527조의5 제1항). [변호 18, 22]

> **[관련 쟁점]** 간이합병과 소규모합병의 경우에도 채권자보호절차를 거쳐야 하고, 이 경우 이사회 승인결의를 주주총회 승인결의로 본다(제527조의5 제2항). 이의를 제출한 채권자가 있는 경우 회사는 그 채권자에 대하여 변제 또는 상당한 담보를 제공하거나 상당한 재산을 신탁하여야 한다(제527조의5 제3항, 제232조 제3항). 개별 최고가 필요한 회사가 알고 있는 채권자란 채권자가 누구이고 채권이 어떠한 내용의 청구권인지가 대체로 회사에게 알려져 있는 채권자로서, 회사의 장부 기타 근거에 의하여 성명과 주소가 회사에 알려져 있는 자는 물론이고 회사 대표이사 개인이 알고 있는 채권자도 포함된다(대판 2011.9.29. 2011다38516).

09 합병은 존속회사 또는 설립회사가 합병에 관한 등기를 함으로써 효력이 생긴다(제530조 제2항, 제234조). [관련쟁점]

10 존속회사가 발행할 합병신주의 액면총액은 소멸회사의 순자산가액을 초과할 수 있다(대판 2008.1.10. 2007다64136). [모의 13, 18]

11 현저하게 불공정한 합병비율을 정한 합병계약은 사법관계를 지배하는 신의성실의 원칙이나 공평의 원칙 등에 비추어 무효이고, 따라서 합병비율이 현저하게 불공정한 경우 합병할 각 회사의 주주 등은 소로써 합병의 무효를 구할 수 있다(대판 2008.1.10. 2007다64136). [변호 22, 모의 13, 21]

12 존속회사는 합병에 의하여 소멸회사가 보유하던 존속회사의 발행 주식을 승계취득하게 되며, 이러한 자기주식의 취득은 회사의 합병에 의한 자기주식 취득이다. [모의 18]

13 회사합병이 있는 경우에는 피합병회사의 권리·의무는 사법상의 관계나 공법상의 관계를 불문하고 그의 성질상 이전을 허용하지 않는 것을 제외하고는 모두 합병으로 인하여 존속한 회사에 승계되는 것으로 보아야 한다(대판 2019.12.12. 2018두63563). [관련판례]

14 존속회사를 제외한 합병당사회사는 청산절차를 거치지 않고 소멸한다. [모의 20]

15 흡수합병에서 존속회사는 소멸회사의 주주에게 합병대가로 합병신주 또는 자기주식을 제공할 수 있다(제523조 제3호). [변호 22]

> **(틀린지문)** A주식회사가 B주식회사를 흡수합병하는 경우, A회사가 B회사의 주주에게 합병대가의 일부를 신주 대신에 금전으로 제공하는 경우라도 B회사의 최대주주가 보유한 B회사 주식에 대하여는 신주만을 배정하여야 한다. [변호 22]

16 존속회사가 소멸회사에게 존속회사의 자기주식으로만 합병대가를 모두 지급하는 경우, 신주가 발행되지 않는 무증자 합병으로 존속회사의 자본금은 증가하지 않는다. [모의 18, 20]

17 회사가 합명회사를 흡수합병하게 되면 소멸회사의 사원은 합병계약상의 합병비율과 배정방식에 따라 존속회사 또는 신설회사의 사원권(주주권)을 취득하여, 존속회사 또는 신설회사의 사원(주주)이 되기 때문에, 지분환급청구권은 행사할 수 없다(대판 2003.2.11. 2001다14351). [모의 14]

18 합병 후 존속하는 회사는 합병으로 소멸하는 회사의 주주에게 합병의 대가의 전부를 주식 이외의 금전이나 기타의 재산으로 제공할 수 있다(제523조 제4호). [변호 22, 모의 13(2), 14, 16, 18]

19 삼각합병의 경우 모회사는 합병당사자가 아니므로 삼각합병에 관하여 모회사의 주주총회결의를 요구하는 상법의 규정은 없다. [모의 18(2)]

20 삼각합병을 위하여 자회사가 모회사 주식을 취득하여 소멸회사 주주에게 제공할 수는 있지만, 모회사가 직접 소멸회사 주주에게 신주를 발행할 수는 없다. [모의 13, 18(2)]

21 존속회사가 삼각합병을 위해 취득한 모회사 주식을 합병 후에도 계속 보유하는 경우 합병의 효력이 발생하는 날부터 6개월 이내에 그 주식을 처분해야 한다(제523조의2 제2항). [모의 18, 19]

22 합병 전에 취임한 존속회사의 이사, 감사는 합병계약서에 별다른 정함이 없다면 흡수합병 절차가 완료된 후 최초로 도래하는 결산기의 정기주주총회가 종료하는 때에 퇴임한다(제527조의4). [모의 18(2), 20]

23 합병할 회사의 일방이 합병후 존속하는 경우에 합병으로 인하여 소멸하는 회사의 총주주의 동의가 있거나 그 회사의 발행주식총수의 100분의 90이상을 합병후 존속하는 회사가 소유하고 있는 때에는 합병으로 인하여 소멸하는 회사의 주주총회의 승인은 이를 이사회의 승인으로 갈음할 수 있다(제527조의2 제1항). [변호 12, 16, 17, 모의 16, 18, 20]

24　신설합병에 있어서는 간이합병을 할 수 없다. [모의 14]

25　합병 후 존속하는 회사가 합병으로 인하여 발행하는 신주 및 이전하는 자기주식의 총수가 그 회사의 발행주식총수의 100분의 10을 초과하지 아니하는 경우에는 그 존속하는 회사의 주주총회의 승인은 이를 이사회의 승인으로 갈음할 수 있다(제527조의3 제1항). [모의 13, 20, 21]

26　소규모합병에서 '합병으로 인하여 발행하는 신주'란 합병 당시에 실제로 발행하는 신주를 말하는 것으로, 존속회사가 그에 갈음하여 이미 보유하고 있던 자기주식을 이전하는 경우 이를 '합병으로 인하여 발행하는 신주'에 해당한다고 볼 수는 없다(대판 2004.12.9. 2003다69355). [모의 13]

27　소규모합병의 경우 존속회사의 합병계약서에는 주주총회의 승인을 얻지 아니하고 합병을 한다는 뜻을 기재하여야 한다(제527조의3 제2항). [변호 21]

28　소규모합병의 경우 합병계약서를 작성한 날부터 2주내에 소멸하는 회사의 상호 및 본점의 소재지, 합병을 할 날, 주주총회의 승인을 얻지 아니하고 합병을 한다는 뜻을 공고하거나 주주에게 통지하여야 한다(제527조의3 제3항). [변호 21]

> **(틀린지문)** 소규모합병의 경우 존속하는 회사는 합병계약서를 작성한 날부터 2월 내에 소멸하는 회사의 상호 및 본점의 소재지, 합병을 할 날, 주주총회의 승인을 얻지 아니하고 합병을 한다는 뜻을 공고하거나 주주에게 통지하여야 한다. [변호 21]

29　합병으로 인하여 소멸하는 회사의 주주에게 제공할 금전이나 그 밖의 재산을 정한 경우에 그 금액 및 그 밖의 재산의 가액이 존속하는 회사의 최종 대차대조표상으로 현존하는 순자산액의 100분의 5를 초과하는 경우에는 소규모합병을 할 수 없다(제527조의3 제1항 단서). [모의 13, 19, 20]

30　합병교부금은 합병결의로 소멸회사 주주에게 지급된 금전을 말하고 존속회사가 미리 소멸회사의 주식을 취득하면서 지급한 매매대금은 이에 해당하지 않는다(대판 2004.12.9. 2003다69355). [관련판례]

31　존속회사 발행주식 총수의 20% 이상 주식을 소유한 주주가 공고 또는 통지일로부터 2주 내에 회사에 대하여 서면으로 소규모합병에 반대하는 의사를 통지한 때에는 소규모합병을 할 수 없다(제527조의3 제4항). [관련쟁점]

32　회사는 합병을 할 수 있다(제174조 제1항). 인적 회사와 물적 회사 상호간에도 합병할 수 있다. 다만, 합병을 하는 회사의 일방 또는 쌍방이 주식회사, 유한회사 또는 유한책임회사인 경우에는 합병 후 존속하는 회사나 합병으로 설립되는 회사는 주식회사, 유한회사 또는 유한책임회사이어야 한다(제174조 제2항). 해산 후의 회사는 존립 중의 회사를 존속하는 회사로 하는 경우에 한하여 합병을 할 수 있다(제174조 제3항). [모의 13, 14]

33 주식회사가 유한회사와 합병하여 소멸회사가 되는 경우 주식회사는 사채의 상환을 완료하여야 한다(제600조 제2항). [모의 13]

34 주식매수청구권은 분할합병에 반대하는 주주가 투하자본을 회수할 수 있도록 하기 위한 것인데 분할합병무효의 소를 제기한 소수주주가 자신이 보유하고 있던 주식을 제3자에게 매도한 경우 소수주주는 투하자본을 이미 회수하였다고 볼 수 있고, 분할합병의 목적이 상호출자관계 해소를 위한 것이어서 분할합병을 무효로 하더라도 회사와 주주들에게 이익이 되지도 않으므로 분할합병무효청구를 기각하는 것이 타당하다(대판 2010.7.22. 2008다37193). [관련판례]

35 합병무효의 소는 회사의 주주 · 이사 · 감사 · 청산인 · 파산관재인 또는 합병을 승인하지 아니한 채권자에 한하여 소만으로 이를 주장할 수 있으며(제529조 제1항) 합병등기가 있은 날로부터 6월내에 제기하여야 한다(제529조 제2항). [변호 20, 모의 14, 18, 19]

36 합병무효의 판결은 제3자에 대하여도 그 효력이 있다. 그러나 판결확정 전에 생긴 회사와 주주 및 제3자간의 권리의무에 영향을 미치지 아니한다(제530조 제2항, 제240조, 제190조). [변호 22]

> (틀린지문) 만일 합병무효판결이 확정되면 합병등기 후 판결 확정 전에 이루어진 존속회사의 자산처분은 효력을 상실한다. [변호 22]

37 회사합병에 있어서 합병등기에 의하여 합병의 효력이 발생한 후에는 합병무효의 소를 제기하는 외에 합병결의 무효확인청구만을 독립된 소로서 구할 수 없다(대판 1993.5.27. 92누14908). [변호 21, 모의 21]

쟁점 2. 주식의 포괄적 교환

01 주식의 포괄적 교환에 의하여 완전자회사가 되는 회사의 주주가 가지는 그 회사의 주식은 주식을 교환하는 날에 주식교환에 의하여 완전모회사가 되는 회사에 이전하고, 그 완전자회사가 되는 회사의 주주는 그 완전모회사가 되는 회사가 주식교환을 위하여 발행하는 신주의 배정을 받거나 그 회사 자기주식의 이전을 받음으로써 그 회사의 주주가 된다. [변호 17, 20, 모의 14, 18]

02 주식의 포괄적 교환으로 완전자회사가 되는 회사나 완전모회사가 되는 회사는 채권자보호절차를 밟을 필요가 없다. [변호 18, 모의 14, 21]

03 주식의 포괄적 교환의 효력은 주식교환계약서에서 정한 주식을 교환할 날에 발생하고 회사의 주주 전체가 소유한 주식은 주식교환계약서에서 정한 주식을 교환할 날에 이전되며, 주권의 교부는 필요하지 않다. [모의 18, 21]

04 주식교환을 하고자 하는 회사는 주식교환계약서를 작성하여 주주총회의 특별결의에 의한 승인을 얻어야 한다(제360조의3 제1항, 제2항). [모의 18]

05 주식교환으로 인하여 주식교환에 관련되는 각 회사의 주주의 부담이 가중되는 경우에는 그 주주 전원의 동의가 있어야 한다(제360조의3 제5항). [모의 14]

06 주식의 포괄적 교환에 반대하는 주주는 주식매수청구권을 행사할 수 있으며(제360조의5), 주식의 포괄적 교환에서는 채권자보호절차가 요구되지 않는다. [변호 18, 모의 16, 21]

07 완전모회사가 되는 회사가 보유하던 자기주식은 그대로 보유할 수 있고, 완전자회사의 주주에게 교환대가로 인도할 수 있도록 허용하고 있다(제360조의3 제3항 제2호). [모의 18]

08 완전자회사가 되는 회사가 보유하던 완전모회사가 되는 회사 발행 주식은 그대로 유지되어 상호주에 해당하게 되고, 6월 내에 처분하도록 하고 있다(제342조의2 제2항). [모의 18, 21]

09 주식교환에 의하여 완전모회사가 되는 회사의 이사로서 주식교환 이전에 취임한 자는 주식교환계약서에 다른 정함이 있는 경우를 제외하고는 주식교환 후 최초로 도래하는 결산기에 관한 정기총회가 종료하는 때에 퇴임한다(제360조의13). [변호 20]

> **(틀린지문)** 주식교환에 의하여 완전모회사가 되는 회사의 이사로서 주식교환 이전에 취임한 자는 주식교환계약서에 다른 정함이 있는 경우를 제외하고는 주식교환이 이루어진 영업연도가 종료된 때 퇴임한다. [변호 20]

10 완전자회사가 되는 회사의 주주에게 제공하는 재산이 완전모회사가 되는 회사의 모회사 주식을 포함하는 경우 완전모회사가 되는 회사는 그 지급을 위하여 그 모회사의 주식을 취득할 수 있다(제360조의3 제6항). [모의 16, 18]

11 삼각주식교환에서는 주식교환 당사 회사의 주주총회승인만 있으면 되고, 모회사의 주주총회승인은 필요하지 않다. [모의 16]

12 완전자회사가 되는 회사의 총주주의 동의가 있거나 그 회사의 발행주식총수의 100분의 90 이상을 완전모회사가 되는 회사가 소유하고 있는 때에는 완전자회사가 되는 회사의 주주총회의 승인은 이를 이사회의 승인으로 갈음할 수 있다(제360조의9 제1항). [변호 15, 20, 모의 14]

> **(틀린지문)** 완전자회사가 되는 회사의 발행주식총수의 100분의 90 이상을 완전모회사가 되는 회사가 소유하고 있는 때에는 완전자회사가 되는 회사의 주주총회의 승인은 이를 이사회 승인으로 갈음할 수 없다. [변호 20]

13 주식의 포괄적 교환으로 완전자회사가 되는 회사의 총주주의 동의가 있거나 그 회사의 발행주식총수의 100분의 90 이상을 완전모회사가 되는 회사가 소유하고 있는 경우 완전자회사가 되는 회사의 주주는 반대주주의 주식매수청구권이 인정된다. [모의 21]

14 완전모회사가 되는 회사가 주식교환을 위하여 발행하는 신주 및 이전하는 자기주식의 총수가 그 회사의 발행주식총수의 100분의 10을 초과하지 아니하는 경우에는 주주총회의 승인은 이를 이사회의 승인으로 갈음할 수 있다(제360조의10 제1항). [변호 17, 20, 모의 14]

> **(틀린지문)** 완전모회사가 되는 회사가 주식교환을 위하여 발행하는 신주 및 이전하는 자기주식의 총수가 그 회사의 발행주식총수의 100분의 10을 초과하지 아니하는 경우에도 주주총회에서 주식교환계약서의 승인을 얻어야 한다. [변호 20]

15 주식의 포괄적 교환·이전의 무효원인은 교환계약의 하자, 주주총회 승인결의의 하자, 교환비율의 불공정 등을 생각할 수 있다(채권자보호절차 불이행 ×). [모의 18]

16 주식교환의 무효는 회사의 주주, 이사, 감사, 감사위원회의 위원 또는 청산인에 한하여(채권자×) 주식교환의 날부터 6월 내에 소만으로 주장할 수 있다(제360조의14 제1항). [변호 20, 21]

> **(틀린지문)** 회사의 채권자 또는 회사에 중대한 이해관계가 있는 자는 주식교환의 날부터 6월 내에 소만으로 주식교환의 무효를 주장할 수 있다. [변호 20]

17 주식교환무효의 소와 주식이전무효의 소 양자 모두 회사법상의소로서 무효판결이 확정된 경우 대세효가 있지만, 소급효는 없다(제360조의14 제4항, 제190조 본문, 제431조). [모의 14, 21]

쟁점 3. 주식의 포괄적 이전

01 주식이전에 의하여 완전자회사가 되는 회사의 주주가 소유하는 그 회사의 주식은 주식이전에 의하여 설립하는 완전모회사에 이전하고, 그 완전자회사가 되는 회사의 주주는 그 완전모회사가 주식이전을 위하여 발행하는 주식의 배정을 받음으로써 그 완전모회사의 주주가 된다(제360조의15 제2항).   [변호 21, 모의 14, 18]

02 주식의 포괄적 교환과 이전의 경우 완전자회사의 소수주주는 완전자회사 주식을 잃고, 완전모회사 주식을 보유하게 된다. 완전자회사의 소수주주 입장에서 보면 자신의 의사와 관계없이 완전자회사의 주주 지위에서 축출되는 것이기에 소수주주 축출제도의 일환으로 볼 수 있다.   [모의 18]

03 주식이전의 경우 완전모회사가 되는 회사는 신설되고, 완전자회사가 되는 회사는 주주변동만 있을 뿐 회사채권자를 해할 염려가 없으므로 채권자보호절차를 거칠 필요가 없다.   [변호 18, 모의 21]

04 주식의 포괄적 이전의 경우 주식발행절차가 진행되어야 하지만(제360조의15 제2항), 주식의 포괄적 교환의 경우 회사가 소유하는 자기의 주식을 완전자회사의 주주에게 이전함으로써 주식발행절차를 갈음할 수 있다(제360조의3 제3항 제2호).   [모의 14]

05 주식의 포괄적 이전에 의하여 설립하는 완전모회사의 자본금은 주식이전의 날에 완전자회사가 되는 회사에 현존하는 순자산액에서 그 회사의 주주에게 제공할 금전 및 그 밖의 재산의 가액을 뺀 액을 초과하지 못한다(제360조의18).   [모의 18]

06 주식의 포괄적 이전의 효력은 포괄적 이전으로 설립된 완전모회사가 그 본점소재지에서 상법 제360조의20에 의한 설립등기를 한 날에 발생한다(제360조의21).   [모의 14, 21]

07 주식의 포괄적 이전으로 완전자회사가 되는 회사 주식의 등록질권자는 완전모회사에 대하여 포괄적 이전으로 발행하는 주식의 주권을 자신에게 교부해줄 것을 청구할 수 있다.   [모의 14]

쟁점 4. 회사분할

01 신설회사가 회사분할로 인하여 발행하는 신주는 분할회사의 주주에게 귀속되는 것이 원칙이지만 예외적으로 분할회사 스스로가 이를 취득하는 경우도 있다. 전자를 인적 분할이라고 하고, 후자를 물적 분할이라고 한다.   [변호 13, 17, 19, 모의 14]

> **(틀린지문)** A주식회사는 유아용품 제작 부분을 분할하여 단순분할신설회사 B주식회사를 설립하기로 하면서 A회사의 주주가 B회사의 주식의 총수를 취득한다면 이를 물적분할이라 한다.   [변호 19]

02 분할승계회사가 분할회사의 주주에게 분할승계회사의 모회사가 발행한 주식을 제공하기로 한 분할합병계약서에 따라 분할승계회사가 그 모회사의 주식을 취득하고 분할합병 후에도 계속 보유하고 있는 경우 분할합병의 효력이 발생한 날로부터 6개월 이내에 그 주식을 처분하여야 한다(제530조의6 제5항).   [모의 20]

03 분할합병이란 합병과 결합된 회사의 분할을 의미한다. 이러한 분할합병에는 분할회사의 주주총회특별결의가 필요하다(제530조의3 제1항, 제2항).   [변호 17]

04 회사가 분할 또는 분할합병을 하는 때에는 분할계획서 또는 분할합병계약서를 작성하여 주주총회의 특별결의 승인을 얻어야 하는데, 이 경우 의결권 없는 주주도 의결권이 인정된다(제530조의3 제1항, 제2항, 제3항).   [변호 13, 19, 모의 14, 16, 17, 18, 19, 20]

> **(틀린지문)** A주식회사는 유아용품 제작 부분을 분할하여 단순분할신설회사 B주식회사를 설립하기로 하는 경우, 상법 제344조의3(의결권의 배제·제한에 관한 종류주식) 제1항에 따라 의결권이 배제되는 주주가 있다면, 그 주주는 A회사의 주주총회 결의에 관하여 의결권을 행사할 수 없다.   [변호 19]

05 분할 또는 분할합병으로 인하여 분할 또는 분할합병에 관련되는 각 회사의 주주의 부담이 가중되는 경우(추가출자)에는 그 주주 전원의 동의도 있어야 한다(제530조의3 제6항).   [변호 13, 19]

06 회사의 분할 또는 분할합병으로 인하여 그에 관련되는 주주의 부담이 가중되는 경우에는 주주총회의 승인결의 외에 그 주주 전원의 동의가 있어야 하는데, 이 규정은 주주를 보호하기 위한 규정으로 회사 채권자는 이 규정을 근거로 분할로 인하여 신설된 회사가 분할 전 회사의 채무를 연대하여 변제할 책임이 있음을 주장할 수는 없다(대판 2010.8.19. 2008다92336).   [모의 19]

07 흡수분할합병에 있어서 분할전회사의 총주주의 동의가 있거나 상대방회사가 이미 분할전회사의 주식을 100분의 90 이상 소유하고 있는 경우에는 분할회사(존속회사×)의 주주총회승인결의는 이사회의 결의로 갈음할 수 있다(제530조의11 제2항, 제527조의2).   [변호 12, 16, 17, 모의 16, 18, 20]

08 분할합병 반대 주주에게 주식매수청구권이 인정된다(제530조의11 제2항, 제522조의3).

[변호 20, 모의 16]

09 甲 주식회사가 주주들에게 합병반대주주의 주식매수청구권에 관한 내용과 행사방법을 명시하지 않은 소집통지서를 발송하여 임시주주총회를 개최한 다음 乙 주식회사와의 합병 승인 안건을 통과시킨 경우, 총회 전 서면으로 합병에 반대하는 의사를 통지하지 않은 주주 丙이 총회 결의일로부터 20일 내에 甲 회사에 내용증명을 발송하여 주식매수청구를 하였다면 丙은 주식매수청구권을 행사할 수 있다(서울고법 2011.12.9. 2011라1303).

[변호 20]

> **(틀린지문)** A회사와 B회사가 A회사가 가지고 있는 투자 부분을 분할하여 B회사에 합병시키는 분할합병계약을 하는 경우, 만일 A회사가 주주 甲에게 주식매수청구권의 내용 및 행사방법을 명시하지 아니한 채 임시주주총회 소집통지를 하였다고 가정할 때, 주주 甲은 임시주주총회 소집통지를 받은 이상 주주총회 전에 서면으로 위 분할합병 결의에 반대하는 의사의 통지를 미리 하지 아니하면 주식매수청구권을 행사할 수 없다.
>
> [변호 20]

10 회사의 영업을 수개로 분할하고 분할된 영업 중의 1개 또는 수개를 각각 출자하여 1개 또는 수개의 회사를 신설하는 단순분할의 경우에는 반대주주의 주식매수청구권이 인정되지 않는다.

[변호 13, 모의 17, 18]

> **(틀린지문)** 주식회사 A는 전자제품의 생산부문과 판매부문을 별개의 법인으로 분리하기 위해서, 전자제품의 생산부문에 관한 재산을 출자하여 신설회사를 설립하고 A사는 나머지 판매부문을 가지고 존속하는 형태의 분할을 하는 경우, 분할의 공고 또는 통지를 한 날로부터 2주 내에 A사에 대하여 서면으로 반대하는 의사를 통지한 주주는 A사에 대하여 자기가 소유하고 있는 주식의 매수를 청구할 수 있다.
>
> [변호 13]

11 단순분할의 경우에는 채권자보호절차가 원칙적으로 필요하지 않지만, 분할전회사가 분할을 승인하는 주주총회의 특별결의를 통해 분할후회사의 연대책임을 배제하려는 경우, 채권자보호절차를 거쳐야 한다(제530조의9 제4항, 제527조의5).

[변호 13, 18, 모의 14, 20, 21]

12 분할합병의 경우, 분할회사와 분할합병승계회사 모두 채권자보호절차를 거쳐야 한다(제530조의11 제2항, 제527조의5).

[모의 14, 16, 18]

13 분할회사, 단순분할신설회사, 분할승계회사 또는 분할합병신설회사는 분할 또는 분할합병 전의 분할회사 채무에 관하여 연대하여 변제할 책임이 있다(제530조의9 제1항).

[모의 21]

14 분할회사와 분할합병신설회사와 분할 또는 분할합병 전의 회사가 부담하는 연대책임은 부진정연대책임이다(대판 2017.5.30. 2016다34687).

[모의 21]

15 회사의 분할 또는 분할합병으로 인하여 설립되는 회사와 존속하는 회사가 회사 채권자에게 연대하여 변제할 책임이 있는 분할 또는 분할합병 전의 회사 채무에는 분할 또는 분할합병의 효력발생 전에 발생하였으나 분할 또는 분할합병 당시에는 아직 그 변제기가 도래하지 아니한 채무도 포함된다(대판 2008.2.14. 2007다73321). [모의 19]

16 분할 또는 분할합병으로 인해 설립되는 회사 또는 존속하는 회사가 분할계획서나 분할합병계약서에 부담하기로 정한 채무 이외의 채무에 대하여 부담하는 연대책임은 채권자에 대하여 개별 최고를 거쳤는지 여부와 관계없이 부담하게 되는 법정책임이므로, 채권자에 대하여 개별 최고를 하였는데 채권자가 이의제출을 하지 아니하였다거나 채권자가 분할 또는 분할합병에 동의하였기 때문에 개별 최고를 생략하였다는 등의 사정은 상법 제530조의9 제1항이 규정하는 분할당사회사의 연대책임의 성부에 영향을 미치지 못한다(대판 2010.8.26. 2009다95769). [관련판례]

17 분할합병에 따른 출자를 받는 존립 중의 회사가 분할되는 회사의 채무 중에서 출자한 재산에 관한 채무만을 부담한다는 취지가 기재된 분할합병계약서를 작성하여 이에 대한 주주총회의 승인을 얻어야 분할 또는 분할합병으로 인하여 설립되는 회사 또는 존속하는 회사가 연대책임을 면하고 각자 분할합병계약서에 본래 부담하기로 정한 채무에 대한 변제책임만을 지는 분할채무관계를 형성하게 된다. 이러한 요건이 충족되었다는 점에 관한 주장·증명책임은 분할당사회사가 연대책임관계가 아닌 분할채무관계에 있음을 주장하는 측에게 있다(대판 2010.8.26. 2009다95769). [관련판례]

18 신설회사 또는 승계회사가 부담하는 채무는 분할이전의 분할회사의 채무와 동일성을 유지하는 것으로서 그 소멸시효나 기산점도 본래 채무를 기준으로 판단하여야 한다(대판 2017.5.30. 2016다34687). [변호 19, 모의 21]

> (**틀린지문**) 단순분할신설회사인 B회사가 분할회사 A의 채권자인 甲에 대하여 변제할 책임을 부담하는 채무의 소멸시효는 분할등기시점으로부터 기산한다. [변호 19]

19 채권자가 분할 또는 분할합병이 이루어진 후에 분할회사를 상대로 분할 또는 분할합병 전의 분할회사 채무에 관한 소를 제기하여 분할회사에 대한 관계에서 시효가 중단되거나 확정판결을 받아 소멸시효 기간이 연장되는 경우 그와 같은 소멸시효 중단이나 연장의 효과는 다른 채무자인 분할 또는 분할합병으로 인하여 설립되는 회사 또는 존속하는 회사에 효력이 미치지 아니한다(대판 2017.5.30. 2016다34687). [모의 21]

20 단순분할의 경우 분할회사와 신설회사가 연대책임을 부담함이 원칙이나 신설회사가 분할회사의 채무 중에서 분할계획서에 승계하기로 정한 채무에 대해서만 책임을 부담하는 것으로 정할 수 있다(제530조의9 제2항). [변호 19, 모의 14, 17, 18, 19, 20, 21]

> **(틀린지문)** A주식회사는 유아용품 제작 부분을 분할하여 단순분할신설회사 B주식회사를 설립하기로 하는 경우, A회사는 분할 전 유아용품 제작과 관련한 채무를 甲에게 부담하고 있었다. A회사는 유아용품 제작과 관련한 채무만을 B회사에게 승계하기로 정하였으나, 분할계약서에는 이에 관하여 기재하지 않았다. 이 경우 A회사는 유아용품 제작과 관련한 채무를 더 이상 부담하지 않는다.
>
> [변호 19]

21 분할회사와 신설회사의 채무관계가 분할채무관계로 바뀌는 것은 분할회사가 자신이 알고 있는 채권자에게 개별적인 최고절차를 제대로 거쳤을 것을 요건으로 하는 것이며, 만약 그러한 개별적인 최고를 누락한 경우에는 그 채권자에 대하여 분할채무관계의 효력이 발생할 수 없고 신설회사와 분할회사가 연대하여 변제할 책임을 지게 된다(대판 2004.8.30. 2003다25973). [관련판례]

22 회사의 분할을 위해서는 원칙적으로 회사의 장부 기타 근거에 의하여 성명과 주소가 회사에 알려져 있는 자는 물론이고 그 대표이사 개인이 알고 있는 채권자에 대하여도 개별적으로 최고할 필요가 있다(대판 2011.9.29. 2011다38516). [모의 17]

23 분할무효의 소는 회사의 주주, 이사, 감사, 청산인, 파산관재인 또는 합병을 승인하지 아니한 채권자에 한하여 소만으로 주장할 수 있다(제530조의11 제1항, 제529조). 따라서 주식 전부를 양도한 주주는 분할합병무효의 소를 제기할 원고적격이 없다. [변호 20]

24 분할무효의 소는 분할등기의 날로부터 6월내에 제기하여야 하며(제530조의11 제1항, 제529조), 피고적격에 대하여는 명시적인 규정이 없으나 분할무효의 소의 승소판결에 대세적 효력이 있으므로 분할 회사를 공동피고로 하여야 한다. [변호 13, 19, 모의 13]

25 분할합병무효의 소를 제기하고 그 소송에서 분할합병계약을 승인한 주주총회결의 자체가 있었는지 및 그 결의에 이를 부존재로 볼 만한 중대한 하자가 있는지 등 주주총회결의의 존부에 관하여 다툼이 있는 경우, 주주총회결의 자체가 있었다는 점에 관해서는 회사가 증명책임을 부담하고 그 결의에 이를 부존재로 볼 만한 중대한 하자가 있다는 점에 관해서는 주주가 증명책임을 부담한다(대판 2010.7.22. 2008다37193). [변호 20]

26 분할합병무효의 소를 제기한 경우에 법원이 이를 재량기각하기 위해서는 원칙적으로 그 소 제기 전이나 그 심리 중에 소의 원인이 된 하자가 보완되어야 할 것이나, 그 하자가 추후 보완될 수 없는 성질의 것인 경우에는 그 하자가 보완되지 아니하였다고 하더라도 회사의 현황 등 제반 사정을 참작하여 분할합병무효의 소를 재량기각할 수 있다(대판 2010.7.22. 2008다37193). [변호 20]

제3장 | 주식회사 이외의 회사

쟁점 1. 합명회사

01 정관의 절대적 기재사항의 흠결, 법령위반, 설립등기 무효 등 객관적 무효원인은 설립무효사유에 해당한다. [변호 21]

02 합명회사는 의사표시의 취소에 관한 일반이론이 적용된다. 따라서 제한능력자가 법정대리인의 동의 없이 사원으로서 설립에 관한 의사표시를 하면 취소사유가 된다(민법 제5조). [모의 17]

03 합명회사의 설립의 무효는 그 사원에 한하여, 설립의 취소는 그 취소권 있는 자에 한하여 회사 성립의 날로부터 2년 내에 소만으로 이를 주장할 수 있다(제184조 제1항). [변호 21, 모의 14, 17]

04 설립무효의 판결 또는 설립취소의 판결이 확정된 때에는 해산의 경우에 준하여 청산하여야 한다(제193조 제1항). [변호 21]

05 합명회사 설립취소의 판결이 확정되면 그 취소의 원인이 있는 사원은 퇴사한 것으로 본다(제194조 제2항). [모의 17]

06 합명회사의 사원이 사망한 경우 그 지분은 원칙적으로 상속인에게 상속되지 않고 그 사원은 퇴사된다(제218조 제3호). [변호 19]

07 합명회사 사원은 노무나 신용을 출자할 수 있다(제222조). [모의 17]

08 합명회사의 사원이 출자한 채권이 변제기에 변제되지 아니한 때에는 그 사원은 그 채권액을 변제할 책임을 지며, 이 경우 이자를 지급하는 이외에 이로 인하여 생긴 손해를 배상하여야 한다(제196조). [모의 20]

09 합명회사의 내부관계에 관한 상법 규정은 원칙적으로 임의규정이고, 정관에서 상법 규정과 달리 정하는 것이 허용된다(대판 2015.5.29. 2014다51541). [모의 17]

10 정관으로 회사의 존립기간을 정하지 아니하거나 어느 사원의 종신까지 존속할 것을 정한 때에는 사원은 영업년도말에 한하여 퇴사할 수 있다. 그러나 6월전에 이를 예고하여야 한다. 사원은 부득이한 사유가 있는 경우 언제든지 퇴사할 수 있다(제217조).   [변호 22]

> **(틀린지문)** 합명회사의 사원은 정관에 정한 퇴사사유가 발생한 경우에도 다른 사원 전원의 동의를 얻어야 퇴사할 수 있다.   [변호 22]

11 합명회사의 경우, 회사의 재산으로 회사의 채무를 완제할 수 없는 때에는 각 사원은 다른 사원과 연대하여 회사의 채무를 전부 변제할 책임이 있다(제212조 제1항).   [변호 13, 모의 13, 20]

12 합명회사의 채무는 실질적으로 각 사원의 공동채무이므로, 합명회사 사원의 책임은 회사가 채무를 부담하면 법률 규정에 기해 당연히 발생하는 것이고, 회사 재산으로 회사 채무를 완제할 수 없는 때 또는 회사재산에 대한 강제집행이 주효하지 못한 때에 비로소 발생하는 것은 아니다(대판 2009.5.28. 2006다65903).   [모의 17, 21]

13 합명회사 사원이 회사 채무를 변제해야 하는 '강제집행이 주효하지 못한 때'란 회사 채권자가 회사 재산에 강제집행을 하였음에도 결국 채권의 만족을 얻지 못한 경우를 뜻한다.   [모의 21]

> [관련 조문] 제212조【사원의 책임】
>
> ② 회사재산에 대한 강제집행이 주효하지 못한 때에도 각 사원은 연대하여 변제할 책임이 있다.
>
> ③ 전항의 규정은 사원이 회사에 변제의 자력이 있으며 집행이 용이한 것을 증명한 때에는 적용하지 아니한다.

14 합명회사 성립 후에 가입한 사원은 그 가입 전에 생긴 회사 채무에 대하여 다른 사원과 동일한 책임을 진다(제213조).   [모의 17]

쟁점 2. 합자회사

01 합자회사의 법률관계는 합명회사와 유사하고, 합명회사에 관한 규정이 준용된다(제269조).[변호 21]

02 합자회사가 설립등기를 할 때에는 각 사원의 무한책임 또는 유한책임인 것을 등기하여야 한다(제271조 제1항).   [모의 14]

03 합자회사의 유한책임사원은 신용 또는 노무를 출자의 목적으로 할 수 없다(제272조).   [변호 22, 모의 20]

04 유한책임사원의 업무집행이나 대표행위를 인정하지 않고 있는 상법 제278조에 불구하고 정관 또는 내부규정으로서 유한책임사원에게 업무집행권을 부여할 수는 있다고 하더라도 유한책임사원에게 대표권까지를 부여할 수는 없다(대판 1977.4.26. 75다1341). [관련판례]

05 무한책임사원 1인 뿐인 합자회사에서 업무집행사원에 대한 권한상실신고는 회사의 업무집행사원 및 대표사원이 없는 상태로 돌아가게 되어 권한상실제도의 취지에 어긋나게 되어 회사를 운영할 수 없으므로 이를 할 수 없다(대판 1977.4.26. 75다1341). [모의 21]

06 합자회사의 경우 무한책임사원 뿐만 아니라 유한책임사원도 각자 업무집행사원에 대한 권한상실선고를 청구할 수 있다고 해석하는 것이 타당하다(대판 2012.12.13. 2010다82189). [모의 17]

07 ① 합자회사 업무집행사원의 권한상실을 선고하는 판결은 형성판결로서 그 판결 확정에 의하여 업무집행권이 상실되면 그 결과 대표권도 함께 상실된다. ② 합자회사에서 무한책임사원이 업무집행권한의 상실을 선고되면, 그 후 그 무한책임사원이 합자회사의 유일한 무한책임사원이 되었다는 사정만으로는 형성판결인 업무집행권한의 상실을 선고하는 판결의 효력이 당연히 상실되고 해당 무한책임사원의 업무집행권 및 대표권이 부활한다고 볼 수 없다. ③ 합자회사에서 업무집행권한의 상실을 선고받은 무한책임사원이 다시 업무집행권이나 대표권을 갖기 위해서는 정관이나 총사원의 동의로 새로 그러한 권한을 부여받아야 한다. ④ 합자회사에서 무한책임사원들만으로 업무집행사원이나 대표사원을 선임하도록 정한 정관의 규정은 유효하고, 그 후의 사정으로 무한책임사원이 1인이 된 경우에도 특별한 사정이 없는 한 여전히 유효하다. ⑤ 다만 유한책임사원의 청구에 따른 법원의 판결로 업무집행권한의 상실을 선고받아 업무집행권 및 대표권을 상실한 무한책임사원이 이후 다른 무한책임사원이 사망하여 퇴사하는 등으로 유일한 무한책임사원이 된 경우에는 업무집행권한을 상실한 무한책임사원이 위 정관을 근거로 단독으로 의결권을 행사하여 자신을 업무집행사원이나 대표사원으로 선임할 수는 없다. 결국 이러한 경우에는 유한책임사원을 포함한 총사원의 동의에 의해서만 해당 무한책임사원이 업무집행사원이나 대표사원으로 선임될 수 있을 뿐이다(대판 2021.7.8. 2018다225289). [최신판례]

08 합자회사의 유한책임사원은 다른 사원의 동의 없이 자기 또는 제삼자의 계산으로 회사의 영업 부류에 속하는 거래를 할 수 있고 동종영업을 목적으로 하는 다른 회사의 무한책임사원 또는 이사가 될 수 있다(제275조). [모의 20]

09 합자회사의 무한책임사원이 지분의 일부를 타인에게 양도하는 경우에는 다른 사원 전원의 동의가 필요하다(제269조, 제197조). [변호 19, 모의 21]

10 유한책임사원은 무한책임사원 전원의 동의가 있으면 그 지분의 전부 또는 일부를 타인에게 양
도할 수 있다(제276조).   [모의 16, 20, 21]

11 합자회사의 유한책임사원이 한 지분양도가 합자회사의 정관에서 규정하고 있는 요건을 갖추지
못한 경우에는 그 지분양도는 **무효이다**(대판 2010.9.30. 2010다21337).   [모의 17]

> **[관련 판례]** 정관에 기재된 합자회사 사원의 책임 변경은 정관변경의 절차에 의하여야 하고, 정관에
> 그 의결정족수 내지 동의정족수 등에 관하여 별도로 정하고 있다는 등의 특별한 사정이 없는 한
> 상법 제269조에 의하여 준용되는 상법 제204조에 따라 총 사원의 동의가 필요하다. 유한책임사원
> 을 무한책임사원으로 변경하기 위해서는 총 사원의 동의를 요한다(대판 2010.9.30. 2010다21337).

12 합자회사 유한책임사원의 입사는 총사원의 동의가 있으면 정관인 서면의 경정이나 등기부 기재
를 기다리지 않고 그 동의가 있는 시점에 곧바로 사원의 지위를 취득한다.   [모의 21]

13 상법상 합자회사의 장에 다른 규정이 없는 사항은 합명회사에 관한 규정을 준용하므로, 합자회
사의 무한책임사원의 회사 채권자에 대한 책임은 합명회사의 사원의 책임과 동일하다.
                                                                    [변호 13, 모의 17]

> **(틀린지문)** 합명회사와 합자회사의 경우, 회사의 재산으로 회사의 채무를 완제할 수 없는 때에는 각
> 사원은 다른 사원과 연대하여 회사의 채무를 전부 변제할 책임이 있다.   [변호 13]

14 합자회사의 유한책임사원은 그 출자가액에서 이미 이행한 부분을 공제한 가액을 한도로 하여
회사 채무를 변제할 책임이 있다(제279조 제1항).   [모의 13]

쟁점 3. 유한책임회사

01 유한책임회사는 내부 법률관계에서 합명회사와 마찬가지로 민법상 조합의 법리에 따라 운영되
지만, 유한책임회사 설립시 사원의 수는 상법상 제한이 없으므로 1인 설립도 가능하다. [변호 13]

> **(틀린지문)** 주식회사와 유한회사는 설립 당시 사원이 1인이어도 되지만, 유한책임회사의 경우에는
> 내부관계에 관하여 합명회사에 관한 규정을 준용하므로 설립 당시에는 2인 이상의 사원이 있어야
> 한다.   [변호 13]

02 유한책임회사 사원은 신용, 노무를 출자목적으로 하지 못한다(제287조의4 제1항).
                                                                    [변호 22, 모의 13, 14, 20]

03 유한책임회사는 사원에게 출자의 전액납입의무를 부과하고 있고 현물출자도 가능하다(제287조의4 제2항). 다만 상법은 유한책임회사에 관하여 현물출자 관련 원칙만을 정하고 있을 뿐 검사인의 조사, 현물출자 불이행시 설립관여자의 책임에 대해서는 규정하지 않고 있다. [모의 20]

04 유한책임회사의 사원의 인적사항은 등기사항이 아니지만 업무집행자 또는 대표자의 인적사항은 등기사항이다(제287조의5 제1항 제4호, 제5호). [모의 20]

05 유한책임회사의 지분의 양도는 원칙적으로 다른 사원 전원의 동의를 요하지만 정관에서 이를 다르게 정할 수 있다(제287조의8 제3항). [변호 19, 모의 20]

06 유한책임회사의 사원은 다른 사원의 동의로 지분을 양도하며, 업무를 집행하지 않는 사원은 업무집행사원 전원의 동의가 있으면 그 지분의 전부 또는 일부를 타인에게 양도할 수 있으며, 업무집행사원이 없는 경우에는 총 사원의 동의를 받아야 한다(제287조의8 제1항, 제2항). [변호 19]

> **(틀린지문)** 업무를 집행하는 사원이 있는 유한책임회사에 있어서 업무를 집행하지 아니한 사원의 지분양도에는 사원전원의 동의를 얻어야 한다. [변호 19]

07 유한책임회사는 정관으로 사원 또는 사원이 아닌 자를 업무집행자로 정하여야 한다(제287조의12 제1항). [변호 13, 22, 모의 17]

> **[관련 지문]** 유한책임회사는 정관에 업무집행자를 정하지 않고 사원 각자가 업무를 집행하게 하거나 회사를 대표하게 할 수 없다. [모의 21]
>
> **(틀린지문)** 주식회사와 유한회사의 이사는 각각 주주 또는 사원일 것이 요구되지 않지만, 유한책임회사의 업무집행자는 사원 중에서 정하여야 한다. [변호 13]
>
> **(틀린지문)** 유한책임회사의 업무집행자는 정관으로 정하되, 사원이 아닌 자나 법인을 업무집행자로 정할 수 없다. [변호 22]

08 법인이 업무집행자인 경우 그 법인은 해당 업무집행자의 직무를 행할 자를 선임하고, 그 자의 성명과 주소를 다른 사원에게 통지하여야 한다(제287조의15 제1항). [변호 18]

09 업무집행자는 사원 전원의 동의를 받지 아니하고는 자기 또는 제3자의 계산으로 회사의 영업부류에 속한 거래를 하지 못하며, 같은 종류의 영업을 목적으로 하는 다른 회사의 업무집행자·이사 또는 집행임원이 되지 못한다(제287조의10 제1항). [변호 18]

10 업무집행자는 다른 사원 과반수의 결의가 있는 경우에만 자기 또는 제3자의 계산으로 회사와 거래를 할 수 있다(제287조의11). [변호 18, 모의 17]

11 유한책임사원은 회사에 대하여 업무집행자의 책임을 추궁하는 소의 제기를 청구할 수 있다(제 287조의22 제1항). 사원이 단독으로 대표소송을 제기할 수 있다. [모의 17]

> [관련 쟁점] 유한회사의 경우 자본금 총액의 3% 이상을 보유한 사원이 대표소송을 제기할 수 있다.

12 업무집행자가 업무를 집행함에 현저하게 부적임하거나 중대한 의무에 위반한 행위가 있는 때에는 법원은 사원의 청구에 의하여 업무집행권한의 상실을 선고할 수 있다(제287조의17 제1항, 제 205조). [변호 18]

13 유한책임회사는 주식회사와 마찬가지로 잉여금의 한도에서만 사원에 대한 분배를 할 수 있는 등 자본금 규제가 이루어지고 있다(제287조의37 제1항). [모의 20]

해설 유한책임회사는 대차대조표상의 순자산액으로부터 자본금의 액을 뺀 액('잉여금')을 한도로 하여 잉여금을 분배할 수 있다(제287조의37 제1항).

14 업무집행자가 둘 이상인 경우 정관 또는 총사원의 동의로 유한책임회사를 대표할 업무집행자를 정할 수 있다(제287조의19 제2항). [변호 18]

15 유한책임회사를 대표하는 업무집행자가 그 업무집행으로 타인에게 손해를 입힌 경우에는 회사는 그 업무집행자와 연대하여 배상할 책임이 있다(제287조의20). [변호 18]

> (틀린지문) 회사를 대표하는 업무집행자가 그 업무집행으로 타인에게 손해를 입힌 경우 회사가 배상 책임을 지며, 업무집행자가 사원인 경우 회사는 그 출자금액 한도내에서만 그에게 구상권을 행사할 수 있다. [변호 18]

쟁점 4. 유한회사

01 유한회사의 이익배당은 정관에 달리 정한 경우 외에는 각 사원의 출자좌수에 따른다(제580조). [변호 22]

02 유한회사가 정관으로 이사를 정하지 아니한 때에는 회사성립 전에 사원총회를 열어 이를 선임하여야 한다(제547조 제1항). [모의 14]

03 유한회사의 경우 감사는 임의기관이다(제568조 제1항). [모의 20]

04 유한회사의 경우에는 정관 규정으로 사원은 다른 사원의 동의를 받지 아니하면 그 지분의 전부 또는 일부를 타인에게 양도하지 못하도록 할 수 있지만(제556조), 주식회사의 경우에는 정관 규정으로도 다른 주주의 동의 없이는 주식을 양도하지 못하도록 제한할 수 없다. [변호 13, 22, 모의 13]

05 유한회사는 사원의 지분에 관하여 지시식 또는 무기명식의 증권을 발행하지 못한다(제555조).
[모의 16]

06 유한회사는 자기지분취득이 원칙적으로 금지된다(제560조, 제341조의2). [모의 21]

07 유한회사 사원의 지분은 질권의 목적으로 할 수 있다(제559조 제1항). [변호 19]

08 유한회사의 재산으로 유한회사의 채무를 변제하기에 부족한 경우에도 유한회사의 채권자는 출자금액의 납입을 완료하지 아니한 사원에 대하여 납입부족액을 한도로 자신에게 직접 변제할 것을 청구할 수 없다. [모의 16]

09 유한회사가 이사에 대하여 또는 이사가 유한회사에 대하여 소를 제기하는 경우에는 사원총회는 그 소에 관하여 회사를 대표할 자를 선정하여야 한다(제563조). [모의 21]

10 유한회사에서 감사는 언제든지 회사의 업무와 재산상태를 조사할 수 있고 이사에 대하여 영업에 관한 보고를 요구할 수 있다(제569조). [모의 20]

제4편 | 보험법

쟁점 1. 보험계약

01 보험대리상은 보험료 수령권한, 보험증권 교부권한, 보험계약자로부터 청약, 고지, 통지, 해지, 취소 등 보험계약에 관한 의사표시를 수령할 수 있는 권한 및 보험계약자에게 보험계약의 체결, 변경, 해지 등 보험계약에 관한 의사표시를 할 수 있는 권한을 가진다(제646조의2 제1항).

[변호 21, 모의 16]

02 보험자가 상법상 보험대리상의 권한 중 일부를 제한할 수 있으나, 보험자는 그러한 권한 제한을 이유로 선의의 보험계약자에게 대항하지 못한다(제646조의2 제2항). [모의 21]

03 보험회사 대리점이 평소 거래가 있는 자로부터 그 구입한 차량에 관한 자동차보험계약의 청약을 받으면서 그를 위하여 그 보험료를 대납하기로 전화상으로 약정하였고, 그 다음날 실제 보험료를 지급받으면서는 그 전날 이미 보험료를 납입받은 것으로 하여 보험약관에 따라 보험기간이 그 전날 24:00 이미 시작된 것으로 기재된 보험료영수증을 교부한 경우 위 약정일에 보험계약이 체결되어 보험회사가 보험료를 영수한 것으로 보아야 한다(대판 1991.12.10. 90다10315). [모의 20]

04 보험중개사는 보험자의 대리인이 아니므로 계약 체결권한, 고지 수령권한, 보험료 수령권한 등 보험자를 대리할 어떠한 권한도 인정되지 않는다.

[변호 21]

> **(틀린지문)** 보험대리상이 아니면서 특정한 보험자를 위하여 계속적으로 보험계약의 체결을 중개하는 자는 보험계약자로부터 청약, 고지, 통지, 해지, 취소 등 보험계약에 관한 의사표시를 수령할 수 있는 권한이 있다. [변호 21]

05 보험설계사는 보험자를 대리하여 보험계약을 체결할 권한도 없고 보험계약자 또는 피보험자로부터 고지를 수령할 권한도 없다(제646조의2 제3항).

[변호 13]

06 보험계약 당시 보험사고가 이미 발생하였거나 또는 발생할 수 없는 것인 때에는 계약은 무효로 한다. 그러나 당사자 쌍방과 피보험자가 이를 알지 못한 때에는 그러하지 아니하다(제644조).

[모의 14, 18, 21]

07 보험계약이 유효하게 성립하기 위해서는 계약 당시 보험사고의 발생여부가 확정되어 있지 않아야 한다(대판 2016.1.28. 2013다74110). [모의 18]

08 보험사고는 불확정한 것이어야 한다는 것은 보험의 본질에 따른 강행규범이므로 당사자 사이의 합의에 의해 이 규정에 반하는 보험계약을 체결하더라도 그 계약은 무효이다(대판 2002.6.28. 2001다 59064). [변호 12, 모의 14]

09 암 진단의 확정 및 그와 같이 확인이 된 암을 직접적인 원인으로 한 사망을 보험사고의 하나로 하는 보험계약에서 피보험자가 보험계약일 이전에 암 진단이 확정되어 있었던 경우에는 보험계약을 무효로 한다는 약관조항은 유효하다(대판 1998.8.21. 97다50091). [모의 14]

10 보험계약 체결 당시에는 보험사고의 발생가능성이 있었으나 보험계약 체결 후 불가능하게 된 경우 보험계약의 성립에는 영향을 받지 않는다. [모의 18]

11 보험계약자는 계약체결후 지체없이 보험료의 전부 또는 제1회 보험료를 지급하여야 하며, 보험계약자가 이를 지급하지 아니하는 경우에는 다른 약정이 없는 한 계약성립후 2월이 경과하면 그 계약은 해제된 것으로 본다(제650조 제1항). [변호 17, 모의 20, 21]

12 보험계약 당사자나 피보험자가 보험사고 발생 사실을 알고도 소급보험을 체결한 경우에는 그 계약은 무효이고 보험계약자는 납입한 보험료를 반환받을 수 없다(제648조). [모의 18]

13 보험계약은 보험계약자의 청약과 보험회사의 승낙에 의하여 성립한다. [모의 18]

14 보험자가 보험계약자로부터 보험계약의 청약과 함께 보험료 상당액의 전부 또는 일부를 지급받은 때에는 다른 약정이 없으면 30일 내에 그 상대방에 대하여 낙부의 통지를 발송하여야 한다(제638조의2 제1항 본문). 보험자가 30일 내에 낙부의 통지를 해태한 때에는 승낙한 것으로 본다(제638조의2 제2항). [모의 18, 21]

15 보험자가 보험계약자로부터 보험계약 청약과 함께 보험료 상당액의 전부 또는 일부를 받은 경우 청약의 승낙 전에 보험사고가 생긴 때에는 청약을 거절할 사유가 없는 한 보험자는 보험계약상의 책임을 지지만, 인보험계약의 피보험자가 신체검사를 받아야 하는 경우에 그 검사를 받지 아니한 때에는 그러하지 아니하다(제638조의2 제3항 단서). [변호 12, 모의 18(2), 21]

16 보험회사는 피보험자가 당해 청약된 보험계약에 적합하지 아니한 경우에는 승낙을 거절할 수 있다(대판 1991.11.8. 91다29170). [모의 18]

해설▶ 보험회사가 생명보험가입 청약을 받고 제1회 보험료를 수령한 직후 보험사고가 발생하였으나 피보험자가 약관에 정한 적격 피보험체가 아님을 사유로 그 승낙을 거절한 경우 위 보험계약이 성립되지 않았다고 보아야 한다(대판 1991.11.8. 91다29170).

쟁점 2. 보험약관 교부 설명 의무

01 보험자가 보험계약을 체결할 때에 보험계약자에게 보험약관을 교부하고 그 약관의 중요한 내용을 설명할 의무를 위반한 경우, 보험계약자는 보험계약이 성립한 날부터 3개월 이내에 보험계약을 취소할 수 있다(제638조의3 제2항).　　　　　　　　　　　　　　　　　　　[변호 19, 21, 모의 17]

02 보험약관 교부 및 설명의무의 상대방은 보험계약자에 국한되는 것이 아니고 보험계약이 대리인과 체결될 때에는 그 대리인에게 설명함으로써 족하다(대판 2001.7.27, 2001다23973).　　　[모의 17]

03 보험약관의 중요한 내용에 해당하는 사항이라 하더라도 보험계약자가 그 내용을 충분히 잘 알고 있는 경우에는 해당 약관이 바로 계약 내용이 되어 당사자에 대하여 구속력을 가지므로 보험자로서는 보험계약자에게 약관의 내용을 따로 설명할 필요가 없다(대판 2006.1.26, 2005다60017,60024).　　　　　　　　　　　　　　　　　　　　　　　　　　　　　　　　　　[변호 19]

　　해설▶ 보험약관의 중요한 내용에 해당하는 사항이라 하더라도 ① 보험계약자나 그 대리인이 그 내용을 충분히 잘 알고 있거나, ② 거래상 일반적이고 공통된 것이어서 보험계약자가 별도의 설명 없이도 충분히 예상 할 수 있었거나, ③ 이미 법령에 의하여 정하여진 것을 되풀이하거나 부연하는 정도에 불과한 사항이라면 그러한 사항에 대하여서까지 보험자에게 명시·설명의무가 인정된다고 할 수는 없다(대판 2006.1.26, 2005다60017,60024).

04 보험약관의 교부 및 설명의무의 구체적이고 상세한 이행방법에 대하여는 상법에서 특별히 정하고 있지 않다.　　　　　　　　　　　　　　　　　　　　　　　　　　　　　　　　　　　　　[모의 17]

05 보험계약의 청약을 유인하는 안내문에 보험약관의 내용이 추상적·개괄적으로 소개되어 있을 뿐 그 약관 내용이 당해 보험계약에 있어서 일반적이고 공통된 것이어서 보험계약자가 충분히 예상할 수 있거나 법령의 규정에 의하여 정하여진 것을 부연하는 것과 같은 것이 아닌 이상, 그러한 안내문의 송부만으로 그 약관에 대한 보험자의 설명의무를 다하였다고 할 수 없다(대판. 1999.3.9, 98다43342,43359).　　　　　　　　　　　　　　　　　　　　　　　　　　[변호 19]

06 보험계약의 중요사항은 반드시 보험약관에 규정된 것에 한정된다고 할 수 없으므로, 보험약관만으로 보험계약의 중요사항을 설명하기 어려운 경우에는 적절한 추가자료를 활용하는 등의 방법을 통하여 보험계약의 중요사항을 고객이 이해할 수 있도록 설명하여야 한다(대판 2018.4.12, 2017다 229536).　　　　　　　　　　　　　　　　　　　　　　　　　　　　　　　　　　[변호 19]

07 보험자의 책임은 당사자 간에 다른 약정이 없으면 최초의 보험료의 지급을 받은 때로부터 개시한다고 규정하고 있는 상법의 일반 조항과 다른 내용으로 보험자의 책임개시시기를 정한 경우, 그 약관 내용은 보험자가 구체적이고 상세한 명시·설명 의무를 지는 보험계약의 중요한 내용이라 할 수 있다(대판 2005.12.9, 2004다26164,26171).　　　　　　　　　　　　　　　[변호 19]

(틀린지문) 보험자의 책임은 당사자 간에 다른 약정이 없으면 최초의 보험료의 지급을 받은 때로부터 개시한다고 규정하고 있는 상법의 일반 조항과 다른 내용으로 보험자의 책임개시시기를 정한 경우, 그 약관 내용은 보험자가 구체적이고 상세한 명시·설명의무를 지는 보험계약의 중요한 내용이라 할 수 없다. [변호 19]

08 피보험자동차의 양도에 관한 통지의무를 규정한 보험약관은 거래상 일반인들이 보험자의 개별적인 설명 없이도 충분히 예상할 수 있었던 사항인 점 등에 비추어 보험자의 개별적인 명시·설명의무의 대상이 되지 않는다(대판 2007.4.27. 2006다87453). [모의 17]

09 보험자가 보험약관의 중요 사항을 보험계약자에게 설명할 의무가 있음에도 이를 이행하지 아니하고 보험계약을 체결한 경우에도 보험계약자가 그 설명을 받지 않은 사항에 대해 고지의무를 위반하였다 하더라도 보험자는 이를 이유로 보험계약을 해지할 수 없다(대판 1998.4.10. 97다47255). [변호 21, 모의 18, 19, 21]

쟁점 3. 고지의무

01 보험계약당시에 보험계약자 또는 피보험자가 고의 또는 중대한 과실로 인하여 중요한 사항을 고지하지 아니하거나 부실의 고지를 한 때에는 보험자는 그 사실을 안 날로부터 1월내에, 계약을 체결한 날로부터 3년 내에 한하여 계약을 해지할 수 있다. 보험자가 계약 당시에 그 사실을 알았거나 중대한 과실로 알지 못한 때에는 그러하지 아니하다(제651조). [변호 16, 모의 21]

02 고지의무자는 보험계약자와 피보험자이며, 인보험의 보험수익자는 고지의무자가 아니다. [변호 22]

03 대리인에 의하여 보험계약을 체결한 경우에 대리인이 안 사유는 그 본인이 안 것과 동일한 것으로 한다(제646조). [변호 12, 모의 18]

04 고지의무 위반 여부는 보험계약 성립 시를 기준으로 하여 판단하여야 한다(대판 2012.8.23. 2010다78135,78142). [모의 18]

05 보험계약상 중요한 사항이더라도 보험자가 당연히 알 수 있는 일반적인 사항은 고지의무의 대상이 되지 않는다. [모의 20]

06 고지의무의 대상인 고지하여야 할 중요한 사항이란 객관적으로 보험자가 그 사실을 안다면 그 계약을 체결하지 않든가 또는 적어도 동일한 조건으로는 계약을 체결하지 않으리라고 생각되는 사항을 말한다(대판 2001.11.27. 99다33311). [모의 18, 19]

07 보험자가 서면으로 질문한 사항은 보험계약에 있어서 중요한 사항에 해당하는 것으로 추정되고, 여기의 서면에는 보험청약서도 포함될 수 있으므로, 보험청약서에 일정한 사항에 관하여 답변을 구하는 취지가 포함되어 있다면 그 사항은 상법 제651조에서 말하는 '중요한 사항'으로 추정된다 (대판 2004.6.11. 2003다18494).   [변호 13, 21, 모의 14, 18, 19, 21]

08 보험자가 생명보험계약을 체결함에 있어 다른 보험계약의 존재 여부를 청약서에 기재하여 질문 하였다면 다른 보험계약의 존재 여부가 고지의무의 대상이 된다고 볼 수 있다(대판 2001.11.27. 99다 33311).   [모의 14]

09 손해보험에서 중복보험 체결 사실은 고지의무의 대상이 되는 중요한 사항에 해당되지 아니하므 로, 보험계약자가 보험자에게 다수의 다른 보험계약이 존재한다는 사실을 알리지 아니하였다 하 더라도 고지의무 위반이 되지 않는다(대판 2003.11.13. 2001다49623).   [모의 14, 19(2), 21]

10 보험자가 다른 보험계약의 존재 여부에 관한 고지의무 위반을 이유로 보험계약을 해지하려면 보험계약자 또는 피보험자가 다른 보험계약의 존재를 알고 있는 외에 그것이 고지를 요하는 중 요한 사항에 해당한다는 사실을 알고도, 또는 중대한 과실로 알지 못하여 고지의무를 다하지 아 니한 사실을 입증하여야 한다(대판 2004.6.11. 2003다18494).   [모의 19]

11 냉동창고에 대한 화재보험계약 체결시에 보험의 목적인 냉동창고 건물이 완성되지 않아 완성된 냉동창고에 비하여 현저히 높은 화재위험에 노출되어 있었던 경우에 잔여공사를 계속하여야 한 다는 사정은 고지의무의 대상이 된다(대판 2012.11.29. 2010다38663,38670).   [변호 16]

12 보험계약자인 원고와 피보험자인 망인은 보험계약 체결 당시 정확한 병명을 알지는 못하였다고 하더라도 망인이 질병에 걸려 신체에 심각한 이상이 생긴 사실을 인식하고 있었던 것으로 보이 고, 망인이 사망에 이른 경과에 비추어 볼 때 망인의 위와 같은 증상은 생명의 위험 측정에 영 향을 주는 것으로서 상법 제651조에서 정한 중요한 사항에 해당할 뿐만 아니라 원고와 망인은 보험계약 체결 당시 이러한 사정을 고지하여야 한다는 것을 충분히 알고 있었거나 적어도 현저 한 부주의로 인하여 이를 알지 못하였다고 봄이 상당하다(대판 2019.4.23. 2018다281241).   [관련판례]

13 고지의무위반을 이유로 보험계약을 해지하기 위해서는 고지의무 위반이 보험계약자 또는 피보 험자의 고의 또는 중대한 과실에 의한 것임이 증명되어야 하는데 그 증명책임은 보험자에게 있다 (대판 2001.11.27. 99다33311).   [변호 13]

14 보험계약자는 보험사고가 발생하기 전에는 언제든지 계약의 전부 또는 일부를 해지할 수 있고 보험사고의 발생으로 보험자가 보험금액을 지급한 때에도 보험금액이 감액되지 아니하는 보험의 경우에는 그 사고발생 후에도 보험계약을 해지할 수 있다(제649조 제1항, 제2항).   [변호 12, 13]

> **(틀린지문)** 보험사고의 발생으로 보험자가 보험금액을 지급한 때에도 보험금액이 감액되지 아니하는 보험의 경우에는 보험계약자는 그 사고 발생 후에는 보험계약을 해지할 수 없다. [변호 13]

15 경제적으로 독립한 여러 물건에 대하여 화재보험계약을 체결함에 있어 집합된 물건 전체에 대하여 단일의 보험금액으로써 계약을 체결하는 경우, 보험의 목적이 된 수개의 물건 가운데 일부에 대하여만 고지의무위반이 있는 경우 원칙적으로 고지의무 위반이 있는 물건에 대해서만 보험계약을 해지할 수 있다(대판 1999.4.23. 99다8599). [모의 19]

16 생명보험계약에 있어서 고지의무위반을 이유로 한 해지의 경우에는 계약의 상대방 당사자인 보험계약자나 그의 상속인(또는 그들의 대리인)에 대하여 해지의 의사표시를 하여야 하고, 타인을 위한 보험에 있어서도 보험금 수익자에게 해지의 의사표시를 하는 것은 특별한 사정이 없는 한 효력이 없다(대판 1989.2.14. 87다카2973). [변호 13, 16]

> **(틀린지문)** 생명보험계약에 있어서 고지의무위반을 이유로 보험계약을 해지하는 경우 보험계약자 뿐만 아니라 보험수익자에 대하여도 해지의 의사표시를 하여야 그 효력이 있다. [변호 13]

17 고지의무 위반으로 보험자가 보험계약을 해지한 경우 보험사고 발생 이후더라도 보험자는 보험금을 지급할 책임이 없고 이미 지급한 보험금의 반환을 청구할 수 있다(제655조 본문). [모의 18]

18 보험계약자가 고지의무위반과 보험사고간에 인과관계가 없음을 입증한 경우 보험자는 보험금을 지급해야 한다(제655조 단서). [변호 16]

> **(틀린지문)** 고지의무를 위반한 사실이 보험사고 발생에 영향을 미치지 아니하였음이 증명된 경우라 하더라도 보험자는 보험계약을 해지할 수 있을 뿐만 아니라 보험금지급책임도 면한다. [변호 16]

19 보험계약을 체결함에 있어 고지의무 위반사실이 보험사고의 발생에 영향을 미치지 아니하였다는 점에 관한 증명책임은 보험계약자에게 있다(대판 1994.2.25. 93다52082). [모의 19]

20 고지의무위반 사실과 보험사고 발생 사이의 인과관계 없는 고지의무위반의 경우 보험자는 보험금의 지급여부와 상관없이 장래를 향하여 상법 제651조에 따라 계약해지를 할 수 있다(대판 2010.7.22. 2010다25353). [변호 13, 16]

21 보험계약을 체결함에 있어 중요한 사항에 관하여 보험계약자의 고지의무위반이 사기에 해당하는 경우에는 보험자는 상법의 규정에 의하여 계약을 해지할 수 있음은 물론, 민법의 일반원칙에 따라 그 보험계약을 취소할 수 있다(대판 1991.12.27. 91다1165). [모의 19(2)]

쟁점 4. 보험계약의 체결과 효과

01   보험자의 책임은 당사자 간에 다른 약정이 없으면 최초의 보험료의 지급을 받은 때로부터 개시한다(제656조).   [모의 18(2)]

02   보험자가 보험계약의 청약에 대하여 승낙을 하지 아니한 동안에 보험계약의 청약인으로부터 제1회 보험료로 선일자수표를 발행 받은 경우 보험자가 그 선일자수표를 받은 날을 보험자의 책임 발생 시점이 되는 제1회 보험료의 수령일로 보아서는 안 된다(대판 1989.11.28. 88다카33367).   [변호 17]

> **(틀린지문)** 보험자가 보험계약의 청약에 대하여 승낙을 하지 아니한 동안에 보험계약의 청약인으로부터 제1회 보험료로 선일자수표를 발행 받은 경우 보험자가 그 선일자수표를 받은 날로부터 보험자의 책임이 개시된다.   [변호 17]

03   보험계약자가 계약 체결 후 보험료의 전부 또는 제1회 보험료를 지급하지 아니한 경우, 다른 약정이 없는 한 계약 성립 후 2개월이 경과하면 계약은 해제된 것으로 본다(제650조 제1항).   [변호 17, 모의 20, 21]

04   특정한 타인을 위한 보험의 경우에 보험계약자가 보험료의 지급을 지체한 때에는 보험자는 그 타인에게도 상당한 기간을 정하여 보험료의 지급을 최고한 후가 아니면 그 보험계약을 해제 또는 해지하지 못한다(제650조 제3항).   [변호 17, 모의 20]

05   계속보험료(최초보험료×)의 지급지체로 보험계약이 적법하게 해지되고 해지환급금이 지급되지 아니한 경우에 보험계약자는 일정한 기간 내에 연체보험료에 약정이자를 붙여 보험자에게 지급하고 그 계약의 부활을 청구할 수 있다(제650조의2).   [변호 17]

06   분납 보험료가 소정의 시기에 납입되지 아니하면 최고와 해지의 절차를 거치지 않고 막바로 보험계약이 해지되거나 실효됨을 규정하고 보험자의 보험금지급 책임을 면하도록 규정한 보험약관은 무효이다(대판 1995.11.16. 94다56852).   [변호 17, 모의 18]

07   보험계약자 또는 피보험자나 보험수익자가 보험사고 발생의 통지의무를 해태함으로 인하여 손해가 증가된 때에는 보험자는 그 증가된 손해를 보상할 책임이 없다(제657조 제2항).   [변호 12]

08   보험자는 보험계약이 성립한 때에는 지체 없이 보험증권을 작성하여 보험계약자에게 교부하여야 한다. 그러나 보험계약자가 보험료의 전부 또는 최초의 보험료를 지급하지 아니한 때에는 그러하지 아니하다(제640조 제1항).   [모의 18]

09 기존의 보험계약을 연장하거나 변경한 경우에는 보험자는 그 보험증권에 그 사실을 기재함으로써 보험증권의 교부에 갈음할 수 있다(제640조 제2항). [모의 18]

10 보험증권은 증거증권에 불과하여 당사자의 의사와 계약 체결의 전후 경위 등을 종합하여 보험계약의 내용을 인정할 수 있다(대판 1996.7.30. 95다1019). [모의 18]

11 보험계약의 당사자는 보험증권의 교부가 있은 날로부터 일정한 기간 내에 한하여 그 증권내용의 정부에 관한 이의를 할 수 있음을 약정할 수 있다. 이 기간은 1월을 내리지 못한다(제641조). [모의 18]

12 보험계약자가 보험증권을 멸실 또는 현저하게 훼손한 때에는 자신의 비용부담으로 보험자에 대하여 증권의 재교부를 청구할 수 있다(제642조). [모의 18]

13 보험사고의 발생에 기여한 복수의 원인이 존재하는 경우, 그 중 하나가 피보험자 등의 고의행위임을 주장하여 보험자가 면책되기 위하여는 그 행위가 공동원인의 하나이었다는 점을 입증하는 것으로는 부족하고 피보험자 등의 고의행위가 보험사고 발생의 유일하거나 결정적 원인이었음을 입증해야 한다(대판 2004.8.20. 2003다26075). [모의 13]

14 보험금청구권은 3년간 행사하지 아니하면 시효의 완성으로 소멸한다(제662조). 이는 모든 손해보험과 인보험에 적용된다(대판 2000.3.23. 99다66878). [변호 12, 13, 14]

15 보험료 반환청구권은 3년간 행사하지 아니하면 시효의 완성으로 소멸한다(제662조). [모의 20]

16 보험금지급청구권의 소멸시효는 다른 특별한 사정이 없는 한 원칙적으로 보험사고가 발생한 때로부터 진행한다. 객관적으로 보아 보험사고가 발생한 사실을 보험금청구권자가 확인할 수 없는 사정이 있는 경우에는 보험금청구권자가 보험사고의 발생을 알았거나 알 수 있었던 때로부터 보험금청구권의 소멸시효가 진행한다(대판 1993.7.13. 92다39822). [변호 14]

17 보험사고 발생 전 보험계약자가 보험계약을 해지한 경우 당사자 간에 다른 약정이 없으면 미경과보험료의 반환을 청구할 수 있다(제649조 제3항). [모의 20]

[관련 판례] 보험계약 해지 전에 보험사고가 발생하여 보험금이 일부 지급된 경우 이미 발생한 보험사고로 인하여 보험자가 담보하는 위험의 크기가 감소하였으므로, 그 후 보험계약이 해지되어 미경과기간에 대한 보험료를 반환하여야 하더라도 보험자는 보험금을 지급한 부분에 대하여는 미경과기간의 보험료를 반환할 의무가 없고, 실제로 보험자가 위험의 인수를 면하게 된 부분에 상응하는 보험료를 기준으로 미경과기간의 보험료를 산정·반환할 의무가 있다(대판 2008.1.31. 2005다57806).

쟁점 5. 타인을 위한 보험계약

01 보험계약자는 위임을 받거나 위임을 받지 아니하고 특정 또는 불특정의 타인을 위하여 보험계약을 체결할 수 있으며, 손해보험계약의 경우, 그 타인의 위임이 없는 때에는 보험계약자는 이를 보험자에게 고지하여야 한다. 그 고지가 없는 때에는 타인이 그 보험계약이 체결된 사실을 알지 못하였다는 사유로 보험자에게 대항하지 못한다(제639조 제1항). [변호 12, 모의 16, 18, 19, 20]

> **(틀린지문)** 甲은 乙 소유의 물건을 운송하기로 하면서 A 손해보험회사와의 사이에 乙을 피보험자로 하여 그 물건에 대한 손해보험계약을 체결하였다. 상법에 따르면 甲이 乙로부터 위 보험계약의 체결을 위임 받지 않은 경우 甲이 위임이 없었다는 취지를 A 보험회사에게 고지하지 않으면 보험계약이 무효가 된다. [변호 12]

02 임가공업자가 소유자로부터 공급받은 원·부자재 및 이를 가공한 완제품의 멸실·훼손으로 인하여 발생하는 손해배상책임에 대비하기 위하여 체결하는 보험계약은 타인을 위한 보험에 해당하지 않고 손해배상책임을 담보하는 소극적 이익을 피보험이익으로 한 책임보험의 성격을 가진다 (대판 1997.9.5. 95다47398). [모의 19]

> **[관련 판례]** 임차인이 임차건물과 그 안에 있는 시설 및 집기비품 등에 대하여 피보험자에 대하여는 명확한 언급이 없이 자신을 보험목적의 소유자로 기재하여 화재보험을 체결한 경우, 이러한 화재보험은 다른 특약이 없는 한 피보험자가 그 목적물의 소유자인 타인에게 손해배상의무를 부담하게 됨으로써 입게 되는 손해까지 보상하기로 하는 책임보험의 성격을 갖는다고는 할 수 없다(대판 2009.12.10. 2009다56603,56610).

03 타인을 위한 손해보험계약이 체결된 경우, 보험계약자가 보험료 지급을 지체한 때에는 타인이 권리를 포기하지 않는 한 타인도 보험료를 지급할 의무가 있다(제639조 제3항 단서). [모의 19]

04 타인을 위한 손해보험계약의 경우, 보험계약자가 그 타인에게 보험사고의 발생으로 생긴 손해의 배상을 한 때에는 보험계약자는 그 타인의 권리를 해하지 아니하는 범위 안에서 보험자에게 보험금액의 지급을 청구할 수 있다(제639조 제2항 단서). [모의 16, 19]

05 타인을 위한 보험계약의 경우, 보험계약자는 그 타인의 동의를 얻지 아니하거나 보험증권을 소지하지 아니하면 그 계약을 해지하지 못한다(제649조 제1항 단서). [모의 16]

쟁점 6. 손해보험

01 손해보험계약에서 피보험이익은 금전에 의해 객관적으로 산정할 수 있어야 하지만(제668조), 그 것이 반드시 법률상의 권리(보험의 목적에 대한 소유권 등)이어야 하는 것은 아니다. [모의 13, 19]

02 임차인이 임차건물과 그 안의 동산 및 기계 등에 대하여 자신을 소유자로 기재하여 보험계약을 체결한 경우, 그 중 건물 부분에 관하여는 보험계약자인 임차인이 그 소유자를 위하여 체결한 것으로서, 보험회사는 보험사고가 발생한 경우에 보험계약자인 임차인이 그 건물의 소유자에 대하여 손해배상책임을 지는지 여부를 묻지 않고 그 건물의 소유자에게 보험금을 지급하기로 하는 제3자를 위한 보험계약을 체결하였다고 봄이 상당하다(대판 1997.5.30. 95다14800). [모의 19]

03 손해보험에서 보험의 목적물과 위험의 종류만이 정해져 있고 피보험자와 피보험이익이 명확하지 않은 경우 피보험자의 결정 기준 및 임차인이 임차건물과 내부 시설 등에 대하여 피보험자에 대한 명확한 언급 없이 자신을 소유자로 기재하여 화재보험을 체결한 경우 위 화재보험을 책임보험으로 볼 수 없다(대판 2003.1.24. 2002다33496). [모의 13]

04 양도담보설정자는 그 목적물에 관하여 체결한 화재보험계약의 피보험이익을 가진다(대판 2009.11.26. 2006다37106). [모의 13]

05 보험가액은 보험자가 보상할 보험금액의 법률상 최고한도액이다. [모의 16]

06 보험금액은 보험사고가 발생한 경우에 보험자가 피보험자 또는 보험수익자에게 지급하는 금액의 최고한도액이다. [모의 16]

07 당사자 간에 보험가액을 정한 때에는 그 가액은 사고발생시의 가액으로 정한 것으로 추정한다. 그러나 그 가액이 사고발생시의 가액을 현저하게 초과할 때에는 사고발생시의 가액을 보험가액으로 한다(제670조). [모의 14, 19, 20]

08 기평가보험제도는 보험사고가 발생할 경우 보험자가 지급해야 하는 보험가액을 당사자 간에 미리 정하여 두는 제도로서 그 가액이 사고발생시의 가액을 현저하게 초과하지 않는 한 유효하다(대판 2002.3.26. 2001다6312). [모의 19]

09 당사자 간에 보험가액을 정하지 않은 때에는 사고발생시 가액을 보험가액으로 한다(제671조). [모의 20]

10   보험금액이 보험계약의 목적의 가액을 현저하게 초과할 때에는 보험자는 보험료와 보험금액의
감액을 청구할 수 있는데, 보험료의 감액은 장래에 대하여서만 그 효력이 있으며(제669조 제1
항), 이때의 가액은 계약 당시의 가액에 의하여 정한다(제669조 제2항).   [모의 14, 16, 20]

11   보험가액이 보험기간 중에 현저하게 감소된 때에는 보험자는 보험금액의 감액을 청구할 수
있다(제669조 제3항).   [모의 20]

12   보험계약자의 사기로 인하여 초과보험계약이 체결된 경우에는 보험계약 전체가 무효로 되는데
(제669조 제4항), 이 경우 증명책임은 보험자가 부담한다.   [모의 14]

쟁점 7. 중복보험, 일부보험

01   중복보험에 있어서 보험자 1인에 대한 권리의 포기는 다른 보험자의 권리의무에 영향을 미치지
않는다(제673조).   [모의 14, 15, 21]

02   두 개의 책임보험계약의 피보험이익과 보험사고의 내용 및 범위가 상당 부분 중복되고, 발생한
사고가 그 중복되는 피보험이익에 관련된 보험사고에 해당하는 경우, 중복보험에 해당된다(대판
2009.12.24. 2009다53499).   [모의 13]

03   손해보험계약에서 보험계약의 동일성은 피보험이익의 동일성을 기준으로 판단하므로 동일한 보
험의 목적에 대해서도 피보험이익이 다르면 복수의 보험계약이 성립될 수 있는데, 이 경우에는
중복보험의 법리가 적용되지 않는다(대판 1997.9.5. 95다47398).   [모의 19]

04   중복보험의 각 보험자는 각자의 보험금액의 한도에서 연대책임을 부담한다. 각 보험자의 보상책
임은 각자의 보험금액의 비율에 따른다(제672조 제1항).   [모의 21(2)]

05   각 보험계약의 당사자가 각개의 보험계약이나 약관을 통해 중복보험에 있어서의 피보험자에 대
한 보험자의 보상책임 방식이나 보험자들 사이의 책임 분담방식에 대해 상법과 다른 내용을 규
정할 수 있다(대판 2002.5.17. 2000다30127).   [모의 15]

06   중복보험에 따른 구상금채권의 소멸시효기간은 5년이다(대판 2006.11.10. 2005다35516).   [모의 15]

07 사기에 의한 중복보험계약은 무효이나 보험계약자는 각 보험자가 그 사실을 안 때까지의 보험료를 지급해야 하며, 이 경우 증명책임은 보험자가 부담한다(제672조 제3항, 제669조 제4항).

[모의 15, 20]

08 중복보험계약이 체결되었다는 통지의무를 게을리 하였다는 사유만으로 사기로 인한 중복보험계약이 체결되었다고 추정할 수는 없다(대판 2000.1.28. 99다50712).

[모의 15]

09 보험가액의 일부를 보험에 붙인 경우에는 보험자는 보험금액의 보험가액에 대한 비율에 따라 보상할 책임을 지며, 당사자 간에 다른 약정이 있는 때에는 보험자는 보험금액의 한도 내에서 그 손해를 보상할 책임을 진다(제674조).

[모의 14, 16, 20]

10 보험의 목적에 관하여 보험자가 부담할 손해가 생긴 경우에는 그 후 그 목적이 보험자가 부담하지 아니하는 보험사고의 발생으로 인하여 멸실된 때에도 보험자는 이미 생긴 손해를 보상할 책임을 면하지 못한다(제675조).

[모의 19]

쟁점 8. 보험목적의 양도

01 피보험자가 보험의 목적을 양도한 때에는 양수인은 보험계약상의 권리와 의무를 승계한 것으로 추정한다(제679조 제1항).

[모의 13, 14]

02 보험목적의 양수인이 종전의 보험을 승계할 이익이 거의 없어 피보험이익이 동일한 보험계약을 다시 체결한 경우에는 보험계약이 승계된 것으로 추정되지 않는다(대판 1996.5.28. 96다6998).

[모의 13]

> **해설** 상법 제679조의 추정은 보험목적의 양수인에게 보험승계가 없다는 것이 증명된 경우에는 번복되는데, 보험목적의 양수인이 그 보험목적에 대한 1차 보험계약과 피보험이익이 동일한 보험계약을 체결한 사안에서, 제1차 보험계약에 따른 보험금청구권에 질권이 설정되어 있어 보험사고가 발생할 경우에도 보험금이 그 질권자에게 귀속될 가능성이 많아 1차 보험을 승계할 이익이 거의 없고, 양수인이 그 보험목적에 관하여 손해의 전부를 지급받을 수 있는 필요충분한 보험계약을 체결한 경우, 양수인에게는 보험승계의 의사가 없었다고 봄이 상당하고, 따라서 1차 보험은 양수인에게 승계되지 아니하였으므로 양수인이 체결한 보험이 중복보험에 해당하지 않는다(대판 1996.5.28. 96다6998).

03 보험의 목적이란 보험사고의 대상이 되는 객체를 말하며, 보험계약의 목적이란 피보험이익을 말한다.

[모의 13]

04 손해보험에서 피보험자의 채권이나 책임도 보험목적이 될 수 있으므로 양도대상이 되는 보험목적이 반드시 유체물이어야 하는 것은 아니다.

[모의 13]

05　상법상 보험목적의 양도에 관한 규정은 손해보험에 대하여 적용되는 것이 원칙이다.　　[모의 13]

06　변호사·의사 등과 관련한 전문직업인 책임보험의 경우에는 설사 그 지위를 양도하더라도 보험계약 이전의 문제는 발생하지 않는다.　　[모의 13]

07　자동차보험의 피보험자가 보험기간 중에 자동차를 양도한 때에는 양수인은 보험자의 승낙을 얻은 경우에 한하여 보험계약으로 인하여 생긴 권리와 의무를 승계한다(제726조의4 제1항).　[모의 14]

08　선박을 보험에 붙인 경우 선박이 양도되면 보험계약은 종료하나, 보험계약의 승계에 관한 보험자의 동의가 있는 경우에는 그러하지 아니하다(제703조의2).　　[모의 14]

09　보험의 목적의 양도인 또는 양수인은 보험자에 대하여 지체 없이 그 사실을 통지해야 한다(제679조 제2항).　　[모의 14]

10　보험목적의 양도로 인하여 현저한 위험의 변경 또는 증가가 없는 경우에는 양도의 통지를 하지 않더라도 통지의무 위반을 이유로 당해 보험계약을 해지할 수 없다(대판 1996.7.26. 95다52505).
　　[모의 13, 14]

쟁점 9. 보험계약자와 피보험자의 손해방지 경감의무

01　보험계약자와 피보험자가 고의, 중과실로 손해방지의무를 위반한 경우 보험자는 손해방지의무 위반과 상당인과관계가 있는 손해, 즉 의무 위반이 없다면 방지 또는 경감할 수 있으리라고 인정되는 손해액에 대하여 배상을 청구하거나 지급할 보험금과 상계하여 이를 공제한 나머지 금액만을 보험금으로 지급할 수 있으나, 경과실로 위반한 경우에는 그러하지 아니하다(대판 2016.1.14. 2015다6302).　　[모의 20]

02　보험계약자와 피보험자는 손해의 방지와 경감을 위하여 노력하여야 한다. 그러나 이를 위하여 필요 또는 유익하였던 비용과 보상액이 보험금액을 초과한 경우라도 보험자가 이를 부담한다(제680조 제1항).　　[변호 15, 모의 20]

> **(틀린지문)** 손해의 방지와 경감을 위하여 필요 또는 유익하였던 비용과 보상액은 보험금액을 한도로 하여 보험자가 이를 부담한다.　　[변호 15]

03　피보험자가 손해방지의무를 위반하였다고 하더라도 보험자는 계약을 해지할 수 없다.　[모의 20]

04 보험사고 발생시 또는 보험사고가 발생한 것과 같게 볼 수 있는 경우에 피보험자의 법률상 책임 여부가 판명되지 않은 상태에서 피보험자가 손해확대방지를 위한 긴급한 행위를 하였다면, 이로 인하여 발생한 필요 또는 유익한 비용도 손해확대방지를 위한 비용으로서 보험자가 부담하는 것으로 해석하여야 한다(대판 1993.1.12. 91다42777). [변호 15, 18, 모의 20, 21]

> **(틀린지문)** 보험사고 발생시 피보험자의 법률상 책임 여부가 판명되지 않은 상태에서 피보험자가 손해확대방지를 위한 긴급한 행위를 한 경우 이로 인하여 발생한 비용은 손해방지비용에 포함되지 않는다. [변호 18]

05 손해방지비용과 방어비용은 서로 구별되는 것이므로 보험계약에 적용되는 보통약관에 손해방지비용과 관련한 별도의 규정을 두고 있다고 하더라도 그 규정이 당연히 방어비용에 대하여도 적용된다고 할 수는 없다(대판 2006.6.30. 2005다21531). [변호 15, 모의 20]

06 피보험자의 손해방지의무에는 손해를 직접 방지하는 행위는 물론 간접적으로 방지하는 행위도 포함된다. 그러나 손해는 피보험이익에 대한 침해의 결과로서 생기는 손해만을 뜻하고, 보험자의 구상권과 같이 보험자가 손해를 보상한 후에 취득하게 되는 이익을 상실함으로써 결과적으로 보험자에게 부담되는 손해까지 포함된다고 볼 수는 없다(대판 2018.9.13. 2015다209347). [관련판례]

07 방수공사의 세부 작업 가운데 누수가 발생한 후 누수 부위나 원인을 찾는 작업과 관련된 탐지비용, 누수를 직접적인 원인으로 해서 제3자에게 손해가 발생하는 것을 미리 방지하는 작업이나 이미 제3자에게 발생한 손해의 확대를 방지하는 작업과 관련된 공사비용 등은 손해방지비용에 해당할 수 있다(대판 2022.3.31. 2021다201085,201092). [최신판례]

쟁점 10. 보험자 대위

01 보험의 목적의 전부가 멸실한 경우에 보험금액의 전부를 지급한 보험자는 그 목적에 대한 피보험자의 권리를 취득한다(제681조 본문). [모의 14, 20]

02 제3자에 대한 보험자대위란 손해가 제3자의 행위로 인하여 생긴 경우에 보험금액을 지급한 보험자가 지급한 금액의 한도에서 그 제3자에 대한 보험계약자 또는 피보험자의 권리를 취득하는 제도를 말한다(제682조 제1항). [변호 16, 모의 14, 18]

03 상해보험계약의 경우 당사자 사이의 약정에 의하여 보험자는 피보험자의 권리를 해하지 아니하는 범위 안에서 보험사고로 인하여 생긴 보험계약자 또는 보험수익자의 제3자에 대한 권리를 대위하여 행사할 수 있다(제729조 단서). [변호 20]

해설 인보험의 보험자는 보험사고로 인하여 생긴 보험계약자 또는 보험수익자의 제3자에 대한 권리를 대위하여 행사하지 못한다. 그러나 상해보험계약의 경우에 당사자 간에 다른 약정이 있는 때에는 보험자는 피보험자의 권리를 해하지 아니하는 범위 안에서 그 권리를 대위하여 행사할 수 있다(제729조).

04 보험계약자나 피보험자의 제1항에 따른 권리가 그와 생계를 같이 하는 가족에 대한 것인 경우 보험자는 그 권리를 취득하지 못한다(제682조 제2항 본문). [모의 14, 16, 21]

05 타인을 위한 손해보험에서 손해가 보험계약자나 피보험자와 생계를 같이 하는 가족이 고의로 일으킨 사고로 발생한 경우 보험금을 전부 지급한 보험자는 그 지급한 금액의 한도에서 그 가족에 대한 보험계약자 또는 피보험자의 권리를 취득한다(제682조 제2항 단서). [변호 16, 20, 모의 14]

06 제3자에 대한 보험자대위에 관한 상법 제682조 소정의 제3자의 행위란 피보험이익에 대하여 손해를 일으키는 행위를 뜻하는 것으로서 고의 또는 과실에 의한 행위만이 이에 해당하는 것이 아니므로 제3자에게 귀책사유가 있음을 입증할 필요가 없다(대판 1995.11.14. 95다33092). [변호 20, 모의 15]

07 화재보험의 피보험자가 보험사고를 일으킨 경우 피보험자는 청구권대위의 상대방이 아니다(대판 1995.6.9. 94다4813). [모의 16]

08 자동차종합보험에 가입한 자동차 소유자의 피용운전사가 보험사고를 일으킨 경우 피용운전사는 청구권대위의 상대방이 아니다(대판 1991.11.26. 90다10063). [모의 16]

09 자동차종합보험에서 승낙피보험자의 행위로 보험사고가 발생한 경우 승낙피보험자는 청구권대위의 상대방이 아니다(대판 1993.1.12. 91다7828). [모의 16]

10 타인을 위한 손해보험에서 보험계약자가 보험사고를 일으킨 경우 보험계약자는 제3자에 대한 보험자대위에 관한 상법 제682조 소정의 제3자에 포함된다(대판 1989.4.25. 87다카1669). [변호 20, 모의 16]

> **(틀린지문)** 타인을 위한 손해보험에서 보험계약자가 보험사고를 일으킨 경우 보험계약자는 제3자에 대한 보험자대위에 관한 상법 제682조 소정의 제3자의 범주에서 제외된다. [변호 20]

11 보험자가 보상할 보험금의 일부를 지급한 경우에는 피보험자의 권리를 침해하지 아니하는 범위에서 그 권리를 행사할 수 있다(제682조 제1항 단서). [모의 15]

12 보험자에게 보험금지급책임이 없음에도 불구하고 임의로 보험금을 지급한 경우에는 보험자에게 대위권이 발생하지 않으므로 구상권을 행사할 수 없다(대판 1994.4.12. 94다200). [모의 15, 21]

13 제3자에 대한 보험자대위가 인정되기 위하여는 보험자가 피보험자에게 보험금을 지급할 책임이 있는 경우여야 하므로, 보험자가 보험약관에 따라 면책되는 경우에는 보험자대위를 할 수 없다 (대판 2009.10.15. 2009다48602). [모의 14]

14 보험자가 면책약관에 대한 설명의무를 위반하여 해당 면책약관을 계약내용으로 주장하지 못하고 보험금을 지급하게 되었더라도, 이는 보험자가 피보험자에게 보험금을 지급할 책임이 있는 경우에 해당하므로 보험자는 보험자대위를 할 수 있다(대판 2014.11.27. 2012다14562). [관련판례]

15 책임보험 피보험자가 공동불법행위의 가해자인 경우, 피해자에게 보험금을 지급한 보험자는 피보험자가 다른 공동불법행위자에 대하여 가지는 구상권을 보험자대위에 의해 행사할 수 있다. [모의 14]

16 보험자대위에 의하여 보험자가 취득하는 권리는 불법행위 또는 채무불이행으로 인한 손해배상청구권에 한한다(대판 1988.12.13. 87다카3166). [모의 15]

17 보험자대위에 의하여 보험자가 취득하는 권리에는 피해자의 직접청구권도 포함된다(대판 2016.5.27. 2015다237618). [모의 20]

18 보험자의 보험금 지급과 동시에 보험계약자 또는 피보험자가 제3자에 대하여 가지는 권리는 보험자에게 이전된다. 법률에 의한 이전이므로 별도 의사표시나 대항요건은 요구되지 않는다. [모의 14, 17, 18, 21]

19 보험자대위에 의하여 피보험자 등의 제3자에 대한 권리는 동일성을 잃지 않고 보험자에게 이전되므로, 보험자가 취득하는 채권의 소멸시효 기간과 기산점 또한 피보험자 등이 제3자에 대하여 가지는 채권 자체를 기준으로 판단하여야 한다(대판 1999.6.11. 99다3143). [변호 16, 모의 14, 18, 21]

> **(틀린지문)** 甲은 A보험회사와 자신을 피보험자로 하여 자신의 자동차에 대한 차량보험계약을 체결하고 그 자동차로 도로를 운행하던 중 무단으로 중앙선을 침범하여 운전한 乙의 자동차에 의해 甲의 자동차가 크게 파손되는 사고를 당하여 A보험회사에 보험금청구권을 갖게 되었다. 甲에게 보험금을 지급한 A보험회사가 乙에 대해 대위할 수 있는 손해배상청구권은 甲의 A보험회사에 대한 보험금청구권과 같이 위 사고발생일로부터 3년의 시효로 소멸한다. [변호 16]

20 피보험자가 보험금을 지급받은 후 제3자에 대하여 손해배상청구권을 포기하는 것은 무권한자의 처분행위로서 효력이 없으며, 보험자는 여전히 제3자에 대하여 손해배상청구권을 대위할 수 있다 (대판 1997.11.11. 97다37609). [변호 16, 모의 18]

21   피보험자가 보험금 수령 후에 제3자가 피보험자에게 손해배상금을 지급한 경우 이러한 변제는 무효이지만, 채권의 준점유자에 대한 변제로 유효한 경우, 제3자의 채무는 유효한 변제로 소멸하므로 보험자는 청구권대위의 침해를 이유로 피보험자에게 부당이득반환청구 내지는 손해배상청구권을 행사할 수 있다(대판 1999.4.27. 98다61593).   [변호 16. 모의 18]

22   보험사고가 피보험자와 제3자의 과실이 경합되어 발생한 경우 피보험자가 제3자에 대하여 그 과실분에 상응하여 청구할 수 있는 손해배상청구권 중 피보험자의 전체 손해액에서 보험자로부터 지급받은 보험금을 공제한 금액만큼은 여전히 피보험자의 권리로 남는 것이고, 그것을 초과하는 부분의 청구권만이 보험자가 보험자대위에 의하여 제3자에게 직접 청구할 수 있다(대판 2021.1.14. 2020다261776).   [최신판례]

> 해설▶ 일부보험에서 피보험자의 권리와 보험자의 대위권 사이의 관계에 관하여 절대설은 보험자가 전액 지급 받은 뒤 잔액 범위 내에서 피보험자가 지급받는다고 보고, 차액설은 피보험자가 보험가액과 보험금의 차액에 해당하는 부분을 보험자보다 먼저 지급받는다고 본다.

23   제3자의 행위로 발생한 사고로 인하여 피보험자에게 보험목적물과 보험목적물이 아닌 재산에 모두 손해가 발생하여, 피보험자가 보험목적물에 관하여 보험금을 수령한 경우, 피보험자가 제3자에게 해당 사고로 인한 손해배상을 청구할 때에는 보험목적물에 대한 손해와 보험목적물이 아닌 재산에 대한 손해를 나누어 그 손해액을 판단하여야 하고, 보험목적물이 아닌 재산에 대한 손해액을 산정할 때 보험목적물에 관하여 수령한 보험금액을 고려하여서는 아니 된다(대판 2020.10.15. 2018다213811).   [최신판례]

24   손해보험의 보험사고에 관하여 동시에 불법행위나 채무불이행에 기한 손해배상책임을 지는 제3자가 있어 피보험자가 그를 상대로 손해배상청구를 하는 경우, 피보험자가 손해보험계약에 따라 보험자로부터 수령한 보험금은 보험계약자가 스스로 보험사고의 발생에 대비하여 그때까지 보험자에게 납입한 보험료의 대가적 성질을 지니는 것으로서 제3자의 손해배상책임과는 별개의 것이므로 이를 그의 손해배상책임액에서 공제할 것이 아니다(대판 2015.1.22. 2014다46211).   [모의 17]

25   재보험관계에서 재보험자가 원보험자에게 재보험금을 지급하면 원보험자가 취득한 제3자에 대한 권리는 지급한 재보험금의 한도에서 다시 재보험자에게 이전된다.   [모의 17]

> [관련 판례] ① 재보험자가 보험자대위에 의하여 취득한 제3자에 대한 권리행사는 원보험자가 재보험자의 수탁자 지위에서 자기 명의로 권리를 행사하여 회수한 금액을 재보험자에게 재보험금 비율에 따라 교부하는 방식으로 하는 것이 상관습이다. ② 재보험자의 보험자대위권리는 원보험자가 제3자에 대한 권리행사 결과로 취득한 출자전환주식에도 미친다(대판 2015.6.11. 2012다10386).   [모의 17]

쟁점 11. 책임보험 및 직접청구권

01 동일한 보험계약 목적과 동일한 사고에 수개의 책임보험계약이 동시 또는 순차로 체결되어 보험금액의 총액이 피보험자의 제3자에 대한 손해배상액을 초과하는 경우 보험자는 각자의 보험금액을 한도로 하여 각자의 보험금액 비율에 따라 연대책임을 부담한다(제725조의2).　　　　[변호 18]

02 책임보험에서 보험자의 채무인수는 피보험자의 부탁에 따라 이루어지는 것이므로 보험자의 손해배상채무와 피보험자의 손해배상채무는 연대채무관계에 있다(대판 2018.10.25. 2018다234177).　[모의 13]

03 공동불법행위자 중의 1인과 사이에 보험계약을 체결한 보험자가 피해자에게 손해배상금을 보험금으로 모두 지급함으로써 공동불법행위자들의 보험자들이 공동면책되었다면 손해배상금을 지급한 보험자는 다른 공동불법행위자들의 보험자들이 부담하여야 할 부분에 대하여 직접 구상권을 행사할 수 있다(대판 1998.9.18. 96다19765).　　　　　　　　　　　　　[모의 13]

04 피보험자가 제3자의 청구를 방어하기 위하여 지출한 재판상 또는 재판 외의 필요비용은 보험의 목적에 포함된 것으로 하며, 피보험자는 보험자에 대하여 방어비용의 선급을 청구할 수 있다(제720조 제1항).　　　　　　　　　　　　　　　　　　　　　　　　　　　　　[변호 15]

05 보험자의 지시에 의하여 방어비용이 지출된 경우에는 그 금액에 손해액을 가산한 금액이 보험금액을 초과하는 때에도 보험자가 이를 부담하여야 한다(제720조 제3항).　　　　[모의 14]

06 책임보험의 피보험자가 보험자의 동의 없이 제3자에 대하여 변제, 승인 또는 화해를 한 경우에는 보험자가 그 책임을 면하게 되는 합의가 있는 때에도 그 행위가 현저하게 부당한 것이 아니면 여전히 보험자는 계약에 따른 보상책임을 부담한다(제723조 제3항).　　　　[변호 18]

07 책임보험의 보험자는 특별한 기간의 약정이 없으면 피보험자의 채무확정통지를 받은 날로부터 10일 내에 보험금액을 지급해야 하지만(제723조 제2항), 이 경우 보험자는 피보험자가 책임을 질 사고로 인하여 생긴 손해를 제3자에게 배상하기 전에는 보험금액의 전부나 일부를 피보험자에게 지급하지 못한다(제724조 제1항).　　　　　　　　　　　　　　　　[모의 14]

08 보험자가 제3자인 피해자의 직접 청구를 받은 때에는 지체없이 피보험자에게 이를 통지하여야 한다(제724조 제3항).　　　　　　　　　　　　　　　　　　　　　　　[모의 14, 17]

09 직접청구권의 법적 성질은 보험자가 피보험자의 피해자에 대한 손해배상채무를 병존적으로 인수한 것으로서 피해자가 보험자에 대하여 가지는 손해배상청구권이고, 피보험자의 보험자에 대한 보험금청구권의 변형 내지는 이에 준하는 권리가 아니다. 그러나 피해자의 직접청구권에 따라 보험자가 부담하는 손해배상채무는 보험계약을 전제로 하는 것으로서 보험계약에 따른 보험자의 책임 한도액의 범위 내에서 인정된다(대판 2017.5.18. 2012다86895,86901). [변호 18, 모의 13]

> [관련 판례]
> ① 피해자의 직접청구권에 따라 보험자가 부담하는 손해배상 채무는 보험계약을 전제로 하는 것으로서 보험계약에 따른 보험자의 책임 한도액의 범위 내에서 인정되어야 하므로, 자기부담금을 보험자가 지급할 보험금에서 공제하기로 보험약관에서 정하였다면 보험자는 손해배상금에서 자기부담금을 공제한 금액에 대하여 피해자에게 직접 지급의무를 부담한다(대판 2014.9.4. 2013다71951).
>
> ② 피해자가 보험자를 상대로 하여 손해배상금을 직접 청구하는 사건의 경우에 있어서는 특별한 사정이 없는 한 피해자와 피보험자 사이의 전소판결과 관계없이 피해자의 보험자에 대한 손해배상청구권의 존부 내지 범위를 다시 따져보아야 한다(대판 2000.6.9. 98다54397).

10 직접청구권은 민법 제766조 제1항에 따라 피해자 또는 법정대리인이 손해 및 가해자를 안 날로부터 3년간 이를 행사하지 아니하면 시효로 소멸한다(대판 2005.10.7. 2003다6774). [변호 14]

11 피해자가 직접 보험자를 상대로 보험금 지급을 구함에 있어 보험자는 피보험자의 불법행위일부터 발생한 지연손해금을 지급할 의무가 있다(대판 2011.9.8. 2009다73295). [모의 13]

12 피해자에게 인정되는 직접청구권에 대한 지연손해금에 관하여는 연 6%의 상사법정이율이 아닌 연 5%의 민사법정이율이 적용된다(대판 2019.5.30. 2016다205243). [관련판례]

13 책임보험 보험자의 보상범위는 당사자 간에 약정한 보험금액의 범위 내에서 피보험자가 피해자인 제3자에게 지급한 손해배상액을 한도로 한다(대판 1988.6.14. 87다카2276). [모의 14, 21]

> [관련 판례] 책임보험 보험자의 보상한도는 책임보험금 원본의 한도일 뿐 지연손해금은 보상한도액과 무관하다(대판 2011.9.8. 2009다73295).

14 법원이 보험자가 피해자에게 보상하여야 할 손해액을 산정하면서 자동차종합보험약관의 지급기준에 구속되지는 않는다(대판 2019.4.11. 2018다300708). [관련판례]

해설▶ 교통사고 피해차량의 소유자인 甲이 가해차량의 보험자인 乙 보험회사를 상대로 차량의 교환가치 감소에 따른 손해에 관해 상법상 직접청구권을 행사한 경우, 乙 회사의 자동차종합보험약관의 대물배상 지급기준에 '자동차 시세 하락의 손해'에 대해서는 수리비용이 사고 직전 자동차 거래가액의 20%를 초과하는 경우에만 일정액을 지급하는 것으로 규정하고 있다고 하더라도 법원은 상법 제724조 제2항에 따라 교환가치 감소의 손해를 배상할 의무를 명할 수 있다.

15 피보험자가 보험자에 대하여 가지는 보험금청구권과 제3자가 보험자에게 가지는 직접청구권이 경합하는 경우 제3자의 직접청구권이 우선한다(대판 2014.9.25. 2014다207672). [변호 18, 모의 17]

16 책임보험의 보험자는 피보험자에 대한 항변사유로 피해자에게 대항할 수 있고, 피보험자가 피해자에 대하여 가지는 항변사유로 피해자에게 대항할 수 있다. [모의 13, 14, 17]

17 피해자의 보험자에 대한 손해배상청구 소송에 의하여 피보험자의 보험자에 대한 보험금청구권의 소멸시효가 중단되는 것은 아니다(대판 2006.4.13. 2005다77305,77312). [모의 17]

18 보험자가 피해자에게 책임보험금 일부를 지급함으로써 채무승인 사유에 따른 피해자의 보험자에 대한 직접청구권의 소멸시효가 중단되었더라도 그러한 사유만으로 피해자의 가해자에 대한 손해배상채권의 소멸시효가 중단되었다고 볼 수 없다(대판 2018.10.25. 2018다234177). [관련판례]

쟁점 12. 해상보험

01 해상보험에 있어서 적하의 도착으로 인하여 얻을 이익 또는 보수의 보험의 경우 계약으로 보험가액을 정하지 아니한 때에는 보험금액을 보험가액으로 한 것으로 추정한다(제698조). [모의 19]

02 해상보험의 보험자는 피보험자가 지급할 공동해손의 분담액을 보상할 책임이 있다. 그러나 보험의 목적의 공동해손분담가액이 보험가액을 초과할 때에는 그 초과액에 대한 분담액은 보상하지 아니한다(제694조). [모의 19]

03 해상보험의 보험자는 피보험자가 보험사고로 인하여 발생하는 손해를 방지하기 위하여 지급할 구조료를 보상할 책임이 있지만, 보험 목적물의 구조료 분담가액이 보험가액을 초과할 때에는 그 초과액에 대한 분담액은 보상하지 아니한다(제694조의2). [모의 19]

04 해상보험의 보험자는 보험의 목적의 안전이나 보존을 위하여 지급할 특별비용을 보험금액의 한도 내에서 보상할 책임이 있다(제694조의3). [모의 19]

05 선박이 보험사고로 인하여 심하게 훼손되어 이를 수선하기 위한 비용이 수선하였을 때의 가액을 초과하리라고 예상될 경우 피보험자는 보험의 목적을 보험자에게 위부하고 보험금액의 전부를 청구할 수 있다(제710조 제2호). [모의 20]

해설 ① 피보험자가 보험사고로 인하여 자기의 선박 또는 적하의 점유를 상실하여 이를 회복할 가능성이 없거나 회복하기 위한 비용이 회복하였을 때의 가액을 초과하리라고 예상될 경우, ② 선박이 보험사고로 인하여 심하게 훼손되어 이를 수선하기 위한 비용이 수선하였을 때의 가액을 초과하리라고 예상될 경우, ③ 적하가 보험사고로 인하여 심하게 훼손되어서 이를 수선하기 위한 비용과 그 적하를 목적지까지 운송하기 위한 비용과의 합계액이 도착하는 때의 적하의 가액을 초과하리라고 예상될 경우, 피보험자는 보험의 목적을 보험자에게 위부하고 보험금액의 전부를 청구할 수 있다(제710조).

06 선박이 정당한 사유없이 보험계약에서 정하여진 항로를 이탈한 경우에는 보험자는 그때부터 책임을 지지 아니한다. 선박이 손해발생 전에 원항로로 돌아온 경우에도 같다(제701조의2). [모의 19]

쟁점 13. 인보험

01 인보험계약에 의하여 담보되는 보험사고의 우연성에 관해서는 보험금 청구자에게 그 증명책임이 있다(대판 2003.11.28. 2003다35215,35222). [모의 13]

02 상해보험계약의 경우 당사자 간에 다른 약정이 있는 때 보험자는 피보험자의 권리를 해하지 아니하는 범위 안에서 그 권리를 대위하여 행사할 수 있다(제729조 단서). [변호 20]

03 둘 이상의 보험수익자 중 일부가 고의로 피보험자를 사망하게 한 경우 보험자는 다른 보험수익자에 대한 보험금 지급 책임을 면하지 못한다(제732조의2 제2항). [변호 22]

04 손해보험의 경우 동일한 보험계약의 목적과 동일한 사고에 관하여 수개의 보험계약을 체결하는 경우에는 보험계약자는 각 보험자에 대하여 각 보험계약의 내용을 통지하도록 규정하고 있는데(제672조 제2항), 인보험에는 위와 같은 규정이 없다. [모의 14]

05 사망을 보험사고로 하는 보험계약에서 자살을 보험자의 면책사유로 규정하고 있는 경우에도 피보험자가 자유로운 의사결정을 할 수 없는 상태에서 사망의 결과를 발생케 한 직접적인 원인행위가 외래의 요인에 의한 것이라면, 그 사망은 피보험자의 고의에 의하지 않은 우발적인 사고로서 보험사고인 사망에 해당할 수 있다(대판 2021.2.4. 2017다281367). [최신판례]

06 객관적으로 보아 보험사고가 발생한 사실을 확인할 수 없는 사정이 있는 경우에는 보험금청구권자가 보험사고의 발생을 알았거나 알 수 있었던 때부터 보험금청구권의 소멸시효가 진행한다(대판 2021.2.4. 2017다281367). [최신판례]

07 보험계약자는 보험수익자를 지정 또는 변경할 권리가 있다(제733조 제1항). 다만 보험자에 대하여 통지하지 아니하면 보험자에게 대항하지 못한다(제734조 제1항). [변호 22]

> **(틀린지문)** 보험계약자가 보험수익자를 乙로 하는 생명보험계약을 체결한 후, 보험수익자를 상속인으로 변경하였다. 이와 같이 보험수익자를 상속인으로 변경한 것이 유효하기 위해서는 보험자와 乙의 동의를 받았어야 한다. [변호 22]

08 보험계약자가 보험수익자를 지정하지 않고 사망한 때는 피보험자를 보험수익자로 하고, 보험계약자가 변경권을 행사하지 않고 사망한 때는 보험수익자 권리가 확정된다(제733조 제2항). [모의 16]

09 보험수익자가 보험존속 중에 사망한 때에는 보험계약자는 다시 보험수익자를 지정할 수 있다(제733조 제3항). [모의 16]

10 보험계약자가 보험수익자를 지정하기 전에 보험사고가 생긴 경우에는 피보험자 또는 보험수익자의 상속인을 보험수익자로 한다(제733조 제4항). [모의 16]

11 타인의 사망보험에서 피보험자 이외의 제3자를 보험수익자로 지정 또는 변경할 때에는 피보험자의 서면에 의한 동의를 얻어야 한다(제734조 제2항, 제731조 제1항). [모의 16]

12 보험계약자가 피보험자의 상속인을 보험수익자로 하여 맺은 생명보험계약에서 피보험자의 상속인은 피보험자의 사망이라는 보험사고가 발생한 경우 보험수익자의 지위에서 보험금을 청구할 수 있고, 이 권리는 보험계약의 효력으로 당연히 생기는 것으로서 상속재산이 아니라 상속인의 고유재산이다. 보험계약자가 피보험자의 상속인을 보험수익자로 하여 맺은 생명보험계약에서 보험수익자로 지정된 상속인 중 1인이 자신에게 귀속된 보험금청구권을 포기하는 경우 그 포기한 부분이 다른 상속인에게 귀속되지 아니한다(대판 2020.2.6. 2017다215728). [변호 22]

13 보험계약자의 보험수익자 변경권의 법적 성질과 상법 규정에 비추어 보면, 보험수익자 변경은 상대방 없는 단독행위에 해당하므로, 보험수익자 변경의 의사표시가 객관적으로 확인되는 이상 그러한 의사표시가 보험자나 보험수익자에게 도달하지 않았다고 하더라도 보험수익자 변경의 효과는 발생한다(대판 2020.2.27. 2019다204869). [최신판례]

14 타인의 사망을 보험사고로 하는 보험계약 체결시 그 타인의 서면에 의한 동의를 얻어야 한다는 규정은 강행법규로서 위 규정에 위반하여 체결된 보험계약은 무효이며, 이러한 무효를 계약 체결한 자가 주장한다고 하더라도 이는 신의성실 또는 금반언의 원칙에 반한다고 볼 수 없다(대판 1996.11.22. 96다37084). [모의 17]

15 타인의 생명보험에서 피보험자가 서면으로 동의의 의사표시를 하여야 하는 시점은 보험계약 체결시까지이고, 타인의 생명보험계약 성립 당시 피보험자의 서면동의가 없다면 그 보험계약은 확정적으로 무효가 되고, 피보험자가 이미 무효가 된 보험계약을 추인하였다고 하더라도 그 보험계약이 유효로 될 수 없다(대판 2006.9.22. 2004다56677). [모의 17]

16 보험료를 분납하는 생명보험계약이 무효인 경우 보험료반환청구권의 소멸시효는 각 보험료를 납부한 때로부터 각 보험료에 대하여 진행한다(대판 2011.3.24. 2010다92612). [변호 14]

> (틀린지문) 보험료를 분납하는 생명보험계약이 무효인 경우, 보험료반환청구권의 소멸시효는 각 보험료를 납부한 때로부터 각 보험료에 대하여 진행하는 것이 아니라, 보험료를 마지막으로 납부한 때로부터 보험료 전체에 대하여 진행한다. [변호 14]

17 단체규약으로 피보험자 또는 상속인이 아닌 자를 보험수익자로 지정한다는 정함이 없음에도 피보험자의 서면동의 없이 단체보험계약에서 피보험자 또는 상속인 아닌 자를 보험수익자로 지정하였다면 보험수익자의 지정은 효력이 없고, 이후 적법한 보험수익자 지정 전에 보험사고가 발생한 경우 피보험자 또는 상속인이 보험수익자가 된다(대판 2020.2.6. 2017다215728). [최신판례]

18 보험자의 보험수익자에 대한 급부는 보험수익자에 대한 보험자 자신의 고유한 채무를 이행한 것이므로 보험자는 보험계약이 무효이거나 해제되었다는 것을 이유로 보험수익자를 상대로 하여 그가 이미 보험수익자에게 급부한 것의 반환을 구할 수 있고 이는 타인을 위한 생명보험이나 상해보험이 제3자를 위한 계약의 성질을 가지고 있다고 하더라도 달리 볼 수 없다(대판 2018.9.13. 2016다255125). [관련판례]

19 생명보험계약의 보통보험약관에서 '피보험자가 고의로 자신을 해친 경우'를 보험자의 면책사유로 규정하고 있는 경우 보험자가 보험금 지급책임을 면하기 위하여는 위 면책사유에 해당하는 사실을 증명할 책임이 있다(대판 2002.3.29. 2001다49234). [모의 13]

20 사망을 보험사고로 하는 보험계약에서 자살을 보험자의 면책사유로 규정하고 있는 경우, 그 자살은 사망자가 자기의 생명을 끊는다는 것을 의식하고 그것을 목적으로 의도적으로 자기의 생명을 절단하여 사망의 결과를 발생케 한 행위를 의미한다(대판 2011.4.28. 2009다97772). [모의 13]

21 생명보험에서 피보험자가 정신질환 등으로 자유로운 의사결정을 할 수 없는 상태에서 사망의 결과를 발생케 한 경우에는 보험자는 면책되지 않는다(대판 2011.4.28. 2009다97772). [모의 13]

22 상해보험계약을 체결할 때 약관 또는 보험자와 보험계약자의 개별 약정으로 태아를 상해보험의 피보험자로 할 수 있다. 보험계약이 정한 바에 따라 보험기간이 개시된 이상 출생 전이라도 태아가 보험계약에서 정한 우연한 사고로 상해를 입었다면 이는 보험기간 중에 발생한 보험사고에 해당한다(대판 2019.3.28. 2016다211224). [관련판례]

제5편	**어음·수표법**

쟁점 1. 어음행위

01 어음은 유가증권으로서 지시증권성, 문언증권성, 무인증권성, 설권증권성, 요식증권성, 제시증권성, 상환증권성, 면책증권성의 특성을 가진다. [모의 17]

02 선량한 풍속 기타 사회질서에 반하는 법률행위의 무효(민법 제103조)와 불공정한 법률행위의 무효(민법 제104조)는 무색적인 성격을 가지는 어음행위에는 적용되지 않는다. [모의 21]

03 공사대금채무 담보를 위해 어음이 교부된 경위 원인채무인 공사대금채무가 변제되어도 어음채무는 소멸되지 않고 존속한다. [모의 20]

04 어음채무 독립의 원칙에 따라 선행하는 어음행위인 甲명의의 배서가 비형식적 하자로 인하여 甲에게 어음채무를 발생시키지 않더라도 후행행위인 B의 배서는 독립적으로 상환의무를 발생시킨다. [모의 18]

05 어음에 배서를 한 자는 그 이전에 이루어진 발행·인수·배서의 효력에 상관없이 배서 이후의 권리자에 대해서 독립적으로 책임을 부담한다. [모의 21]

06 위조발행된 어음이라도 어음행위독립의 원칙상 그 뒤에 유효하게 배서한 배서인에 대하여는 소구권을 행사할 수 있으므로 이를 보관중 분실한 자에 대하여는 손해배상을 청구할 수 있다(대판 1977.12.13. 77다1753). [변호 21]

07 어음소지인은 어음채무자에 대해 채무부담의 순서와 무관하게 1인 또는 수인 또는 전원에게 청구할 수 있다(어음법 제47조 제2항). [변호 15, 모의 17]

> **(틀린지문)** 배서인들의 어음금 채무는 합동책임이다. 따라서 제1배서인이 丁, 제2배서인이 戊로 기재된 어음을 소지한 甲은 어음금 지급을 구하는 소를 제기할 경우 고유필수적 공동소송에 해당한다. [변호 15]

08 수표에 기재되어야 할 수표행위자의 명칭은 반드시 수표행위자의 본명에 한하는 것은 아니고 상호, 별명 그 밖의 거래상 본인을 가리키는 것으로 인식되는 칭호라면 무엇이나 다 가능하다(대판 1996.5.10. 96도527). [변호 16, 모의 17]

> **(틀린지문)** 수표에 기재되어야 할 수표행위자의 명칭은 반드시 수표행위자의 본명에 한한다. [변호 16]

09   기명의 명의와 날인의 명의가 일치하지 않아도 어음행위자를 특정할 수 있다면 그 기명날인은 유효하다(대판 1978.2.28. 77다2489).   [변호 14, 모의 19]

> **(틀린지문)** 기명의 명의와 날인의 명의가 일치하지 않으면 그 기명날인은 무효이다.   [변호 14]

10   배서날인에는 기명무인은 포함되지 않으므로 기명무인으로서 한 어음행위는 무효라 할 것이어서 약속어음에 수차 배서가 될 경우에 시초에만 배서가 기명무인이 되었다면 그 어음에는 본조가 규정한 배서의 연속이 없고 위 무효인 배서이후의 어음취득자는 배서의 연속에 의하여 그 권리를 증명한 자라 할 수 없다(대판 1962.11.1. 62다604).   [변호 14, 모의 19]

> **(틀린지문)** 본인 여부를 더욱 확실하게 알 수 있는 기명무인도 유효한 어음행위가 된다.   [변호 14]

11   어음에 '甲 주식회사 대표이사 A'라고 기재하고 A가 인장을 찍거나 서명할 경우 甲 주식회사의 어음행위로 인정된다.   [모의 19]

12   어음행위를 하면서 甲주식회사의 명칭을 기재하지 않고 단순히 '대표이사 A'라고 기재한 뒤 인장을 날인하였다면 설사 인영에 甲주식회사의 명칭이 드러나 있더라도 甲주식회사의 어음행위로 인정될 수는 없다(대판 1979.3.27. 78다2477).   [모의 19]

13   어음행위를 하면서 '甲 주식회사 A'라고 기재한 뒤 인장을 날인한 경우, 인영에 A가 대표이사라는 사실이 드러나 있다면 대표자격이 표시된 것으로 인정할 수 있다(대판 1994.10.11. 94다24626).   [모의 19]

14   대표기관의 기명이 없이 법인의 명칭만을 기재하고 대표기관의 날인만 있는 배서는 무효이다(대판 1964.10.31. 63다1168).   [모의 14]

15   은행 지점장이 은행을 수취인으로 하는 약속어음의 배서인란에 지점의 주소와 지점 명칭이 새겨진 명판을 찍고 기명을 생략한 채 자신의 사인(私印)을 날인하는 방법으로 배서한 경우 배서의 연속에 흠결이 있다(대판 1999.3.9. 97다7745).   [변호 14, 모의 20]

> **[관련 판례]** 甲이 약속어음을 발행할 때 주소를 대한교육보험 주식회사 부산지사라고 표시하고 지사장이라고 기재하지 않았더라도 그 성명 아래에 개인도장 외에 동 회사 부산지사장이라는 직인을 찍은 것이므로 특별한 사정이 없는 한 이는 동인이 위 회사 부산지사장이라는 대표자격을 표시한 것이고 또 동 회사는 甲에게 부산지사라는 상호를 사용하여 보험가입자와 회사 간의 보험계약체결을 알선할 것을 허락하였고 甲은 동 지사 사무실비품대금 조달을 위하여 乙에게 약속어음을 발행하여 丙이 그 소지인이 된 것이며 乙이 甲의 위 어음발행행위의 주체를 위 회사로 오인한 데에 중대한 과실이 있다고 보이지 않으므로 동 회사는 명의대여자로서 그 외관을 신뢰한 甲과의 거래에 대하여 책임을 져야 한다(대판 1969.3.31. 68다2270).

16 법인격 없는 조합이 어음행위를 한 경우에는 조합원이 어음행위로 인한 권리를 취득하거나 의무를 부담하고 조합 자체가 어음행위로 인한 권리를 취득하거나 의무를 부담하는 것은 아니다. 조합의 어음행위는 전 조합원이 어음상에 서명을 한 것은 물론 대표조합원이 그 대표자격을 밝히고 조합원 전원을 대리하여 서명하였을 경우에도 유효하다. 조합의 대표조합원이 대표자격을 밝히고 어음상 서명을 하는 경우 조합의 대표자격을 밝히기만 하면 유효하고 반드시 어음행위의 본인이 되는 모든 조합원을 구체적으로 표시할 필요는 없다(대판 1970.8.31. 70다1360).

[변호 14. 모의 21]

> **(틀린지문)** 조합의 어음행위는 조합의 성질상 조합원 전원이 기명날인 또는 서명을 하여야 하며, 대표조합원이 그 대표자격을 밝히고 조합원 전원을 대리하여 서명한 경우라도 조합원 전원에 대한 유효한 어음행위가 될 수 없다.
>
> [변호 14]

17 비법인사단인 선어중매조합의 대표자의 위임에 따른 어음행위로 인한 어음금의 지급책임은 독립한 권리의무의 주체인 위 조합에게 귀속되는 것이지 그 구성원들이 부담하지 않는다(대판 1992.7.10. 92다2431).

[모의 21]

18 기명날인 또는 서명은 본인의 의사에 따라 다른 사람에게 대행시킬 수 있다(대판 1969.7.22. 69다742).

[변호 14]

> **(틀린지문)** 기명날인 또는 서명은 반드시 자필로 하여야 하므로 기명날인의 대행은 허용되지 않는다.
>
> [변호 14]

쟁점 2. 어음행위의 대리

01 어음행위의 대리에 있어 대리인이 본인을 표시하지 않은 경우, 상대방이 이를 알았든 몰랐든 대리행위로서 효력이 없다.

[변호 20]

02 어음행위의 대리의 방식에 있어서 어음의 문면으로 보아 본인을 위하여 어음행위를 한다는 취지를 인식할 수 있을 정도의 표시가 있으면 대리관계의 표시로 보아야 할 것이므로, "A주식회사 대구영업소장 甲"이라는 표시는 대리관계의 표시로서 적법하다.

[변호 20]

03 당사자가 표현대리를 주장함에는 무권대리인과 표현대리에 해당하는 무권대리 행위를 특정하여 주장하여야 하고, 따라서 당사자의 표현대리의 항변은 그 항변에 의하여 특정된 무권대리인의 행위에만 미치고 그 밖의 무권대리인이나 무권대리 행위에는 미치지 아니한다(대판 1984.7.24. 83다카1819).

[변호 20]

04 보증 부분이 위조된 약속어음을 배서양도받은 제3취득자는 그 어음보증행위가 민법 제126조 소정의 표현대리행위로서 보증인에게 효력이 미친다고 주장할 수 있는 제3자에 해당하지 않는다(대판 1986.9.9. 84다카2310). [변호 20, 모의 18]

05 다른 사람이 본인을 위하여 한다는 대리문구를 어음상에 기재하지 않고 직접 본인 명의로 기명날인을 하여 어음행위를 하는 이른바 기관 방식 또는 서명대리 방식의 어음행위가 권한 없는 자에 의하여 행하여졌다면 이는 어음행위의 무권대리가 아니라 어음의 위조에 해당한다(대판 2000.3.23. 99다50385). [변호 20]

> **(틀린지문)** 다른 사람이 본인을 위하여 한다는 대리문구를 어음상에 기재하지 않고 직접 본인 명의로 기명날인을 하여 어음행위를 하는 이른바 기관 방식 또는 서명대리 방식의 어음행위가 권한 없는 자에 의하여 행하여졌다면 이는 어음행위의 무권대리에 해당한다. [변호 20]

06 어음위조의 경우에도 제3자가 어음행위를 실제로 한 자에게 그와 같은 어음행위를 할 수 있는 권한이 있다고 믿을 만한 사유가 있고, 본인에게 책임을 질 만한 사유가 있는 때에는 대리방식에 의한 어음행위의 경우와 마찬가지로 민법상의 표현대리 규정을 유추적용하여 본인에게 그 책임을 물을 수 있다(대판 2000.3.23. 99다50385). [변호 20, 모의 20]

07 어음행위의 무권대리인은 어음금 채무를 부담하고 어음금채무를 이행한 경우 본인과 동일한 권리를 가진다(어음법 제8조). [모의 18]

08 어음행위의 대리 또는 대행권한을 수여받은 자가 그 수권의 범위를 넘어 어음행위를 한 경우에 본인은 그 수권의 범위 내에서는 대리 또는 대행자와 함께 어음상의 채무를 부담한다(대판 2001.2.23. 2000다45303,45310). [모의 17]

09 대리를 위한 배서에 의하여 주어진 대리권은 그 대리권을 준 자가 사망하거나 무능력자가 되더라도 소멸하지 아니한다(어음법 제18조 제3항). [모의 14]

쟁점 3. 어음의 위조

01 어음위조는 권한 없는 자가 타인의 기명날인 또는 서명을 하여 그 타인이 어음행위를 한 것과 같은 외관을 만드는 것이다. [모의 16]

02 약속어음의 발행인은 주채무자로서 무조건, 일차적인 책임을 진다. 따라서 위조된 배서로 어음을 소지하게 된 자가 발행인에게 어음금을 청구하더라도 배서가 위조되었다는 이유를 들어 어음소지인의 청구를 거절할 수 없다. [변호 13]

03 피위조자는 어음행위를 한 사실이 없으므로 원칙적으로 누구에 대해서도 어음상의 책임을 지지 아니하며, 위조의 항변은 물적 항변이기 때문에 모든 소지인(선의취득 포함)에 대하여 대항할 수 있으므로 소지인의 선의 · 악의를 불문한다. [변호 14, 16, 모의 13, 15, 16, 18, 19]

> (틀린지문) 어음상의 피위조자는 귀책사유를 불문하고 선의의 어음소지인에게 어음상의 책임을 진다.
> [변호 16]

04 어음에 어음채무자로 기재되어 있는 사람이 자신의 기명날인이 위조된 것이라고 주장하는 경우에는 그 사람에 대하여 어음채무의 이행을 청구하는 어음의 소지인이 그 기명날인이 진정한 것임을 증명하지 않으면 안 된다(대판 1993.8.24. 93다4151). [변호 13, 15, 16, 21, 모의 16(2), 17, 18, 19]

> (틀린지문) 甲이 교부한 어음의 발행인이 丙으로 되어 있는데, 어음소지인 乙의 丙에 대한 어음금 청구에 대하여 丙이 자신의 기명날인이 위조되었다고 주장하면서 어음금지급채무의 존재여부를 다투는 경우, 丙은 자신의 기명날인이 위조되었다는 점에 대한 증명책임을 부담한다. [변호 15]
>
> (틀린지문) 어음상의 피위조자는 위조사실을 증명하지 못하면 어음상의 책임을 면하지 못한다.
> [변호 16]

05 권한 없이 기명날인을 대행하는 방식에 의하여 약속어음을 위조한 경우에 피위조자가 이를 묵시적으로 추인하였다고 인정하려면 추인의 의사가 표시되었다고 볼 만한 사유가 있어야 한다(대판 1998.2.10. 97다31113). [변호 21]

06 피위조자의 추인은 묵시적으로도 가능하며, 추인하는 의사표시의 상대방은 위조자나 그로부터 어음을 취득한 자이다. [모의 16]

07 어음이 위조된 경우에는 민법상 표현대리에 관한 규정의 유추적용을 통하여 피위조자에게 어음상의 책임을 지울 수 있다. [모의 20]

08 어음발행 권한이 없는 경리담당 상무이사가 대표이사의 인장을 도용하여 대표이사 명의로 약속어음을 발행한 경우 피위조자의 표현책임을 인정할 수 있다(대판 1991.6.11. 91다3994). [모의 16, 20]

09 피용자가 어음위조로 인한 불법행위에 관여한 경우에 그것이 사용자의 업무집행과 관련한 위법한 행위로 인하여 이루어졌으면 그 사용자는 민법 제756조에 의한 손해배상책임을 지는 경우가 있고, 이 경우에 사용자가 지는 책임은 어음상의 책임이 아니라 민법상의 불법행위책임이다(대판 1994.11.8. 93다21514). [변호 21, 모의 15, 20(2)]

10 어음소지인이 상환청구권보전절차를 밟지 않았다고 하더라도 위조된 어음에 대한 사용자책임을 묻는 것에 장애가 되지 않는다(대판 1994.11.8. 93다21514). [변호 13, 모의 17, 20]

11   위조된 배서를 진정한 것으로 믿고 어음을 유상취득한 경우의 손해액은 해당 어음액면 상당액
이 아니라 그 어음을 취득하기 위하여 실제로 지급한 금원이다(대판 1992.6.23. 91다43848).

[변호 16. 모의 16(2), 20(2)]

> **(틀린지문)** 위조된 배서를 진정한 것으로 믿고 어음을 유상취득한 경우의 손해액은 그 어음을 취득
> 하기 위하여 지급한 금원이 아니라 해당 어음액면 상당액이다.   [변호 16]

12   위조자가 어음채무를 부담하는지 여부에 관하여 명시적인 어음법 규정은 없다.   [모의 18]

13   어음이 위조된 후 그 어음을 취득하여 배서양도한 자는 위조된 문언대로 어음상의 책임을 진다
(어음법 제7조 제2호).

[변호 13. 16. 21. 모의 15. 16. 18]

14   어음의 위조는 권한 없이 어음채무를 성립시키는 것이고, 어음의 변조는 권한 없이 어음채무의
내용을 변경하는 것이다.   [모의 16]

쟁점 4. 어음의 변조

01   어음상 기명날인 또는 서명을 지우고 새로운 기명날인 또는 서명을 기재한 경우 전자에 대해서
는 변조, 후자에 대해서는 위조이다. 따라서 후자는 어음채무를 부담하지 않는 것이 원칙이고,
전자는 변조 전에 기명날인 또는 서명한 자이므로 어음채무를 부담한다.   [모의 18]

02   甲이 어음의 수취인란을 공란으로 하여 乙 주식회사 대표이사 丙에게 발행·교부하였고, 乙회사
가 丁에게 그 어음을 배서양도한 경우, 丁이 수취인을 "丙"이라고 보충하였다가 "乙 주식회사
대표이사 丙"이라고 정정하는 것은 단순히 착오로 기재된 것을 정정한 것에 불과하고 어음을
변조한 것으로 볼 수 없다(대판 1995.5.9. 94다40659).   [모의 20]

03   어음발행 후에 발행인의 상호가 변경되어 어음소지인이 발행인란의 기명 부분 중 발행인의 구
상호를 지우고 신 상호를 기재한 경우에는 변조에 해당하지 않는다.   [변호 12]

04   어음발행인이 그의 어음보증인의 동의를 얻지 않고 수취인 명의를 변경 기재하였더라면 이는
어음보증인에 대해서는 변조에 해당한다(대판 1987.3.24. 86다카37).   [변호 12. 모의 19]

> **(틀린지문)** 어음발행인이 그의 어음보증인의 동의를 얻지 않고 수취인 명의를 변경기재 하였더라도,
> 이는 어음보증인에 대해서는 변조에 해당하지 않는다.   [변호 12]

05 권한 없는 제3자가 약속어음에 기재된 지시금지의 문구 위에 고의로 인지를 붙인 경우 이는 어음의 기재내용을 일부 변조한 것이다(대판 1980.3.25. 80다202). [변호 12, 21]

> **(틀린지문)** 변조의 방법은 어음의 기재사항을 바꾸어 기재하는 행위에 한하므로, 권한 없는 제3자가 약속어음에 기재된 지시금지의 문구 위에 고의로 인지를 붙인 경우에는 변조에 해당하지 아니한다. [변호 12]
>
> **(틀린지문)** 권한 없는 제3자가 발행 당시 약속어음에 기재된 지시금지의 문구를 고의로 가리기 위하여 수입인지를 지시금지의 문구 위에 첨부한 경우 이는 어음의 변조에 해당하지 않는다. [변호 21]

06 어음의 문구가 변조된 경우에는 그 변조 후에 기명날인하거나 서명한 자는 변조된 문구에 따라 책임을 지고, 변조 전에 기명날인하거나 서명한 자는 원래 문구에 따라 책임을 진다(어음법 제69조). [변호 12, 16, 모의 15, 16, 17, 18, 19, 21]

> **(틀린지문)** 어음소지인이 변조를 한 후에 이에 기명날인하여 타인에게 양도한 경우, 변조자는 변조 전의 원래 문구에 따라 어음상의 책임을 부담하면 된다. [변호 12]
>
> **(틀린지문)** 변조 후에 그 어음에 기명날인하여 어음행위를 한 자는 원칙적으로 원래 문구에 따라 어음상의 책임을 진다. [변호 16]

07 권한 없이 어음문구를 변개하여 어음요건이 흠결된 경우에도 어음발행인은 변개 전 문구에 따라 어음상 책임을 부담하는데 그 이행기는 여전히 어음상 만기이다. [모의 18]

08 어음발행인이더라도 어음상에 권리의무를 가진 자가 있는 경우에는 이러한 자의 동의를 받지 아니하고 어음의 기재내용을 변경하였다면 이는 변조에 해당하고 약속어음에 배서인이 있는 경우 배서인은 어음행위를 할 당시의 문언에 따라 어음상의 책임을 지는 것이지 그 변조된 문언에 의한 책임을 지울 수는 없다(대판 1987.3.24. 86다카37). [변호 12, 모의 19, 21]

09 약속어음의 최종소지인이 배서인에게 변개 전의 원문언에 따른 소구의무자로서의 책임을 묻기 위해서는 소지인이 변개 전의 원문언에 따른 적법한 지급제시를 하였어야 하므로, 소지인이 약속어음이 변개된 후에 어음을 취득하였고 변개 전의 원문언에 따른 지급제시기간 내에 지급제시하지 않은 경우, 최종소지인의 배서인에 대한 소구권은 요건 흠결로 상실되어 배서인에게 변개 전의 원문언에 따른 책임도 물을 수 없다(대판 1996.2.23. 95다49936). [모의 20]

10 약속어음의 지급인인 은행이 어음금을 지급하기 전에 그 액면금의 변조 여부의 조사를 소홀히 한 경우 약속어음의 발행인은 이를 이유로 은행에 대한 초과지급분의 반환청구를 할 수 있고, 어음금 수령인에게 부당이득금 반환을 청구할 수도 있다(대판 1992.4.28. 92다4802). [모의 16, 17]

11 어음의 문언에 변개가 되었음이 명백한 경우 어음소지인이 기명날인자(배서인 등)에게 변개 후의 문언에 따른 책임을 지우려면 그 기명날인이 변개 후에 있은 것 또는 기명날인자가 변개에 동의하였다는 것을 입증하여야 하고 그 입증을 못하면 그 불이익은 어음소지인이 입어야 한다(대판 1987.3.24. 86다카37). [변호 12, 모의 19]

> **(틀린지문)** 변조 여부에 관한 증명책임은 언제나 어음소지인이 부담한다. [변호 12]

12 변조 사실이 입증되지 않은 경우에는 어음채무자가 어음의 문언에 따른 책임을 져야한다(대판 1990.2.9. 89다카14165). [변호 12, 모의 19]

13 어음의 일부 당사자와의 합의에 의하여 어음문구가 변경된 경우 합의당사자가 아닌 다른 당사자에 대한 관계에서는 어음의 변조가 되어 합의 당사자가 아닌 당사자는 원문언에 따라 책임을 진다. [모의 18]

쟁점 5. 어음의 원인관계

01 약속어음발행의 원인이 된 매매계약이 해제되었더라도, 어음채무는 소멸하지 않는다. [모의 15]

02 기존채무의 지급을 위하여 어음이 발행된 경우 원인채무는 소멸하지 않고 원인채무와 어음채무가 함께 존재한다. [변호 20]

03 채무자가 채권자에게 기존채무의 이행으로 어음을 교부하는 경우 당사자 사이에 특별한 의사표시가 없으면 이는 지급을 위하여 교부된 것으로 추정한다(대판 1995.10.13. 93다12213). [변호 20]

> **(틀린지문)** 채무자가 채권자에게 기존채무의 이행에 관하여 어음을 교부함에 있어서 당사자 사이에 특별한 의사표시가 없으면 이는 '지급에 갈음하여' 교부된 것으로 추정한다. [변호 20]

04 기존 원인채무의 지급을 위하여 어음이 교부된 경우 채권자는 어음채권을 우선 행사해야 하고 그에 의하여 만족을 얻을 수 없는 때 비로소 채무자에 대하여 기존 원인채권을 행사할 수 있으며, 이러한 목적으로 어음을 배서양도받은 채권자는 특별한 사정이 없는 한 채무자에 대하여 원인채권을 행사하기 위하여는 어음을 채무자에게 반환하여야 하므로, 채권자는 자기의 원인채권을 행사하기 위한 전제로서 지급기일에 어음을 적법하게 제시하여 상환청구권 보전절차를 취할 의무가 있다(대판 1996.11.8. 95다25060). [변호 15, 20, 21, 모의 18]

> **[관련 지문]** 물품공급계약이 체결되어 약속어음을 발행한 채무자는 채권자의 대금청구에 대하여 물품의 인도와 상환으로 대금을 지급하겠다는 항변을 할 수도 있고, 어음의 반환과 상환으로 대금을 지급하겠다는 항변을 할 수도 있다. [모의 14]

05 채권자가 기존채무의 지급을 위하여 기존채무의 변제기보다 후의 일자가 만기로 된 어음을 교부받은 경우에는 특별한 사정이 없는 한 기존채무의 지급을 유예하는 의사가 있었다고 볼 수 있다(대판 1999.8.24. 99다24508). [변호 20, 21, 모의 18]

06 어음의 주채무자가 지급을 거절하는 등의 사유로 채권자가 원인채권을 행사하는 경우 채무자가 동시이행으로 어음의 반환을 청구할 수 있다. [모의 14]

07 채무자가 발행 또는 배서한 어음을 채권자가 제3자에게 양도하였다면, 채권자는 제3자에게 상환의무를 이행하고 어음을 환수하지 않는 이상 자신의 원인채권을 행사할 수 없다. [변호 21]

08 채무자가 어음의 반환이 없음을 이유로 원인채무의 변제를 거절할 수 있는 권능을 가진다고 하여 채권자가 어음의 반환을 제공하지 아니하면 채무자에게 적법한 이행의 최고를 할 수 없다고 할 수는 없고, 채무자는 원인채무의 이행기를 도과하면 원칙적으로 이행지체의 책임을 진다(대판 1999.7.9. 98다47542,47559). [모의 14]

09 시효로 소멸한 어음채권을 피보전권리로 한 가압류 결정이 있더라도 그 원인채권의 소멸시효는 중단되지 않는다(대판 2010.5.13. 2010다6345). [모의 18]

10 약속어음이 원인채권의 지급을 위하여 배서양도 된 경우, 어음채권을 행사하게 되면 원인채권의 소멸시효는 중단되나, 원인채권의 행사만으로는 어음상의 채권을 행사한 것으로 볼 수 없어 이는 어음채권에 관한 소멸시효 중단사유인 재판상 청구에 해당하지 않는다. [변호 17, 20, 모의 13, 18]

11 채권자가 어음채권을 피보전권리로 하여 채무자의 재산을 가압류함으로써 그 권리를 행사한 경우에는 그 원인채권의 소멸시효를 중단시키는 효력이 있고, 이러한 법리는 채권자가 어음채권을 청구채권으로 하여 채무자의 재산을 압류함으로써 그 권리를 행사한 경우에도 마찬가지이다(대판 2002.2.26. 2000다25484). [변호 20, 21, 모의 16]

> **(틀린지문)** 甲은 乙로부터 물품을 구입하면서 대금지급을 담보하기 위해 약속어음을 발행하여 乙에게 교부하였다. 乙이 甲을 상대로 제기한 어음금청구 소는 물품대금채권의 소멸시효 중단사유인 재판상 청구에 해당하지 않는다. [변호 20]
>
> **(틀린지문)** 甲은 乙로부터 물품을 구입하면서 그 대금의 지급을 담보하기 위하여 약속어음을 발행하여 乙에게 교부하였다. 乙이 甲을 상대로 위 어음채권을 청구채권으로 하여 甲의 재산을 압류한 경우 위 물품대금채권의 소멸시효는 중단되지 않는다. [변호 20]

12 어음금 지급행위가 부인되어 어음소지인인 상대방이 어음금을 반환한 때에는 채무자회생법 제109조 제1항에 따라 소멸했던 어음상 채권이 회복되고 어음상 채권의 소멸로 인해 함께 소멸했던 원인채권도 회복된다(대판 2022.5.13. 2018다224781). [최신판례]

13 원인채무의 지급확보를 위하여 약속어음을 발행한 경우 상사채무인 원인채무가 5년의 시효기간이 지나서 소멸하였다면, 약속어음의 발행인은 위 사유를 들어 약속어음의 수취인에 대하여 약속어음금의 지급을 거절할 수 있다. [모의 20]

14 물품대금의 지급을 담보하기 위하여 어음이 교부된 경우에는 원인채무와 어음채무가 병존하므로 어음상 권리와 원인채권 중 어느 것이나 먼저 행사할 수 있다. [변호 15, 모의 14]

쟁점 6. 어음항변

01 제한능력을 이유로 한 어음행위의 취소는 취득자의 선의 악의를 따지지 않고 절대적으로 대항할 수 있고, 물적 항변으로서 모든 어음관계자에게 주장할 수 있다. [모의 13, 18, 21]

> **[관련 지문]** 만 18세인 A가 자신의 법정대리인인 B의 동의 없이 C로부터 개인적인 물건을 구입하면서 약속어음을 발행하였다면, B는 동 어음을 C로부터 배서양도 받은 D에게도 A의 어음발행을 취소할 수 있다. [모의 21]

02 소지인이 그 채무자를 해할 것을 알고 어음을 취득한 경우 인적 항변이 절단되지 않는다(어음법 제17조 단서). [변호 18]

> **(틀린지문)** 甲이 乙에게 수취인란이 백지인 약속어음을 발행하여 교부하고, 乙은 배서를 하지 않고 丙에게 교부하고, 丙은 수취인란에 자신의 이름을 기재하고 어음을 丁에게 배서양도하고, 丁은 이를 戊에게 배서양도 하였다. 戊로부터 어음을 회수한 丙의 어음금청구를 받은 甲은 丙이 甲을 해할 것을 알고 어음을 취득한 경우에도 乙에 대한 인적항변으로 대항할 수 없다. [변호 18]

03 어음법 제17조의 인적항변에서 제3자의 해의란 단순히 항변사유의 존재를 아는 것뿐만 아니라 어음소지인이 어음을 취득함으로써 어음채무자의 양도인에 대한 항변이 절단되어 어음채무자에게 손해가 발생한다는 사실까지 인식하는 것을 말한다(대판 1996.5.14. 96다3449). [변호 14, 18, 모의 13]

> **(틀린지문)** 甲이 물품매매대금 지급을 위해 乙에게 약속어음을 발행하였으나 그 매매계약이 적법하게 해제되었음에도 乙이 丙에게 그 어음을 배서양도한 경우 丙이 그 계약해제 사실을 중대한 과실로 알지 못한 때에는 甲은 이를 이유로 丙에 대하여도 대항할 수 있다. [변호 14]

04 어음상 배서인으로 나타나 있지는 않지만 현재의 어음소지인에게 어음을 양도한 사람이 어음취득 당시 선의였기 때문에 그에게 대항할 수 없었던 사유에 대하여는 현재의 어음소지인이 비록 어음취득 당시 그 사유를 알고 있었다고 하여 그것으로써 현재의 어음소지인에게 대항할 수 없고, 이러한 이치는 현재의 어음소지인이 지급거절증서 작성 후 또는 지급거절증서작성기간 경과 후에 어음을 양도받았다고 하더라도 마찬가지이다(대판 2001.4.24. 2001다5272). [관련판례]

05 어음유통 의사로 어음상에 발행인으로 기명날인하여 어음을 작성한 자는 어음이 도난 · 분실 등으로 그의 의사에 의하지 아니하고 유통되었더라도, 배서가 연속되어 있는 그 어음을 외관을 신뢰하고 취득한 소지인에 대하여는 소지인이 악의, 중과실로 그 어음을 취득하였음을 주장 · 입증하지 아니하는 한 발행인으로서의 어음상의 채무를 부담한다(대판 1999.11.26. 99다34307). [관련판례]

06 어음의 발행인이 사기 등 의사표시의 하자를 이유로 어음발행행위의 직접 상대방이 아닌 소지인을 상대로 취소의 의사표시를 할 수 있더라도 소지인이 선의이면 그 소지인에 대하여는 취소의 효과를 주장할 수 없다(대판 1997.5.16. 96다49513). [모의 14, 18, 20, 21]

07 착오 · 사기 · 강박 등 의사표시하자의 항변은 인적항변에 불과하므로, 어음채무자는 소지인이 채무자를 해할 것을 알고 어음을 취득한 경우가 아닌 한, 소지인이 중과실로 이를 몰랐더라도 종전 소지인에 대한 인적항변으로 소지인에게 대항할 수 없다(대판 1997.5.16. 96다49513). [변호 15, 모의 18, 21]

> **(틀린지문)** 발행인이 乙이고 제1배서인이 丁인 약속어음을 소지한 甲이 乙을 상대로 어음금 지급을 구하는 소를 제기한 경우, 乙은 丁의 사기에 의해 어음을 발행하였고, 甲이 중대한 과실로 그러한 사실을 알지 못하였다면 乙은 이를 이유로 甲에게 대항할 수 있다. [변호 15]

쟁점 7. 융통어음의 항변, 이중무권의 항변

01 어음의 발행인이 할인을 의뢰하면서 어음을 교부한 경우, 이는 원인관계 없이 교부된 어음에 불과할 뿐이고, 악의의 항변에 의한 대항을 인정하지 아니하는 이른바 융통어음이라고 할 수는 없다(대판 1996.5.14. 96다3449). [모의 13]

02 융통어음의 발행자는 피융통자로부터 그 어음을 양수한 제3자에 대하여는 선의이거나 악의이거나, 또한 그 취득이 기한 후 배서에 의한 것이라 하더라도 대가 없이 발행된 융통어음이라는 항변으로 대항할 수 없다(대판 2001.8.24. 2001다28176). [변호 17, 모의 13(2), 21]

> **(틀린지문)** 융통어음의 발행인은 피융통자로부터 기한 후 배서에 의하여 그 어음을 양수한 제3자에 대하여 대가 없이 발행된 융통어음이라는 항변으로 대항할 수 있다. [변호 17]

03 융통어음의 발행인은 피융통자에 대하여 그 어음이 융통어음이므로 어음상의 책임을 부담하지 아니한다고 항변할 수 있고, 융통어음이라는 점에 대한 증명책임은 발행인이 부담한다(대판 2001.8.24. 2001다28176). [변호 17, 모의 13]

04 융통자가 융통어음의 어음금을 지급하였다 하더라도 이는 융통어음의 발행인으로서 자신의 어음금채무를 이행한 것에 불과하고, 피융통자의 보증인의 지위에서 피융통자의 채무를 대신 변제한 것으로는 볼 수 없으므로 융통자는 피융통자에게 수탁보증인의 구상권에 기하여 융통자의 출재로 인한 면책액에 상당한 금원의 지급을 구할 수는 없다(대판 1999.10.22. 98다51398). [모의 13]

05 융통어음 재도사용의 경우, 융통인이 당해 수표가 융통수표이었고, 제3자가 그것이 이미 사용되어 그 목적을 달성한 이후 다시 사용되는 것이라는 점에 관하여 알고 있었다는 것을 입증하면 융통인이 피융통인에 대하여 그 재사용을 허락하였다고 볼 만한 사정이 없는 한, 융통인은 재도사용의 항변으로 제3자에 대하여 대항할 수 있다(대판 2001.12.11. 2000다38596). [모의 13, 16]

06 자기에 대한 배서의 원인관계가 흠결됨으로써 어음을 소지할 정당한 권원이 없어지고 어음금의 지급을 구할 경제적 이익이 없게 된 경우에는 인적항변 절단의 이익을 향유할 지위에 있지 아니하다. 어음의 배서인이 발행인으로부터 지급받은 어음금 중 일부를 어음 소지인에게 지급한 경우, 어음소지인은 배서인과 사이에 소멸된 어음금에 대하여는 지급을 구할 경제적 이익이 없게 되어 인적항변 절단의 이익을 향유할 지위에 있지 아니하므로 어음의 발행인은 그 범위 내에서 배서인에 대한 인적항변으로써 소지인에게 대항하여 그 부분 어음금의 지급을 거절할 수 있다(대판 2003.1.10. 2002다46508). [변호 20, 모의 15, 16]

> **[관련 판례]** 장래채무를 담보하기 위하여 발행된 어음에 발행인을 위하여 어음보증이 된 약속어음을 수취한 사람은 어음을 발행한 원인관계상의 채무가 존속하지 않기로 확정된 때에는 특별한 사정이 없는 한 그때부터는 어음발행인뿐만 아니라 어음보증인에 대해서도 어음상의 권리를 행사할 실질

적인 이유가 없어졌다 할 것이므로 어음이 자기수중에 있음을 기화로 어음보증인으로부터 어음금을 받으려고 하는 것은 신의성실원칙에 비추어 부당한 것으로서 권리남용이고, 어음보증인은 수취인에 대하여 어음금 지급을 거절할 수 있고, 위 수취인으로부터 배서양도를 받은 어음소지인이 어음법 제17조 단서의 요건에 해당되는 때에는 어음보증인은 그러한 악의의 소지인에 대해서도 권리남용의 항변으로 대항할 수 있다(대판 1988.8.9. 86다카1858).

쟁점 8. 어음의 발행

01 약속어음의 발행인은 절대적 의무를 부담하며, 3년의 소멸시효가 완성할 때까지는 어음소지인에게 어음채무를 부담한다. [모의 18]

02 환어음의 발행인은 인수를 담보하지 아니한다는 내용을 어음에 적을 수 있으나 지급을 담보하지 아니한다는 뜻의 모든 문구는 적지 아니한 것으로 본다(어음법 제9조 제2항). [모의 16, 19]

03 약속어음에는 증권의 본문 중에 그 증권을 작성할 때 사용하는 국어로 약속어음을 표시하는 글자, 조건 없이 일정한 금액을 지급할 것을 약속하는 뜻, 만기, 지급지, 지급받을 자 또는 지급받을 자를 지시할 자의 명칭, 발행일과 발행지, 발행인의 기명날인 또는 서명을 기재해야 한다(어음법 제75조). [변호 22]

04 약속어음의 성질상 지급지가 의무이행지이므로 관할법원은 채권자 주소지 관할법원이 아니고 지급지 소재지 관할 법원이다(대결 1973.11.26. 73마910). [변호 22]

(틀린지문) 어음상에 지급지가 서울로 기재되어 있더라도 어음 소지인의 주소지가 부산이라면 부산지방법원에도 어음금 청구의 소에 관한 토지관할권이 인정된다. [변호 22]

05 어음에서 지급위탁(환어음) 또는 지급약속(약속어음)의 대상은 일정한 금액이어야 한다. 따라서 금전 이외의 현물을 지급대상으로 기재하는 경우 그 어음은 무효이다. [모의 14]

06 환어음의 금액을 글자와 숫자로 적은 경우에 그 금액에 차이가 있으면 글자로 적은 금액을 어음금액으로 한다(어음법 제6조 제1항). [모의 14]

07 확정된 날을 만기로 하는 확정일출급 약속어음의 경우에 있어서 만기의 일자가 발행일보다 앞선 일자로 기재되어 있다면 그 약속어음은 어음요건의 기재가 서로 모순되는 것으로서 무효라고 해석하여야 한다(대판 2000.4.25. 98다59682). [모의 14]

08 발행일의 기재가 1978. 2. 30인 약속어음은 같은 해 2.말일을 발행일로 하는 약속어음으로서 유
효하다(대판 1981.7.28. 80다1295).   [모의 17, 21]

09 만기가 적혀 있지 아니한 증권은 일람출급의 환어음으로 본다(어음법 제2조 제1호).   [모의 18]

10 특정한 날짜가 적혀 있지 아니한 경우에는 어음을 발행한 날부터 이자를 계산한다(어음법 제5
조 제3항).   [변호 22]

> **(틀린지문)** 어음상 금액란에 "60,000,000원(금 육천만 원정) 및 이에 대한 연 5%의 이자"라고 기재
> 되어 있고, 지급기일이 2021년 4월 28일, 발행일이 2020년 11월 30일로 기재되어 있는 경우, 어음
> 의 어음금액은 금 6천만 원과 이에 대한 '2021년 4월 28일'부터 연 5%의 이자를 계산하여 결정된
> 다.   [변호 22]

11 약속어음에 지급지가 적혀 있지 아니한 경우 약속어음에는 지급인이 없으므로 발행지를 지급지
및 발행인의 주소지로 본다(어음법 제76조 제2호).   [변호 18]

> **(틀린지문)** 어음의 지급지를 적지 않은 경우 수취인에게 그에 관한 백지보충권이 수여되지 않았다면
> 그 어음은 당연히 무효이다.   [변호 18]

12 약속어음에 지급처소를 기재하는 것은 필요적 기재사항이 아니므로 지급지는 포항시로 되어 있
는데 그 지급처소를 서울특별시로 기재하였다 하여 그 약속어음을 무효라 할 수 없다(대판
1970.7.24. 70다965).   [모의 17]

13 약속어음에 발행지가 적혀 있지 아니한 경우 발행인의 명칭에 부기한 지를 발행지로 본다(어음
법 제76조 제3호).   [변호 22]

14 어음면상에 발행지의 기재가 없다고 하더라도 기타 어음면의 기재로 보아 그 어음이 국내에서
어음상 효과를 발행시키기 위해 발행된 것임이 인정되는 경우, 국내어음으로 추단할 수 있으며
국내어음으로 인정되는 경우 그 어음은 유효하다(대판 1998.4.23. 95다36466).   [변호 15, 모의 19]

15 환어음은 발행인을 지급받을 자로 하여 발행할 수 있다(어음법 제3조 제1항).   [모의 14, 18, 21]

16 환어음은 발행인 자신을 지급인으로 하여 발행할 수도 있고, 제3자의 계산으로 발행할 수도 있
다(어음법 제3조 제2항, 제3항).   [모의 14, 18]

17 어음발행인이 복수로 어음에 기재된 경우 중첩적 기재만이 유효로 인정되고, 선택적 및 순차적 기재는 무효이다. [모의 21]

18 어음발행인란에 수인이 공동으로 기명날인 또는 서명을 한 경우, 어음상의 권리자는 공동발행인 전원뿐만 아니라 공동발행인 각자에게도 어음금 전액을 청구할 수 있다. [변호 16]

19 조합의 어음행위는 전조합원의 어음상 서명에 의한 것은 물론 대표조합원이 대표자격을 밝히고 조합원 전원을 대리하여 서명하였을 경우에도 유효하다. 조합의 어음행위가 성립하는 경우 조합원들은 합동책임을 부담한다(대판 1970.8.31. 70다1360). [변호 14, 모의 17]

20 환어음은 지급인의 주소지에 있든 다른 지(地)에 있든 관계없이 제3자방에서 지급하는 것으로 할 수 있다(어음법 제4조). [모의 18]

21 일람출급 또는 일람 후 정기출급의 환어음에는 발행인이 어음금액에 이자가 붙는다는 약정 내용을 적을 수 있다(어음법 제5조 제1항 전문). [모의 14]

22 환어음을 제3자방에서 지급하는 것으로 한 경우 발행인은 인수를 위한 어음의 제시를 금한다는 내용을 어음에 적을 수 없다. [모의 21]

23 배서에는 조건을 붙여서는 아니 된다. 배서에 붙인 조건은 적지 아니한 것으로 본다(어음법 제12조 제1항). [모의 18]

쟁점 9. 백지어음

01 백지어음은 후일 어음요건이 보충되어야 비로소 완전한 어음이 되고 그 보충이 있기까지는 미완성어음에 지나지 아니한다(대판 2010.5.20. 2009다48312). [모의 18]

02 백지약속어음의 경우 발행인이 수취인 또는 그 소지인으로 하여금 백지부분을 보충케 하려는 보충권을 줄 의사로서 발행하였는가 여부의 점에 대하여는 발행인에게 보충권을 줄 의사로 발행한 것이 아니라는 점 즉 백지어음이 아니고 불완전어음으로서 무효라는 점에 관한 입증책임이 있다(대판 1984.5.22. 83다카1585). [변호 15, 17]

03 만기를 공란으로 하여 발행한 경우 일람출급의 어음이 아니라 백지어음을 발행한 것으로 추정 한다(대판 2003.5.30. 2003다16214). [모의 14]

> **해설** 지급기일을 공란으로 하여 약속어음을 발행하였거나 사후에 지급기일을 당사자의 합의로 삭제한 경 우에는 특별한 사정이 없는 한 그 어음은 (어음법 제2조 제1호에 따라) 일람출급의 어음으로 볼 것이 아니라 백지어음으로 보아야 하고 이와 같은 백지어음을 교부하여 이를 보관시킨 때에는 후일 그 소 지인으로 하여금 임의로 그 지급기일의 기재를 보충시킬 의사로서 교부·보관시킨 것이라고 추정할 것이다(대판 2003.5.30. 2003다16214).

04 발행일이 백지인 약속어음을 발행일란을 보충하지 않고 지급제시한 경우 적법한 지급제시가 되 지 못하여 상환청구권은 상실되고, 백지의 보충 없이 백지어음을 제시한 경우 채무자는 이행지 체의 책임을 지지 않는다(대판 1992.10.27. 91다24724). [변호 12, 17, 모의 14, 21]

05 어음금청구 소송에서 백지를 보충할 수 있는 시점은 변론종결시이므로 백지어음인 상태로 소를 제기한 경우에도 변론종결시까지 백지를 보충하면 되나, 변론종결시까지 백지를 보충하지 않아 패소한 경우에는 그 이후 백지를 보충하고 완성된 어음에 기하여 동일한 어음금을 청구할 수 없다(대판 2008.11.27. 2008다59230). [변호 19, 22]

06 만기가 기재된 백지어음은 일반적인 조건부 권리와는 달리 그 백지 부분이 보충되지 않은 미완 성어음인 상태에서도 만기의 날로부터 어음상의 청구권에 대하여 소멸시효가 진행한다(대판 2010.5.20. 2009다48312). [모의 18]

07 어음요건이 백지인 약속어음의 소지인이 백지 부분을 보충하지 않은 상태에서 어음금을 청구하 는 것은 어음상 청구권에 관하여 잠자는 자가 아님을 객관적으로 표명한 것이고 그 청구로써 어음상 청구권의 소멸시효는 중단된다(대판 2010.5.20. 2009다48312). [변호 12, 15, 17, 19, 22, 모의 13, 14, 18]

> **(틀린지문)** 만기가 기재되어 있으나 다른 어음요건이 백지인 약속어음 소지인이 백지 부분을 보충하 지 않은 상태에서 어음금을 재판상 청구하는 경우, 그 청구로 어음상의 청구권에 관한 소멸시효 중단의 효과는 발생하지 않는다. [변호 17]
>
> **(틀린지문)** 어음소지인이 약속어음의 금액란을 보충하지 않은 채 발행인을 피고로 어음금지급청구의 소를 제기한 경우 어음금채권의 소멸시효는 중단되지 않는다. [변호 19]

08 수취인을 백지로 하여 발행된 어음은 교부에 의해서도 양도할 수 있고, 백지를 보충하지 아니하 고 배서에 의해서 양도할 수 있다(대판 1994.11.18. 94다23098). [변호 17, 모의 14, 21]

09 어음의 주채무자에 대한 권리는 만기로부터 3년의 소멸시효에 걸리므로 백지의 보충도 이 기간 내에 이루어져야 한다. 발행일을 백지로 하여 발행된 약속어음의 백지보충권의 소멸시효기간은 백지보충권을 행사할 수 있는 때로부터 3년이며, 만기를 백지로 하여 발행된 약속어음의 백지보충권의 소멸시효기간 역시 이와 같다. [변호 17, 18, 19, 20]

> **(틀린지문)** 금액란이 백지인 어음의 최종소지인이 발행인에게 어음금을 청구하기 위하여는 만기로부터 1년 이내에 백지보충권을 행사하여야 한다. [변호 19]
>
> **(틀린지문)** 어음의 만기를 적지 않은 경우, 어음의 수취인에게 그에 관한 백지보충권이 수여되었다면 그 백지보충권의 소멸시효기간은 특별한 약정이 없는 한 백지보충권을 행사할 수 있는 때로부터 1년이다. [변호 20]

10 어음의 금액을 적지 않은 경우 소지인에게 그에 관한 백지보충권이 수여되었다면 그 어음은 금액을 보충함으로써 어음상 효력이 발생한다(소급효×). [변호 18]

11 백지어음에 있어 백지 보충시와 어음행위 자체 성립시는 구별하여야 할 문제로서 백지 보충없이는 어음상 권리를 행사할 수 없으나 어음행위 성립시기를 백지 보충시기로 의제할 수없으며 성립시기는 어음행위 자체의 성립시기로 결정해야 하므로 백지어음에 만기 전에 한 배서는 만기 후 백지가 보충된 때에도 기한후 배서로 볼 것이 아니다(대판 1971.8.31. 68다1176). [변호 12, 14, 모의 14]

> **(틀린지문)** 만기가 2011. 5. 31.인 금액 백지의 약속어음을 2011. 5. 1. 배서한 경우, 그 금액의 보충이 2011. 6. 15.에서야 이루어졌다면 그 배서는 기한후배서에 해당한다. [변호 12]

12 백지어음의 보충권자가 실제로 수여된 보충권의 범위를 넘어 부당하게 보충한 경우에도 백지어음 행위자는 제3자에 대해 이로써 대항하지 못하는 것이 원칙이다(어음법 제10조 본문). 다만, 제3자가 부당보충의 사실을 알았거나 중대한 과실로 알지 못한 경우 그러한 소지인에 대해서는 대항할 수 있다. [변호 18, 19, 모의 13, 18, 21]

> **(틀린지문)** 백지어음에 부당보충이 된 경우, 발행인은 어음소지인이 악의로 어음을 취득한 경우에만 어음소지인에게 부당보충을 이유로 대항할 수 있다. [변호 19]

13 취득자가 어음소지인으로부터 금액란이 백지인 약속어음을 교부·양도 받으면서 발행인에게 보충권에 관하여 아무런 확인을 하지 않은 경우 특별한 사정이 없는 한 취득자에게 중과실이 있는 경우에 해당하고 취득자가 어음소지인의 지시에 따라 금액란을 보충하고 할인하여 준 경우 발행인은 그가 수여한 보충권한을 넘는 부분에 대하여는 취득자에 대하여 어음채무를 부담하지 않는다(대판 1978.3.14. 77다2020). [변호 12, 14, 19, 모의 14, 18, 21]

> **(틀린지문)** 甲이 乙에게 금액란만을 백지로 한 약속어음을 발행하면서 1억 원의 범위 내에서 금액을 보충할 수 있는 권한을 부여하였고, 乙은 丙에게 약속어음을 배서교부하면서 보충권의 범위가 2억 원이라고 말한 사안에서 丙이 乙의 말을 믿고 금액란에 2억 원을 보충하여 甲을 피고로 어음금지급청구의 소를 제기한 경우, 법원은 丙의 청구를 전부 기각하여야 한다. [변호 19]

쟁점 10. 환어음의 인수

01 환어음의 소지인 또는 단순한 점유자는 만기에 이르기까지 인수를 위하여 지급인에게 그 주소에서 어음을 제시할 수 있다(어음법 제21조). [모의 18]

02 소지인은 인수를 위하여 제시한 어음을 지급인에게 교부할 필요가 없다. [모의 20]

03 일람 후 정기출급의 환어음은 그 발행한 날부터 1년 내에 인수를 위한 제시를 하여야 하며, 발행인은 위 기간을 단축하거나 연장할 수 있고, 배서인은 이 기간을 단축할 수 있다(어음법 제23조). [모의 14, 18, 20]

04 인수제시가 있을 경우 지급인은 제시자에 대하여 그 다음 날에 두 번째 제시할 것을 청구할 수 있다(어음법 제24조 제1항). [모의 14(2)]

05 발행인과 배서인은 환어음에 기간을 정하거나 정하지 아니하고, 인수를 위하여 어음을 제시하여야 한다는 내용을 적을 수 있다. 발행인이 인수를 위한 어음의 제시를 금지한 경우에는 그러하지 아니하다(어음법 제22조 제1항, 제4항). [모의 13, 16, 18]

06 발행인이 기재한 기간 내에 인수를 위한 제시를 하지 아니한 소지인은 지급거절과 인수거절로 인한 상환청구권을 잃는다(어음법 제53조 제2항). [모의 14]

07 발행인은 인수를 위한 어음의 제시를 금지한다는 내용 또는 일정한 기일 전에는 인수를 위한 어음의 제시를 금지한다는 내용을 적을 수 있다(어음법 제22조 제2항, 제3항). [모의 16, 18, 20]

08 발행인(배서인×)만이 인수제시를 금지할 수 있고(어음법 제22조 제2항), 인수제시금지문구에도 지급인이 인수하면 효력이 있다. [모의 13, 16]

09 지급인이 인수를 하는 경우 인수의 효력이 인정된다. [모의 13, 16]

10 환어음에 인수를 기재한 지급인이 그 어음을 반환하기 전에 인수의 기재를 말소한 경우 인수를 거절한 것으로 본다(어음법 제29조 제1항). [모의 14]

11 어음의 앞면에 지급인의 단순한 기명날인 또는 서명이 있으면 인수로 본다(어음법 제25조 제1항 후단). [모의 16]

12 일람 후 정기출급의 어음 또는 특별한 기재에 의하여 일정한 기간 내에 인수를 위한 제시를 하여야 하는 어음의 경우 소지인이 제시한 날짜를 기재할 것을 청구한 경우가 아니면 인수에는 인수한 날짜를 적어야 한다(어음법 제25조 제2항). [모의 13]

13 환어음의 인수일자를 기재하지 아니하고 지급인이 소지인에게 제시일자 또는 인수일자의 보충권을 수여하는 백지인수도 인수의 효력이 인정된다(대판 1980.2.12. 78다1164). [모의 13]

14 인수는 조건 없이 하여야 한다. 그러나 지급인은 어음금액의 일부만을 인수할 수 있다(어음법 제26조 제1항). [모의 13, 14, 16, 18]

15 지급인이 만기를 변경하여 인수를 한 경우에는 조건부인수로 인수거절에 해당하므로 환어음의 소지인은 상환청구권을 행사할 수 있다. [모의 16]

16 지급인은 인수를 함으로써 만기에 환어음을 지급할 의무를 부담한다(어음법 제28조 제1항). [모의 16, 18]

17 발행인이 의사무능력 상태에서 환어음을 발행하고 지급인이 인수행위를 한 경우 발행인의 발행행위는 무효이나 지급인은 어음행위독립의 원칙상 인수인으로서 어음채무를 부담한다. [모의 16]

18 지급인은 인수한 경우에만 어음소지인에 대한 주채무자이고(어음법 제28조 제1항), 인수하지 않은 경우 어음소지인에 대해 어떠한 채무도 부담하지 않는다. [모의 16]

19 만기 전에 소지인은 인수의 전부 또는 일부의 거절이 있는 경우, 배서인, 발행인, 그 밖의 어음채무자에 대하여 상환청구권을 행사할 수 있다(어음법 제43조 제1호). [모의 16]

쟁점 11. 어음보증

01 민사보증은 계약이나, 어음보증은 단독행위이다(대판 1986.9.9. 84다카2310). [모의 13, 14]

02 민사보증에서 피보증인이 특정되지 않은 경우 보증은 무효이지만, 어음·수표에서 피보증인이 특정되지 않거나 기재하지 않은 경우 발행인을 위한 보증으로 본다(어음법 제31조 제4항). [변호 20, 모의 13, 14]

03 민사보증은 채권자가 특정되어 있으나, 어음보증은 장래의 모든 어음취득자에 대하여 보증채무를 부담하는 점에서 채권자가 특정되지 않는다(어음법 제47조 제1항). [모의 13]

04 민법상 보증채무는 주채무가 무효·취소되면 보증채무는 성립하지 않고, 어음보증은 주채무가 방식의 하자 이외의 사유로 무효, 취소되더라도 유효하게 성립한다(어음법 제32조 제2항). [모의 13, 14, 17, 19]

05 어음·수표의 보증인은 피보증인과 동일한 책임을 지므로 최고·검색의 항변권이 없다. [모의 13, 14]

06 민법상 보증계약은 낙성계약이므로 특별한 방식이 필요 없지만, 어음상의 보증은 보증을 할 때에는 보증 또는 이와 같은 뜻이 있는 문구를 표시하고 보증인이 기명날인 또는 서명하여야 한다(어음법 제31조 제2항). [모의 13]

07 약속어음에 명시적으로 어음보증을 하는 사람은 어음상 채무에 대하여 어음 보증한 것이고, 원인관계상 채무까지 보증한 것은 아니다. [변호 20]

08 어음보증에 있어서 보증인은 누구나 될 수 있다. 따라서 이미 어음행위를 한 자도 다른 어음채무자를 위해 어음보증인이 될 수 있다(어음법 제30조 제2항). [모의 14]

09 보증의 표시는 환어음 또는 보충지에 해야 한다(어음법 제31조 제1항). 등본에 대하여는 원본과 같은 방법으로 같은 효력으로 배서 또는 보증을 할 수 있다(어음법 제67조 제3항). [모의 14]

10 어음 앞면에 단순한 기명날인 또는 서명이 있는 경우 보증을 한 것으로 본다(어음법 제77조 제3항, 제31조 제3항). [변호 22]

11 어음보증은 피보증인의 어음채무의 일부만을 담보할 수 있다(어음법 제30조 제1항). [모의 14]

12 조건을 붙인 불단순보증은 그 조건부 보증문언대로 보증인의 책임이 발생한다. 어음보증인이 지급기일까지 지급을 보증한다는 문구를 기재한 경우, 어음소지인은 어음을 지급기일까지 어음보증인에게 지급제시하지 않으면, 어음보증인은 보증책임을 부담하지 않는다(대판 1986.3.11. 85다카1600). [변호 20, 모의 14, 17, 20]

13 어음보증인은 피보증인과 함께 소지인에 대해서 합동책임을 지기 때문에 소지인은 피보증인에게 먼저 청구할 필요 없이 보증인에게 바로 어음금의 지급을 청구할 수 있다. [변호 20]

> **(틀린지문)** 어음소지인은 피보증인에게 먼저 지급청구를 한 후에야 보증인에게 보증채무의 이행을 청구할 수 있다. [변호 20]

14 약속어음상의 권리를 지명채권양도에 관한 방식에 따라서 양도하는 경우 민법 제450조 제1항 소정의 대항요건을 갖추지 아니하면 어음채무자에게 대항할 수 없으나, 주채무자인 발행인에 대하여 대항요건을 갖추었으면 보증인에 대하여 별도의 대항요건을 갖추지 않았어도 주된 채권양도의 효력으로써 보증인에 대하여 이를 주장할 수 있다(대판 1989.10.24. 88다카20774). [모의 16, 17]

15 어음보증인은 피보증인이 어음소지인에 대하여 가지는 항변을 원용할 수 있다(대판 1988.8.9. 86다카1858). [모의 17, 21]

16 보증인이 환어음의 지급을 하면 보증된 자와 그 자의 어음상의 채무자에 대하여 어음으로부터 생기는 권리를 취득한다(어음법 제32조 제3항). [모의 14(2), 17]

쟁점 12. 배서

01 백지식배서에 의하여 취득한 어음을 양도상대방이 이미 소지하고 있는 경우 배서에 의하지 않고 간이인도 방식에 의해 양도하는 것이 가능하다(대판 2006.12.7. 2004다35397). [모의 16]

02 약속어음의 발행인의 수취인에 대한 제1차 배서는 어음법상 아무 의미가 없는 것이므로 배서연속의 관계에 있어서는 그 기재가 없는 것으로 본다. [모의 14]

03 수표의 수취인이 발행인과의 분쟁으로 인한 인적 항변으로 수표금을 지급받지 못하게 될 것이 예상되자 제3자를 통한 소 제기로 승소판결을 받아 수표금을 지급받기 위하여 제3자를 피배서인으로 하여 수표의 배서양도를 한 경우, 이러한 배서는 제3자로 하여금 소송행위를 하게 하는 것을 주된 목적으로 하는 소송신탁에 해당하여 무효이다(대판 2007.12.13. 2007다53464). [모의 14]

04 배서에는 조건을 붙여서는 아니 된다. 배서에 붙인 조건은 적지 아니한 것으로 본다(어음법 제12조 제1항). [모의 19]

05 어음에 대한 일부의 배서는 무효이다(어음법 제12조 제2항). [변호 16]

> (틀린지문) 어음에 대한 일부의 배서는 그 부분에 한하여 유효하다. [변호 16]

06 발행인이 어음에 "지시금지"라는 글자 또는 이와 같은 뜻이 있는 문구를 적은 어음을 배서금지어음이라 한다(어음법 제11조 제2항). 이러한 배서금지어음은 지명채권 양도방법에 의하여 양도할 수 있다. [변호 22]

> (틀린지문) 배서인이 어음에 '지시금지'라는 글자를 기재하면 그 어음은 그때부터 배서금지어음이 되어 그 후로는 지명채권양도방식으로만 양도할 수 있다. [변호 22]

07 최후의 배서가 백지식인 경우 그 어음의 소지인은 적법하게 어음상 권리를 취득한 것으로 추정된다(어음법 제16조 제1항 제2문). [변호 22, 모의 16]

08 배서가 연속된 약속어음을 지급거절증서 작성기간이 지난 후에 백지식 배서의 방식으로 교부받은 어음 소지인은 여전히 약속어음의 적법한 소지인으로 추정되므로 특별한 사정이 없는 한 발행인에게 약속어음금의 지급을 구할 수 있다(대판 2012.3.29. 2010다106290,106306,106313). [모의 16]

09 배서가 연속하던 중 최후의 배서가 백지식 배서(또는 소지인출급식)인 때에는 그 소지인은 배서를 하지 않고, 피배서인을 보충하지도 않으면서 어음의 교부만으로 어음상 권리를 양도 할 수 있다(어음법 제14조 제2항 제3호, 제77조 제1항 제1호). [변호 19, 모의 14, 20]

10 소지인에게 지급하라는 소지인출급의 배서는 백지식 배서와 같은 효력이 있다(어음법 제12조 제3항). [모의 19]

11 환어음 배서인은 반대의 문구가 없으면 인수와 지급을 담보한다(어음법 제15조 제1항). [모의 20]

12 어음에 있어서 배서의 연속은 실질적인 권리자에 의해서 이루어졌는지 여부와 관계없이 형식적 기재를 기준으로 판단한다(대판 1974.9.24. 74다902). [변호 13, 16, 19]

> (틀린지문) 어음에 있어서 배서의 연속은 어음 기재상 형식적으로 연속되어 있어야 할 뿐만 아니라 실질적으로도 연속되어 있을 것을 요한다. [변호 16]

13 배서의 연속은 오로지 어음의 외관상 배서 연속이 되어 있으면 되는 것이며 중간에 허무인이 배서인으로 기재하더라도 무방하다(대판 1973.6.22. 72다2026). [변호 19]

> (틀린지문) 배서가 위조되었거나 배서인이 존재하지 않는 허무인인 경우에는 배서의 연속이 흠결되므로 약속어음의 최종소지인에게 자격수여적 효력이 인정되지 않는다. [변호 19]

14 은행 지점장이 은행을 수취인으로 하는 약속어음의 배서인란에 지점의 주소와 지점 명칭이 새겨진 명판을 찍고 기명을 생략한 채 자신의 사인(私印)을 날인하는 방법으로 배서한 경우 배서의 연속에 흠결이 있다. [모의 20]

15 약속어음의 배서가 위조된 경우에도 배서의 연속이 흠결된 것이라고 할 수 없으므로 피배서인은 배서가 위조되었는지의 여부에 관계없이 배서의 연속이 있는 약속어음의 적법한 소지인으로 추정된다(대판 1974.9.24. 74다902). [모의 17]

16 백지식 배서의 다음에 다른 배서가 있는 경우 그 배서를 한 자는 백지식 배서에 의하여 어음을 취득한 것으로 본다(어음법 제16조 제1항). [모의 15]

17 원인관계가 해제된 경우, 어음을 반환해야 할 채권적 의무를 부담하던 자는 여전히 적법한 어음 소지인이므로 그로부터 백지식 배서를 받은 자에게 당연히 어음상 권리가 이전된다. [모의 15]

18 어음법 제16조 제1항에 의하면 어음의 점유자가 배서의 연속에 의하여 그 권리를 증명할 때에는 그를 적법한 소지인으로 추정하고, 최후의 배서가 백지식인 경우에도 같다. [모의 15]

19 어음에 있어서 형식상 배서의 연속이 끊어진 경우에 다른 방법으로 그 중단된 부분에 관하여 실질적 관계가 있음을 증명한 소지인은 어음상 권리를 행사할 수 있다(대판 1995.9.15. 95다7024).
[변호 17, 19, 모의 14]

쟁점 13. 특수한 배서, 선의취득

01 무담보배서를 한 자는 자기 이후의 모든 어음취득자에 대해 담보책임을 지지 아니한다. [모의 13]

02 배서인은 자기의 배서 이후에 새로 하는 배서를 금지할 수 있다. 그 배서인은 어음의 그 후의 피배서인에 대하여 담보책임을 지지 않는다(어음법 제15조 제2항). [모의 13, 14(2), 16(2), 19(2)]

03 어음채무자를 피배서인으로 하는 배서를 환배서라고 한다. 환배서를 하게 되면 어음상의 권리와 의무가 동일인에게 귀속되지만, 민법 제507조의 혼동의 법리가 적용되지 않는다. [모의 13]

04 약속어음 발행인으로부터 인적항변의 대항을 받는 어음소지인은 당해 어음을 제3자에게 배서·양도한 후 환배서에 의하여 이를 다시 취득하여 소지하게 되었다고 할지라도 발행인으로부터 여전히 위 항변의 대항을 받는다(대판 2002.4.26. 2000다42915). [변호 22]

05 지급거절증서가 작성된 후에 한 배서 또는 지급거절증서 작성기간이 지난 후에 한 배서는 기한후배서로서 지명채권 양도의 효력만 있다(어음법 제20조 제1항). [모의 19]

06 기한후배서는 '만기후배서'와 구별되는데, 만기 후라고 하더라도 지급거절증서의 작성기간이 경과하기 전이고 또한 지급거절증서도 작성되지 않은 상태에서 배서가 이루어졌다면 이는 '만기 전의 배서'와 동일한 효력이 있다. [변호 14, 22]

> (틀린지문) 지급거절증서가 작성되지 않은 상태에서 지급거절증서 작성기간이 경과하기 전에 백지식 배서에 의해 어음을 취득한 자가 그 기간이 경과한 후에 백지를 보충한 경우 이는 기한후배서로 본다. [변호 14]

07 지급거절의 사실이 어음면에 명백하게 되어 있다 하더라도 이를 가지고 적법한 지급거절증서가 작성되었다고는 할 수 없으므로, 그러한 어음에 한 배서도 그것이 지급거절증서 작성 전으로서

지급거절증서 작성기간 경과 전이기만 하면 이는 기한후 배서가 아닌 만기후배서로서 만기 전의 배서와 동일한 효력이 있다(대판 2000.1.28. 99다44250). [변호 22]

08 기한후배서의 경우 민법상 지명채권 양도절차 없이 기한후배서에 의하여 배서인의 권리가 피배서인에게 이전된다(대판 1997.11.14. 97다38145). [변호 14, 16, 18]

> **(틀린지문)** 기한후배서는 지명채권양도의 효력이 있는바, 지명채권양도의 방식을 따라야 하므로 어음채무자에 대한 통지 · 승낙 등 대항요건을 갖추어야 한다. [변호 14]
>
> **(틀린지문)** 어음에서의 기한후배서는 지명채권 양도의 효력을 가지므로 민법상 지명채권 양도의 대항요건을 구비하여야 한다. [변호 16]
>
> **(틀린지문)** 기한후배서에 의해 어음을 취득한 자가 발행인에 대하여 어음상의 권리를 행사하기 위해서는 배서인의 통지 또는 발행인의 승낙이 있어야 한다. [변호 18]

09 기한후배서에는 인적항변의 절단이 적용되지 않기 때문에 어음채무자는 기한후배서인에게 대항할 수 있는 항변사유로써 피배서인의 선악을 묻지 않고 대항할 수 있다. [변호 14, 18]

> **(틀린지문)** 약속어음의 소지인 乙이 만기에 이르러 발행인 甲에게 어음금을 청구하였으나 원인관계상의 사유로 지급을 거절당하자 그로부터 1개월이 경과한 후 丙에게 배서 양도하여 丙이 어음금 지급을 청구하는 경구 甲은 그 원인관계상의 사유로 대항할 수 없다. [변호 14]

10 기한후배서는 자격수여적 효력이 있으므로, 배서가 연속된 피배서인은 적법한 소지인으로 추정되며, 이러한 자에게 지급한 선의의 채무자는 면책된다. [모의 13]

11 공연한 추심위임배서는 어음상 권리를 이전하는 것이 아니므로 배서금지어음에도 가능하다. [변호 22]

12 추심위임배서의 피배서인은 ① 배서인을 위하여 어음으로부터 발생하는 제반의 권리(어음상의 권리, 소송수행행위 등)를 행사할 수 있고(어음법 제18조 제1항), ② 배서인의 동의 없이도 대리를 위한 배서를 할 수 있다(어음법 제18조 제1항 단서). [모의 14]

13 배서한 내용 중 '회수하기 위하여', '추심하기 위하여', '대리하기 위하여', '그 밖에 단순히 대리권을 준다는 문구'라는 문구가 있으면 어음의 채무자는 배서인에게 대항할 수 있는 항변으로써만 소지인에게 대항할 수 있다(어음법 제18조 제1항, 제2항). [모의 19(2)]

14 어음상의 권리를 행사할 대리권을 수여한 추심위임배서의 경우(어음법 제18조 제1호) 배서인은 피배서인에 대한 담보책임을 부담하지 않는다. [모의 16]

15 추심위임의 목적으로 하는 통상의 양도배서도 유효하고, 이 경우 인적항변은 절단되지 않는다(대판 1990.4.13. 89다카1084). [모의 13, 16, 19]

16 배서한 내용 중 '담보하기 위하여', '입질하기 위하여', '그 밖에 질권 설정을 표시하는 문구'라는 문구가 있으면 소지인은 환어음으로부터 생기는 모든 권리를 행사할 수 있다. 그러나 소지인이 한 배서는 대리를 위한 배서의 효력만 있다(어음법 제19조 제1항). [모의 14, 19]

17 환어음의 배서에 '입질하기 위하여'라는 문언이 있는 경우, 어음채무자는 배서인에 대한 인적항변으로써 어음소지인에게 대항할 수 없다. 그러나 소지인이 그 채무자를 해할 것을 알고 어음을 취득한 경우에는 그러하지 아니하다. [모의 20]

18 어음의 선의취득으로 인하여 치유되는 하자의 범위는 양도인이 무권리자인 경우뿐만 아니라 대리권의 흠결이나 하자 등의 경우도 포함된다(대판 1995.2.10. 94다55217). [변호 14, 모의 16]

쟁점 14. 지급제시와 상환청구 등

01 확정일출급, 발행일자 후 정기출급 또는 일람 후 정기출급의 환어음 소지인은 지급을 할 날 또는 그날 이후의 2거래일 내에 지급제시를 하여야 한다(어음법 제38조 제1항). [모의 19]

02 일람출급환어음은 발행일로부터 1년이 지급제시기간이 된다(어음법 제34조 제1항). [모의 20]

03 어음소지인은 만기로부터 3년 이내의 기간 동안 언제든지 주채무자에 대하여 이행을 청구할 수 있다. [변호 20]

04 지급제시는 어음요건이 갖추어진 완전한 어음을 제시해야 한다. 어음요건이 흠결된 불완전어음이나 백지어음과 같은 미완성어음으로 지급제시를 하는 경우 지급제시의 효력이 없다. 그 경우 채무자는 이행지체가 되지 않고 상환청구권 보전의 효력도 주어지지 않는다(대판 1992.10.27. 91다24724). [변호 12, 17, 모의 14, 21]

05 약속어음의 소지인이 지급제시기간 내에 어음을 제시하지 못한 경우에는 배서인에 대한 상환청구권을 상실한다(어음법 제53조 제1항). [모의 19]

06 약속어음의 소지인은 특단의 사정이 없는 한 적법한 지급제시를 한 경우에만 그 배서인에 대한 소구권을 행사할 수 있으되, 그 어음배서인이 지급거절증서작성을 면제한 경우에는 그 어음소지인은 적법한 지급제시를 한 것으로 추정되어 적법한 지급제시가 없었다는 사실은 이를 원용하는 자에게 주장·입증책임이 있고, 어음배서인에 대한 지급제시는 적법한 지급제시의 요건이 아니므로 어음소지인이 그 배서인에게 지급제시하지 않았다 하여 적법한 지급제시가 없었으므로 상환청구권이 상실되었다고는 할 수 없다(대판 1984.4.10. 83다카1411). [관련판례]

07 환어음의 지급인은 지급을 할 때에 소지인에게 그 어음에 영수를 증명하는 뜻을 적어서 교부할 것을 청구할 수 있다(어음법 제39조 제1항). [모의 14]

08 어음법 제38조 지급제시의 필요에 따른 기간 내에 환어음의 지급을 받기 위한 제시가 없으면 각 어음채무자는 소지인의 비용과 위험부담으로 어음금액을 관할 관서에 공탁할 수 있다(어음법 제42조). [모의 19, 20]

09 약속어음의 발행인이 파산한 경우에는 어음의 만기가 도래하기 전이라도 어음소지인은 발행인에게 지급제시한 후 지급거절증서를 작성하여 상환청구를 할 수 있다(어음법 제77조 제1항 제4호, 제43조). [모의 20]

10 재상환청구권은 그 배서인이 어음을 환수한 날 또는 그 자가 제소된 날부터 6개월간 행사하지 아니하면 소멸시효가 완성된다(어음법 제70조 제3항). [변호 15, 모의 21]

11 백지식 배서에 의하여 어음을 양수한 다음 단순히 교부에 의하여 이를 타인에게 양도한 자가 소지인의 소구에 응하여 상환을 하고 어음을 환수한 경우, 그 전의 배서인에 대하여 당연히 재소구권을 취득하는 것은 아니라고 하더라도, 그 상환을 받은 소지인이 그 전의 배서인에 대하여 가지는 소구권을 민법상의 지명채권 양도의 방법에 따라 취득하여 행사할 수 있는 것으로 보아야 하고, 다만 그 소구의무자는 이에 대하여 양도인에 대한 모든 인적 항변으로 대항할 수 있을 뿐이다(대판 1998.8.21. 98다19448). [관련판례]

12 제권판결이 선고된 이상 약속어음상의 실질적 권리자라고 하더라도 제권판결의 효력을 소멸시키기 위하여 제권판결에 대한 불복의 소를 제기하여 취소판결을 받지 아니하는 한 그 약속어음상의 권리를 주장할 수 없다(대판 1982.10.26. 82다298). [모의 16]

13 약속어음에 관한 제권판결의 효력은 그 판결 이후에 있어서 당해 어음을 무효로 하고 공시최고 신청인에게 어음을 소지함과 동일한 지위를 회복시키는 것에 그치는 것이고, 공시최고 신청인이 실질상의 권리자임을 확정하는 것은 아니다(대판 1993.11.9. 93다32934). [변호 20]

(틀린지문) 약속어음에 관한 제권판결에 의하여 신청인이 실질적인 어음상 권리자가 된다. [변호 20]

쟁점 15. 이득상환청구권

01 어음소지인의 어음상 권리가 절차 흠결 또는 소멸시효 완성으로 소멸한 경우 소지인이 발행인, 인수인 또는 배서인에 대하여 그가 받은 이익의 한도 내에서 상환을 청구하는 권리를 이득상환청구권이라고 한다(어음법 제79조). [모의 13, 14]

02 환어음의 경우 이득상환채무자는 발행인, 인수인, 배서인이고(어음법 제79조), 수표의 경우 이득상환채무자는 발행인, 배서인, 지급보증인이다(수표법 제63조). [모의 16]

03 어음요건을 갖추지 아니한 불완전한 백지어음의 경우 어음상의 권리가 생기지 않았으므로 그 소지인은 이득상환청구권을 취득할 수 없다. [모의 13, 14, 16]

04 기한후배서에 의하여 어음을 취득한 자도 이득상환청구권을 행사할 수 있다. [모의 16]

05 어음상 권리가 시효완성이나 절차흠결로 어음상 권리가 모두 소멸한 경우라야 이득상환청구권이 인정되지만 배서가 착오에 의한 것이어서 배서를 취소함에 따라 어음을 반환하는 경우에는 어음상 권리가 그대로 존재하기 때문에 이득상환청구권이 인정되지 않는다. [모의 16]

06 완전한 어음의 수취인이 어음을 분실하고 어음에 대한 선의취득이 일어나지 않은 상태에서 어음상 권리가 시효완성이나 절차의 흠결로 소멸한 경우 이득상환청구권이 인정된다. [모의 16]

07 원인관계에 있는 채권의 지급을 담보하기 위하여 어음이 발행된 경우, 그 어음상의 권리가 소멸한 후에 원인관계에 있는 채권이 소멸되었다면 이득상환청구권이 생길 수 없다(대판 1963.5.15. 63다155). [변호 17, 모의 16]

08 소멸시효 완성으로 어음상의 채무를 면한 어음채무자에 대한 이득상환청구권이 성립하려면 해당 어음채무자가 원인관계에서 현실적으로 재산상의 이득을 얻어야 한다. [모의 20]

09 어음법 제79조에서 말하는 "받은 이익"이란 어음채무자가 어음상의 권리의 소멸에 의하여 어음상 채무를 면하는 것 자체를 말하는 것이 아니라 어음수수의 원인관계 등 실질관계(기본관계)에 있어서 현실로 받은 재산상의 이익을 말하는 것이다(대판 1993.7.13. 93다10897). [모의 13, 14, 20]

10 원인관계상의 채무를 담보하기 위하여 어음이 발행되거나 배서된 경우에는 어음채권이 시효로 소멸되었다고 하여도 발행인 또는 배서인에 대하여 이득상환청구권은 발생하지 않는다(대판 2000.5.26. 2000다10376). [변호 21, 모의 13, 14, 16]

해설 원인관계상의 채무를 담보하기 위하여 어음이 발행되거나 배서된 경우에는 어음채권이 시효로 소멸되었다고 하여도 발행인 또는 배서인에 대하여 이득상환청구권은 발생하지 않는다고 할 것인바, 이러한 이치는 그 원인관계상의 채권 또한 시효 등의 원인으로 소멸되고 그 시기가 어음채무의 소멸 시기 이전이든지 이후이든지 관계없이 마찬가지이다(대판 2000.5.26. 2000다10376).

> **(틀린지문)** 기존 원인채무의 지급을 담보하기 위하여 어음이 발행되거나 배서된 경우 어음채권이 시효로 소멸되면 발행인 또는 배서인에 대하여 이득상환청구권이 발생한다. [변호 21]

11 이득상환청구권은 어음상의 권리가 아니므로 그 행사에 어음의 소지가 필요 없다. 다만, 이득상환청구권은 어음상의 권리가 소멸할 당시의 정당한 소지인이 취득하므로, 이득상환청구권의 취득을 증명하기 위하여 어음의 소지가 필요하다. [모의 13]

12 이득상환청구권은 어음법상의 권리로서 입증책임의 일반원칙에 따라 이득상환청구권을 주장하는 자가 권리발생 요건사실을 모두 주장 · 입증하여야 한다(대판 1994.2.25. 93다50147). [모의 13]

13 이득상환청구권은 지명채권양도 방법에 의해서 양도할 수 있고 약속어음상의 권리가 소멸된 이후 배서양도만으로서는 양도의 효력이 없으며, 선의취득은 허용되지 않는다(대판 1970.3.10. 69다1370). [모의 13(2), 14, 16]

14 이득상환청구권이 양도된 경우에 양도사실은 양수를 주장하는 자가 증명해야 한다. [모의 14]

쟁점 16. 수표

01 수표는 수취인을 기재하지 않고 소지인출급식으로 발행할 수 있다. [변호 15]

02 수표의 지급인은 인수를 하지 못하고, 수표에 적은 인수의 문구는 적지 않은 것으로 본다(수표법 제4조). 따라서 수표에는 주채무자가 존재하지 않는다. [변호 15]

> **(틀린지문)** 제시기간 내에 지급제시 된 수표에 대하여 그 지급인은 주채무자로서 소지인에 대하여 지급의무를 진다. [변호 15]

03 수표는 일람출급성에 반하는 모든 문구는 적지 아니한 것으로 본다(수표법 제28조 제1항). [모의 18, 19]

04 수표의 지급제시기간은 발행일로부터 10일이다(수표법 제29조 제1항). 발행일이란 수표가 실제 발행된 날이 아니라 수표에 발행일이라고 기재된 날을 의미한다(수표법 제29조 제4항). [모의 17, 21]

05 수표면에 지급지가 적혀있지 아니한 경우에는 지급인의 명칭에 부기한 지(地)를 지급지로 본다. 지급인의 명칭에 여러 개의 지(地)를 부기한 경우에는 수표의 맨 앞에 적은 지(地)에서 지급할 것으로 하며, 그 밖의 다른 표시가 없는 경우에는 발행지에서 지급할 것으로 한다. 또한 발행지가 적혀 있지 아니한 경우에는 발행인의 명칭에 부기한 지(地)를 발행지로 본다(수표법 제2조). [모의 17]

06 수표면의 기재 자체로 보아 국내수표로 인정되는 경우에 있어서는 발행지의 기재는 별다른 의미가 없는 것이고, 발행지의 기재가 없는 수표도 완전한 수표와 마찬가지로 유통·결제되고 있는 거래의 실정 등에 비추어, 그 수표면상 발행지의 기재가 없는 경우라고 할지라도 이를 무효의 수표로 볼 수는 없다(대판 1999.8.19. 99다23383). [모의 17]

07 발행일에 대한 명시적인 기재가 없다고 하더라도 수표면의 어느 부분에 일정한 날을 표시하는 기재가 있는 경우 어음과는 달리 수표에는 발행일 이외에 어떤 일자를 기재할 일이 없으므로 이 일자를 발행일자로 본다(대판 1990.12.21. 80다카28023). [모의 17]

08 수표 발행의 직접 상대방에게 표현대리의 요건이 갖추어져 있는 이상 그로부터 수표를 전전양수한 소지인으로서는 표현대리에 의한 위 수표행위의 효력을 주장할 수 있다. [모의 20]

09 수표를 발행한 후 발행인이 사망하거나 무능력자가 된 경우에도 그 수표의 효력에 영향을 미치지 아니한다(수표법 제33조). [모의 18]

10 수표지급인에 대한 배서는 영수증의 효력만이 있다(수표법 제15조 제5항). 수표의 일부배서는 무효로 한다(수표법 제15조 제2항). [모의 19]

11 수표의 지급위탁 취소는 제시기간이 지난 후에만 효력이 생긴다(수표법 제32조 제1항). [모의 18]

12 수표의 지급위탁 취소가 없으면 지급인은 지급제시기간이 지난 후에도 지급을 할 수 있다(수표법 제32조 제2항). [모의 19]

13 어음은 공정증서로써 지급거절을 증명하여야 하나, 수표의 경우에는 지급인 또는 어음교환소의 선언으로도 이를 증명할 수 있다. [변호 15]

14   소지인은 일부지급을 거절하지 못한다(수표법 제34조 제2항).   [모의 18]

15   배서로 양도할 수 있는 수표의 지급인은 배서의 연속이 제대로 되어 있는지를 조사할 의무가 있으나 배서인의 기명날인 또는 서명을 조사할 의무는 없다(수표법 제35조 제1항).   [모의 19]

16   선일자수표란 수표면의 발행일자를 현실의 발행일보다 후일의 일자로 기재한 수표를 말한다. 이는 지급제시기간을 사실상 연장할 필요가 있는 경우 또는 수표발행 당시에 은행에 자금이 없어 시간적 여유가 필요한 경우에 주로 이용된다. 수표법은 선일자수표의 유효성을 전제로 발행일자 전의 지급제시의 유효성까지 인정하고 있다(수표법 제28조 제2항).   [변호 15, 모의 18]

> (**틀린지문**) 어음과 달리 수표는 일람출급으로만 발행될 수 있으나, 수표의 발행일을 현실의 발행일보다 후일의 일자로 기재한 선일자수표의 경우에는 그 발행일까지 지급제시를 할 수 없다. [변호 15]

17   어음법과 달리 수표법에서는 횡선제도가 있으며, 일반횡선수표의 지급인은 은행 또는 지급인의 거래처에만 지급할 수 있다(수표법 제38조 제1항).   [변호 15, 모의 21]

18   특정횡선수표의 지급인은 횡선 속에 지정된 은행에 대해서만 지급할 수 있고, 지정된 은행이 지급인인 경우 자신의 거래처에 한하여 지급할 수 있다(수표법 제38조 제2항).   [모의 21]

19   수표의 이득상환청구권은 지급제시기간이 경과한 때 발생한다.   [모의 16]

20   수표법상 이득상환청구권의 양도는 일반지명채권 양도의 방식에 의하여야 하며, 양도통지가 없으면 채무자 기타 제3자에게 대항할 수 없다.   [모의 21]

21   수표소지인의 채무자에 대한 상환청구권은 지급제시기간 경과 후로부터 6개월이다(수표법 제51조 제1항).   [모의 21]

판례색인

[기타 판결]

MEMO

MEMO

MEMO